中文社会科学引文索引（CSSCI）来源集刊

CHINA STUDIES No.27
2021年总第27期

周晓虹　翟学伟　主编

中国研究

商务印书馆
The Commercial Press

封面题字：金耀基

## 编辑委员会（以姓氏拼音或字母为序）：
陈云松（南京大学）
邓　鹏（美国海波因特大学）
范　可（南京大学）
贺雪峰（武汉大学）
黄　平（中国社会科学院）
加加美光行（日本爱知大学）
金光亿（韩国首尔大学）
林　南（美国杜克大学）
刘　宏（英国曼彻斯特大学）
刘林平（南京大学）
孙　江（南京大学）
谢寿光（社会科学文献出版社）
阎云翔（美国加州大学洛杉矶分校）
杨德睿（南京大学）
杨念群（中国人民大学）
应　星（清华大学）
园田茂人（日本东京大学）
翟学伟（南京大学）
张　静（北京大学）
张乐天（复旦大学）
赵鼎新（美国芝加哥大学）
周大鸣（中山大学）
周海燕（南京大学）
周晓虹（南京大学）
周　怡（复旦大学）
Anagnost, Ann（美国华盛顿大学）
Christiansen, Flemming（英国利兹大学）
Duara, Prasenjit（美国芝加哥大学）
Friedman, Edward（美国威斯康星大学）
Houlden, Gordon（加拿大爱尔伯特大学）
Mohanty, Manoranjan（印度德里大学）
Perry, Elizabeth（美国哈佛大学）
Spakowski, Nicola（德国弗莱堡大学）
Stafford, Charles（英国伦敦政治经济学院）
Unger, Jonathan（澳大利亚国立大学）

## 主编：
周晓虹　翟学伟

## 编辑部主任：
邓燕华

## 编辑：
贺光烨
陆　远
钱力成
杨渝东
朱安新

## 英文编辑：
秦　晨

# 卷首语

作为新兴的社会科学研究领域,"中国研究"(China studies)可以看作1949年后由中华人民共和国的横空出世所引发的一种必然的学术反应。而当1978年由改革开放所引发的"第二次革命"兴起之后,这门首先发端于"西方"的学术至少在如下两个方面发生了变化:一是研究阵容不断壮大,尤其是有越来越多的中国学者加入了对其生活于其间的社会的研究;二是逐渐脱离了冷战时期作为"中国观察学"所带有的实用主义倾向和意识形态的束缚,研究领域不断扩展,并在近十年以来显示出走向繁荣的迹象。

不过,考虑到"渐进式改革"所引发的自然生态与社会景观的剧烈变迁,考虑到中国社会空间固有的复杂性和多样性,我们不能不承认,作为科学的"中国研究"似乎才刚刚起步。与这个巨大有机体浓缩了19世纪、20世纪和21三个世纪,凝聚了农业、工业及"后工业"三种社会的博大厚重相比,与它的庞大的人口及其散发的无尽的能量相比,与它的让人兴奋又令人困惑的矛盾性相比,现有的"中国研究"依然显得单薄、单调和单纯。从能够切近它的适当的研究方法,到足以解释它的经得住验证的理论,都仍然处于摸索阶段;从对于其制度和状况的具体描述,到对于其文化和哲学的抽象归纳,也依旧给人以支离破碎之感。

基于这种认识,我们决定出版《中国研究》。这份在中国本土编辑的以"当代中国"为研究客体的学术刊物,将成为中国学界面向全球的开放的学术园地,承担起海内外学术同仁沟通和交流的媒介作用,为促进中国研究领域的日益精进而努力。

《中国研究》将本着开放和务实的精神,坚持宏观视野和问题取向。这是它的办刊宗旨。

开放性是指它的跨学科性和综合性。《中国研究》将努力突破单一学科的局限和研究领域的禁区。政治、经济、社会、文化和环境等,都既属于它的研究范围,也成为它的研究视角。开放性同时也包括研究主体(研究者)的多样性,不同学术背景和志向的学者,只要他(她)坚守学术共同体所公认的伦理规范,将得到同样的尊重。需要强调的是，鉴于学术界目前的状况和出于学术事业发展的考虑，我们特别鼓励和支持学术新人的艰苦劳作。

务实性是指它的实证性和经验性。《中国研究》奉行"多谈些问题，少谈些主义"的主张，希冀将重点置于中国的基层社会，从微观的问题或现实经验入手，在对许多单个领域、地域进行切实调查和深入研究的基础上，追求最终的对中国社会整体的通透认识。它当然期望博大而混沌的中国最终能产生宏大而精确的理论，但也努力避免"宏大理论"先行或抽象概念主导下的天马行空式的空谈。务实性还表现在鼓励朴实平易的文风和学风，倡导平和的学术批评氛围。

《中国研究》是全球中国学界展示睿智的公共空间，而不是少数编辑、学者的封闭领地。为此，我们热切希望整个中国学界的广泛参与，希望有广泛而深层的互动。同时，我们也真诚欢迎来自学术界的监督和批评。这种严肃的监督和批评是《中国研究》健康成长的重要前提。

《中国研究》编辑委员会
2005 年 5 月

# 目　录

## 特邀文稿

全球背景下社会学领域的中国研究和中国的社会学
　　——共享的知识与不同的研究视角
……………………………………………… 柯兰君 / 3
中国社会的不平等与社会分层………………… 吴晓刚 / 19

## 专题研讨：社会治理与现代化

城镇化与村治变迁
　　——地方政府创新的内生视角
………………………………………………… 管　兵 / 51
社会组织参与社区治理何以可能？
　　——一项基于情境合法性视角的个案研究
………………………………………… 黄晓星　李学斌 / 75
生产能动主体：减贫治理中的参与性难题及其反思
　　——基于"鲁村"的观察
………………………………………… 吕　方　冯瑞英 / 97
依附与协商
　　——"红色物业"融入城市老旧社区治理的合法性构建
………………………………………… 郑广怀　张　政 / 115
"阳光信访"的运行机制和现实意义 ………… 桂晓伟 / 141

## 学术论文

**不稳定劳动中的"义"**
——以 C 市学生工为例
............................................................苏熠慧 / 165

**单位制巩固时期"单位女工"身份生产的实践逻辑**
——基于东北地区口述历史的分析
............................................................陶　宇 / 185

**制造业"机器换人"对工人技能的影响**
——基于 2018 年广东省"企业-员工匹配"问卷调查数据
............................................................雍　昕　邓韵雪 / 208

**增强技术控制权**
——平台经济下外卖骑手的劳动过程研究
............................................................董慧娜 / 228

**中国中间阶层环境行为探究**
——基于 2013 年中国综合社会调查数据
............................................................卢春天　李一飞 / 249

**中国社会学重建的知识社会学考察**
——以 1981 年"南开班"为例
............................................................张　龙 / 277

## 书评与随笔

**符号边界：民国国货运动的一个核心问题**
——评葛凯《制造中国：消费文化与民族国家的创建》
............................................................夏少昂 / 307

**遗留在贵州大山里的"三线"回响**
............................................................王东美　谢景慧　蒋桂东　蒋　萌 / 317

Table of Contents & Abstracts ........................................... 330

《中国研究》稿约 ........................................... 340

## 特邀文稿

# 全球背景下社会学领域的中国研究和中国的社会学*
## ——共享的知识与不同的研究视角

柯兰君**

**摘要:** 社会学领域的中国研究通常被认为是西方社会科学/区域研究的一部分,而中国的社会学则属于中国的社会科学。两者的共同点是面向中国正在发生的快速社会变革所提供的丰富的社会问题和挑战,以中国社会为研究重点。此外,随着中国在全球的影响力不断扩大,人们越来越需要更深入地了解中国所处的国际环境及其对他国社会发展的影响。以德国"社会科学中国研究工作组"的讨论为出发点,本文探讨了社会学领域的中国研究和中国的社会学是否以及应该如何超越古典社会学方法论中的民族主义,成为新兴的世界性/全球性社会学的一部分。本文认为,新兴的全球社会学场域特征是社会学知识的生产和传播的碎片化和不对称性,而社会学领域的中国研究和中国的社会学则是从不同的角度进入这一场域的——也是嵌入在不同国家的政治、学术体制和资金框架之中的。本文借鉴迈克·布洛维对社会学知识生产的类型划分,即专业、政策、批判和公共社会学四个矛盾而又相辅相成的理想类型,进而论证应该强化以中国为对象的、着重理论基础阐述的社会学(指批判性和公共社会学)知识的反思性生产,并找到其学术和非学术的受众。同时,这样的做法可能为眼下不对称发展的全球社会学这个新兴场域中的社会学领域的中国研究和中国的社会学提供共同讨论的基础。

**关键词:** 中国研究 中国社会学 全球社会学 不对称的知识生产和传播 迈克·布洛维 批判性和公共社会学

---

\* 本文根据2015年10月16日作者在柏林孔子学院举行的"全球背景下的中国研究"国际研讨会的发言修改而成,后发表在德国亚洲研究协会主办的 Asien(《亚洲》)杂志 2017 年总第 144 期(第119—135页)上,由高晓雪、谢静翻译成中文。作者对译者表示诚挚的感谢。

\*\* 柯兰君(Bettina Gransow),柏林自由大学东亚研究所教授(Bettina. Gransow-vanTreeck@fu-berlin. de)。

## 一、前言

中国经济改革所带来的剧烈的社会转型,财力雄厚的新中产的出现和社会不平等的加剧,人口自发地从农村向城市的迁移与加速的城市化进程,社会维权事件的发生,2020 年消除绝对贫困目标的建立,以及关于国家与社会关系的论述、关于社会稳定的论述——关于中国社会和社会政策的社会学话题似乎层出不穷。此外,随着中国在国际舞台上出镜频次的增加,在全球的相互依存关系中,人们对关于中国的社会知识的渴求也越来越强烈。但问题在于:这些知识是谁用何种方法进行生产和传播的,试图达到何种目的?一种全球性的社会学也许可以为之提供答案,虽然是初步的答案。尽管全球化自 20 世纪 90 年代初就成为社会学研究的主题,但对全球社会学发展的反思性贡献却仍然稀缺(例外可见 Beck, Grande, 2010; Heilbron, 2014; Burawoy, 2016)。

如果人们说起社会学领域的中国研究(sociological China studies),那么他们指的通常是"西方的中国研究",而当人们谈到中国的社会学(Chinese sociology)时,则会想起一门以中国社会为研究对象而设立的存在于中国的社会科学学科。尽管二者在研究主题上有诸多重合,但国家和区域的分野仍在学者所经受的学术上和政治环境的牵制上有所表征,进而对其知识生产的方式和结果产生影响。不过,本文下述并不打算对社会学领域的中国研究或中国的社会学学科的现状或发展进行描述①,也不试图将二者进行比较。相反,我认为,需要将通过并置才能发现的西方与中国开展"关于中国的社会学"(sociology on China)研究的隐性差别作为问题的出发点。对它的反思继而提示我们:应该如何勾勒出一个全球化的或后国家化的"关于中国的社会学"场域的轮廓?

乌尔里希·贝克(Ulrich Beck)和埃德加·格兰德(Edgar Grande)在若干年前的一篇纲领性的文章中,倡导学者在社会和政治理论发展中推动一种"世界主义转向"(cosmopolitan turn)(Beck, Grande, 2010)。在此过程中,他们借鉴了对"方法论民族主义"的批判(Beck, 1997; Wimmer, Schiller, 2002),并批评它是"从一个国家社会推及一般社会的霸权主义思维短路"(Beck, Grande,

---

① 社会学视角的中国研究,参见 Scharping(2003);在美国的中国社会学研究,参见 Bian(2013)及 Zhou, Zhao(2013);中国社会学,参见 Dirlik(2012)、Gransow(2003)。

2010: 190)。与其相比,他们提出了"方法论世界主义",旨在阐明现代化道路的多元性及其在全球范围内的相互依存关系,并将其作为社会学和政治学理论建设和实证研究的立足点。由此出发,我们不想拘泥于贝克和格兰德的论证,而想试问:社会学领域的中国研究和中国的社会学是否以及在何种程度上可以被视为新兴的世界性/全球社会学的组成部分?依照迈克·布洛维(Michael Burawoy)将社会学知识生产细分为专业社会学、社会学咨询服务型研究、批判性和公共社会学,本文力图约请一种具备强劲反思性的、扎根于全球语境的、以中国为主题的社会学的知识生产。这种知识生产既要探究其批判性理论的根基,也要探究其受众。

## 二、德国内外的社会科学化的中国研究

自20世纪八九十年代以来,在中国经济发展和社会转型的背景下,德国的社会科学化的中国研究(social scientific China studies)日益成为显学。但是它不得不在两个领域之间折旋中矩:一面是社会科学中的母体学科(其中政治学显得比社会学和经济学更"母性");另一面则是传统的汉学(其学科代表们试图与社会科学研究方法保持一定距离)。而当德国的政治或者经济部门需要社会科学化的中国研究的咨询服务时,他们则往往会求助于大学之外的机构。

从体制角度来说,社会科学化的中国研究既可以在汉学、区域研究开展,也可以在社会科学的经典核心学科如社会学、政治学、经济学等学科中展开,并拓展到社会史、人文地理学、社会人类学和社会心理学等领域。至关重要的是,它运用社会科学的理论和方法,并对书面或口述的中文资料和概念加以应用,从而提出与中国相关的具备社会科学研究价值的问题。实际上,这些问题往往是跨学科的问题,一如当下社会科学发展的普遍特征(如移民和城市化、环境问题、性别研究)。

从伊塞隆的中国专家网络[①]出发建立的德国的社会科学中国研究工作组(Arbeitskreis Sozialwissenschaftliche Chinaforschung/ASC),在其会议报告中也反

---

① 自20世纪80年代以来,在伊塞隆(Iserlohn),每年举行一次大学和非大学的中国科学家非正式会议,以交流有关中国当前发展的信息,后来这项工作发展成为年轻的中国研究者们的常规研讨活动。

映了社会科学的中国研究的关键点和问题。这个工作组自2000年以来幸运地在德国亚洲研究会（Deutsche Gesellschaft für Asienkunde/DGA）中获得了一个机构作为保护伞。它成立之初的目标在于（今日仍是）：以国家政权在中国政治、社会和经济中的角色转换为主题，建立跨学科的学术话语，反思并推动新的理论方法的构建。

2000年11月，ASC组织了其第一次研讨会。研讨会讨论的核心在于：中国的"国家能力"（state capacity）的概念及其呈现的"社会技术性"（social engineering）具有中立性，也在现实中引发更强的规范性意涵。关于中国国家政权统治的正当性问题在中国日益融入世界的背景下显得更加值得进行讨论（Herrmann-Pillath, 2001）。在对行动者理论基础的建立和政权的中央化控制与地方政府的进取心之间的关系的讨论中，学者们对国家政权角色的争论又出现了进一步的详细分化。学科领域与区域性学科的专门化知识之间的纷争，继续反映在对中国相关问题研究的概念-理论方法的选择上，即关于如何将理论概念应用于"像中国这样的案例"的争论中。

一个新的研究重点是将新的信息和通信技术作为（1）社会科学化的中国研究的一种手段；（2）电子政务和政治建设的领域；（3）表达意见的领域。关于知识生产的议题，2013年的ASC会议进行了关于在中国进行田野调查的条件、中国学者的学术兴趣及与中国机构的合作研究进展状况的圆桌讨论。[①] 此次会议的出版物几乎全部以英文出版，部分以中文出版。

社会科学化的中国研究所面临的新挑战，不仅来自两德统一，也来自21世纪初学术领域中加速发展的欧洲化和全球化进程。欧洲国家体系的成型与国家知识传统和学术结构的形成并行出现（如德国的人文学科传统与英国经验主义和法国实证主义区别发展），继而，自20世纪80年代以来，欧洲科学政策发展旨在加强欧洲经济的科技基础，以提高其竞争力（Heilbron, 2014: 689, 693）。这样的理念在研究框架（如里斯本战略、欧洲2020）和教学活动（博洛尼亚进程）中都有体现。在欧洲范围内推进的学习课程和学位统一的战略，推动了社会科学化的中国研究的国际化，尤其是在研究生的培养方面。欧洲研究框架计划刺激了欧洲科学体制之间研究经费的分配和合作，此中英国的作用不可替代。这样的整合过程恐怕

---

① 为继续关注此议题，*Journal of Current Chinese Affairs*杂志刊登了特刊（Giese, 2014），主要讨论政治和意识形态对直接或者间接通过合作伙伴在中国进行的社会科学的田野调查的重要影响的问题，也讨论可能的应对方式的问题。

会因为英国的脱欧而有所延迟。

正如《世界社会科学报告》(UNESCO,2010)所表明的那样,在社会科学领域,当今世界上几乎每个国家都建立了自己国家的学术体系,但这些知识扩散的方式是不对称的:例如,全世界75%的社会科学出版物是英文的(Ammon,2010)[①];Elsevier-Scopus指数中50%的贡献来自北美洲,40%来自欧洲,其余10%由世界其他地区共享(Kahn,2010:464;Heilbron,2014:691)。翻译的方向强化了这种知识传播的不对称性,它们往往以英语为起点,而不是终点,从而进一步加强了全球社会科学现有的核心-外围结构。这样的现象存在于英译汉之中,反之亦然。

同时,以中国社会为题的知识生产和扩散也是碎片化的、不对称的。这样的现象随着国际合作的加强和竞争关系的加剧而日益显见。在非洲和拉丁美洲的许多国家(这些国家新近受惠于来自中国的投资),他们的人才既缺乏关于中国的社会科学型的专门知识,也缺乏相应的学术结构来理解和应对新近中国的在场及其所带来的社会影响。从事社会科学化的中国研究的部分德国学者们看到了北美洲的同行通过其体制提供的丰富的物力和人力,让中国研究成为社会科学学科的一部分,进而占据中国研究场域的霸主地位。由于其潜在声誉上的犒赏,这种对美式策略认同的做法得到部分学者的垂青,同时也激起其他学者的批评。部分德国学者将在中国开展的田野调查与英美地区生产的以中国为主题的学术话语、理论和方法联系起来做研究,使得其社会科学化的中国研究成了一门专业,但同时也加剧了当前全球范围内以中国为主题的社会科学知识生产和传播的不平衡。中国台湾的文化学者陈光兴写道:"耳熟能详的抱怨是西方具有普遍性的理论,我们有的是特殊的实证资料。在书写的呈现上,我们变成支持或否定理论命题的脚注。"(陈光兴,2006:346)毋庸置疑的是,社会科学知识生产和传播的全球不对称性正成为未来社会科学化的中国研究发展的屏障。

---

[①] 此为2005年的数据。

## 三、 中国社会学场域

将中国社会学作为一个学术实践的"场域"（皮埃尔·布迪厄/Pierre Bourdieu），我在这里特指在中华人民共和国的社会学学科制度下进行知识生产的这样一个领域。它是具有较强自主性的话语空间[①]，因为对所有的非母语者来说进入它或多或少地存在一些障碍。而另一方面，它又受到相当强力的政治引导，从而使得其自主性受限。

中国社会学自我描述中首要的特点是实证结论与理论争辩的严格分离。然而，这并不意味着中国社会学的经验研究没有参照理论框架而展开。中国社会学者们面对社会变迁的基本问题，既从现代化理论的解释中，也从现代化理论的批判方法中受到启发，而二者争辩的核心在于经济和技术理性对社会结构、行动方式和价值观的影响（李路路等，2016：30）。

从内容上看，李路路等把中国社会学的实证贡献分为三个主要领域：（1）社会组织和治理。这涉及政府内部的权力分配问题，主要是中央政府和地方政府之间的权责关系。其中一项研究结果是，1994 年金融改革后开始的权力再集中趋势导致地方政府一级的非正式行动增加，例如在私营经济的发展领域。另一个研究发现在于国家政权与新的基本社会单位（如城市社区和村庄）之间关系的形成，这些关系不同于以往时代的基本社会结构。还有关于公共福利制度的变化以及对社会组织的不同管制措施的讨论。围绕社会治理这一关键词开展的研究一般参照了社会阶层（农民、工人、中产阶级）的区分。这些研究贡献中的大部分是与西方社会理论相结合的。

（2）社会分层和流动。这一研究领域的重点是研究不平等的结构（收入、权力、职业声望）、不平等的形态（个人、结构或社会网络化的），以及关于中国社会结构形态的讨论（倒丁字形结构、金字塔形结构或纺锤形结构）。社会不平等的演变主要是通过市场经济过渡期间的精英地位变化这一视角展开的：是会有循环式的精英跃迁，还是维持现有模式下对精英群体进行再生产的模式？

（3）家庭与生活。实证研究的第三个领域涉及婚姻和家庭。鉴于人口结

---

[①] 布迪厄的场域概念与社会空间概念没有明显区别（Fuchs-Heinitz, König, 2005: 139, 脚注 42）。

构的变化,他们尤为关注父母与成年子女之间关系的变化:"空巢"现象与中国传统家庭关系中的互惠关系相矛盾,于是促使了发展老年人社交网络的问题的提出。其他方面的研究包括对人们生活质量和相对剥夺的社会态度的研究。总体而言,需要进行批判性反思的是:定量调查部分绕开了中国的重要社会问题,因此它们在预测性陈述方面的价值不大(李路路等,2016:42)。

最近在《社会学研究》上发表的一些理论争论,在讨论社会学经典的同时,也注意到了西方社会学的危机。这些讨论涉及中国社会学的研究对象和定义之争(规范性还是分析性的)、中国社会学的中国化/本土化及其历史连续性、中国社会的特殊性及其理论表述,即通过特定的中文名词,如关系、户口、单位、气等,将社会分析概念化,这些概念中的部分已被纳入国际社会科学研究的词汇库。其中包括20世纪40年代费孝通在对中西方社会特征比较分析的基础上提出的"差序格局"。在最近关于中国现代化和社会转型的争论中,孙立平的过程-事件分析提案和沈原在中国新兴工人阶级背景下提出的"社会学干预"的概念都具备了实践社会学分析的意涵(谢立中,2016:14—15)。

中国社会学学术话语的形成受到政治的直接影响。在经历了2008—2009年的全球金融危机以及中国政府朝自主创新和增加对外投资的政策转向后,中国政府也将中国哲学和社会科学缺乏国际能见度的问题提上日程。《十二五规划(2011—2015年)》出台了促进其创新发展的措施(Ren, 2012)。因此自2010年以来,政府对中国社会科学的经费支持力度明显加大,其中基础理论领域的研究成了除应用研究项目和跨学科研究项目外的一个新增支持类别(Holbig, 2014: 23-24)。社会学研究项目的数量也大幅增加(从2010年的147个项目到2014年的283个项目),几乎翻了一番(国家社会科学基金,2015)。

《"十三五"规划(2016—2020年)》延续了这一方向:其中一节包含了与哲学和社会科学创新相关的部分(作为社会主义文化的一部分),设想将马克思主义理论发展成一门新学科——中国特色社会主义政治经济学,以及创建50—100个国家智库(《十三五规划》第XVI部分第67章第2节)。习近平在2016年5月17日的重要讲话中指出,创建中国特色哲学社会科学,要在指导思想、学科体系、学术体系、话语体系等方面体现中国特色、中国风格、中国气派。习近平特别强调了理论创新的重要性:"这是一个需要理论而且一定能够产生理论的时代。"(习近平,2016)中国社科院副院长、长期担任中国社科院社会学研究所所长的李培林制定了未来社会学研究的五大领域,其中每个领域都包含其自身的理论发展课题:(1)建成小康社会和"中等收入陷阱"的问题;(2)中国经济的"新常态"与"社会结构转型"问题;(3)新发展理论和创新驱动问题;(4)社会公正与农民普遍富裕问题;(5)社区、社会组织和创新型社会治理问题(李培林,2016)。

## 四、中国社会学:全球定位的路径

2017年5月17日,恰逢一年之后,习近平在致中国社会科学院成立40周年大会上的贺信中重申了他的号召(习近平,2017)。他的政治目标是通过理论贡献来提高社会科学学科的国家形象,以便在国际上更好地立足于相应的科学领域,提升中国哲学和社会科学在世界范围内的知名度。在中国社会学界,该目标曾引发了不同的思考或解释。这些多元的思考(至少在一定程度上)影响和解释了中国社会学学者对科学中的政治阈值理解的分野。在围绕中国社会学界今后应如何更多地参与新兴的全球社会学这个场域的各种观点的讨论中,分歧体现得尤为明显。下面,我将引介三个典型立场。

首先,作为对习近平号召的一种非常直接的、政治-意识形态层面上的落实,出现了这样一种声音:它的初衷参考了皮埃尔·布迪厄的学术场域概念和米歇尔·福柯的话语分析,但随后又以一种颠倒东方学的姿态,要求在政治上有影响力的社会学家和思想家郑杭生的传统中构建中国社会学的话语体系(林聚任,2017)。郑杭生在中国社会学会呼吁:"需要破除学术话语权长期被西方垄断的局面。"(Zheng,2011:103)在这样的理解中,建立具有中国特色的社会学理论应首先被视为其在由西方理论主导的国际社会学场域中获得国际话语权的一种手段。对于在西方接受过教育的中国新一代社会学家,按照郑杭生(Zheng,2011:103)的说法,已经形成了一种"边缘心态",他呼吁大家应该以中国早期社会学家如费孝通为标杆来调整各自的视野。①

其次,第二种声音支持更多地从中国现代化和社会转型的具体问题出发,与国际社会学对接和整合,继而找到自己的定位。这些学者认为:西方社会学分为美国和欧洲两派,前者强调社会学作为社会技术的专业属性;而后者走的

---

① 费孝通对中国社会学全球化的重要性的讨论,参见 Feuchtwang et al.(2016)。

是观念和理论创新的道路,强调社会学科的人文关怀、批判精神和对社会学想象力的激发和倡导。这让中国社会学家进入两难境地:一方面,他们觉得美国派强调知识和方法的技术性的做法,使得社会意义在社会学研究中失语;另一方面,他们更熟悉归纳的思维法,不习惯欧洲学者那种从复杂的概念辨析出发,用演绎推理过程来阐释社会关系的做法(Li, 2012: 24-25)。李培林将中国的特殊现代化所提供的经验及学者们的解释视为启发整个全球社会学发展的灵感的源泉。这样一种中国社会学之于全球社会学的定位的建议并没有直接回应中国社会学是否以及应该如何进行理论建设的问题。但确实,中国的社会转型,既包含成功(如消除贫困)也包含错位(如社会不平等)的经验,以及可以从中吸取的教训,一个将其边缘化的全球社会学,很难实现"世界性的转变"(cosmopolitan turn)。

最后,除了这两个从国家层面"自上而下"推导的对中国社会学国际定位的方法进行讨论的例子外,也有"自下而上"开展的对中国社会学全球定位讨论的形式。社会学家迈克·布洛维(Burawoy, 2005)提出"公共社会学",这套理论立足于全球和市民社会,倡导建立以人为本的社会。呼应布洛维的号召,一些在中国内外从事劳工研究的中国社会学家接受了公共社会学的思想。其中以劳动为题展开的公共社会学研究发展较为突出,一个案例便是一个跨国立项的探寻2010年5月在全球最大的电子公司富士康的深圳工厂发生的一系列年轻工人/实习生自杀事件的背景的研究课题(潘毅等,2012;2014)。然而,将劳动与劳工移民的学术研究与非政府组织在相关领域的社会活动联系起来的做法,却因这些组织所受到的限制而经受考验。尽管如此,在全球经济相互依存和劳动力全球迁移的情形下,一种公共性的和跨国的劳工社会学研究形式已变得越来越重要。毋庸置疑的是,它已然发展成全球公共社会学的一个重要分支。

## 五、 全球视野下的中国社会学知识生产

迈克·布洛维是基于一种社会学知识生产的理想型来对公共社会学进行定义的。因此我想在这里对其进行简述,以便视其为全球视野下社会学化的中国研究和中国的社会学界的知识生产所需结构的一种可能起点来做讨论。布洛维将社会学知识分为四种理想类型,他认为它们之间是相互补充又相互

矛盾的关系:(1) 专业知识,为构建专业领域而进行的知识生产;(2) 咨询服务型研究,遵从外部设定的目标,以解决问题与创造财政收入为目的而开展的知识生产;(3) 批判性知识,为质疑专业社会学研究方案中的基础理论问题而进行的知识生产;(4) 公共知识,布洛维再次将其分为传统的公共社会学和有机的公共社会学。在传统的公共社会学范畴里,社会学的议题都是通过媒体来传播的,与受众的互动相当低。在有机的公共社会学中,它的传播与公民社会的公共领域联系在一起,并对其高度重视。在社会学知识生产及其受众的理想型矩阵中,布洛维区分了目的理性型知识和反思型知识以及学术性和非学术性受众。他将由目的理性主导的知识生产与专业知识联系起来,它面向的是学术受众;并将咨询服务型研究的受众视为非学术观众。布洛维将反思型的知识生产归为面向学术读者的批判性知识,在此布洛维又新引入了一个类别——面向非学术受众的公共知识。

**表1 社会学的分工**

|  | 学术受众 | 非学术受众 |
| --- | --- | --- |
| 目的理性型知识 | 专业 | 政策 |
| 反思型知识 | 批判性 | 公共性 |

资料来源:布洛维(Burawoy, 2005: 354)。

如果我们试图把这个矩阵套用到社会学化的中国研究和中国的社会学研究中去,那我们很快就会碰壁。同时,我们透过这个矩阵,也会更加清楚地看懂中国研究和中国社会学之间的关系问题。为此,我建议,布洛维的矩阵单元,还应包括国家和国际受众之间的区别。① 只有这样,我们才可以阐明中国社会学进入新兴的全球社会学场域的不同路径(以及所涉及的障碍)。

专业性的社会学化的中国研究主要面向国际学术界,关注包括学科领域内的和区域科学范畴内的研究对象。作为咨询服务型研究,社会学化的中国研究学者的工作主要服务于其国内和国际机构。批判性的社会学化的中国研究建立在对区域研究的后殖民主义批判的基础上(Holbig, 2015),并面向社会学学科的专业受众。专业受众认为与政治专制主义相关的中国社会学界的知

---

① 布洛维在自己对全球社会学发展的反思中,强调了公共社会学对促进南方国家社会学发展的重要性,但并没有直接与他基于分工的社会学知识生产矩阵挂钩(Burawoy, 2016)。

识生产或被忽视或被引导到制度变革的意义上(比如参考德国"东方政策"①的经验)(Rehberg,2008:2)。同时,这意味着,这样的立场在新兴的全球社会学的不对称场域中,又站在了代表霸权主义的北方/西方国家一边,与南方社会学的反霸权期待南辕北辙。后者希望发出自己的声音,但在某些情况下又陷入一种新的"方法论民族主义"的困境。仅从国家层面上构想中国社会学的全球化或世界化之路恐怕不太有前途。公共社会学化的中国研究反映了社会学知识在全球传播中的不对称性。

专业型的中国社会学的特点在于政策方针对其知识生产有诸多限制,因此其专业的知识生产与咨询服务型研究的区分只能在有限的范围内进行。而后者的研究服务对象并不仅限于中国客户,国际机构和组织也名列其中。相较于从本国社会相关的主题出发,中国社会学的知识生产越来越多地在面向国际受众;中国社会学家的职业发展模式呈现出国际化的特点(Meng,2017)。批判性社会学对其专业研究方案的方法论、哲学和理论假设提出了疑问,但在政治领域的参与度上仍然有限。而在美国接受过教育的中国新一代社会学家的作用是有争议的,他们对中国社会学的传统表现出相对较少的兴趣,但又具有社会学的专长知识,能在社会科学引文索引(SSCI)的参考期刊上发表英文文章,继而为提高其大学的排名加分。自此,中国社会学界将自己全身置于全球社会学的结构化的霸权主义场域中以求得国际声誉,但这也意味着接受放弃独立的创新贡献的代价。此外,建立一种国家化的反霸权的对立立场的选择,是很难付诸实践的。而将中国经验/社会研究作为中国社会学在国际上寻找到一席之地的理由则更加合理。我们可以预见以中国研究为主题的社会学正以碎片化的形式在国际上展开,无论是基于布洛维提出的知识分工的方法在跨学科研究架构中,还是通过对不同的方法论的挑战(关键词:大数据)和立意来进行其知识生产。按照吴晓刚的看法,中国社会学通过其实践取向和本土化尝试,已经具备了公共社会学的资格,因此不需要像美国社会学那样,要求社会学走出象牙塔(Wu,2015:7)。这种论证是不太有说服力的。

---

① "东方政策"指联邦德国在1969年开始与民主德国及其他东欧社会主义国家关系的正常化。

## 六、展望：以视角转变为方法

最后，我想再对两个试图打开社会学话语空间的议题进行讨论。二者都强调视角的转变，但依托不同的方法为全球社会学和社会学化的中国研究指明方向：一个是以南京大学的社会学家周晓虹为代表的，从西方的中国研究与中国的社会学之间的共同话语空间出发进行的知识生产；另一个是以法国社会学家、中国问题专家劳伦斯·罗兰-伯格(Laurence Roulleau-Berger)为代表的，以中国社会学与欧洲社会学的联系为出发点，倡议共构后西方社会学的概念。

周晓虹比其他中国社会学家都更为关注西方对中国的研究。他感兴趣的是中国及非中国科学家如何从不同的角度、以不同的目标设定出发，以中国社会作为研究对象进行研究。[①] 简言之，周晓虹的倡议从一个问题出发，即中国本土的研究者对研究主题"中国"是否具有准自然的唯一代表权，是否也只有他们具备发展此认识论的责任。他指出了学者对自己的社会进行研究的利弊（他们熟悉情况，但也容易陷入"颠倒东方学"的陷阱），并提出了应将中国研究的"主客体并置"的建议(周晓虹,2012:37,39)。这样一来，周晓虹的思维方向便与日本汉学家沟口雄三(Mizoguchi Yuzo)的"以中国为方法"(Mizoguchi, 1989; 2016)以及后续相关的辩论一脉相承。延续这一脉络的学者也包括中国台湾的学者陈光兴，他试图通过加强亚洲内部的参照物（"以亚洲为方法"），以亚洲知识生产区域化的方式化解全球知识生产中的不对称性(陈光兴,2006; Chen, 2010)。沟口雄三批评日本的汉学研究和中国研究处在一种"主体"缺席的地位(周晓虹,2012:37)。周晓虹以全球化所引发的多方参与中国研究的背景为出发点，试图通过多元的主体性来论证中国研究需要的视角转换的方法。周晓虹认为，由主客体并置所实现的多元主体性可以使学者们获得如胡塞尔所说的"主体间性"(inter-subjectivity)(周晓虹,2012:41)。这种途径也可以被称为"以视角转换作为方法"。

---

[①] 周晓虹在2004—2012年，出版了三本著作和文集，包括《中国社会与中国研究》(2004)、《社会学与中国研究》(2011)和《全球化视野下的中国研究》(2012)。在这种情况下，还应提及何培忠的《当代国外中国学研究》(2006)一书。

劳伦斯·罗兰-伯格(罗兰-伯格,2014;Roulleau-Berger, 2016)提出了另一种视角转变的方法:她欲图通过社会学内的辩论来推动社会学的全球化或世界化的论辩(因而略过了北美社会学)。与贝克和格兰德(Beck, Grande, 2010)的思路类似,她提出了通过建立后西方社会学理论来突破既有的认识论壁垒以构建新的话语空间的建议,并以中国和欧洲社会学为例,举证这种理论应如何为西方与非西方社会学的沟通和联系创造条件。她与贝克和格兰德的不同之处在于,她认为他们缺少对取代新兴的方法论民族主义形式的考虑,如在非西方社会中萌发的以对抗霸权帝国主义力量为目标的民族主义叙事。罗兰-伯格所倡导方法论中的视角变化在于:她摒弃了惯常采用的将欧洲社会学作为学科史开端的决定,而以中国社会学为出发点,勾勒出非霸权主义的全球社会学的草案。

以上两个强调视角变换的研究议题清楚地表明:全球社会学场域的兴起不仅是不同国家研究视角的相遇,更应该是一种富有成效的发展过程——既是一种超越了研究者各自的社会语境的多元化的过程,也是一种超越了与专业社会学、咨询服务型研究社会学、批判性社会学和公共社会学之间的区别化相伴发展而厘清立场的过程。

## 参考文献

陈光兴,2006,《去帝国:亚洲作为方法》,台北:行人出版社。
国家社会科学基金,2015,《国家社科基金项目数据库》,http://fz.people.com.cn/skygb/sk/index.php/Index/seach?xktype=%E7%A4%BE%E4%BC%9A%E5%AD%A6&lxtime=2015&p=4,获取时间:2017年5月26日。
何培忠,2006,《当代国外中国学研究》,北京:商务印书馆。
李路路、朱斌、李才香,2016,《走向成熟的经验研究》,《社会学研究》第6期,第25—48页。
李培林,2016,《中国社会学的历史担当》,《社会学研究》第5期,第1—9页。
林聚任,2017,《理论自觉与中国社会学话语体系建构——从郑杭生的理论自觉观谈起》,《社会学评论》第2期,第56—62页。
罗兰-伯格,2014,《走出西方的社会学:中国镜像中的欧洲》,胡瑜译,北京:社会科学文献出版社。
潘毅、卢晖临、郭于华、沈原,2012,《我在富士康》,北京:知识产权出版社。

习近平,2016,《构建中国特色哲学社会科学》,http://www.npopsscn.gov.cn/n1/2016/0523/c219468-28370837-2.html,获取时间:2016 年 5 月 22 日。

——,2017,《习近平致中国社会科学院建院 40 周年的贺信》,http://www.chinanews.com/gn/2017/05-17/8226755.shtml,获取时间:2017 年 5 月 19 日。

谢立中,2016,《社会学研究与当代中国社会学理论研究》,《社会学研究》第 6 期,第 1—24 页。

周晓虹,2004,《中国社会与中国研究》,北京:社会科学文献出版社。

——,2011,《社会学与中国研究》,南京:南京大学出版社。

——,2012,《全球化视野下的中国研究》,北京:中国社会科学出版社。(英文版:Zhou, Xiaohong. 2016. *Chinese Studies from the Perspective of Globalization*. Reading: Paths International.)

Ammon, Ulrich. 2010. "The Hegemony of English." in *UNESCO: World Social Science Report*. Paris: UNESCO Publishing: 154-155.

Beck, Ulrich, Edgar Grande. 2010. "Jenseits des methodologischen Nationalismus. Außereuropäische und europäische Variationen der Zweiten Moderne." *Soziale Welt* 61: 187-216.

Beck, Ulrich. 1997. *Was ist Globalisierung? Irrtümer des Globalismus: Antworten auf Globalisierung*. Frankfurt am Main: Suhrkamp.

Bian, Yanjie. 2013. "Chinese Social Stratification and Social Mobility." in Zhang Haihui, Xue Zhaohui, Jiang Shuyong, Gary Lance Lugar (eds.), *A Scholarly Review of Chinese Studies in North America*. www.asian-studies.org: 232-263.

Burawoy, Michael. 2005. "For Public Sociology." *Soziale Welt* 4: 347-374.

——. 2016. "The Promise of Sociology: Global Challenges for National Disciplines." *Sociology* 50(5): 949-959.

Chen Kuan-Hsing. 2010. *Asia as Method: Toward Deimperialization*. Durham: Duke University Press.

Dirlik, Arif (ed.). 2012. *Sociology and Anthropology in Twentieth Century China: Between Universalism and Indigenism*. Hongkong: The Chinese University Press.

Feuchtwang, Stephan, Chang Xiangqun, Zhou Daming. 2016. *Globalization of Chinese Social Sciences, Vol. 1, Commemorating the 105th Anniversary of Prof. Fei Xiaotong's Birth*. Beijing: New World Press.

Fuchs-Heinitz, Werner, Alexandra König. 2005. *Pierre Bourdieu*. Konstanz: UVK Verlagsgesellschaft.

Giese, Karsten. 2014. "Perceptions, Practices and Adaptations: Understanding Chinese-African Interactions in Africa." *Journal of Current Chinese Affairs* 43(1): 3-8.

Gransow, Bettina. 2003. "The Social Sciences in China." pp. 498-514 in *The Cambridge History of Science, Vol. 7: The Modern Social Sciences*, Theodore Porter, Dorothy Ross (Hgg.). Cambridge: Cambridge University Press. (中文版:《中国社会科学》,载西奥多·波特、多萝西·罗斯主编,《剑桥科学史·第七卷:现代社会科学》,柯兰君译,郑州:大象出版社,第 437—450 页。)

Heilbron, Johan. 2014. "The Social Sciences as An Emerging Global Field." *Current Sociology* 62(5): 685-703.

Herrmann-Pillath, Carsten. 2001. "Bericht über die erste wissenschaftliche Tagung des Arbeitskreises für sozialwissenschaftliche China-Forschung bei der Deutschen Gesellschaft für Asienkunde (ASC, Association for Social Science Research on China): Funktionswandel und Kapazität des Staats in China." *Asien* 78: II-IV.

Holbig, Heike. 2014. "Shifting Ideologies of Research Funding: The CPC's National Planning Office for Philosphy and Social Sciences." *Journal of Current Chinese Affairs* 2: 13-32.

——. 2015. "The Plasticity of Regions: A Social Sciences-Cultural Studies Dialogue on Asia-Related Area Studies." *GIGA Working Paper* No. 267.

Kahn, Michael. 2010. "Measure for Measure: Quantifying Social Sciences." in *UNESCO: World Social Science Report 2010*. Paris: UNESCO Publishing: 359-367.

Li, Peilin. 2012. "Chinese Sociology in Global Perspective." in Laurence Roulleau-Berger, Li Peilin (eds.), *European and Chinese Sociologies: A New Dialogue*, Leiden: Brill: 19-27.

Meng, Xie. 2017. "Living with Internationalization: The Changing Face of the Academic Life of Chinese Social Scientists." *Higher Education* 51. doi: 10.1007/s10734-017-0145-x.

Mizoguchi, Yuzo. 1989. "China as Method." *Inter-Asia Cultural Studies* 17(4): 513-518.

Mizoguchi, Yuzo. 2016. "China as method." *Inter-Asia Cultural Studies* 17(4): 513-518.

Pun, Ngai, Shen Yuan, Guo Yuhua, Lu Huilin, Jenny Chan, Mark Selden. 2014. "Worker-Intellectual Unity: Trans-Border Sociological Intervention in Foxconn." *Current Sociology* 62(2): 209-222.

Rehberg, Karl-Siegbert (ed.). 2008. *Die Natur der Gesellschaft. Verhandlungen des 33, Kongresses der Deutschen Gesellschaft für Soziologie in Kassel 2006*. Frankfurt a. M./ New York: Campus.

Ren, Ping. 2012. "Systematic Innovation, Comprehensive Development and Going Global: Some Thoughts on the Construction of An Innovation System for Philosophy and Social Sciences in China During the 12th 'Five-year Plan' Period." *Social Sciences in China* 33(3): 142-156.

Roulleau-Berger, Laurence, Li Peilin (eds.). 2012. *European and Chinese Sociologies: A New Dialogue*. Leiden: Brill.

Roulleau-Berger, Laurence. 2016. *Post-Western Revolution in Sociology: From China to Europe*. Leiden: Brill.

Scharping, Thomas. 2003. "Sozialwissenschaftliche Chinaforschung." in Brunhild Staiger, Stefan Friedrich, Hans-Wilm Schuette (eds.), *Das große China-Lexikon*, Hamburg: Wissenschaftliche Buchgesellschaft: 693-695.

The 13th Five-Year Plan (o. J.). 2016. "The 13th Five-Year Plan for Economic and Social Development of the People's Republic of China (2016-2020)." Compilation and Translation Bureau (tran.), Central Committee of the Communist Party of China Beijing (ed.). 北京：中央编译出版社，http://en.ndrc.gov.cn/newsrelease/201612/P020161207645765233498.pdf，获取时间：2017年6月6日。

UNESCO. 2010. *World Social Science Report 2010*. Paris: UNESCO Publishing.

Wimmer, Andreas, Nina Glick Schiller. 2002. "Methodological Nationalism and Beyond: Nation-State Building. Migration and the Social Sciences." *Global Networks* 2(4): 301-334.

Wu, Xiaogang. 2015. "Towards A Professional Sociology on China." *Chinese Journal of Sociology* 1: 6-14.

Zheng, Hangsheng. 2011. "Academic Discourse Right/Power and the Development of Chinese Sociology." *Social Sciences in China* 32(4): 92-105.

Zhou, Xueguang, Zhao Wei. 2013. "Social Science Research on Chinese Organizations in the English Literature: A Survey." in Zhang Haihui, Xue Zhaohui, Jiang Shuyong, Gary Lance Lugar (eds.), *A Scholarly Review of Chinese Studies in North America*. www.asian-studies.org: 192-231.

（责任编辑：周晓虹）

# 中国社会的不平等与社会分层*

吴晓刚**

**摘要**：本文回顾了20世纪90年代中期以来有关中国社会不平等和社会分层的研究。该领域的研究已经超越了关于市场转型争论的理论框架,更加关注中国社会主义下具体制度如户籍(户口)和城市工作单位(单位)制度的作用,以及工人自我选择性的流动。相关领域实证研究的发展也得益于系统性资料搜集的精心设计和高质量的调查数据以及高级统计方法的应用。经验分析的内容也已扩展至社会阶层、性别、种族、教育、财富和住房等新的主题。本文在结论部分指出来自中国的经验发现对于不平等和社会分层领域研究的广泛影响,并为该领域的未来发展方向提供一些建议。

**关键词**：中国 不平等 市场转型 社会变迁 社会分层

# 一、引言

过去40年是社会学研究中国的蓬勃发展期。关于不平等和社会流动性变化模式的文献积累尤盛。除了在20世纪70年代本刊首次出现有关中国的综述研究(Whyte et al., 1977)和80年代的一篇综述性文章(Walder, 1989)外,总体来看,已发表的作品很少专门以社会学研究为重点,对社会不平等和分层的经验研究由于数量太少以至于很难专门写出一篇评述文章来。随后文献的涌现部分可以归因于自20世纪90年代中期以来中国社会不平等的迅速加剧

---

\* 本文根据吴晓刚教授2019年发表在《社会学年鉴》(*Annual Review of Sociology*)第45卷(第363—382页)上的文章"Inequality and Social Stratification in Postsocialist China"编译而成,由张柏杨翻译成中文。作者对译者表示诚挚的感谢。
\*\* 吴晓刚,上海纽约大学御风全球社会科学讲席教授、应用社会经济研究中心主任,纽约大学社会学教授,香港科技大学社会科学部和公共政策学部讲席教授、应用社会经济研究中心创始主任(xw29@nyu.edu)。

(Li et al., 2013;李实等,2017;WIL, 2017; Xie, Zhou, 2014),部分可以归因于社会科学家对再分配经济体制向市场经济体制转变如何重塑社会分层秩序的基本研究兴趣。后者引发了一场激烈的并且至今尚未解决的争论(Bian, Logan, 1996; Heyns, 2005; Nee, 1989; 1996; Rona-Tas, 1994; Szelenyi, Kostello, 1996; Walder, 1996; Xie, Hannum, 1996)。

本刊此前发表的两篇评论文章与本文涉及的主题高度相关:第一篇评述了在市场转型争论中得出的有争议性的结论,并试图调和相互对立的理论(Nee, Matthews, 1996);第二篇更全面地回顾了1980年以后关于中国阶级分层、社会经济不平等和社会流动的相关研究,并以毛泽东时代为参照点,重点关注了改革时期(早期)不平等的结构变化(Bian, 2002)。在这些工作的基础上,笔者对2000年以来关于中国不平等与社会分层研究领域超越市场转型争论的各种理论视角和经验分析进行一个系统评述,着重关注向市场经济的制度转型过程中关于不平等模式如何转变的定量社会学研究。

评述主要分为三个部分:(a)新的理论和观点;(b)新的数据集和分析方法;以及(c)新的研究主题。最后,本文通过比较中国社会不平等和社会分层领域得出的经验发现和研究结论来确定其研究的更广泛意义,并对该领域的未来发展方向提出一些建议。

## 二、超越市场转型争论:新的理论和视角

早期关于改革时代中国的社会不平等和分层的研究主要集中在关于市场转型的争论上。市场转型理论认为:新兴的市场经济会削弱社会主义再分配制度,导致对政治权力回报率下降和对人力资本与私人企业家回报的上升(Cao, Nee, 2000; Nee, 1989; 1991; 1996; Nee, Matthews, 1996)。而另外的理论则强调再分配权力的持续作用(Bian, Logan, 1996)或政治权力如何转化为经济利益(Rona-Tas, 1994)。

这一争论的根源在于在市场与国家二元对立的分析框架下对经验发现的解释上的分歧。最初参与争论的学者主要基于对收入不平等的确认性研究(confirmatory studies),尤其是通过研究政治权力和人力资本回报率的升降来推断社会分层机制是如何变化的。随后,一些学者认为这种二分法可能是不恰当的(Zhou, 2000a; 2000b),指出市场的崛起并不一定伴随着国家影响力的下

降。延续这一未解决的争论,学者们提出各种新的理论和视角,以解释后社会主义的不平等,特别是中国的分层现象,具体可以归纳为以下几条脉络。

## （一）宏观结构修正主义

随着现有文献积累了太多不一致和相互矛盾的结果,学者们开始在再分配与市场的两分概念框架内出现了一些妥协的迹象。即便市场转型理论家也承认权力资本向经济资本的转化较有优势(Nee, 1991; 1996; Nee, Cao, 2002),而且在转型过程中这些优势的流失也是非常有限的。但是,他们认为这主要是因为改革的不彻底,当改革达到某一临界点时,他们预测的质变就可能发生(Nee, Cao, 2002)。另一方面,权力维续论的支持者也发现,对地位权力和人力资本的收入回报不仅从1988年到1995年均有上升,而且对人力资本的回报在劳动力和资本市场发展得更好的城市提高得更多。然而,没有迹象表明市场影响力的进一步扩大会导致地位权力的下降(Bian, Zhang, 2002)。在政治与市场共同演化的概念模型中,周雪光(Zhou, 2000a)认为,国家发起的改革和市场的出现本质上是相互联系的,如果没有对一方有完全和实质性的理解,就无法真正理解另一方。有学者发现,政治和市场因素对家庭的经济状况都有显著影响(Jin, Xie, 2017)。中国社会分层的不连续性和连续性是通过不同的资源分配机制共同作用形成的,这些机制以复杂的模式相互结合和相互影响。

此外,中国的制度变迁涉及多方面的过程,而市场化只是其中之一。不平等的变化可能是由经济增长和结构变化而不是市场化推动的。魏昂德(Walder, 2002)发现,在中国农村,干部和私营企业家的收入回报取决于工资和私营经济在当地经济中的相对重要性。在乡镇企业发挥重要作用的一些地区,农村干部及其家庭成员能够保持收入优势,而雇员工资增长可能会降低私营企业家的相对经济优势。

因此,在市场转型中谁"赢"和谁"输"这个问题是复杂的,在很大程度上取决于市场与国家之间的具体制度安排(Szelenyi, Kostello, 1996; Walder, 1996)。这种制度安排不断变化发展,产生了一个不断变化的机会结构。那些能够利用新机会的人将成为赢家。此外,进一步的市场化为公共资产注入了新的价值,也可能为在位的精英将其政治特权转化为经济优势创造机会。然而,这一过程取决于制度变迁的广度和一些法律障碍,这些障碍因不同国家和不同的改革阶段而异（Walder, 2003）。在中国，20 世纪 90 年代后期的大规模私有化带来了公司产权的根本变化，并出现了私营企业家这样一个新的精英阶层，而他们中的许多人以前都是国有企业的管理者和干部（Kung, Lin, 2007; Li, Rozelle, 2003; Walder, 2011; Walder et al., 2013）。他们能够利用这些机会的程度取决于当地（省级）的私有化进程如何被组织和管理（Xu, Wu, 2018）。

总之，从再分配经济到市场经济的这一宏观层面的制度转型，并没有对过去的旧精英在后社会主义中国所享有的优势产生直接影响。学者随后超越了市场转型争论的框架，更加关注具体制度安排和中间过程在塑造中国社会不平等过程中所起的作用，呼吁进行实质性的制度分析（Zhou, 2000a）。城市的工作单位（单位）和户籍制度（户口）也因此受到特别关注（Wu, 2002; Wu, Treiman, 2004）。

## （二）实质性的制度分析：户口、单位和中国社会分层

户口和单位是 20 世纪 50 年代中国制定的两种具体制度安排，以便国家再分配公民的资源和生活机会。户口制度要求所有中国家庭在他们居住的地方注册登记，并分为农业或非农业（农村或城市）两类户口。这一制度将中国分割成两个社会（Chan, 2009; Chan, Zhang, 1999），大多数人口被限制在农村，并且很少享有社会主义国家赋予城市居民的权益，从而不仅导致了农村和城市之间的空间分层，也产生了两类不平等的公民（Solinger, 1999; Wu, Treiman, 2004）。在城市地区，单位是个人与国家联系的纽带。单位根据工人在再分配等级中的结构地位，赋予其不平等的社会经济地位和生活机会（Bian, 1994; Walder, 1992; Whyte, Parish, 1984）。有研究记录了中国城市居民个人进入单位的过程及与之相连的社会经济利益（Bian, 1994; Lin, Bian, 1991）。

因为户口和单位是中国再分配经济中的重要制度，所以它们是研究市场经济体制转型如何影响不平等变化的核心。自 20 世纪 80 年代中期以来的经济改革已经改变了单位在城市社会分层中的作用。国有企业被推入市场竞争，即便在国有企业中，产生额外收入和奖励员工能力的差异也进一步增大，而且并不常常与他们在再分配等级中的结构地位相一致（Naughton, 1997; Xie, Wu, 2008）。与市场转型理论的预测相反，教育回报率并没有一直增加，这主要是因为：至少直到 20 世纪 90 年代初，当单位变得更加市场化，虽然奖金

占员工薪酬的比重更大,但是其分配却更加平均(Wu, 2002; Xie, Hannum, 1996)。

20世纪90年代后期的私有经济发展,从根本上重组了中国城市的单位体系,并创造了一个流动性更强的劳动力市场。因此,单位部门/所有权(通常分为政府和事业单位、国有企业、集体企业和私营企业四大类)在社会分层中的重要性似乎在下降(Jansen, Wu, 2012; Lin, Wu, 2009)。谢宇和吴晓刚(Xie, Wu, 2008)发现,虽然单位的部门仅仅能解释劳动者总体收入差异中的一小部分,但单位的财务状况(以盈利能力衡量)仍然是仅次于地区或城市的收入决定因素。因此,单位仍然与分层相关,但因为在单位中资源分配的渠道发生了变化,所以制造不平等的机制可能已经发生了微妙的转变(Li, 2015; Wu, 2002)。进一步的分析表明,不平等主要存在于政府机构/事业单位和企业之间。即便考虑到个人选择之后,组织收入的差异(结构效应)依然存在(Wu, 2013)。

与单位相比,即使在改革后期,户口在社会分层中依然发挥了极为突出的作用。研究发现,在考虑到居住地后,农村户口显著降低了一个人的受教育程度和加入中国共产党的机会(Wu, 2011; Wu, Treiman, 2004),甚至在今天,农村和城市户口的拥有者在学校教育和收入上的差距仍然很大(Hao et al., 2014; Liu, 2005)。虽然出生时的户口状态可以被认为主要是先赋的属性,但是农村居民还是可以通过一些有限的渠道获得城市户口,例如接受职业/高等教育或入党、服兵役(Zhang, 2015)。然而,这些资源的获得反过来又受到家庭背景的限制,包括户口出身(Wu, Treiman, 2004)。虽然将一个人的户口从农村转变为城市是向上社会流动的核心途径,但在中国社会,选择性过程塑造了代际职业流动模式(Wu, Treiman, 2007)。因此,在现有城市人口中,父母与子女的职业地位存在关联较弱(Blau, Ruan, 1990; Lin, Bian, 1991; Whyte, Parish, 1984),这主要是城乡分割以及城市中对农村出身人口的选择的结果,而不是国家平等主义政策所导致的。

经济改革放松了通过户口制度使农村人口向城市迁移的行政控制,而在改革时期,移民进入城市,户口遇到单位,原有的社会边界变得更加明显。许多城市地方政府将继续明确以户口作为提供补贴、福利和公共服务的依据,并歧视没有当地户口的移民。这种制度性的歧视在政府和公共机构中比在公有企业中更为严重。通过不同就业部门的比较,我们发现:随着再分配制度逐渐被侵蚀,并让位于具有竞争性的劳动力市场,户口在中国社会分层中的作用可能正在逐渐式微。事实上,农民工已在城市私营部门享受到了些微的优势(Wu, Song, 2014; Zhang, Wu, 2017)。除了城乡户口的分割外,本地户口和非本地户口在决定劳动者进入不同的部门、职业成就和收入方面也起着重要的作用(Li et al., 2015)。在城市化高速发展的过程中,许多农村被直接纳入城市,其居民获得了城市户口身份。随着城市户口选择性的下降,其社会经济意义发生了相应的变化。今天,城市户口的收益主要存在于那些通过自身努力获得户口的人群中(Wu, Zheng, 2018)。

## (三)机会:流动性视角和微观层次的分类过程

鉴于宏观层面制度转型与个人收入不平等之间存在的理论鸿沟,一批新的研究更进一步迈向了微观视角,将这一变迁过程更明确地表叙为转型如何改变劳动力市场中的机会结构以及个体如何通过跨越不同的位置来应对不断变化的机遇。一个显著的例子是劳动者从公有部门(国家和集体所有)到私有部门的流动。1990—2016年,在城市公有部门就业的劳动者比例从 81.5%下降到16.0%(中国国家统计局,2017;Li, 2013)。劳动者进入私有部门主要通过两种性质不同的机制——通过裁员将他们非自愿地推向市场和通过他们的自我选择自愿进入市场(Lee, 2000; Wu, 2010b)。这两个群体可能具有不同的特征。劳动者的市场表现取决于他们何时以及如何进入市场。虽然后来进入市场者的收益确实增加并得到更高的回报,但是那些早期进入者比那些留在公有部门的人既没有获得更高的收入也没有获得更高的教育回报(Wu, Xie, 2003)。更具体地说,在晚期进入者中,只有自愿进入者比那些留在公有部门的人享有更多的收入优势,而且进入市场对收入的因果效应与进行这种转型的倾向性呈负相关(Wu, 2010b; Xie, Wu, 2005)。

可以肯定的是,这种差异化的分类过程取决于宏观层面的制度变迁,并与劳动力市场中机会结构的变化相互作用。虽然自雇佣为那些在国家社会主义条件下被剥夺社会经济机会的人提供了一个主要的流动途径,城市劳动力市场于是逐渐形成了一个二元机会结构,私营部门为社会流动提供了一种可替代的且越来越有吸引力的职业道路(Davis, 1999)。因此,数据分析表明,教育和干部身份都阻碍了城市非农村人口进入自雇佣业。但是,随着时间的推移,城市干部越来越有可能成为自雇佣者,而只有那些在中国城市改革后期成为自雇者的人,才能享受到比工薪者更高的收入(Wu, 2006)。

劳动力市场中个体劳动者的差别分类过程及其所致的合成后果导致了结构的变化,具体反映在劳动力构成和收入不平等上。1996—2010 年收入不平等增长的近一半是由于教育回报的增加;另一半可归因于劳动力构成的变化,特别是公有部门的收缩和农村向城市移民的激增(WIL,2017;Zhou,2014)。

## 三、 新的数据搜集、研究设计和方法

对中国社会不平等和分层的早期研究主要基于农村或城市地区的一个地点的横截面调查数据,使得经验结果既不能比较,一般也不能综合。自 2000 年以来研究的大部分进展都得益于越来越多的具有全国代表性的住户调查数据的可获得性,以及新的研究设计和方法。

### (一) 新数据的搜集

"当代中国的生活史和社会变迁"(LHSCC)调查完成于 1996 年,是当代中国社会调查发展里程碑式的项目。虽然之前的一些研究已尝试从多个地点搜集调查数据(例如 Nee,1996;Xie,Hannum,1996;Zhou,2000a),但直到 LHSCC 调查问世,才出现了覆盖全国的概率样本数据,且该调查特别关注社会分层。该调查是一个多阶段、分层的全国概率样本调查,受访者共有 6090 名成年人,年龄在 20—69 岁之间,且来自除西藏外的中国各个地区。此外,该调查区分农村和城市地区样本,共完成 3003 个农村样本和 3087 个城市样本,它们以恰当的权重构成了一个全国样本(Treiman,Walder,1996)。[①] 该调查问卷收集了受访者生活史和其家庭成员特征的广泛信息,为研究中国社会的不平等和流动性提供了一个综合性的数据库。20 世纪 90 年代在中国进行的所有调查中,它是在样本设计、质量控制和技术文件的提供等方面都达到最高的专业标准的调查。

"中国综合社会调查"(CGSS)于 2003 年启动,以美国综合社会调查为蓝本,是对除西藏以外所有省级地区的全国代表性样本进行年度或两年一度的截面数据的调查,但 2003 年的调查仅包括城市样本。类似于 LHSCC,CGSS 采

---

① 参见 www.library.ucla.edu/social-science-data-archives/life-histories-social-change-china。

用按地区和教育分层,包括农村和城市人口信息的多阶段随机抽样,最终从每个抽样住户中随机抽取一名 18 岁或以上的居民作为调查对象(Bian, Li, 2012)。此外,每一轮调查的样本量不同,在不同年份大约有 6000—12 000 个的样本量。虽然 CGSS 项目主要包括一般性的主题,也具有开放性,但是分层和流动是其首要主题。尤其在 2003 年和 2008 年的 CGSS 数据中,包含着有关教育和工作经历的详细回顾性信息。学者们可以分析这些信息,以解释改革前和改革期间有关教育分层和职业流动的各种问题。自 2003 年以来积累的 CGSS 调查提供了一个不断更新的全国性的数据集,用于跟踪长期的社会变化。① 该数据也可以和以往的调查(例如 LHSCC)相比较,以评估经济发展和私有化关键时期的中国社会不平等模式的变化。

虽然重复性的横截面数据对于研究宏观层面随时间而变的社会变迁有用,但它们在解决个体变迁和因果关系方面问题的作用有限(Firebaugh, 2008)。2010 年启动的"中国家庭追踪调查"(CFPS)反映了人们对于在中国搜集面板数据的强烈愿景。CFPS 旨在从一个近乎具有全国代表性的样本(覆盖全国 94%的人口的 25 个省级地区)库中搜集社区、家庭和个人层面多个领域的综合信息。它采用多阶段、潜在分层和以人口规模等比例抽样的方法,并采用城乡一体化的抽样框架,将被调查地区划分为六个代表性层级(上海、辽宁、河南、甘肃、广东和其他)。它收集了有关抽样住户和所有个体家庭成员的详细信息:基准调查采访了来自 14 960 个家庭的 33 600 名成人和 8990 名儿童,直到 2020 年访问员每两年就会对其进行一次跟踪回访(Xie, Hu, 2014)。② CFPS 为研究人员提供了涵盖多个领域和多个层次的不平等的高质量综合性数据。随着更多期面板数据的积累,研究人员可以分析个体在家庭和社区环境及他们过去的经历影响下随时间而变化所形成的个体发展的因果路径(如 Xie et al., 2015; Zhang et al., 2014)。

除了 CGSS 和 CFPS 之外,还有"中国家庭收入调查"(称为 CHIP:1988、1995、2002、2007 和 2013)。2002 年以后 CHIP 还增加了一个针对移民的特殊样本,为经济学家和社会学家追踪中国收入分配的动态变化提供了重要的数据来源(Griffin, Zhao, 1993; Gustafsson et al., 2008; Li et al., 2013; Riskin et al., 2001)。最后,中国的人口普查也提供了有价值的数据。其中,2000 年和

---

① 详见 http://cgss.ruc.edu.cn。
② 详见 http://www.iss s.pku.edu.cn/cfps/en/index.htm。

2010年的人口普查收集了10%的家庭的长表数据。2005年还有1%的人口抽样调查(又称"小普查"),它是在两次人口普查之间进行的,收集的信息包括受访者的工作收入、单位部门、工作时间、附加福利和就业状况,以及其他人口统计数据。这些人口普查是社会科学家追踪大规模社会变化和社会经济不平等趋势的不可或缺的数据来源(例如 Treiman, 2013; Wu, He, 2015)。

## (二) 研究设计和方法

以往关于中国社会的知识主要与区域研究紧密联系在一起,区域研究通常依赖于质量不好的数据和描述性工具,因此在社会科学学科中只占据了边缘的地位。自20世纪80年代后期以来,对中国社会不平等的研究已经变得更具有学科化和理论导向:最初以关于市场转型的争论为例,其后,这种转变通过深思熟虑的研究设计和严谨的实证分析方法得到进一步巩固。

以对市场化这个概念的操作化为例。一种直接的方法是利用时间的推移,将时间的变化归结为市场化的影响(例如 Bian, Logan, 1996; Hauser, Xie, 2005; Nee, 1989; Shu, Bian, 2003)。然而,市场化的影响可能与以其他不同方式影响分层的社会经济趋势(例如,经济增长)相混淆(He, Wu, 2018; Walder, 2002)。另一种方法是比较单位不同部门之间的不平等模式,特别是国有和市场部门(Zhao, Zhou, 2002)或更精细分类的部门(例如 Wu, 2002; Wu, Song, 2014; Zhou, 2000a),以测量市场影响力的单调增加。这种方法虽然易于操作,但可能会忽视劳动者被筛分到不同部门的过程与市场化之间的内生性关系(Wu, Xie, 2003)。最后一种方法是通过划分区域类型(按地区分组)(Nee, 1996)或使用特定的区域或城市统计数据来估算当地的市场化程度(例如 Bian, Zhang, 2002; Cohen, Wang, 2009; He, Wu, 2017; Xie, Hannum, 1996)。

上述设计不仅可以通过搜集大样本量的调查数据,还可以通过应用高级统计方法来实现。为显示与特定结构因素(例如职业、就业部门)相关的收入不平等的来源,学者们使用计量经济学中的布朗(Brown et al., 1980)分解方法,发现农村移民的收入劣势主要应该归因于基于户口状况的职业隔离,而不是同工不同酬的歧视,而政府和事业单位的隔离效应比企业更为突出(Zhang, Wu, 2017);新疆维吾尔族与汉族之间的收入不平等主要来自部门内部的差异,而汉族移民与汉族当地人之间的收入差异主要缘于部门隔离(Wu, Song, 2014)。

在某些情况下,学者们有时可能有兴趣评估不同因素在特定时间点或一段时间内导致收入不平等的相对作用。使用偏 $R^2$ 作为度量,即包含所有其他自变量后由决定因素解释的方差的净比例,在 1999 年的一项研究中,研究者发现城市和单位的盈利能力是造成中国城市收入不平等最重要的因素(Xie, Wu, 2008)。区域和城乡居住类型依然是解释 2010 年全国收入不平等的两个主要因素,其次是教育(Xie, Zhou, 2014)。通过使用重复横截面数据分析收入不平等的趋势,学者提出了新的方法,同时模拟群体均值和方差,并将总体的收入不平等归因于不同收入来源的变化(Jansen, Wu, 2012; Zhou, 2014)。

由于可以获得回顾性生命史数据,研究人员可以应用事件史分析以解决个体生命历程中的依赖关系和时间变化等问题。将入党和改变工作岗位的相对时间纳入分析模型,可以使研究人员更准确地检验党员身份是否有助于职业获得或者晋升是否会导致个体入党(Walder et al., 2000)。入党和接受大学教育之间的关系可以用类似的方法进行分析(Li, Walder, 2001)。事件史分析也可以用来研究依赖关系在不同的历史时期如何变化,例如农村出生人口中的户口转换率(Wu, Treiman, 2004),中国农村和城市干部如何随着时间的推移进入自雇职业(Wu, 2006),或者是研究不同改革时期的职业变化(Li, 2013; Zhou et al., 1997)。

20 世纪 90 年代的分层研究越来越多地采用多层次的分析设计和方法(Treiman, Ganzeboom, 2000),研究中国分层的学者也与时俱进。鉴于区域发展不平衡是中国经济和社会最突出的特点之一,学者们经常采用与地区统计相关的全国性大样本数据,运用多层次模型来研究不平等模式如何随当地环境而变化(Hauser, Xie, 2005; He, Wu, 2017; Xie, Hannum, 1996)。

内生性一直是社会科学研究中的一大关注点(Morgan, Winship, 2014)。追踪数据模型用于考察重要但潜在的个体属性,以检验中国城市收入决定因素的变化(Zhou, 2000a)。随着如 CFPS 等项目的多轮家庭调查数据的积累,追踪数据分析模型被更频繁地用于研究中国不平等的动态变化(例如 Xie, Jin, 2015)。另一方面,由于追踪数据并非总是可用的,其他有望用观测数据评估因果效应的统计方法也越来越受欢迎。例如,倾向值得分匹配分析方法可以使研究人员总结实验组和对照组之间的所有差异,并根据二元 logit 模型估算倾向得分(Guo, Fraser, 2009)。它已被用于研究公有和私有部门工人之间(Wu, 2010b; Xie, Wu, 2005),在不同类型的单位中(Wu, 2013),移民与本地工人之间(Zhang, Wu, 2017),以及通过不同机制将户口从农村转为城市的人之间的不平等(Wu, Zheng, 2018)。尽管研究人员越来越清楚地意识到因果推断可能存在的一些问题,但其他先进的统计模型,如工具变量法、双重差分法和赫克曼选择模型,应用于中国社会分层问题研究也有待加强。

## 四、不平等和分层研究中的新主题

阶级、性别和种族/民族是社会学研究不平等的三个重要维度。随着高质量数据的搜集和高级统计方法的应用,研究中国社会分层的学者在关注中国制度变迁的背景下因人力资本和政治权力对收入的影响导致(教育、财富和住房)的不平等和其他不同的结果外,也开始探索有关不平等(阶级、性别和种族)更广泛的维度。

### (一)将阶级带回来

自20世纪90年代中期以来,私有产权的大幅增长导致了社会贫富之间的两极分化。这种变化重新唤起了学界对社会阶级研究的学术兴趣(Goodman, 2014)。中国的新兴中产阶级成长于私有部门,通过市场竞争不断壮大。他们不仅对自己的公民权和财产权更有意识,而且还具有更多的文化和经济资源来维权,这使得他们的政治态度和社会价值成为学界关注的焦点(Cai, 2005; Goodman, 2014; Wu, Cheng, 2013)。与此同时,主要由私有部门的农村移民组成的新工人阶级的出现,也为研究中国的劳动争议和集体行动提供了重要视角(Chan, Selden, 2016; Pun, 2005)。

我们应该如何在中国背景下定义社会阶级?在比较社会分层研究中,一种方便的选择是埃里克森-戈德索普-波托卡雷罗(EGP)的阶级分类法,该分类法将所有职业分为六类:专业人员/管理人员、常规非手工业者、小型业主、工头和熟练的体力劳动者、半熟练和非技术工人以及农民(Erikson et al., 1979)。然而,吴晓刚和唐启明(Wu, Treiman, 2007)的研究已经显示,根据中国经验数据估计的EGP阶级计划的尺度指标并不遵循西方国家的梯度顺序,他们认为该分类忽略了中国的户口制度和城乡之间的分割。基于职业分化以及对组织资源、经济资源和文化资源的占有,中国社会科学院的研究人员将中国分为10个社会阶层,包括国家行政人员、经理、私营企业主、专业人士、常规非手工业者、自营职业者、服务业工人、制造业工人、农民和失业/半失业者(陆学艺,2002)。

从新马克思主义的理论出发(Wright, 1997),林宗弘和吴晓刚(Lin, Wu, 2009)基于国家社会主义的特殊制度,如户口、单位、干部和工人之间的地位区别(Bian, 2002),以及新兴私有制,提出了一套中国的阶级分类法。每个阶级分别与生产性资产的不同形式相关联,即劳动力、组织、权威、技能和资本。与 EGP 阶层划分或社科院阶层划分相比,作者认为该分类法可以更好地反映出中国主要维度的社会经济差异。正在进行的制度变迁对不平等结构的影响体现在阶级结构的转型和以不同生产资料进行定义的阶级回报率的变迁上。实证分析表明,中国的经济改革削弱了户籍系统和与单位相关的组织资产的影响,但是,权威、技能和经济资本在产生不平等方面的作用得到了加强。

## (二)性别分层的动力学

尽管中国女性的受教育程度已赶上男性(Laverly et al., 1990; Wu, Zhang, 2010),但自 20 世纪 90 年代中期以来,中国女性似乎在市场化进程中表现得更糟(Gustafsson, Li, 2000; Song et al., 2017)。早期的研究表明,1988—1995 年,中国城市中的性别收入不平等发生一定程度的变化(Shu, Bian, 2003),但女性劳动力参与率从 1990 年的 89.4% 下降到 2005 年的 63.5%(Wu, Zhou, 2015),女性的平均收入与男性相比也有所下降,从 1988 年的 86.3% 下降到 2004 年的 76.2%(Zhang Junsen et al., 2008),以及 2007 年的 70.6%(Song et al., 2017)。尽管经济发展给予女性在劳动力市场中更多的机会,但这种下降在很大程度上要归因于市场化的影响(He, Wu, 2018)。总而言之,市场化是塑造性别收入不平等的主导力量(参见 Cohen, Wang, 2009)。

市场化如何使得女性在劳动力市场中处于越来越不利的地位?一个论点指出:雇主歧视女性的情况越来越严重,而在国家社会主义制度下这是被严厉禁止的,且有悖于在城市单位制度下同工同酬的分配原则(Honig, Hershatter, 1988)。在改革时代,特别是自 20 世纪 90 年代中期以来,对利润、生产率和效率的强调超过对社会公平的强调,促使包括国有企业在内的公司在招聘和工作分配中表现出对女性的统计歧视(He, Wu, 2018)。另一个论点则强调由职业性别隔离发生变化而导致的影响,意味着男性倾向于填补薪水更高的工作,而女性倾向于流入薪酬较低的职业(李汪洋、谢宇,2015;Shu, 2005)。市场化导致了更高水平的职业性别隔离,并扩大了中国城市性别收入的不平等(He, Wu, 2017)。

无论是直接歧视还是职业隔离都存在于市场(公共领域)中,但家庭内部的性别关系也发生了同样深刻的变化。公私两领域之间的相互作用提供了一个分析的视角,以加深理解中国女性在劳动力市场上日益恶化的状况(Ji et al., 2017)。在大规模的市场化之后,单位所承担的社会责任被剥夺,例如育儿和社会服务。这些服务被转移回私人家庭,通过市场或通过女性在家的未获酬劳的工作形式来解决。这种变化促进了公共与私人领域之间的分离,在工作与家庭之间产生了较以往更大的冲突,特别是对于已婚女性来说(Ji et al., 2017; Zuo, Bian, 2001)。对女性就业和收入的统计歧视可能与她们在家庭中的角色有关,因为她们通常被认为会将较少的精力投入工作,而更可能辞职回归家庭(Cao, Hu, 2007)。女性,特别是那些有小孩的女性,可能不得不花更多的额外时间在家务上(Zhang Yuping et al., 2008),并选择退出有偿劳动(Maurer-Fazio et al., 2011; Wu, Zhou, 2015)。女性的生育状况也会影响女性的职业发展,而这一影响往往在改革后期愈加明显(He, Wu, 2021)。

### (三) 中国经济转型中民族平等的探索与努力

在2008—2009年之前,中国社会分层的海量文献中有关民族层面的不平等议题曾被长期忽视。现有研究表明少数民族在经济方面落后于汉族(Gustafsson, Li, 2003; Wu, Song, 2014)。然而,在特定的区域背景下对少数民族与汉族的二元关系进行系统分析,结果未显示出清晰的相关性。因为少数民族之间存在着较大的异质性,其中,一些少数民族与汉族人口的融合程度较高的地区,其经济地位要显著高于其他少数民族地区(Wu, He, 2016)。

20世纪50年代初,中国颁布了一系列旨在促进民族平等的政策,包括民族区域自治制度和一系列有利于少数民族的优惠政策。虽然有证据表明,少数民族受益于优惠政策(Hannum, Xie, 1998; Tang et al., 2016),但政策依然未能全面改变少数民族的社会经济弱势地位,还需要更多研究者投入到政策和民族议题研究中,以完善政策制定与实施。另一方面,民族区域自治却增强了少数民族对其民族的认同(Wu, He, 2018)。

在市场化进程中,如何促进少数民族地区的经济发展?在改革初期,民族教育差异似乎有所增加,可能对少数民族在劳动力市场中的表现产生重要影响(Hannum, 2002)。例如,在新疆,在控制教育和其他特征的情况下,相较于汉族当地人或移民,维吾尔族人更有可能在政府或机构中工作,而当地汉族或移民则更有可能成为自雇者。在政府和事业单位中,汉族和维吾尔族的收入差距可以忽略不计,但在自雇部门中收入差距最大,其次是私营企业和公有企业中的员工。经济部门的汉族移民享有特别的收入优势,而且除在政府和事业单位外,他们的户口身份对收入几乎没有影响(Wu, Song, 2014)。如果部门差异被视为表示国家保护的减少和市场力量影响力的增强,维吾尔族在中国的市场化进程中表现更差,而汉族农民工则获得了更多的经济机会。

## (四) 教育不平等与社会流动

中国 40 年的经济改革使得人们的受教育机会急剧增加。自 1980 年至 20 世纪 80 年代末中国政府制定了普及初等教育的目标,而到 20 世纪 90 年代又制定了九年义务教育目标(Treiman, 2013; Tsui, 1997)。随着教育投入的增加,这些目标已经基本实现。到 20 世纪 90 年代中期,6—15 岁儿童入学率已达到 98%。完成小学后,初中的入学率在经历了 20 世纪 80 年代中期的最初下降后,到 1995 年也已达到 90%,2008 年更达到 99.5%。相比之下,直到 2005 年,超过义务教育范围的高中教育的扩张还相当缓慢(参见 Wu, Zhang, 2010: 表 1)。

社会分层学者关注的一个关键问题是:学校扩张是否为来自弱势家庭背景的儿童提供了更多机会? 不平等最大限度维持论(MMI)(Raftery, Hout, 1993)认为,许多国家的教育扩张并未给弱势家庭孩子升学提供更好的机会,因此,家庭背景与受教育水平之间的相关性并没有改变(Shavit, Blossfeld, 1993)。中国的经验为 MMI 理论提供了支持。在教育机会扩大的同时,伴随的是 20 世纪 90 年代快速的市场化和不平等的加剧(Hannum, 2005)。康奈利和郑真真(Connelly, Zheng, 2007)的分析显示,由于城市地区的发展优于农村地区,因此上高中或职业学校的城乡差距不断扩大。吴晓刚(Wu, 2010a)的多元分析发现,在 1990—2000 年,城乡间(户口)初中升入高中的可能性的差距扩大,即使在考虑到经济发展不平衡的地区差异之后,父亲的社会经济地位对升学的影响也在显著增加。这些研究结果表明:在教育扩张过程中,家庭背景对教育的影响得到了加强,教育负担能力已成为公众最关注的问题之一。因此,对家庭社会经济资源如何影响孩子的教育机会的分析具有重要的意义(Wu, 2010a)。

在义务教育之外,自 1999 年以来,中国的高等教育规模也出现了前所未有的扩张。与西方国家的经验不同,中国的教育扩张是在中等教育完全发展之前突然的政策转向(Wang, 2014; Wu, Zhang, 2010)。自 20 世纪 90 年代末以来,高等教育机会的持续扩张使得女性和来自城市地区的学生,特别是大城市的学生受益(Tam, Jiang, 2015; Wu, Zhang, 2010)。管理者和专业人士的孩子现在较之以往更有可能进入大学(Yeung, 2013)。除了影响进入大学的机会外,家庭背景继续在将学生分入不同的学校(Wu, 2017)和不同的学习领域(Hu, Wu, 2019)中发挥重要作用。进入重点高中可以帮助学生在高考中取得更高的分数,从而获得进入更优质大学的机会(Ye, 2015)。旨在招收具有除考试成绩以外的才能的学生的特殊招生政策基本上对家庭背景优渥的考生更加有利(Liu et al., 2014; Wu et al., 2018)。证据还表明,进入精英大学的学生在劳动力市场上的回报率比平均薪酬高出 10.7%,对于有受过良好教育的父亲的学生来说甚至更高(Li et al., 2012)。

这些研究发现对代际社会流动和中国社会结构的变迁有何影响?尽管有很多人抱怨社会流动性下降和社会阶层僵化,但很少有研究者专门研究代际社会流动的趋势,尤其忽视教育在其中的作用。周翔和谢宇(Zhou, Xie, 2017)证实,尽管经济发展和工业化导致大量从农业向非农业的社会流动,但 1996—2012 年,非农职业的社会流动性下降。虽然这些发现在一定程度上支持了在俄罗斯发现的市场化增强地位的代际传递这一主张(Gerber, Hout, 2004),但教育如何影响流动出身与目的地之间联系的强度仍有待后续研究。

## (五) 财富和住房不平等

财富分配的不平等及其社会和政治后果越来越被看作 21 世纪不平等主题的一个重要方面(Piketty, 2014)。数十年来特别是自 21 世纪以来,中国经济的快速发展导致了大量私人财富的积累。虽然 1988 年搜集的数据显示中国农村的财富不平等程度相对较小,但随着经济市场化和私有化的快速发展,财富不平等随着时间的推移而不断增加(Davis, Wang, 2009; Li, Zhao, 2008; Zhao, Ding, 2008)。根据谢宇和靳永爱的研究(Xie, Jin, 2015: 203),2012 年中国家庭的平均财富为 422 000 元,比 2010 年增长 18.4%。此外,中国的家庭财富不平等比收入不平等严重得多。财富的基尼系数估计为 0.73,而收入的官方统计基尼系数仅为 0.474。① 财富拥有量占比前 10% 的家庭所拥有的财富,是后 10% 家庭所拥有财富的 33 倍,相应的收入不平等数字仅为 13.1 倍。住房资产占全国家庭财富的 73.9%,其中,中国城市占 78.7%(Xie, Jin, 2015: 212)。

住房作为一种稀缺的公共资源,曾经在城市社会分层中发挥了关键作用。由于工资低且分配相对平等,以名义成本获得公有住房是一项重要的非货币政策,并且分配公寓的规模和质量在很大程度上视单位和个人职业情况而定(Logan et al., 2009; Walder, 1992)。随着公有企业的快速私有化,1998—2003 年,住房商业化开始实施(Sato, 2006)。占有住房的租户可以购买也可以转售由单位分配给他们的住房。商业银行开始提供抵押贷款,人们开始寻找新的和更好的房源(Wang et al., 2005)。

住房所有权率迅速上升(Li, Wang, 2012; Zhu et al., 2014),并出现了一种新的造富机制。虽然在国有部门工作的城市居民获得私有化住房的机会相对平等,但私有化后不久,干部和专业人员以房屋净值的形式拥有的财富远远超过其他人,这主要是因为他们之前的公寓更新更优质(Song, Xie, 2014; Walder, He, 2014)。没有当地户口的农民工被排除在城市福利系统之外,因此在获得住房方面一直处于不利地位(Logan et al., 2009)。结果是:以成熟市场经济的标准来衡量,2002 年由住房私有化导致的私人财富差距很小(Walder, He, 2014);然而,自 2003 年以来蓬勃发展的房地产市场和飙升的房价,特别是在某些大城市,进一步增强了现有住房拥有者的优势,导致贫富差距扩大,特别是在拥有房产和无房产的个体之间。基于 CFPS 数据的新近研究发现,政治资本对房产的财富积累影响较大,而市场因素对于非房产的财富积累影响更大(Jin, Xie, 2017)。

尽管住房是公众讨论的热门话题,但对住房不平等的模式和趋势进行严格的实证分析却少之又少,研究住房所有权的社会政治后果的文献更少。於嘉和谢宇(Yu, Xie, 2015)发现,中国改革后期,当地的城市住房价格显著地改变了教育对初婚时间的影响。李骏和王洪波(Li, Wang, 2012)研究住房产权对城市居民参与居民委员会选举和地方人大选举的影响,发现拥有住房的居民比租户更有可能对两者投票,尽管这种影响似乎只存在于主要由商业房组

---

① 后者可能被低估,大多数研究人员认为中国 2010 年收入的真实基尼系数在 0.51 至 0.53 之间(Xie, Zhou, 2014)。

成的社区中,而不是私有化的公有住房中。住房可以成为城市中产阶级形成的基础(Tang,2017;Tomba,2016)、财产代际传递和健康以及主观幸福感的社会经济差异的主要来源。在其他后社会主义国家,住房也会影响家庭形态、政治取向和行动(Zavisca,Gerber,2016)。因此,该问题值得未来在中国情境下进行更系统的研究。

## 五、总结和结论

自30多年前倪志伟(Nee,1989)提出关于市场转型理论的开创性工作以来,有关中国的不平等和分层研究成果远远超出了传统的区域研究,成为最活跃的研究领域之一。研究的繁荣,特别是自20世纪90年代中期以来的快速发展,得益于强调具体制度在塑造不平等模式中的作用、提高数据分析和解释的严谨性以及关于不平等和分层的研究新主题。以实证为导向的中国研究不仅提供了社会和结构变化的全面图景,而且为社会分层和流动的比较研究提供了坚实的基础。

为了进一步推进这一领域的研究,未来的研究可能会充分考虑以下几个方面。首先,我们需要新的理论来解释后社会主义中国[①]不平等的变化。现在已积累了大量的实证分析和证据,而新证据的理论化应该提上议程。自20世纪90年代中期以来中国的私有化以及近年来国家力量的回转,已促使社会科学家更深入地思考政治和经济因素在塑造不平等模式时是如何与其他社会和人口变量相互作用的。2010年后的这一段时期,中国收入不平等的基尼系数从2008年的0.491下降到2015年的0.465(中国国家统计局,2017;Xie,Zhou,2014),这一下降并非偶然。发现下降背后的驱动力需要社会科学家继续对国家政策在社会不平等方面起到的作用进行理论反思(Kanbur et al.,2017)。

其次,一些重要的观点和概念(例如生命历程视角、职业隔离)已经从西方社会学界引入,但应该更多地致力于直接比较中国的证据与来自其他社会的证据。CGSS由国际社会调查和东亚社会调查组成,其中包括一些国际和区域比较研究的问题。[②] 将中国与国际比较作为重点可能是一个有前景的领域。

---

① 指苏联解体和东欧剧变后的中国。
② 更多信息请访问 http://www.issp.org 和 http://www.eassda.org。

与此同时,基于中国省/县层面的地方分析具有广阔的范围和高度的区域异质性,对于界定现有理论和检验新理论都具有重要意义。

再次,中国的社会和经济转型不会停歇,同样也绝不是单维的。虽然中间制度是理解后社会主义中国不平等的连续性和变迁的关键,但这些制度也在经历着巨大的转变。因此,需要重新分析并谨慎解释制度形塑分层的方式。例如,与城市户口状况相关的福利可能取决于在施行不同政策的城市中获得户口的不同选择性方式(Wu, Zheng, 2018)。这些制度可能会影响个人的职业决策和收入。例如,一旦取消单位育儿服务,对于已婚女性而言可能会使其家庭和工作之间的关系更加紧张,并会对其在工作场所的劳动力参与、职业发展和性别不平等产生负面影响(He, Wu, 2021; Ji et al., 2017)。

对"不平等是如何产生的"的更好理解,可以通过在具体情境中、在单一城市或多个城市中的更加地方化的研究来实现。例如,一项新的综合数据的搜集,即"上海都市社区调查",搜集了中国最大都市的社区、家庭和个人的纵向信息(Miao et al., 2019)。自20世纪90年代中期以来,随着城市化进程的加快,移民人口越来越多地前往几个拥有大量经济机会的大都会地区(Liang, 2016)。人口的空间集中对基础设施建设和公共服务提出了很高的要求,也使中国城市成为社会研究的巨大实验室(例如移民、住房、城市贫困和不平等、社区/邻里街区)。城市不平等及其相关后果将成为一个重要议题。西方社会已经对居住隔离和社区在产生社会不平等中的作用进行了深入分析,同样,该议题在中国城市不同制度环境中的不同表现值得学者更多关注(Ren, 2018)。

最后,不平等和社会流动的下降一直是许多国家政府近年来试图解决的具有严重后果的急迫问题。研究者对于未来中国不平等和分层的研究应该更多地参与到有关国家社会和经济政策的讨论中(例如 Gustafsson et al., 2008;李实等,2017)。研究中国不平等和社会流动的人员也应该分享他们的研究结果,与更广泛的民众一起,更好地为公共政策的制定和解决当前的不平等和贫困问题做出贡献。

# 参考文献

李实、岳希明、史泰丽,2017,《中国收入分配格局的最新变化》,北京:中国财政经济出版社。

李汪洋、谢宇,2015,《中国职业性别隔离的趋势:1982—2010》,《社会》第 6 期,第 153—177 页。

陆学艺,2002,《当代中国社会阶层研究报告》,北京:社会科学文献出版社。

中国国家统计局,2017,《2017 中国统计年鉴》,北京:中国统计出版社。

Bian, Yanjie, John Logan. 1996. "Market Transition and Persistence of Power: The Changing Stratification System in Urban China." *American Sociological Review* 61: 739-758.

Bian, Yanjie, Zhang Zhanxin. 2002. "Marketization and Income Distribution in Urban China, 1988 and 1995." *Research in Social Stratification and Mobility* 19: 377-415.

Bian, Yanjie, Li Lulu. 2012. "The Chinese General Social Survey (2003-2008): Sample Designs and Data Evaluation." *Chinese Sociological Review* 45: 70-97.

Bian, Yanjie. 1994. *Work and Inequality in Urban China*. Albany, NY.: SUNY Press.

——. 2002. "Chinese Social Stratification and Social Mobility." *Annual Review Sociolology* 28: 91-116.

Blau, Peter M., Ruan Danqing. 1990. "Inequality of Opportunity in Urban China and America." *Research in Social Stratification and Mobility* 9: 3-32.

Brown, Randall S., Marilyn Moon, Barbara S. Zoloth. 1980. "Incorporating Occupational Attainment in Studies of Male-Female Earnings Differentials." *Journal of Human Resources* 15(1): 3-28.

Cai, Yongshun. 2005. "Home Owners' Resistance in Urban China: The Case of A Moderate Middle Class." *Asian Surv.* 5: 777-799.

Cao, Y., Hu Chiung-Yin. 2007. "Gender and Job Mobility in Postsocialist China: A Longitudinal Study of Job Changes in Six Coastal Cities." *Social Forces* 85(4): 1535-1560.

Cao, Yang, Victor Nee. 2000. "Comment: Controversies and Evidence in the Market Transition Debate." *American Journal of Sociology* 105: 1175-1189.

Chan, Jenny, Mark Selden. 2016. "China's Rural Migrant Workers and Labour Politics." pp. 362-382, in *Handbook on Class and Social Stratification in China*, edited by Yingjie Guo. Cheltenham, UK: Edward Elgar.

Chan, Kam Wing, Zhang L. 1999. "The Hukou System and Rural-Urban Migration in China: Processes and Changes." *The China Quarterly* 160: 818-855.

Chan, Kam Wing. 2009. "The Chinese Hukou System at 50."*Eurasian Geography and Economics* 50(2): 197-221.

Cohen, Philip N., Feng Wang. 2009. "Market and Gender Pay Equity: Have Chinese Reforms Narrowed the Gap?" pp. 37-53, in *Creating Wealth and Poverty in Postsocialist China*, edited by Deborah S. Davis, Feng Wang. Stanford, CA.: Stanford University Press.

Connelly, Rachel, Zheng Zhenzhen. 2007. "Enrollment and Graduation Patterns as China's Reforms Deepen, 1990-2000." pp. 81-92, in *Education and Reform in China*, edited by Emily Hannum, Albert Park. London: Routledge.

Davis, Deborah S, Feng Wang. (eds.). 2009. *Creating Wealth and Poverty in Post-Socialist China*. Stanford, CA.: Stanford University Press.

Davis, Deborah S. 1999. "Self-Employment in Shanghai: A Research Note." *China Quarterly* 157: 22-43.

Erikson, Robert, John H. Goldthorpe, Lucienne Portocarero. 1979. "Intergene-Rational Class Mobility in Three Western European Countries." *British Journal of Sociology* 30: 415-451.

Firebaugh, Glenn. 2008. *Seven Rules for Social Research*. Princeton, NJ.: Princeton University Press.

Gerber, Theodore P., Michael Hout. 2004. "Tightening Up: Declining Class Mobility During Russia's Market Transition."*American Sociological Review* 69(5): 677-703.

Goodman, David S. G. 2014. *Class in Contemporary China*. Cambridge, UK.: Polity Press.

Griffin, Keith, Zhao Renwei. 1993. "Introduction." pp. 1-22, in *The Distribution of Income in China*, edited by Keith Griffin, Renwei Zhao. New York: St. Martin's Press.

Guo, Shenyang, Mark W. Fraser. 2009. *Propensity Score Analysis: Statistical Methods and Applications*. Thousand Oaks, CA.: Sage.

Gustafsson, Björn, Li Shi. 2000. "Economic Transformation and the Gender Earnings Gap in Urban China." *Journal of Population Economics* 13(2): 305-339.

——. 2003. "The Ethnic Minority-Majority Income Gap in Rural China During Transition." *Economic Development and Cultural Change* 51: 805-822.

Gustafsson, Björn, Li Shi, Terry Sicular (eds.). 2008. *Inequality and Public Policy in China*. New York: Cambridge University Press.

Hannum, Emily, Xie Yu. 1998. "Ethnic Stratification in Northwest China: Occupational Differences Between Han Chinese and National Minorities in Xinjiang, 1982-1990." *Demography* 35(3): 323-333.

Hannum, Emily. 2002. "Educational Stratification by Ethnicity in China: Enrollment and Attainment in the Early Reform Years." *Demography* 39(1): 95-117.

——. 2005. "Market Transition, Educational Disparities, and Family Strategies in Rural China: New Evidence on Gender Stratification and Development." *Demography* 42(2): 275-299.

Hao, Lingxin, Alfred Hu, Jamie Lo. 2014. "Two Aspects of the Rural-Urban Divide and Educational Stratification in China: A Trajectory Analysis." *Comparative Education Review* 58(3): 509-536.

Hauser, Seth M., Xie Yu. 2005. "Temporal and Regional Variation in Earnings Inequality: Urban China in Transition Between 1988 and 1995." *Social Science Research* 34: 44-79.

He, Guangye, Wu Xiaogang. 2017. "Marketization, Occupational Segregation, and Gender Earnings Inequality in Urban China." *Social Science Research.* 65: 96-111.

——. 2018. "Dynamics of the Gender Earnings Inequality in Reform-Era Urban China." *Work Employment & Society* 32(2): 726-746.

——. 2021. "Family Status and Women's Career Mobility During Urban China's Economic Transition." *Demographic Research* 44: 189-224.

Heyns, Barbara. 2005. "Emerging Inequalities in Central and Eastern Europe." *Annual Review of Sociology* 31: 163-197.

Honig, Emily, Gail Hershatter. 1988. *Personal Voices: Chinese Women in the 1980's*. Stanford, CA.: Stanford University Press.

Hu, Anning, Wu Xiaogang. 2019. "Science or Liberal Arts? Cultural Capital and College Major Choice in China." *British Journal of Sociology* 70(1): 190-213.

Jansen, Wim, Wu Xiaogang. 2012. "Income Inequality in Urban China, 1978-2006." *Chinese Sociological Review* 45(1): 3-27.

Ji, Yingchun, Wu Xiaogang, Sun Shengwei, He Guangye. 2017. "Unequal Care, Unequal Work: Toward A More Comprehensive Understanding of Gender Inequality in Post-Reform Urban China." *Sex Roles* 77: 765-778.

Jin, Yongai, Xie Yu. 2017. "Social Determinants of Household Wealth and Income in Urban China." *Chinese Journal of Sociology* 3(2): 169-192.

Kanbur, Ravi, Wang Y., Zhang XB. 2017. *The Great Chinese Inequality Turnaround.* Work. Pap., Cent. Econ. Policy Res., London, UK.

Kung, James Kai-sing, Lin Yi-min. 2007. "The Decline of Township-and-Village Enterprises in China's Economic Transition." *World Development* 35(4): 569-558.

Laverly, William, Xiao Zhenyu, Li Bohua, Ronald Freedman. 1990. "The Rise in Female Education in China: National and Regional Patterns." The *China* Quarterly 121: 61-69.

Lee, Hong Yung. 2000. "*Xiagang*, the Chinese Style of Laying off Workers." *Asian Survey* 40(6): 917-937.

Li, Bobai, Andrew G. Walder. 2001. "Career Advancement as Party Patronage: Sponsored Mobility into the Chinese Administrative Elite, 1949-1996." *American Journal of Sociology* 106(5): 1371-1408.

Li, Hongbin, Scott Rozelle. 2003. "Privatizing Rural China: Insider Privatization, Innovative Contracts and the Performance of Township Enterprises." *The China Quarterly* 176: 981-1005.

Li, Hongbin, Meng Lingsheng, Shi Xinzheng, Wu Binzhen. 2012. "Does Having A Cadre Parent Pay? Evidence from the First Job Offers of Chinese College Graduates." *Journal of Development Economics* 99(2): 513-520.

Li, Jun, Wang Hongbo. 2012. "Home Ownership and Political Participation in Urban China." *Chinese Sociological Review* 44(4): 58-81.

Li, Jun, Gu Yanfeng, Zhang Cuncen. 2015. "Hukou-Based Stratification in Urban China's Segmented Economy." *Chinese Sociological Review* 47(2): 154-176.

Li, Jun. 2013. "Job Mobility in Postreform Urban China." *Chinese Sociology Review* 45(4): 81-109.

——. 2015. "Organizational Size and Economic Stratification in Urban China: 1996-2006." *Journal of Chinese Sociology* 2(1): 1-19.

Li, Shi, Hiroshi Sato, Terry Sicular (eds.). 2013. *Rising Inequality in China: Challenges to A Harmonious Society.* New York: Cambridge University Press.

Li, Shi, Zhao Renwei. 2008. "Changes in the Distribution of Wealth in China, 1995-2002." pp. 93-111. in *Personal Wealth from A Global Perspective*, edited by James B. Davies. New York: Oxford University Press.

Liang, Zai. 2016. "China's Great Migration."*Annual Review of Sociology* 42: 451-471.

Lin, Nan, Bian Yanjie. 1991. "Getting Ahead in Urban China."*American Journal of

*Sociology.* 97: 657-688.

Lin, Thunghong, Wu Xiaogang. 2009. "The Transformation of the Chinese Class Structure, 1978-2005." pp. 81-112. in *Social Stratification in Chinese Societies* 5, edited by Kwok-bun Chan, Agnes S. Ku, Yin-wah Chu. Leiden: Brill.

Liu, Limin, Wolfgang Wagner, Bettina Sonnenberg, Wu Xiwei, Ulrich Trautwein. 2014. "Independent Freshman Admission and Educational Inequality in the Access to Elite Higher Education." *Chinese Sociological Review* 46(4): 41-67.

Liu, Zhiqiang. 2005. "Institution and Inequality: The Hukou System in China." *Journal of Comparative Economics* 33: 133-157.

Logan, John R, Fang Yiping, Zhang Zhanxin. 2009. "Access to Housing in Urban China." *International Journal of Urban and Regional Research* 33(4): 914-935.

Maurer-Fazio, Margaret, Rachel Connelly, Chen Lan, Tang Lixin. 2011. "Childcare, Eldercare, and Labor Force Participation of Married Women in Urban China: 1982-2000." *Journal of Human Resources* 46(2): 261-294.

Miao, Jia, Wu Xiaogang, Sun Xiulin. 2019. "Neighborhood, Social Cohesion, and the Elderly's Depression in Shanghai." *Social Science & Medicine* 229: 134-143. https://doi.org/10.1016/j.socscimed.2018.08.022.

Morgan, Stephen L., Christopher Winship. 2014. *Counterfactuals and Causal Inference: Methods and Principles for Social Research*. 2nd ed. Cambridge, UK.: Cambridge University Press.

Naughton, Barry J. 1997. "Danwei: The Economic Foundations of A Unique Institution." pp. 169-94. in *Danwei: The Changing Chinese Workplace in Historical and Comparative Perspective*, edited by Lü Xiaobo, Elizabeth Perry. Armonk: Sharpe.

Nee, Victor, R. Matthews. 1996. "Market Transition and Societal Transformation in Reforming State Socialism." *Annual Review of Sociology* 22: 401-435.

Nee, Victor, Cao Yang. 2002. "Postsocialist Inequalities: The Causes of Continuity and Discontinuity." *Research in Social Stratification and Mobility* 19: 3-39.

Nee, Victor. 1989. "A Theory of Market Transition: From Redistribution to Markets in State Socialism." *American Sociological Review*. 54: 663-681.

——. 1991. "Social Inequalities in Reforming State Socialism: Between Redistribution and Markets in China." *American Sociological Review* 56: 267-282.

——. 1996. "The Emergence of A Market Society: Changing Mechanisms of Stratification in China." *American Journal of Sociology* 101: 908-949.

Pun, Ngai. 2005. *Made in China: Women Factory Workers in A Global Workplace*. Durham, NC.: Duke University Press.

Piketty, Thomas. 2014. *Capital in the Twenty-First Century*. Cambridge, MA.: Harvard University Press.

Raftery, Adrian E., Michael Hout. 1993. "Maximally Maintained Inequality: Expansion, Reform, and Opportunity in Irish Education, 1921-75." *Sociology of Education* 66(1): 41-62.

Ren, Xuefei. 2018. "From Chicago to China and India: Studying the City in the Twenty-First Century." *Annual Review of Sociology* 44: 497-513.

Riskin, Carl, Zhao Renwei, Li Shi. eds. 2001. *China's Retreat from Equality: Income Distribution and Economic Transition*. Armonk, NY.: Sharpe.

Rona-Tas, Akos. 1994. "The First Shall Be Last? Entrepreneurship and Communist Cadres in the Transition from Socialism." *American Journal of Sociology* 100: 40-69.

Sato, Hiroshi. 2006. "Housing Inequality and Housing Poverty in Urban China in the Late 1990s." *China Economic Review* 17: 37-50.

Shavit, Yossi, Hans-Peter Blossfeld. eds. 1993. *Persistent Inequality: Changing Educational Attainment in Thirteen Countries*. Boulder, CO.: Westview Press.

Shu, Xiaoling, Bian Yanjie. 2003. "Market Transition and Gender Gap in Earnings in Urban China." *Social Forces* 81(4): 1107-1145.

Shu, Xiaoling. 2005. "Market Transition and Gender Segregation in Urban China." *Social Science Quarterly* 86(5): 1299-1323.

Solinger, Dorothy J. 1999. *Contesting Citizenship in Urban China: Peasant Migrants, the State, and the Logic of Market*. Berkeley: University of California Press.

Song, Jin, Terry Sicular, Björn Gustafsson. 2017. *China's Urban Gender Wage Gap: A New Direction?* Working Paper, Center for Human Capital & Productivity (CHCP), University of Western Ontario, London. http://hdl.handle.net/10419/180868.

Song, Xi, Xie Yu. 2014. "Market Transition Revisited: Changing Regimes of Housing Inequality in China, 1988-2002." *Sociological Science* 1: 277-291.

Szelenyi, Ivan, Eric Kostello. 1996. "The Market Transition Debate: Toward A Synthesis." *American Journal of Sociology* 101: 1082-1096.

Tam, Tony, Jiang Jin. 2015. "Divergent Urban-Rural Trends in College Attendance: State Policy Bias and Structural Exclusion in China." *Sociology of Education* 88(2): 160-180.

Tang, Beibei. 2017. *China's Housing Middle Class: Changing Urban Life in Gated Communities*. New York: Routledge.

Tang, Wenfang, Hu Yue, Jin Shuai. 2016. "Affirmative Inaction: Education, Language Proficiency, and Socioeconomic Attainment among China's Uyghur Minority." *Chinese Sociological Review* 48(4): 344-366.

Tomba, Luigi. 2016. "Housing China's Inequality." pp. 197-212. in *Handbook on Class and Social Stratification in China*, edited by Guo Yingjie. Cheltenham, UK.: Edward Elgar.

Treiman, Donald J. 2013. "Trends in Educational Attainment in China." *Chinese Sociological Review* 45(3): 3-25.

Treiman, Donald J., Harry B. G. Ganzeboom. 2000. "The Fourth Generation of Comparative Stratification Research." pp. 123-150. in *The International Handbook of Sociology*, edited by Stella R. Quah, Arnaud Sales. London: Sage.

Treiman, Donlad J., Andrew G. Walder. 1996. *Life Histories and Social Change in Contemporary China, 1996*. Data Set M889V1, Harvard Dataverse. https://hdl.handle.net/1902.1/M889V1.

Tsui, Kai-Yuen. 1997. "Economic Reform and Attainment in Basic Education in China." *The China Quarterly* 149: 104-127.

Walder, Andrew G. 1989. "Social Change in Post-Revolution China." *Annual Review of Sociology* 15: 405-424.

——. 1992. "Property Rights and Stratification in Socialist Redistributive Economies." *American Sociological Review* 57(4): 524-539.

——. 1996. "Markets and Inequality in Transitional Economies: Toward Testable Theories." *American Journal of Sociology* 101: 1060-1073.

——. 2002. "Markets and Income Inequality in Rural China: Political Advantage in An Expanding Economy." *American Sociological Review* 67: 231-253.

——. 2003. "Elite Opportunity in Transitional Economies." *American Sociological Review* 68: 899-916.

——. 2011. "From Control to Ownership: China's Managerial Revolution." *Management and Origination Review* 7(1): 19-38.

Walder, Andrew G., He Xiaobin. 2014. "Public Housing into Private Assets: Wealth Creation in Urban China." *Social Science Research* 46: 85-99.

Walder, Andrew G., Li Bobai, Donald J. Treiman. 2000. "Politics and Life Chances in

A State Socialist Regime: Dual Career Paths into the Urban Chinese Elite, 1949-1996." *American Sociological Review* 65: 191-209.

Walder, Andrew G., Tianjue Luo, Dan Wang. 2013. "Social Stratification in Transitional Economies: Property Rights and the Structure of Markets."*Theory and Society* 42(6): 561-588.

Wang, Qinghua. 2014. "Crisis Management, Regime Survival and 'Guerrilla-Style' Policy-Making: The June 1999 Decision to Radically Expand Higher Education in China." *The China Journal* 71: 132-152.

Wang, Ya Ping, Wang Yanglin, Glen Bramley. 2005. "Chinese Housing Reform in State-owned Enterprises and Its Impacts on Different Social Groups." *Urban Studies* 42(10): 1859-1878.

Whyte, Martin King, William L. Parish. 1984. *Urban Life in Contemporary China*. Chicago: University of Chicago Press.

Whyte, Martin King, Ezra F. Vogel, William L. Parish. 1977. "Social Structure of World Regions: Mainland China." *Annual Review of Sociology* 3: 179-207.

WIL (World Inequal Lab). 2017. *World Inequality Report 2018*. Rep., World Inequal. Lab, Paris School of Economics, Paris, France. http://wir2018.wid.world/.

Wright, Erik Olin. 1997. *Class Counts: Comparative Studies in Class Analysis*. Cambridge, UK.: Cambridge University Press.

Wu, Xiaogang, Donald J. Treiman. 2004. "The Household Registration System and Social Stratification in China, 1955-1996." *Demography* 41(2): 363-384.

——. 2007. "Inequality and Equality under Chinese Socialism: The Hukou System and Intergenerational Occupational Mobility." *American Journal of Sociology* 113(2): 415-445.

Wu, Xiaogang, Cheng Jinhua. 2013. "The Emerging New Middle Class and the Rule of Law in China." *China Review* 13(1): 43-70.

Wu, Xiaogang, Xie Yu. 2003. "Does the Market Pay off? Earnings Returns to Education in Urban China." *American Sociological Review* 68: 425-442.

Wu, Xiaogang, Zhang Zhuoni. 2010. "Changes in Educational Inequality in China, 1990-2005: Evidence from the Population Census Data." *Research in Social Stratification and Mobility* 17: 123-152.

Wu, Xiaogang. 2002. "Work Units and Income Inequality: The Effect of Market Transition in Urban China."*Social Forces* 80(3): 1069-1099.

——. 2006. "Communist Cadres and Market Opportunities: Entry to Self-Employment in China, 1978-1996." *Social Forces* 85(1): 389-411.

——. 2010a. "Economic Transition, School Expansion and Educational Inequality in China, 1990-2000." *Research in Social Stratification and Mobility* 28: 91-108.

——. 2010b. "Voluntary and Involuntary Job Mobility and Earnings Inequality in Urban China, 1993-2000." *Social Science Research* 39: 382-395.

——. 2011. "The Household Registration System and Rural-Urban Educational Inequality in China." *Chinese Sociological Review* 44(2): 31-51.

——. 2013. "Redrawing the Boundary: Work Units and Social Stratification in Urban China." *Chinese Sociological Review* 45(4): 6-28.

——. 2017. "Higher Education, Elite Formation and Social Stratification in Contemporary China: Preliminary Findings from the Beijing College Students Panel Survey." *Chinese Journal Sociology* 3(1): 3-31.

Wu, Xiaogang, Zheng Bingdao. 2018. "Household Registration, Urban Status Attainment, and Social Stratification in Contemporary Urban China." *Research in Social Stratification and Mobility* 53: 40-49.

Wu, Xiaogang, He Guangye. 2015. "The Evolution of Population Census Undertakings in China, 1953-2010." *China Review* 15: 203-238.

——. 2016. "Changing Ethnic Stratification in Contemporary China." *Journal of Contemporary China* 25(102): 938-954.

——. 2018. "Ethnic Autonomy and Ethnic Inequality: An Empirical Assessment of Ethnic Policy in Urban China." *China Review* 18(2): 185-215.

Wu, Xiaogang, Song Xi. 2014. "Ethnic Stratification amid China's Economic Transition: Evidence from the Xinjiang Uyghur Autonomous Region." *Social Science Research* 44: 158-172.

Wu, Xiaogang, Li Zhonglu, Wang Nan. 2018. "Independent Freshman Admission Program (IFAP) in China's Higher Education: Evidence from Three National Elite Universities in Beijing." *Chinese Sociological Review* 51(1): 1-28. https://doi.org/10.1080/21620555.2018.1452608.

Wu, Yuxiao, Zhou Dongyang. 2015. "Women's Labor Force Participation in Urban China, 1990-2010." *Chinese Sociological Review* 47(4): 314-342.

Xie, Yu, Emily Hannum. 1996. "Regional Variation in Earnings Inequality in Reform-Era China." *American Journal of Sociology* 101(4): 950-992.

Xie, Yu, Hu Jingwei. 2014. "An introduction to the China Family Panel Studies (CFPS)." *Chinese Sociological Review* 47(1): 3-29.

Xie, Yu, Zhou Xiang. 2014. "Income Inequality in Today's China." *Proceedings of the National Academy of Science* 111(19): 6928-6933.

Xie, Yu, Wu Xiaogang. 2005. "Market Premium, Social Process, and Statisticism." *American Sociological Review* 70: 865-870.

——. 2008. "Danwei Profitability and Earnings Inequality in Urban China." *The China Quarterly* 195: 558-581.

Xie, Yu, Jin Yongai. 2015. "Household Wealth in China." *Chinese Sociological Review* 47(3): 203-229.

Xie, Yu, Zhang Zhuoni, Xu Qi, Zhang Chunni. 2015. "Short-Term Trends in China's Income Inequality and Poverty: Evidence from A Longitudinal Household Survey." *China Economic Journal* 8: 235-251.

Xu, Duoduo, Wu Xiaogang. 2018. "From Political Power to Personal Wealth: Privatization, Elite Opportunity, and Social Stratification in Post-Reform China." Working Paper, Princeton Research Network on Contemporary China, Princeton University, Princeton, NJ. https://ccc.princeton.edu/node/2976.

Ye, Hua. 2015. "Key-Point Schools and Entry into Tertiary Education in China." *Chinese Sociological Review* 47(2): 128-153.

Yeung, Wei-Jun Jean. 2013. "Higher Education Expansion and Social Stratification in China." *Chinese Sociological Review* 45(4): 54-80.

Yu, Jia, Xie Yu. 2015. "Changes in the Determinants of Marriage Entry in Post-Reform Urban China." *Demography* 52: 1869-1892.

Zavisca, Jane R., Theodore P. Gerber. 2016. "The Socioeconomic, Demographic, and Political Effects of Housing in Comparative Perspective." *Annual Review of Sociology* 42: 347-367.

Zhang, Chunni, Xu Qi, Zhou Xiang, Zhang Xiaobo, Xie Yu. 2014. "Are Poverty Rates Underestimated in China? New Evidence from Four Recent Surveys." *China Economic Review* 31: 410-425.

Zhang, Chunni. 2015. "Military Service and Life Chance in Contemporary China." *Chinese Sociological Review* 47(3): 230-254.

Zhang, Junsen, Han Jun, Liu Pak-Wai, Zhao Yaohui. 2008. "Trends in the Gender Earnings Differential in Urban China." *Industrial and Labor Relations Review* 61:

224-243.

Zhang, Yuping, Emily Hannum, Wang Meiyan. 2008. "Gender-Based Employment and Income Differences in Urban China: Considering the Contributions of Marriage and Parenthood." *Social Forces* 84: 1529-1560.

Zhang, Zhuoni, Wu Xiaogang. 2017. "Occupational Segregation and Earnings Inequality: Rural Migrants and Local Workers in Urban China." *Social Science Research* 61: 57-74.

Zhao, Renwei, Ding Sai. 2008. "The Distribution of Wealth in China." pp. 118-144. in *Inequality and Public Policy in China*, edited by Björn Gustafsson, Li Shi, Terry Sicular. Cambridge, UK.: Cambridge University Press.

Zhao, Wei, Zhou Xueguang. 2002. "Institutional Transformation and Returns to Education in Urban China: An Empirical Assessment." *Research in Social Stratification and Mobility* 19: 339-375.

Zhou, Xiang, Xie Yu. 2017. "Market Transition, Industrialization, and Social Mobility Trends in Post-Revolution China." Available at SSRN: https://ssrn.com/abstract=2905459; http://dx.doi.org/10.2139/ssrn.2905459.

Zhou, Xiang. 2014. "Increasing Returns to Education, Changing Labor Force Structure, and the Rise of Earnings Inequality in Urban China, 1996-2010." *Social Forces* 93(2): 429-455.

Zhou, Xueguang, Nany Brandon Tuma, Phyllis Moen. 1997. "Institutional Change and Job-Shift Patterns in Urban China, 1949-1994." *American Sociological Review* 62(3): 339-365.

Zhou, Xueguang. 2000a. "Economic Transformation and Income Inequality in Urban China." *American Journal of Sociology* 105: 1135-1174.

——. 2000b. "Reply: Beyond the Debate and Toward Substantive Institutional Analysis." *American Journal of Sociology* 105: 1190-1195.

Zhu, Yushu, Fu Qiang, Ren Qiang. 2014. "Cross-City Variations in Housing Outcomes in Post-Reform China: An Analysis of 2005 Micro Census Data." *Chinese Sociological Review* 46(3): 26-54.

Zuo, Jiping, Bian Yanjie. 2001. "Gendered Resources, Division of House Work, and Perceived Fairness: A Case in Urban China." *Journal of Marriage Family* 63: 1122-1133.

（责任编辑：贺光烨）

专题研讨：社会治理与现代化

# 城镇化与村治变迁
## ——地方政府创新的内生视角[*]

管 兵[**]

**摘要**：村治在城镇化过程中如何变迁？村治中的三要素——农民、土地、村庄——是如何通过地方政府创新被转变成为居民、建筑和城镇的？现有研究注意到了城镇化的多元动力，但近期较多的研究聚焦在中央地方关系视角，关注地方政府如何策略性地应对中央政府的城镇化政策；但对于城镇化过程中的制度实践，整体上缺乏地方政府政策创新的内生视角。本研究以珠三角顺德为例，梳理该案例的城镇化历程，重点讨论该地在30多年发展中的制度选择和不断演化的本地政策创新。研究发现，顺德在土地股份化、村庄城镇化、村民居民化三个方面进行连续的政策创新。地方政府政策创新一方面可能为全国性的政策推广提供试点经验，另一方面更重要的是地方政府应对单一体制下地方差异问题的主动实践。

**关键词**：土地　政策创新　政策执行　股份合作社　中央地方关系

## 一、导论：城镇化的制度内生视角

城镇化不仅是农田变建筑的过程，也包括围绕土地、身份、利益表达等产生的枝蔓庞杂的制度体系。对于地方政府来说，制度不仅仅是自上而下外生植入的，其自身也内生性地创新制度。制度既为己所用，又给予不断展开的本地新生态以秩序。本研究以珠三角顺德30多年的城镇化历史为案例，讨论这

---

[*] 本研究受教育部哲学社会科学研究重大课题攻关项目"新时代城乡社区治理体系建设研究"（项目批准号：20JZD029）、华南理工大学培育项目"市域治理模式研究"和中央高校基本科研业务费国家级项目质量提升项目"珠三角城乡社区治理体系研究"资助。

[**] 管兵，华南理工大学公共管理学院教授（guanbing2005@gmail.com）。

一过程中的制度变迁。城镇化意味着村庄消减、农民减少、土地用途改变。达致这些效果的每一步,都伴随着新政策的出台。考察城镇化中村治变迁相关的制度历程:一方面,提供了一个检视城镇化进程的软视角,正可以弥补以土地实践为研究主题的硬视角;另一方面,与现有研究中以关注地方政府如何策略性地应对中央政策的侧重点不同,内生性的政策创新视角将会强调地方政府的自主政策实践。

城镇化是正在进行的历史进程。中国巨大的区域差异提供了科学解释城镇化进程在方法论上的可能性,区域差异可以为比较研究提供差异化素材。在城镇化的推进过程中,我们可以看到多元模式的并存(李强、陈宇琳、刘精明,2012)。在最近几年,出于地方财政和经营城市的需要,地方政府围绕土地做文章,经营城市成为各级政府的一项中心工作(黄少安、陈斌开、刘姿彤,2012)。土地与地方财政捆绑在一起,给地方政府创造了机会,也提出了问题(中国金融40人论坛课题组,2013a;2013b)。在中西部地区,有学者观察到一系列利用土地的办法,比如"资本下乡,农民上楼"(周飞舟、王绍琛,2015)、资本下乡再造村庄(焦长权、周飞舟,2016)、地方政府如何利用增减挂钩来使用土地(谭明智,2014)等。这些最近的研究聚焦在中西部地区,这些地方仍有较大规模的农村地区,城镇化仍在进行中,其研究主题重点关注地方政府获得土地的策略性应对。本研究聚焦于东部发达地区,所依据的案例已经高度城镇化、工业化,但亦是在这30多年中从农业社会演变而来的。通过对城镇化历史的完整回溯,论文将主要讨论下述问题:在从农业为主的地区向高度城镇化的地区转型的过程中,村治有过什么样的变迁?在土地使用和农民利益之间,什么样的政策被制定出来,如何理解这些政策创新?本文以此来与以中西部地区城镇化为案例的讨论进行对话,比较不同地区和不同动力之下的城镇化所带来的村治改变与政策创新(或政策执行中的变通)。

本研究以珠三角顺德为例,该案例可以提供与中西部地区相比差异较大的素材。顺德从改革开放初期以农业为主的顺德县发展开始,中间成为省直管的顺德市,现在为佛山市顺德区。该地一步步从农业社会走来,现在已经成为珠三角经济发展的核心区域,已高度工业化、城镇化。虽然从县到市再到现在的区,但顺德本地的行政层级架构保持不变。在顺德县(市/区)之下,最初只有镇级行政单位,之后有了镇和城市化水平稍高的街道;经济实体分布在镇街上,形成一镇一产业的工业化格局。这一行政和经济特征与附近的东莞、中山、佛山南海等地相似,在珠三角非常具有代表性。与最近一些中西部地区城镇化的土地财政驱动力不同,顺德及珠三角的相似地区有着强大的工业化驱动力,工业制造业及后来的服务业迅猛发展。顺德后期的城镇化固然有着土地财政方面的需要,但工业化的驱动力依然强劲。最近几年,顺德辖区内的一些镇街可以创造出近百亿的税收,顺德区也长期位于全国经济百强县排名的前列。

## 二、城镇化与村治:围绕土地的实践与制度变革

城镇化一直以来都是中央政府的一项重要政策目标,地方政府对此也有着巨大的积极性。央地两者的目标虽基本一致,但动机或有所不同,执行的具体路线也存有差异。在这一背景的考量下,最近关于城镇化的研究文献重点聚焦在两个主题上:地方政府政策执行和行为策略;城镇化背景下的土地及土地财政。在根本上,后者也可以算是体现第一个策略和逻辑的具体案例。

### (一) 政策执行和行为策略

作为独具特色的单一制体制,中国政治制度最经常被官僚体制研究者关注的方面就是中央与地方政府的关系,这也构成了其与联邦体制最大的不同。在很多方面,这一点可能比政治体制更具有可比较的意义。比如,有学者就认为中国经济的起飞受益于早期一种财政分权的"准联邦体制"(Gabriella, Qian, Weingast, 1995)。但在政府体系上,单一制与联邦制最大的不同在于:单一制体系中存在至关重要的上下级政府权力关系,而联邦体制中并不存在上下级政府权力关系的概念。在前者的人事制度、权力分配、资源分配等诸多方面,上下级政府权力关系扮演着核心角色(周黎安,2007;周雪光、练宏,2012)。这一权力关系塑造了很多政府行为模式。比如,为了维护共同的利益,地方政府之间会倾向于合谋行动,以避免更上级政府的干预(周雪光,2008)。尽管上级政府拥有主导性的权力,但地方政府在执行政策的过程中,仍能够与上级政府进行谈判,以获得更有利的条件(周雪光、练宏,2012)。地方政府会有选择地执行中央政府的政策:对于地方政府有利的政策会大力执行,而不利的则会有所保留地执行或者不执行(O'Brien, Li, 1999)。对于中国的官员来说,他们会为个人的升迁而展开策略性竞争,以获得更有利的个人位置,而这些都取决于

上级政府设定的标准。地方政府为了取悦上级，会出现层层加码的现象，为一项任务而制定的指标会一级级提升（周黎安、刘冲、厉行、翁翕，2015）。一旦中央政府制度发生变化，地方政府会非常灵活地根据新制度采纳更为有利于本地的策略去应对（孙秀林、周飞舟，2013）。

在不同的阶段，上下级政府关系的模式有所不同，这些模式塑造了地方政府的行为取向。比如，对于地方政府来说，在分税制改革之前，地方政府极力促进乡镇企业发展，这塑造了当时东部地区的基层发展面貌。"与级别高的上级政府相比，级别低下的基层政府可以对它们的资产实施更为有效的控制。"（Walder，1995）财政包干的税收体制赋予了地方政府对地方所属企业应纳税收的完全占有，从而一定程度上获得了产权意义上的剩余控制权（Gabriella, Qian, Weingast, 1995），这极大地促进了地方政府办企业和发展企业的兴趣，形成了一种中国特色的"联邦制"，激励了地方政府的行为模式（Walder, 1995; Oi, 1992）。地方政府即厂商，这极大地促进了地方乡镇企业的发展。而在分税制改革之后，权力更向中央政府集中。在这种情况下，地方政府的策略性应对成为学者研究的重心。这中间，围绕着项目制中的上下级政府关系的研究产生了大量的文献（折晓叶、陈婴婴，2011；渠敬东，2012；陈家建，2013），此研究也成为该领域的研究焦点。项目制在基层很多时候都是围绕着城镇化的具体领域而展开的。比如，资本下乡中来到村庄的各种公司就与地方政府一起合作去争取上级和中央政府的各种项目，由此获得的资金让公司获得了极大的利润（焦长权、周飞舟，2016）。地方政府如何利用中央政府的项目制资金分配模式，很多研究对此进行了细致的描述（折晓叶、陈婴婴，2011）。

## （二）土地及土地财政

土地是城镇化过程中的核心要素，但土地发挥着多元的功能。对于地方政府来说，土地从未像现在这样重要，因为这事关地方政府财政，尤其是自主性财政资源。在分税制改革和福利分房制度在政策层面被取消之后，土地对于地方政府有着至关重要的意义。因土地而生的房地产行业是国家需要发展的支柱性产业，具有带动 GDP 增长的绩效效应；因土地而生的土地出让金、土地金融、相关税收给予了地方政府分税制改革之后的财政自主性（周飞舟，2006；2007）。"土地炼金术"大行其道，东中西部的大中小城市都大兴土木（周飞舟，2010）。这正是这样的一个制度背景转换带来的整体性状态，无一地例外。

因为土地收益巨大,所以地方政府对土地需求强大的事实在新制度出台之前不会改变。最近关于城镇化的研究进一步显示了地方政府利用土地的策略:地方政府开始进行建设用地指标的交易活动,通过购买将建设用地指标从土地资源丰富地区转移到土地资源稀缺地区(陆铭,2011;汪晖、陶然,2009)。中央政府也出台了增减挂钩制度,以方便地方政府内部调整土地使用,这激励了地方政府"农民上楼"的政策取向。当然,不同的地方也有着不同的实践,但都是为了最大化地获得和利用土地资源(谭明智,2014)。

在真正的农村地区,农民也因为土地议题而改变了生活。因为增减挂钩带来了"农民上楼"的政策应对(Ong,2014),资本和政府合作,既通过实际的土地运作获得建设土地指标,也让资本下乡获取土地经营的利润,其中更可以获得以项目制直达村庄的种种补贴(谭明智,2014),农民生活和村庄结构被改造(焦长权、周飞舟,2016)。在这种公司进入村庄的模式下,有研究认为,公司代替村庄成为一个位于国家与个体农民之间的实体,获取各种惠农政策和项目资金。这扭曲了政策和项目的本来用意,也导致农民对国家和政府的印象发生扭曲,基层政权与资本捆绑在一起,不利于合法性,同时大量资源倾向于用于个别村庄,也会引发其他村庄的不满(焦长权、周飞舟,2016)。村庄对于资本的这种依附性,会给村治带来新的问题。

上述与城镇化相关的研究不仅为我们提供了了解城镇化过程的具体细节,也帮助我们更好地理解中央与地方政府关系及其相关的制度激励机制。进一步而言,我们也需要对这些研究的解释力进行讨论,以便继续在这一领域进行更有意义的研究。总体而言,最近关于城镇化的研究的特点和关注点主要有三方面:(1)关注中央政府政策之下的地方政府策略性应对,也即政策执行,地方政府的具体实践和出台相关政策的用意是回应中央政策的变通性做法;(2)关注土地相关的具体实践,着眼点在于理解地方政府如何通过具体的办法获得可以用来建设和交易的土地,如何在这方面突破中央政府的制度约束;(3)相关的研究案例很多来自中西部地区,在这些地区,城镇化正在进展中,仍有较大比例的农村地区和土地资源剩余。

在上述研究的基础之上,我们需要进一步了解的问题至少有:除了失去土地之外,城镇化给村治带来了什么样的变迁?为了应对和反映这种变迁,地方政府除了被动性地应对中央政府的制度之外,又进行了怎样的主动性政策创新?如果我们使用东部发达地区的案例,就可以看到最近30多年较为完整的城镇化过程,这一进程在分税制改革之前就已发生。这样,就可以与中西部地区正在高歌猛进的城镇化进行对照,看到更整体性的画面。这种对照可以帮助我们超越土地和土地财政的单一动力机制,更全面地理解城镇化的多种动力和多种后果。这些后果不仅仅是土地的物理指标,也包含政策创新和制度实践的软视角。

## 三、围绕土地、农民、村庄的城镇化实践与制度沿革：以顺德为例

依据《中华人民共和国土地管理法》,农村土地属于集体所有,农民可以以家庭为单位承包经营,也可以按照法律第十条规定,由村集体经济组织或村民委员会、村内集体经济组织或者村民小组、乡（镇）农村集体经济组织等经营管理。在珠三角地区,随着工业化和城镇化的迅速发展,大批农业土地被改变用途,成为城市建设用地和工业用地等,剩余土地中有不少比例为农村集体经济组织管理。农村土地的面貌和用途在珠三角地区发生了极大变化。具体情况我们可以以佛山顺德为例：在1994年、1995年,顺德保留有2万公顷的耕地,也即30万亩,到1998年顺德还有28.15万亩的耕地,这一段时间变化相对较少。但随着1998年住房改革和地方自主财政需求增大,到了2010年顺德的耕地面积急剧下降到不足2万亩,之后一直维持在较低水平(参见图1)。与此同时,顺德作为珠三角区域的鱼米水乡,有着大片的鱼塘,而鱼塘面积也从1998年的30多万亩下降到2015年的一半左右(参见图2)。毫无疑问,这些土地都转变了农业用途,成为城市建设用地。

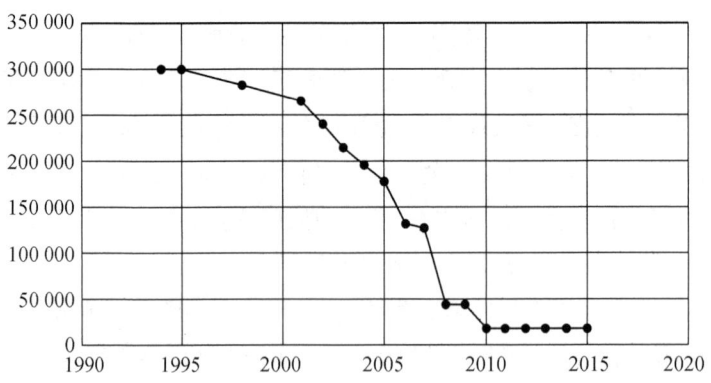

图1  1994—2015年顺德实有耕地面积

资料来源：《佛山市统计年鉴》(1999—2016),2000年、2001年空缺；《佛山年鉴》(1993—2015)。

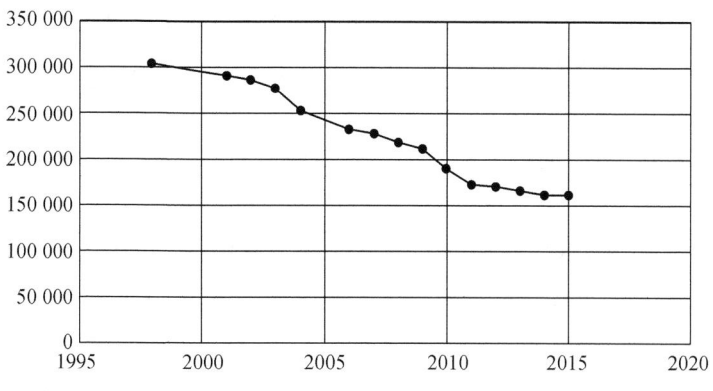

**图 2　1998—2015 年顺德鱼塘面积**

资料来源:《佛山市统计年鉴》(1999—2016),2000 年、2005 年空缺。

伴随着农村耕地和各种农渔牧等集体土地被改变用途的,是地方政府各种与之相关的政策变迁与政策创新。为方便了解政府对于农村土地管理的倾向,我们以该领域的政策和实践为主线,梳理该地的制度变迁历史,从中描述和分析改革前沿地区的土地使用和政策的演变规律。其中,既有国家统一的政策执行问题,比如落实家庭联产承包责任制;也有当地的本土实践,比如农村股份合作社等。我们以当地的本土实践为核心,也即以股份合作社的制度实践为依归,围绕这一制度讨论土地使用实践和农民政治经济社会身份变迁。整体上,以顺德为例,我们可以将与农村土地管理相关的制度变迁分为以下几个主要的阶段。

## (一) 贯彻家庭联产承包责任制(1978—1992)

顺德在最初阶段与国家整体发展一致,1978 年之后,也开始从人民公社走向家庭联产承包责任制,把农田承包给个体家庭。在 1984 年 6 月,中央要求"土地承包期一般应延长在 15 年以上",顺德也随之落实了这一点。顺德的农业主要是种植水稻和甘蔗,加上鱼塘养殖,这构成了当地农业的主要支柱,水产养殖业也一直是当地农业特色。在 20 世纪 30 年代建成的顺德糖厂一直是全国最主要的糖生产企业。一经改革,顺德农业就焕发生机,产值很快提高。

但顺德与内陆很多地区不同的一点是,该地地理位置非常优越,因此工业亦开始以更加迅猛的速度发展起来。顺德地处珠三角中心区域,在港澳等地区有着较多的祖籍顺德的成功商人,有着发展工业和吸引外资的便利条件,乡镇企业很快得到发展。在1991年评选的全国十大乡镇企业中,顺德占到5家。顺德的GDP和财政收入一直都位居全国县级行政单位的前列。邓小平1992年南行的重要一站就是顺德。

在这种情况下,顺德大批农村劳动力涌向第二、三产业。根据调查,在1992年,顺德市真正从事农业生产的劳动力为13.3万人,占农业总劳动力的37%。而早在1987年,在桂州镇的容里村,全村从事农业生产的劳动力只剩下755人,占村民劳动人口的三成,以妇女和老人为主,导致村里禾田亩产不足200斤,甘蔗亩产只有1.2吨,连国家的生产任务都无法完成(郑年胜,2002:146)。在家庭联产承包责任制的体系下,农民富而集体穷也是一个突出的现象。再加上土地的承包期为15年,导致土地基本上无法流转。

## (二)从家庭联产承包责任制到股份合作社(1993—1999)

在这种情况下,顺德在1993年进行了实行联产承包责任制之后的第一次制度改革。1993年8月和1994年2月,中共顺德市委、市政府先后发布了《中共顺德市委、顺德市人民政府关于深化农村改革的决定》《关于改革村委会建制,推行农村股份合作制的若干政策规定》。这两份文件第一次更加清楚地确定了农村集体土地的使用和利益分配方式。当然,这一次改革也有着一个关键的时代背景:1992年邓小平南行的重要一站就是顺德。此后,顺德县改为顺德市,并成为广东省综合改革试验区。在此背景下,1993年顺德市完成了第一次行政体制改革,市党政部门由55个减为31个,镇级党政群部门精简为18个。政经关系在这一阶段也进行了彻底的改革,企业进行了比较彻底的改制。在农村体制方面,这一次改革的重点在于:

### 1. 在管理区层面成立股份合作社和村委会

在村庄制度沿革方面,废除了人民公社制度之后,顺德的公社就改为乡镇,大队改为管理区办事处,市区的基层单位命名为街道办事处(相当于后来的居委会,与此后的街道办事处不同)。在经济层面,在村民小组(也即自然村)层面设立了经济合作社,并在其上成立了经济联社。但由于实行家庭承包制度,集体经济基本上成为空壳。1992年顺德2272个经济社中,有三分之二的经济社已成为"空壳"社或者濒临"空壳"。当年全市农民的二次分配收入平均为56.8元,超过二分之一的经济社多年没有二次分配(江佐中,2000:97)。同时,经济社的分配制度也不规范,如何分配、分配给谁等规则还不明晰。在新制度下,改管理区办事处为村委会,在经济层面成立股份合作社。

此次股份合作社改革的主要目的是确权。从人民公社过渡来的经济合作社权责并不清晰,谁是股东和受益人,规则模糊多变。此次改革明确了成为股东的必要条件和股权变化的约束条件。股份划分为集体股和个人股,集体股占全部股份的20%—40%。第一次确权的努力非常重要,并因为种种考虑,比如考虑老年人、外嫁女、新迁入户等的利益,而对确权保留了弹性;又因年龄等可以进行调整,在实践中又引发了一些新的争议,为后来的进一步确权埋下了伏笔。

此次改革也重新改组了村委会,以过去的管理区为基础同时成立村委会和股份合作社。凡是以此模式成立的,村委会正副主任和股份合作社正副理事长可以兼任,实行"两个牌子,一套人马"。改革希望通过这样的制度安排减少基层人员臃肿问题,提升效率。

### 2. 调整土地承包方式

在组建村委会和股份合作社的同时,顺德也在推行新的土地承包方式。与之前按照国家鼓励的15年承包制相比,此次调整主要有三个方面:改长期承包为短期承包,新的承包期一般以三、四年为宜,并且规定在承包期内,国家和集体需要征用土地的话,承包户必须服从安排;改"分包"为"投包",分包是平均分配土地,承包租金低廉,投包是竞投,鼓励发展高效农业,承包租金提升;改分散承包为连片承包,之前的承包土地过于细碎,现在化碎为整,提高土地使用效率。

在这一阶段,农业在顺德仍保留有一席之地,水稻、甘蔗、鱼塘养殖仍具有一定的基础。改革的用意之一是提升土地使用效率,第二个用意是强化村集体经济能力,提升村治效率。单纯从制度文本出发,我们可以分析出如下的预期效果:(1)村委会和股份合作社实现了政经合一,这一方面可以提高基层治理能力,提高村委会的经济能力,但也为政经的矛盾冲突打下制度性基础,农民因为经济纠纷而上访的现象增多。在这种情况下,顺德开始加强村庄透明治理,出台了"五公开一监督"制度。(2)因为是投包和短期租用,所以土地的产权进一步模糊化,集体产权属性增强,提高了村委会和基层政府在土地使用中的影响力。

## (三) 村制与股份合作社的成熟(2000—2010)

跟随全国性的趋势,顺德已经先行先试的土地和房地产行业发展迅速。

2000年4月30日,顺德市政府印发《顺德市农用地转用、征地和有偿使用土地暂行规定》。① 这一规定一直执行到2016年年底作废,主导了顺德市农地转用的最主要过程。2010年之后,顺德实际上已经基本没有可动用的耕地了(参见图1)。同年,顺德确定了城市化建设的重要政策,要求提高城市化水平。2000年8月21日,市政府召开全市城乡建设工作会议。会议确定当前的目标是围绕中心,集约发展,加快城市化建设。10月10日,市委召开九届五次全体(扩大)会议。会议做出了从城乡一体化向城市化转移的重大战略决策。是日,市委发布文件《中共顺德市委九届五次全体(扩大)会议关于加快城市建设提高城市化水平的决议》。11月3日,市委印发《中共顺德市委、顺德市人民政府关于进一步提高我市现代化建设水平的意见》和《中共顺德市委、顺德市人民政府关于加快新城区建设的意见》。11月8日,市委下发《关于理顺居民委员会设置问题的通知》,加大力度推进村改居工作。2000年12月18日,决定在市政府所在地成立大良区,合并了大良和德胜两个街道,之后在2001年成立了容桂区和伦教区。2002年因为撤市为区,此前的两区改为街道。2007年成立了勒流街道。由此推进城市化建设。

这一阶段大量的农用土地被改为其他用途,主要有两类:其一,转为工业用地,比如在2002年4月,顺德全面启动了集约工业园的开发建设;2003年4月,规划了17个集约工业园,规划总面积16.63万亩,当年就办理农用地转用征用面积7.9万亩,已开发5.33万亩。② 其二,进入土地储备,留待他用。每年顺德市都征用不少的农业土地,进入该市的土地储备中心,在适当的时机拿出进入市场拍卖。在农地转用的实践中,顺德逐步形成了比较稳定的留用地政策,也即在转用的农地中可以有约15%的转用土地留给村民集体使用,以此换取农民支持,并提升农村集体资产。

在这种背景下,股份合作社和村治也进行了相应的改革。这一轮改革的主要特点如下:

1. 村改居。与之相对应的是大批的村委会转制为居委会。从1999年开始,顺德开始落实村委会直选,在当年按照国家法律选举产生了新一届村委会。当年1月,全市共有170个农村管理区同时直接选举第一届村民委员会。

---

① 参见顺德地情网,《2000年至2009年大事记》,http://www.gdinfo.gov.cn/shtml/sdq/dsjl/dsj/2017/03/13/195984.shtml,获取时间:2017年6月9日。
② 顺德区人民政府网,《关于我区集约工业园建设情况的调查报告》,http://www.shunde.gov.cn/data/main.php?id=5604-30010,获取时间:2017年6月6日。

随后,其余21个农村管理区亦相继完成此项工作。① 2002年3月,顺德开展了第二届村民委员会换届选举。这中间,基层治理发生了一次基本性的变革:大批农村管理区转变为城市的居委会,191个村委会在2001年减为109个,而居委会数量从31个上升到88个。

2. 村委会与股份合作社分离。1993年的第一次改革确定了村委会和股份合作社二合一的村治模式,当时的用意是简化基层治理和精减人员。然而这一模式导致的问题是村委会权力过大,村庄权力过于集中,政经不分引发村庄冲突。此次针对村委会确定"五定":定职能、定机构、定人员、定经费、定分配。村委会的职能被定位为配合政府从事行政管理工作、办理本村公共事务和公益事业、指导股份社的工作等。村委会不能直接参与任何经济经营活动。从2002年1月1日开始,全市的居委会和村委会的办公经费和两委成员的报酬由市、镇(街道)财政给予补贴。两委成员统一参加全市社会保险等,其中居委会成员平均每人每年参保4.2万元,村两委成员平均3.6万元。股份合作社理事会由股东选举产生,独立于村委会运行。

3. 进一步固定股权和量化资产。在村集体资产中,原则上集体股占20%,个人股占80%。集体股的收益不再量化到个人,作为集体资源用于提供公共服务。全市统一,截至2001年9月30日24时在册的农业人口(包括外嫁女及其子女),均可获得一次性配置股份,实行股权固化。固化之后,股东的股份不再随着年龄而变化,新生婴儿和迁入的农业人口不再配置股份,股东迁出或者死亡后,其股份可以转让、继承和赠予。征地补偿收入的20%纳入集体股受益,另80%按照个体股分配。农村村民住宅建设用地实行固化。大良区和容桂区在2001年年底完成此项任务,其他镇区在2002年上半年完成。市规划国土部门根据符合分户条件的人数一次性下达指标,今后不再下达个人建设用地指标。

## (四)化解历史时期遗留的土地与股份社(2011年至今)

2010年之后,顺德基本上没有继续进行较大规模的征地工作,耕地面积维持在较低水平。城镇化在顺德已经发展到非常高的水平,"顺德新城""广佛同城"等进一步提升城市化水平的政策成为这一时期的重点。在城市化和工业

---

① 参见顺德地情网,《1990年至1999年大事记》,http://www.gd-info.gov.cn/shtml/sdq/dsjl/dsj/2017/03/13/195985.shtml,获取时间:2017年6月9日。

制造业、服务业成为政府的核心工作之后,村治也在这一阶段发生了一些变化。与改革开放早期最大的不同在于,此时村治的核心考量已经不再是围绕经济发展,而是以稳定为中心,消化迅速城镇化的后遗症。

在短短30年中,顺德从一个以农业为主的县城转变成为全国最发达的城市之一,但在享受富裕的同时,城镇化也给基层留下问题,导致农村冲突频发。许多冲突与土地征用、集体经济管理等直接相关。

在征地的过程中,顺德还存在留用地难以兑现的问题。按照当地的规定,征地一般要留有15%的配额给村(居)集体使用。然而,截至2016年,根据顺德区调查,至少有4745.237亩的留用地没有兑现。具体可以参见表1。

表1 2016年11月顺德官方统计的未兑现留用地情况　　　　单位:亩

| 镇街 | 案例数量(个) | 未兑现面积 | 已选址但因村内部矛盾无法办理手续面积 | 未开展留用地选址协商面积 | 村内无可留用地 | 已选址,符合土规和城规面积 | 已选址,符合土规但不符合城规面积 | 已选址,符合城规但不符合土规面积 | 已选址,不符合土规且不符合城规面积 | 位置协商不一致面积 |
|---|---|---|---|---|---|---|---|---|---|---|
| 大良街道 | 32 | 561.62 | 0 | 0 | 0 | 31.15 | 194.68 | 0 | 0 | 335.79 |
| 容桂街道 | 23 | 667.65 | 0 | 92.24 | 0 | 427.032 | 26.55 | 69.058 | 52.12 | 0.65 |
| 伦教街道 | 3 | 133.14 | 0 | 0 | 0 | 111.42 | 0.88 | 0 | 0 | 20.84 |
| 勒流街道 | 37 | 231.95 | 0 | 25.154 | 4.67 | 38.916 | 146.36 | 0.91 | 15.94 | 0 |
| 陈村镇 | 21 | 272.49 | 0 | 12.13 | 0 | 66.28 | 166.59 | 7.79 | 19.7 | 0 |
| 北滘镇 | 9 | 157.8 | 0 | 13.39 | 0 | 84.97 | 0 | 0 | 0 | 59.44 |
| 乐从镇 | 12 | 542.297 | 68.76 | 0 | 3 | 373.8745 | 64.55 | 0 | 32.1125 | 0 |
| 龙江镇 | 11 | 111.76 | 0 | 18.17 | 1.08 | 92.51 | 0 | 0 | 0 | 0 |
| 杏坛镇 | 45 | 1760.62 | 0 | 110.33 | 0 | 509.1 | 1063.99 | 0 | 0 | 77.2 |
| 均安镇 | 8 | 305.91 | 0 | 0 | 0 | 133.31 | 0 | 0 | 0 | 172.6 |
| 合计 | 201 | 4745.237 | 68.76 | 271.414 | 8.75 | 1868.5625 | 1663.6 | 77.758 | 119.8725 | 666.52 |

资料来源:整理自顺建函〔2016〕1614号及其附件。

顺德上一个阶段的改革调整了此前政经不分的村治局面,实现了初步的政经分离,但这种分离并不彻底。2001年,顺德市出台的农村集体资产管理规定实现了股份社与村委会或居委会的分离,但当时的制度规定村级集体资产不得分配到个人,应成立资产管理站统一管理,而资产管理站则隶属于村委会或居委会。这一安排带来的后果是:一方面,确保了村居提供公共服务的能力,拥有村级集体资产的村居,每年依赖这一部分资产,可以有数百万元的回报,这可以让村居具有一定的实力为社区提供公共服务,改善公共设施;另一方面,这样的安排也带来了治理上的风险,村居集体资产的管理如果用人不当,则会存在贪腐的空间。随着制度的完善,虽然这一空间被压缩,但仍有个别的案例被查处,带来非常负面的后果。同时,由于村委会或居委会与资产站是一体的关系,当村民或居民对村级集体资产的来源、使用、分配存在疑问的时候,也会动摇村委会、居委会甚至政府在基层的权威。因此,通过村委会、居委会管理村级集体资产,存在引发矛盾的风险。

为处理这些历史遗留问题,在新的阶段,除了集中治理、整顿之外,顺德又进行了制度创新。2011 年,顺德下发了《关于深化农村改革统筹城乡发展的意见》,同时出台了一系列的政策文件,开始新的城乡基层治理改革。

### 1. 进一步将股份合作社制度规范化

为化解农村冲突和不稳定现象,顺德于 2011 年启动了农村综合体制改革,2012 年年初出台了《顺德农村集体资产公开交易试点管理办法》,开始在本地区、镇街、村居三级建立农村集体资产交易平台。首先,在镇街成立农村集体资产交易管理所,由政府承担运行成本,完全免费服务,试行"统一交易规则、统一交易程序、统一信息发布、统一文书格式、统一平台建设、统一监督管理"。农村集体资产交易实行区、镇街、村三级交易制度,不同标的有不同层级的平台进行交易,这一做法逐步成熟。在顺德,符合交易标准的集体资产都需要遵守规则,通过交易平台进行。此后,进一步建立农村财务网上监控平台、股权信息化管理平台,加上农村集体资产公开交易平台,构成了"三大"平台。并且进一步通过政府力量引入社会中介作为"第三方"代理农村财务管理,努力化解因此而引发的冲突。

在 2011 年的深化改革的意见和后续的政策安排中,顺德政府提出"全征地村委会"(社区居委会)的概念,认为辖区内股份社已被确认为完全被征地股份社的是全征地村委会(社区居委会)。当时,在全区 200 个村委会(社区居委会)中,全征地村委会(社区居委会)有 15 个。针对这一类型的村庄,鼓励划分设置社区居委会。同时,已确认为完全被征土地的股份社,经民主议事程序表决同意,可依法依规进行解散。全征地村的村民转成居民,享受城市居民的各种待遇。

### 2. 处理历史遗留问题：留用地和宅基地

针对顺德土地严重不足的问题，此次综合改革的主要用意是解决历史遗留问题。尽管如图1和图2所示，顺德耕地的90%和鱼塘的一半被改变了用途，但仍显得不能满足顺德发展所需；将征用的土地返还给农民当作宅基地和集体留用地，更被排在了后面：此两项问题积重难返。在2011年出台的相关意见中，政府希望通过新办法来解决问题，新办法的核心就是通过其他方式来取代直接给予农民土地。

2012年，顺德出台了《关于进一步规范顺德区征地留用地实施办法的意见》。根据这个政策，只要符合"留用地面积少于3亩（含3亩）的""被征地农村集体经济组织选择折算货币或物业补偿而放弃实地留用地的""被征地农村集体经济组织所属土地范围内，没有符合土地利用总体规划、城乡总体规划可供选址安排作为留用地"这三条中其中一条的，顺德原则上不安排实地留用地，而采取折算货币或物业等方式补偿征地留用地指标。如选择征地留用地指标折算货币方式补偿，补偿标准按30万元/亩执行；如选择征地留用地指标折算物业方式补偿，顺德将按照留用地折算货币补偿的总额，置换政府提供的、按市场评估价确定的同等价值的商业或工业用途的物业。通过表1我们看到，在2016年的统计中，仍有数千亩土地的问题没有得到解决。

同样的，按照传统做法，顺德已经完全没有办法解决宅基地的问题，因为此项历史遗留问题已经非常严重了：

> 顺德区从2001年起实施宅基地固化政策，全区符合固化条件的农村居民共11.26万人。但由于新增建设用地年度计划指标有限，到目前为止顺德农村尚有约7万人未落实固化宅基地用地。区委区政府办公室此前提供的资料也显示，2010年顺德新增建设用地指标只有1125亩，即使所有的建设用地指标都用于安排宅基地建设，也需要13年的时间才能安排好所有的宅基地用地指标。（何帆燕、石长峰、李祖成、欧阳少伟，2011）

2011年，政府的办法也是试图通过其他方式来替代提供农民的住宅。意见建议在尊重历史、维持现行固化宅基地政策基本原则不变的前提下，发挥规划的引领作用，对城乡规划确定的不同功能区域实行差别化的宅基地分配制度；制定优惠政策，由政府主导、村（社区）集体及社会资金参与，统一规划建设村民居住小区，推行农村宅基地置换城镇住房，鼓励村民进城镇居住，逐步解决符合固化宅基地条件村民的住房问题。

### 3. 以服务创新化解冲突

2011年,顺德开始在全区推行社区行政服务站建设,通过服务站落实政府自上而下的行政工作,让村(居)委会可以集中精力从事自治和服务工作。在制度设计上,这些服务站承担原来下派给村(居)委会办理的人口户籍、社会治安、流动人口管理、安全监管、计划生育、民政救济、劳动就业、国土房管等各项行政事务。其工作人员主要从村(社区)党组织成员和村(居)委会工作人员中聘任,享受政府聘员待遇,实行合同制管理和工作问责制。村(居)委会则回归自治职能,履行自治工作,兴办福利事业。不过在实践中,虽然设立了专门的机构去承接政府的行政事务,但由于社区行政服务站负责人以及工作人员与村(居)委会班子实际上是一套人马,因此并不能切实地在基层区分政务与村务/居务。如何在体制上、机制上进行更好的区分,还有待于制度创新。

2013年,顺德借鉴台湾地区的经验,确定在村居进行社区营造。在社区营造上,政府加大资金投入,一方面改善村居的自然环境,另一方面通过政府购买服务吸引社会组织介入,为村民或居民提供服务。顺德在最近几年还大力开展政府购买服务和培育社会组织的行动。据媒体报道,顺德各级政府用于购买服务的金额已经达到亿元,这一金额位居全国前列,尤其是对于一个县级单位的政府来说。

## 四、村治变迁中的内生政策创新

为了跟政策执行的研究相区分,我们操作性地定义如下现象为"内生性的政策创新":无论是横向的学习模仿,还是本地的自主发明,只要不是来自自上而下的行政命令和政策执行,就算内生性的政策创新。其中有两个标准:(1)本地的主动性,而非被动地贯彻执行;(2)对于本地来说是首次出现的政策,无论是横向的学习,还是自主研发。从对于顺德30多年城镇化的具体实践和制度演变的上述介绍可以看出,在城镇化和改革开放初期,顺德以贯彻中央政策和地方政府摸索道路为主。这一阶段的发展与全国各地面对的宏观制度情况是一致的,尤其是村治方面,基本上都是在贯彻中央政策来解决此前人民公社等时期的遗留问题。但顺德在中后期开始进行大量的地方治理创新,其村治表现出非常独特的区域特点(表2)。

表2 顺德城镇化的阶段与政策创新

| 阶段 | 中心工作 | 村治 | 以土地为主的集体经济制度 | 政策实践特征 |
|---|---|---|---|---|
| 第一阶段<br>(1978—1992) | 经济起飞 | 从生产队到管理区(相当于后期的村委会)、街道办事处(相当于后期的居委会) | 家庭联产承包责任制,延续衰落的集体经济的股份合作社 | 政策执行与"摸着石头过河" |
| 第二阶段<br>(1993—1999) | 市场化 | 开始重视村治,规范农村管理区的制度 | 从家庭联产承包责任制到股份合作社,管理区与股份社二合一 | |
| 第三阶段<br>(2000—2010) | 市场化、城镇化 | 转型到村委会、居委会,村改居、基层自治选举 | 村委会与股份社(个体股份)分离,股份社股份固化,征地与留用地制度、宅基地制度固化 | 本地政策选择与不断演变的政策创新 |
| 第四阶段<br>(2011年至今) | 城市化 | 全征地村委会改居委会,社会保障体制创新,提供城乡一体化公共服务的政策创新 | 合乎条件的股份社可以解散,化解历史遗留问题的政策创新 | |

## (一)顺德城镇化政策创新的主要类别

综上所述,顺德至少在三个方面存在着内生性的政策创新:土地股份化、农村城镇化、农民居民化。这些领域中的制度演变反映了城镇化的具体过程,构建了城镇化逐步展开的本土制度环境。

### 1. 土地股份化

实行家庭联产承包责任制是自上而下推行的政策,顺德在改革初期贯彻了这一项改革开放之后的关键性农业政策。但很快,顺德开始推行股份合作社,保留和鼓励农村集体经济;并调整土地使用制度,不再单纯执行中央推行的家庭联产承包责任制模式,改15年承包期限的家庭承包为"投包",并设置灵活的承包年限,确保本地政府征用土地的便利性;进一步调整和改革村治,促成农村管理区(即后来的村)和股份社合二为一,同一套人马,负责两个班子,政经合一。这进一步方便了政府对土地的掌握,但也为潜在的冲突埋下了伏笔。在这种情况下,顺德又进行了村委会与股份社的分离改革,实现政经分离。在迅速推进征地工作后,顺德的征地与留用地制度成形,并促成农村集体股份社股份固化、宅基地固化,征地与化解冲突同步进行。在政府不断征地和为农民提供留用地的过程中,农民对于土地的权益彻底被股份化,实行集体经营,由此,农业土地在顺德基本上都进入了市场。但由于土地资源的稀缺和高度的市场价值,留用地、宅基地的承诺无法完全兑现,由此成为一直需要解决的历史遗留问题。在这一阶段之后,因为股份社制造着潜在的不稳定因素,政府对于股份社持有负面态度,因此鼓励通过程序解散股份社,同时加强对现存股份社的监管。

### 2. 农村城镇化

伴随着土地的转用和农业的减退,在村庄制度层面,我们看到顺德的制度沿革是沿着生产大队到农村管理区再到村委会的演变过程,这是纯粹村庄行政名称的变迁。紧接着我们可以看到地方政府持续努力地将村庄转变为居委会:在2000年,顺德进行了一次大规模的村改居活动;在此后的政策中,也出台了可以村改居的一些具体办法。对于政府来说,村改居可以一次性地将农村集体土地转变为国有土地;与此同时,在更大的行政层面,将镇转变为街道,已经逐步由此前的5个镇转变为4个街道(有两个镇合并为一个街道)。顺德整体上也在不断通过政策推进中心城区的建设,提高城市化水平,这一进程与顺德本地的经济发展进程是相关的。

### 3. 农民居民化

在农民转变为居民的过程中,顺德政府也为他们提供了一系列的社会保障制度和公共服务供给,这中间包括两个方面的创新:其一是为转为居民的农民提供与城市生活相匹配的福利制度,同时还要规范他们作为农民时享受的福利,有一些福利必须要延续下来,比如农民可以生二孩的计划生育问题和集体股份社股份、宅基地问题;其二是为农民和居民提供更优质的公共服务,这一方面的政策创新是最多的,因为这是一个受到约束较少的领域,并且具有较大的灵活性,便于通过政府购买服务和培育社会组织来实现,无须调整和改革现有行政架构。

从上述这三个方面我们可以大致看到顺德本土的城镇化进程:很多关于土地和相关领域的实践和制度创新具有鲜明的本地色彩,很大程度上也能够代表珠三角的一般性特点,尤其是一些与顺德比较类似的地区,比如东莞、中山、佛山南海等地,与广州和深圳这些大城市的情况也有一定的相似性。珠三角作为整个国家经济发展和改革开放的前沿地区,其城镇化进程在改革开放之初就已开始推进,工业化的驱动力强劲,这一点与中西部地区比较强调土地财政的驱动力有所不同。与此同时,本地化的政策创新实践也有其内在的动力逻辑。

## (二) 本土城镇化政策创新的动力机制

在顺德城镇化方面,我们可以看到非常明显的政策创新的内生性机制。这一机制必然受到中央政府或上级政府政策变革的影响,但仍然可以看到清晰的本土性链条和在初始阶段政策选择之后的路径依赖。本土性政策创新和政策选择之后的路径依赖与中央-地方政府关系研究的逻辑不同。比如在分税制改革之后,地不分南北,城不论大小,都纷纷走向土地财政的道路,这是中央-地方政府关系强大的结构性约束力导致的。而顺德城镇化的本土政策创新的基础性动力来自地方的差异性,这一点在东中西部各个地方应该都可以看到。在急剧转型的时代背景下,地方政府在制度上的实践必定包括两个方面:一个是适应不断改革的中央政府的政策,这属于政策执行,这中间可以看到种种地方性的应对策略和行为取向,但其制度逻辑是一致的;另一个是不断根据本地的特殊情况进行本土化的政策创新,以谋求发展和解决问题,与中央统一的政策互补,其制度逻辑是差异化和本土化的。这些本土实践和地方制度创新纷繁复杂,很大程度上可被定义为格尔茨所说的"地方性知识"的一部分(格尔茨,2004)。在地方的具体实践中,这些政策实际上扮演着相当重要的角色,至少值得与政策执行同等视之。

### 1. 政治空间:改革开放的先行先试地区

珠三角是改革开放的最前沿地区,最早进行政策创新,长三角及其他地区都是在之后给予政策空间跟进的。广东省有三个经济特区,省一级本身也享受非常多的政策优惠和政策自主空间,历来都是进行政策先行先试的区域,今天中国很多的全国性政策就是从广东省及其经济特区的先行先试中演变而来

的。这一点正如中共中央政治局常委汪洋所强调的:

> 广东在改革开放初期不就是靠"遇到红灯绕着走,遇到黄灯闯着走,遇到绿灯抢着走"发展起来的吗?我们说解放思想,就是不要被无形的壁垒、心理上的壁垒把我们束缚了,不然广东就没活力了。(刘海健、杨明,2009)

这一时间点对于理解顺德地方政府创新的本土动力非常重要。在改革开放初期和1992年邓小平南方谈话之后,顺德都占据先机,率先突破或创生了很多政策为经济发展服务。这些领域尚未有全国统一的政策,为本地的创新留下空间;同时本地政策创新也成为必需,因为需要为当地的现实发展服务。而后期享受改革开放政策的地区则受到了更多国家统一政策的约束和限制,或者已经有了非常成熟的统一政策,在本土政策创新的空间上比珠三角受限。

### 2. 经济动力:工业化对土地的需求

经济发展对土地的需求是客观上促使地方政府出台各种相关政策的一个核心动力。从本文的图1、图2可以看出顺德土地被利用、开发的整体情况,这些土地基本上是为本地迅速发展的工业经济所需:兴建厂房提供制造业发展的空间,新建住房为急剧扩张的人口服务。土地股份化和股份合作社是珠三角地区城镇化进程中非常显著的特点,而这一实践的出发点之一就是为了方便地方政府的征地行为,这一点很早就开始进行了。为了更好地做到这一点,顺德出台了与征地相配套的留用地制度,这关乎征地之后农民的生活问题;由此又产生了一系列的配套制度创新,在不同阶段还有不同的调整,但也留下不同的问题。这种制度创新的路径依赖的关系非常强烈。当然,顺德在后期也存在着土地财政的需要。在调查中笔者发现近年某一镇街每年可以有近90亿元的税收,但该镇街的财政经费仅仅不到10亿元,因此必须通过出让土地获得另外的近7亿元才能维持镇街的年度财政支出——但工业化和经济发展本身的土地需求依然客观存在,尤其是在土地财政越演越烈的前期阶段。

### 3. 社会压力:历史遗留问题再生产

留用地制度、股份社、政经分离、政社分离、村改居、宅基地等政策的用意有两个方面:其一是适应经济发展的需要;其二是政府出于化解冲突、回应发展中产生的民众诉求的需要。正如学者所说:制度本身具有自我强化的特征,一个制度过程本身开始的逻辑也酝酿或强化了它发展、维持、稳定或消亡的道路(Greif, Laitin, 2004)。每一项制度都着眼于解决目前的主要问题，具有现实的迫切性；而这一制度产生之后又孕育了新的问题，必须在未来进一步出台相关制度进行修订；而新的修订也不能一劳永逸地解决问题，这又进一步孕育出新的问题。在这个过程中，历史遗留问题不断地被再生产出来，不断强化并催生出不断演化、不断扩张的政策体系。股份社制度、留用地制度、宅基地制度等在每一个时期都有新方法处理当时的迫切问题，而这些又为新一轮的问题产生提供了制度的导火索。循环到今天，仍然不得不疲于应付这些很难解决的历史遗留问题。

## 五、城镇化：多元模式与治理弹性

本文关于珠三角案例城镇化进程的制度演变历史的研究，希望能够与现有研究在两个方面展开对话：制度实践的多方面内涵以及城镇化的多个面向。从上面的资料介绍和分析中，我们看到城镇化推进中的地方实践和制度演变。这些实践和演变与自上而下的政策执行逻辑并不相同，但也包含了围绕着土地的相关庞杂的制度体系及其历史。

### （一）城镇化的多元模式

通过对东部地区案例的长时段历史演变的介绍，论文分析了东部与中西部地区城镇化的差异化模式。现有关于中西部城镇化的讨论，重点关注城镇化的最大动机，即土地财政，具体关注地方政府如何应对中央政府的种种政策，以及由此形成的策略性应对和政策执行机制。因此，自上而下的项目和中央政府政策在地方的变通是这些研究的重要主题(周飞舟、王绍琛, 2015；谭明智, 2014；焦长权、周飞舟, 2016)。顺德作为改革开放的前沿地区，工业化推动的城镇化是这一区域的典型特点，与此后中西部地区的土地财政及经营城市的动力有所不同。这一模式因其动力不同而表现出比较鲜明的地方特色。李强等人的研究将城镇化的推进模式分为七种类型：建立开发区、建设新区和新城、城市扩展、旧城改造、建设中央商务区、乡镇产业化和村庄产业化(李强、陈宇琳、刘精明, 2012)。这些不同类型的城镇化模式存在着区域和发展阶段的差异性,其来自政府、市场和社会的动力也各异。在上一部分的分析中,我们讨论了顺德村治在改革开放早期与其他地区面临着相似的中心工作,也贯彻着同样的中央政策,并没有明显的差异;但在之后的阶段,由于吸引外资和发展经济的独特区位优势以及中央政府政策的优待,我们可以看到顺德城镇化的三个特征和先行先试的政治空间、工业化的经济动力和历史问题再生产的社会压力,这些方面构成珠三角非常独特的城镇化模式。

城镇化有其自身的客观规律。在同质性的总体制度激励下的地方政府、有着约束性规律的市场经济和发育差异不大的社会力量的背景下,城镇化会呈现出来一定程度的一般性路径和普遍性特征,各地呈现出来的城镇化程度的高低可能是不同地区处于线性发展过程不同阶段的体现。然而,由于上文中提到的顺德发展的先行先试的政治空间、工业化的经济动力和历史问题再生产的社会压力,顺德在城镇化过程中仍有着本土性色彩,在目前和未来并不容易在其他地区复制。其他地方在经济发展、城镇化、行政改革等诸多方面由于处于后发阶段,因此处于一个相对完善的宏观政策体系之中,并不会看到本地路径依赖的纷繁复杂的政策创新。很多地区的城镇化也并没有工业化的动力支撑,国家的产业布局和地理空间区位注定只能有部分地区是工业集聚区,农业地区的城镇化必定会是另外的模式。顺德最早进入改革阶段也带来了与其他地方完全不同的历史遗留问题。这些方面塑造了顺德城镇化的模式,尤其推动了地方政府众多的政策创新,有一些创新是"无中生有",有一些创新则是对过去的创新政策的持续修补。

## (二)本地化政策变迁的历史视角

在中国单一制的行政体制之下,学者往往较多关注地方政府在政策执行中所扮演的角色,从中发展出来一系列的理论与概念。然而,对于这一体制来说:一方面不可避免地遭遇科层体制下信息不对称的严重问题;另一方面无法有效解决区域差异性和地方积极性的问题。无论是地方发展还是地方治理,地方政府毫无疑问在此方面承担着责任,并必定要结合地方实情因地制宜。这一点在毛泽东的《论十大关系》中就有经典论述(毛泽东,1976)。因此,非常有必要对地方性的政策演变进行研究,这样才能看到政策在地方展开的真实逻辑。

任何一项政策被制定出来之后,都会形成一种既定的路径,有其产生、发展和不断演化的自我逻辑(Greif, Laitin, 2004)。这塑造了非常关键的路径依赖逻辑,让政策历史研究成为必要。通过长时段的政策历史考察,可以平衡横截面维度上分析"上级制定政策,下级执行政策"的单一逻辑,从而去还原地方政府在政策执行过程中的多元角色。这既有被动执行政策的行为,也有为适应本地实情和化解本地问题而主动制定政策的行为。通过对顺德城镇化政策的全面梳理,我们可以看出政策一步步演变的内生逻辑,并能看出地方政府施政的主动性。

# 参考文献

陈家建,2013,《项目制与基层政府动员:对社会管理项目化运作的社会学考察》,《中国社会科学》第2期,第64—79页。

格尔茨,克利福德,2004,《地方性知识——阐释人类学论文集》,王海龙、张家瑄译,北京:中央编译出版社。

何帆燕、石长峰、李祖成、欧阳少伟,2011,《顺德:征地留用地历史问题五年内优先解决》,《南方都市报》9月15日。

黄少安、陈斌开、刘姿彤,2012,《租税替代、财政收入与政府的房地产政策》,《经济研究》第8期,第93—106页。

江佐中,2000,《经济发展中的制度变迁——基于顺德的理论与实证研究》,北京:中共中央党校出版社。

焦长权、周飞舟,2016,《资本下乡与村庄再造》,《中国社会科学》第1期,第100—116页。

李强、陈宇琳、刘精明,2012,《中国城镇化"推进模式"研究》,《中国社会科学》第7期,第82—100页。

刘海健、杨明,2009,《广东省委书记汪洋:打破固有思维用活社保基金》,《广州日报》7月18日。

陆铭,2011,《建设用地使用权跨区域再配置——中国经济增长的新动力》,《世界经济》第1期,第107—125页。

毛泽东,1976,《论十大关系》,《人民日报》12月26日。文章完全版收录在:中共中央文献研究室,1999,《毛泽东文集》第7卷,北京:人民出版社,第23—49页。

渠敬东,2012,《项目制:一种新的国家治理体制》,《中国社会科学》第5期,第113—

130 页。

孙秀林、周飞舟,2013,《土地财政与分税制——一个实证解释》,《中国社会科学》第 4 期,第 40—59 页。

谭明智,2014,《严控与激励并存——土地增减挂钩的政策脉络及地方实施》,《中国社会科学》第 7 期,第 125—142 页。

汪晖、陶然,2009,《论土地发展权转移与交易的"浙江模式"——制度起源、操作模式及其重要含义》,《管理世界》第 8 期,第 39—52 页。

折晓叶、陈婴婴,2011,《项目制的分级运作机制和治理逻辑——对项目进村案例的社会学分析》,《中国社会科学》第 4 期,第 126—148 页。

郑年胜,2002,《迈向行政管理现代化——顺德行政体制改革实践》,广州:广东人民出版社。

中国金融 40 人论坛课题组,2013a,《加快推进新型城镇化——对若干重大体制改革问题的认识与政策建议》,《中国社会科学》第 7 期,第 59—76 页。

——,2013b,《土地制度改革与新型城镇化》,《金融研究》第 5 期,第 114—125 页。

周飞舟,2006,《分税制十年——制度及其影响》,《中国社会科学》第 6 期,第 100—115 页。

——,2007,《生财有道:土地开发和转让中的政府与农民》,《社会学研究》第 1 期,第 49—82 页。

——,2010,《大兴土木:土地开发与地方政府行为》,《经济社会体制比较》第 3 期,第 77—89 页。

周飞舟、王绍琛,2015 年,《农民上楼与资本下乡——城镇化的社会学研究》,《中国社会科学》第 1 期,第 66—83 页。

周黎安,2007,《中国地方官员的晋升锦标赛模式研究》,《经济研究》第 7 期,第 36—50 页。

周黎安、刘冲、厉行、翁翕,2015,《"层层加码"与官员激励》,《世界经济文汇》第 1 期,第 1—15 页。

周雪光,2008,《基层政府的"共谋现象"》,《社会学研究》第 6 期,第 1—21 页。

周雪光、练宏,2012,《中国政府的治理模式:一个"控制权"理论》,《社会学研究》第 5 期,第 69—93 页。

Gabriella, Montinola, Qian Yingyi, Barry R. Weingast. 1995. "Federalism, Chinese Style: The Political Basis for Economic Success." *World Politics* 48(1): 50-81.

Greif, Avner, David D. Laitin. 2004. "A Theory of Endogenous Institutional Change." *The American Political Science Review* 98(4): 633-652.

O'Brien, Kevin J. , Li Lianjiang. 1999. "Selective Policy Implementation in Rural China. " *Comparative Politics* 31(2): 167-186.

Oi, Jean C. 1992. "Fiscal Reform and the Economic Foundations of Local State Corporatism in China. " *World Politics* 45(1) : 99-126.

Ong, Lynete H. 2014. "State-Led Urbanization in China: Skyscrapers, Land Revenue and ' Concentrated Villages' . " *The China Quarterly* 162: 162-179.

Walder, Andrew G. 1995. "Local Governments as Industrial Firms: An Organizational Analysis of China's Transitional Economy. " *The American Journal of Sociology* 101 (2): 263-301.

(责任编辑:杨渝东)

# 社会组织参与社区治理何以可能?*
## ——一项基于情境合法性视角的个案研究

黄晓星 李学斌**

**摘要:** 当前,社会组织参与社区治理在主流治理话语的推动下已具备了总体及形式合法性,但其在社区情境中的实质合法性如何获得仍有待探讨。本文以L社会组织在A市J社区中参与社区治理的8年历程为研究个案,运用情境合法性的分析视角,描述了L组织参与社区治理合法性所经历的获得、困境及重构等变迁,并指出了社区权力精英与社会组织在这一变迁过程中存在的"契合—嵌入"互动关系。社区权力精英以社会组织是否在管制、规范与认知层面与其"契合"为合法性赋予标准,社会组织则以"嵌入"为寻求"契合"的行动策略。

**关键词:** 社会组织 社区治理 情境合法性 契合—嵌入

# 一、问题的提出

近年来,社会组织参与社区治理成为主流共识。一方面,引导社会组织参与基层社会治理、社区治理的政策话语不断出现。党的十八届三中全会《中共中央关于全面深化改革若干重大问题的决定》中提出"改进社会治理方式……鼓励和支持社会各方面参与","激发社会组织活力……推进社会组织明确权责、依法自治、发挥作用"。党的十九大报告更是提出"打造共建共治共享的社会治理格局""发挥社会组织作用,实现政府治理和社会调节、居民自治良性互

---

\* 本文系国家社会科学基金项目"治理现代化背景下社区志愿服务发展模式研究"(项目批准号:20ASH003)、广东省教育厅青年创新人才类项目"党建引领三社联动多元共治社区工作服务模式探索与实践"(项目批准号:2019GWQNCX087)的阶段性研究成果。
\*\* 黄晓星,中山大学社会学与人类学学院副教授、博士生导师(hxiaox23@mail.sysu.edu.cn);李学斌,中山大学社会学与人类学学院博士研究生(lxb_sw@foxmail.com)。

动"等相关表述。可以发现,社会组织参与社区治理在国家政策话语层面已被赋予了合法性。但另一方面,现有研究同样关注社会组织参与社区治理所面临的困境,包括社区层面的行政化取向、行为主体责任不明、公共参与意识薄弱(朱健刚、陈安娜,2013;何欣峰,2014);社会组织层面的专业化及能力不足、自主性缺失、资源动员能力弱(杨丽等,2015);体制层面的过渡治理情境、边界模糊问题等(黄晓星、杨杰,2015;黄晓星、熊慧玲,2018)。在这一背景下,本文尝试关注的是社会组织参与社区治理是如何从政策表述中的引导方向成为现实情境中的可能的。

对这一问题的讨论应当聚焦在社区这一关键场域中,关注社会组织与社区间的互动,而现有社会组织研究中对社区的关注存在一定的不足。现有社会组织研究有以下几种范式:①西方传统研究范式,如"市民社会"和"法团主义",被许多学者认为不符合国情(陈天祥、徐于琳,2011;唐文玉、马西恒,2011;张紧跟,2012;纪莺莺,2013)。②国内研究中从结构视角出发探索国家对社会组织作用力的"分类控制"(康晓光、韩恒,2005)、"利益契合"(江华等,2011)、"反向嵌入性"(何欣峰,2014)等视角则被认为过于静态,忽略了社会组织的主动性。③从组织视角出发探索社会组织行动策略的"非正式政治"(张紧跟、庄文嘉,2008)、"不合作"(何艳玲等,2009:1)、"嵌入式行动主义"(皮特、安德蒙,2012)等则更多关注彼时尚未具备合法身份的社会组织,对现时双重管理体制下社会组织策略的解释力有所欠缺。④有学者尝试结合结构与组织视角,如"非协同治理—策略性应对"(黄晓春、嵇欣,2014)、浮动控制与分层嵌入(徐盈艳、黎熙元,2018)等,将"国家—社会"中的"国家"细分成为不同层级的政府,并探讨不同层级政府与社会组织的互动,在一定程度上是对"国家—社会"取向社会组织研究的发展。然而,无论是结构视角、组织视角还是已经将"国家"概念不断细分的结构与组织综合视角,似乎都存在将"社会"概念窄化为"社会组织"的倾向(张超、朱俊瑞,2018;邓燕华,2019)。这些研究中较少分析社区与社会组织间的关系。社区既是"国家"力量在基层的重要延伸,同样也是"社会"中居民生活的共同体,社区与社会组织间的关系并不能完全适用于"国家—社会"的二元划分。具体到社区治理议题上,国家层面的政策话语不断推动社会组织参与社区治理,但作为直接执行主体的"社区"的态度与行动则在一定程度上被忽视了。在这一意义上,将研究视角聚焦到社区,研究社会组织与社区间的互动,关注社会组织参与社区治理在社区层面是如何成为可能的具有一定的价值。

本文将采用合法性(legitimacy)的视角对上述问题进行分析。合法性是组织研究中的重要概念,可被视作对社会建构的一种认识和假设,指的是社会群体作为一个整体接受或支持了组织的行为模式(陈怀超等,2014)。在合法性的理论视角下,社会组织参与社区治理从政策表述到现实情境的过程可以被理解为其"形式"层面的合法性转换为"实质"层面的合法性,获得社区整体接受与支持的过程。但需要强调的是,在聚焦社区这一关键场域的基础上,本文所应用的合法性概念应是一种"情境合法性"(situational legitimacy)(邓燕华,2019)。情境合法性指的是已经享有总体合法性的社会组织,在开展新的项目过程中需要争取到具体情境中的服务对象的认可与支持(邓燕华,2019)。在参与社区治理议题上,社会组织双重管理体制已使社会组织具有了合法身份,推动社会组织参与社区治理的政策话语又使社会组织具有了合法参与的依据,也就是说社会组织事实上已经具备了参与社区治理的"总体合法性"。然而,这一"总体合法性"却往往因社区情境的不同而产生不同的现象。因此,本文探究的社会组织合法性应该是社区情境性的。

总结而言,本文尝试回答的研究问题是社会组织参与社区治理在社区层面是如何成为可能的,抑或是说社会组织是如何在社区中获得情境合法性,从而参与社区治理的。

## 二、理论框架:情境合法性的视角

本文将应用情境合法性的理论视角进行分析。

### (一) 合法性定义:情境合法性

韦伯(Weber)最先提出"合法性"的概念,它是指一种政治秩序被认可的价值,这种秩序由法律、道德、宗教、习俗和惯例等构成(韦伯,1997:238—239;陈杨等,2012;梁德友,2019)。该概念之后经由帕森斯(Parsons)、哈贝马斯(Habermas)、迈耶(Meyer)和罗恩(Rowan)等人的发展,最终被学界普遍认同的是萨其曼(Suchman)给出的定义(陈扬等,2012;张超,2017;梁德友,2019)。合法性可以被定义为"一种总体性的感知或预设",这种感知或预设是关于"由社会建构的规范、制度、信念、社会价值观中,某个实体所进行的活动被人们认为是合适的、正当的、恰当的"（Suchman，1995）。

但现有社会组织研究中的合法性概念事实上更多的是一种总体的合法性。这种总体性体现在两个方面：

其一，在空间层面上，其谈论的主题更关注在大的制度环境中，社会组织如何获得国家的承认，从而获得开展社会服务、参与社会治理的合法性（管兵、岳经纶，2014；吴磊，2017；张超，2017；张超、朱俊瑞，2018；梁德友，2019）。但这一讨论很难落到具体的社区情境中，无法解释不同社会组织在不同社区参与社区治理存在合法性的差异。基于此，本文采用的是邓燕华（2019）提出的情境合法性概念，即"一个已经享有总体合法性的社会组织在具体项目情境中被服务对象和社区权力精英接受和认可的程度"（邓燕华，2019）。这一概念有以下三个基本要素：第一，情境合法性与总体合法性存在差异，社会组织的合法性是有界限与边界的（邓燕华，2019）。总体合法性并不完全适用于不同的情境。在本文中，社会组织的合法性是在社区场域中产生的，是其在社区中的情境合法性。第二，社会组织的情境合法性需要与社区环境中的两类主体，即服务对象（普通民众）与社区精英建立关系才能确立。社会组织与服务对象（普通民众）建立关系需要依靠自身的绩效表现，而与社区精英建立关系则需要一个制度框架（邓燕华，2019）。在本文中，笔者亦将重点分析社会组织与社区中普通民众及社区精英间的关系。其中，社区精英以社区党委、居委会中的干部为主。第三，组织声誉是社会组织情境合法性获得与维持的重要影响因素。声誉在一定条件下可以转化为情境合法性，社会组织既可能从中受益，也可能为其所累（邓燕华，2019）。本文亦将检视组织声誉对组织情境合法性的作用。

其二，在时间层面上，其讨论的合法性问题更多的是单向的合法性发展路径，即只讨论社会组织如何获得合法性或社会组织面临怎样的合法性困境（管兵、岳经纶，2014；吴磊，2017；张超，2017；张超、朱俊瑞，2018；梁德友，2019；赵祥云，2019），较少讨论社会组织合法性可能出现的更加动态的变化过程。本文将描述社会组织情境合法性从无到获得，从获得到困境，再从困境到重构的完整过程，为合法性研究增加周期发展的案例。

从以上内容可以发展出情境合法性分析框架的核心概念、分析主体与分析过程。在核心概念方面，本文要讨论的是社会组织的情境合法性，即已经具备总体合法性的社会组织是如何在社区中获得情境合法性的。在分析主体方面，社会组织与社区（由服务对象与社区权力精英构成）是本文的分析主体。在分析过程方面，社会组织情境性从无到获得，从获得到困境，再从困境到重构的完整周期过程是本文的分析重点。

## （二）合法性维度：管制、规范、认知

合法性是一个可操作化的概念。韦伯、帕森斯、哈贝马斯所强调的合法性更多的是社会政治维度的，而迈耶和罗恩（Meyer, Rowan, 1997）则第一次将认知（文化）的维度纳入合法性范畴中。在这一基础上，奥尔德里奇和菲约尔（Aldrich, Fiol, 1994）将合法性维度划分为社会政治合法性与认知合法性。斯科特（2010：70）则进一步将这一维度扩展到一般议题中，发展出最广为接受的合法性维度，包括了管制（regulative）合法性、规范（normative）合法性与认知（cognitive）合法性（陈扬等，2012；刘蕾，2019；邓燕华，2019）。国内学者亦提出了官方合法性与社会合法性（康晓光，1997：636—637），社会、行政、政治、法律合法性（高丙中，2000），外部合法性与内部合法性（管兵、岳经纶，2014），制度、结构与行动合法性（赵祥云，2019）等相关概念。在社会组织参与社区治理的过程中，社区是社会组织面临的最为重要的外部环境。而社会组织与社区这一外部环境的互动很大程度上也是围绕管制、规范与认知三大制度与文化要素展开的。基于在社区情境中分析社会组织合法性的考量，本文将选取管制、规范、认知的合法性维度（斯科特，2010：70）进行分析。

其中，管制合法性对应的是制度环境中的管制性要素，强调组织要接受明确的管制过程，符合规则（法律或准法律）是这一过程中的重要标准，往往建立在强制性制裁和奖惩基础上。规范合法性对应的是制度环境中的规范性要素，强调组织要遵从规范，这一规范来自社会价值观或道德规范等方面。认知合法性对应的是文化环境中的认知性要素，通常与外部利益相关者关于情境界定、角色模板等的认知相关，体现的是组织被理解和接受的程度（斯科特，2010：70；张超、朱俊瑞，2018；邓燕华，2019；刘蕾，2019）。

从以上合法性维度的定义中亦可以发展出适用于本文分析的管制合法性、规范合法性与认知合法性定义。其中，管制合法性指的是社会组织在社区中接受管制、遵守规则（法律或准法律）的过程；规范合法性是指社会组织在社区中遵从社区不同主体所定义的规范的过程，这一规范与社会组织参与社区治理应做的事情、应达到的目标相关；认知合法性是指社会组织在社区中被社区不同主体理解与接受的程度：以上三个维度构成了社会组织在社区中的情境合法性。

## （三）合法性获得策略：制度情境与文化情境

社会组织合法性的获得策略可从两个角度进行概述。第一个角度是技术维度的，强调的是社会组织在面对不同具体微观情境时所采取的技巧性、技术性策略。其中较具代表性的是齐默曼和泽特兹（Zimmerman, Zeitz, 2002）提出的适应、选择、操控和创造四种战略，其强调组织与所处环境的关系，或通过适应现有政策，或通过选择有利环境，或通过操控制造新规则，或通过创造新的组织模式来获得合法性（陈怀超等，2014；武静、周俊，2018；刘蕾，2019）。第二个角度是结构维度的，强调的是社会组织如何在宏观的制度环境与文化环境中获得合法性。其中与本研究较为相关的观点是"体制弱嵌入与关系强动员"的合法性获得策略（张超、朱俊瑞，2018）。这一观点认为，发展较为成熟的社会组织会在第一重的制度情境中以政治承认与松散联结的方式进行体制弱嵌入，在获得合法身份的同时获取自主生长空间；同时社会组织会在第二重的文化情境中以引领者位置建构与组织联合行动的方式进行关系强动员，为网络动员与制度创新创造空间。本文同样更加关注社会组织在社区的制度与文化情境中如何获得合法性，而体制弱嵌入与关系强动员的行动策略是否适用于本文所探讨的研究案例，仍有待讨论。

与此同时，从结构-能动的综合视角出发，社会组织作为获得合法性所采取的行动策略与社区结构层面的制度考量是相呼应的。本文在检视社会组织行动策略的同时，也会分析这些行动策略所回应的社区结构层面的制度逻辑。

## （四）理论框架

基于以上综述，本文的研究框架将围绕社会组织在社区情境中的合法性这一议题，分析社区权力精英及服务对象与社会组织的互动，从管制合法性、规范合法性、认知合法性等三个维度探讨社会组织的合法性，同时关注社会组织在制度环境与文化环境中采取了哪些行动策略以获得在社区中的合法性。表1呈现了情境合法性分析框架中的核心概念、分析主体、分析过程、分析维度与分析视角。

表 1 "情境合法性"的分析框架

| 分析框架 | 分析内容 |
| --- | --- |
| 核心概念 | 情境合法性 |
| 分析主体 | 社区（社区权力精英、服务对象）、社会组织 |
| 分析过程 | 获得、困境、重构 |
| 分析维度 | 管制、规范、认知 |
| 分析视角 | 结构（制度逻辑）-能动（行动策略） |

## 三、合法性的获得、困境与重构：A 市 J 社区的案例

本文采用的是个案研究法，选取的是在 A 市 J 社区中参与社区治理已近 8 年的 L 社会组织。A 市 J 社区交通便利、经济发达、外来人口密集（户籍人口 1.6 万，非户籍常住人口 4.5 万），社区工作人员近 30 人，曾承接过多项省级、国家级社会治理创新机制改革试点工作，是当地的"明星社区"。L 社会组织成立于 2013 年，是本土社会工作机构，已在 J 社区参与社区治理近 8 年。在研究过程中，笔者以对 L 组织负责人、各项目负责人及 J 社区两委干部的访谈为核心的资料收集为主要研究方式，实地观察、文献分析、网络资料则作为资料验证的辅助。

本文将社会组织参与社区治理的项目定义为：社会组织以独立、专业、平等的主体身份协同其他主体共同参与社区治理，从而实现治理效果的治理活动（梁德友，2019）。L 组织自 2013 年成立以来已在 J 社区承接或驻点开展社区治理相关项目 3 个，涉及非户籍人口社会融入、青年志愿者与健康计生等服务主题。在这一过程中，L 组织的主要工作内容在于协同其他主体参与社区治理。研究发现，L 组织在 J 社区参与社区治理的合法性经历了获得、困境与重构的发展历程。

### （一）合法性获得："蜜月期"

L 组织于 2013 年 4 月以承接镇卫生部门购买的健康计生服务项目为契机

进入 J 社区。其在进入 J 社区伊始便获得了极高的合法性,与社区权力精英①的关系处于"蜜月期"②。这一合法性获得的表现包括:一是行政层面,L 组织可以获得 J 社区在项目物资层面几乎无条件地支持,同时也会从 J 社区处得到关于基层行政逻辑与政策要求的相关指导;二是关系层面,社区两委协助 L 组织负责人与上级政府部门建立良好关系,并将其吸纳进社区及政府的政治体系中,协助其获得镇团委委员、社区居民代表等身份。从管制、规范、认知等维度可以更好理解这一合法性获得过程。

### 1. 管制合法性获得

从社区层面看,L 组织进入社区参与社区治理符合管制性制度要素的要求:一方面,从中央到地方的社会治理政策话语中均鼓励推动社会组织参与社区治理、鼓励政府购买服务机制,L 组织进入社区符合国家关于社会治理的法定规则;另一方面,L 组织通过政府购买服务流程进入 J 社区后,被纳入社区的管制体制中,接受社区两委对项目计划的期待、对项目进展的监督和对物资与场室的管理等,成为"J 社区的社工"③。而从组织层面上看,L 组织在管制合法性的获得上并没有显著的行动策略,只是遵从政府购买服务的机制进入社区,服从社区的协调与管理。

### 2. 规范合法性获得

本文将此处的规范界定为社区不同主体认为社会组织参与社区治理应该遵守的原则。在社区两委看来,L 组织在进入社区后开展的一系列工作能够符合他们对社会组织参与社区治理原则的期待。这一期待主要包括两个方面:一是贯彻党委路线,确立组织协助社区两委开展工作的定位和职责;二是能够将政策热点与实际工作相结合。L 组织能够把握社区两委尤其是社区党委的方向与政策的热点,明确自己的"协作"作用,因此能够获得规范层面的合法性。

> 比如说中央报告里面提出了一些社会热点,它(指 L 组织)都能够捕

---

① 此处指的是社区中的"两委",即社区中的党委与居委会两大系统。本文将在学术讨论中采用邓燕华(2019)提出的"社区权力精英"的表述指代社区中的这两大系统及其工作人员,而在案例介绍中则采用"社区两委"这一表述。两者的意指相同。
② L 组织负责人访谈,2019 年 9 月 10 日。
③ L 组织社区项目负责人访谈,2019 年 9 月 8 日。

捉到。比如我们现在做了一个创就业项目,它能够找到这样的一些切入点……因为你不能很机械地按照社工行业本身的工作内容……去开展服务……你必须时刻跟着党走,根据党委、政府的政策去落实这些。你的位置永远是协助党的,你必须要明确这一点,是协助党委去开展这些东西的。然后在协助党委这个过程中,也能够提前把握到党委政府的一些政策热点。这样开展起来也是事半功倍的。①

从组织层面上看,L组织尝试在项目中寻找开展工作的治理空间,并很快发现社区两委在将宏观政策与社区实践事务相结合等方面存在需求。一方面,L组织将重点放在政策热点与社区工作的结合中,并通过这一治理空间较为深入地嵌入社区两委原有的工作体制中,成为社区两委实地工作体系与宣传工作呈现的重要组成部分。另一方面,L组织在进入社区伊始还通过提高指标量等方式进一步获得社区两委的认可与支持。这样的策略也使组织更加符合社区的规范期待。

### 3. 认知合法性获得

相比于管制合法性与规范合法性,认知合法性更多是文化情境的。首先,L组织是本地本土机构,组织负责人及社工均为本地人,熟悉当地的文化习俗与社会关系情况。社区两委更愿意让本地机构进入社区参与治理工作。其次,L组织负责人所在家庭及其个人均有过商业从业背景,在当地有一定的声望。个人及家族声誉也因此转移到了L组织身上,L组织被认为是"不会为了社区一点钱来做项目,而是有情怀的"②。这对L组织能快速地获得社区情境合法性而言尤为关键。最后,与L组织存在隐形竞争关系的B组织无法获得社区信任,这也导致了社区对L组织的认同得到增强。B组织有香港背景且是由镇政府领导引入社区的,但在项目管理等方面多次与社区两委发生矛盾,并在服务期满后离开社区。作为本土机构,L组织在与B组织的对比中更加获得社区认可。从组织角度出发,L组织主要以组织负责人个人在文化情境中与社区权力精英的非正式互动与文化亲近为行动策略,如在工作之外共同聚餐、社交平台(如微信朋友圈)进行互动等。

---

① 社区两委干部访谈,2019年9月9日。
② L组织负责人访谈,2019年9月10日。

## （二）合法性困境："充满冲突"

然而，情境合法性不仅体现在空间上，也体现在时间上。随着时间的推移，L组织在J社区参与社区治理方面遭遇了合法性的困境：在组织层面，L组织失去物资申请的支持，导致活动难以开展；在个人层面，L组织负责人原定的社区代表身份也被社区两委临时更换。社区党委书记甚至考虑将L组织在J社区中的项目全部撤销，L组织面临合法性丧失、组织退场的困境。

### 1. 管制合法性困境

在管制性要素方面，L组织依然有着宏观政策支持社会组织参与社区治理的管制支持，但社区在这一方面的决策能力更为突出。前文所提的B组织便是在与J社区冲突了近三年后，由于镇领导更换而社区权力精英体系更加稳定最终被迫离场。J社区对于哪些组织能够在社区中参与社区治理，哪些组织需要退场具有强有力的话语权：

> J社区活动经费是这个社区实报实销的，这也形成了社区的一个操作空间……职能部门是把事情放到镇街去做，镇街又放到社区，所以所有事情都是社区在做。所以当社区不同意的时候，上级部门也不能把他怎么样。①

而在微观的管制机制中，J社区在新的工作周期中调整了与L组织对接工作的行政体系，包括更换了负责与社会组织对接合作的两委干部与工作人员等。L组织被认为是与旧行政体系关系密切的力量，无法完全得到新行政体系的支持。L组织在工作对接时出现沟通不畅等问题，始终无法衔接新的社区行政体系，这也使得L组织在管制合法性上面临困境。

### 2. 规范合法性困境

L组织在管制合法性上面临的困境扩散影响到了其规范合法性。由于逐渐失去社区两委给予的行政支持，L组织开展活动变得尤为艰难，社区治理成效难以获得。（"我们的服务也是通过社区去申请活动物资的，当时就是申请

---

① L组织负责人访谈，2019年9月10日。

不了。以前一个月6000块钱,后来我们一个月花几百块钱,而且还不批,我们的服务发展不下去。"①)另一方面,由于L组织在J社区前期工作开展所取得的成果,其在社区情境内的合法性不断扩散构成组织的总体合法性,并使组织能够接到更多项目邀约。在组织扩散的过程中,L组织无法像之前只有一个项目时那样,集组织的全部力量匹配社区需求。其在匹配社区两委的社区治理规范时也较前期有了一定滞后,这也导致了组织在规范合法性上面临困境。

### 3. 认知合法性困境

在认知层面,L组织不断扩散的组织发展策略与J社区两委对其的预设与期待也产生了一定的冲突。由于L组织的第一个项目是在J社区开展的,L组织是在J社区两委的支持下借由这个项目获得业内声誉的,L组织的负责人也是由J社区两委协助与上级部门建立联系才不断获得资源的,J社区两委在认同上将L组织视为社区的附属机构。当看到L组织不断扩张且其工作重心逐渐脱离社区时,J社区两委对L组织在认知上的期待遭到了冲击,因此引发了对L组织及L组织负责人的意见与不满,从而影响了L组织在社区中的合法性:

> 究竟机构的力量是集中在哪些职能部门,或者是哪些服务方身上的?如果一旦彼此的维系、沟通少了,就会出现觉得是不是在其他那里去发力,这边就少处理了。②

### 4. 合法性困境应对

在面对合法性困境时,社会组织是否有应对的能力? L组织对合法性困境的出现有所察觉,但这种察觉是带有滞后性的。尽管L组织负责人知道存在困境,但却从未意识到组织面临从社区退场的风险,这也反映了社会组织与社区间信息的不对称。当意识到困境后,L组织更多的是由组织负责人从认知性要素的角度出发,尝试与社区党委书记建立非正式的对话空间,改变社区权力精英最高层对组织的认知,希望借此摆脱组织的合法性困境。然而,这一尝试

---

① L组织负责人访谈,2019年9月10日。
② L组织社区项目负责人访谈,2019年9月8日。

也遇到了挫折，社区党委书记不愿意给予对话空间，组织主动应对合法性困境的策略宣告失败：

> 机构基本上是无能为力的。社区书记你都约不到，然后你服务也开展不了……完全没有办法在其中周旋的……没有信息跟资源去应对这种冲突。①

但最终 L 组织还是克服了这一合法性困境。其原因并不在于困境出现后的应对策略，而在于合法性获得阶段所建立的基础。L 组织早已深度地嵌入在社区的工作中，使社区在决定是否使其退场时不得不考虑因此带来的对社区工作体系的破坏性影响。经过几年的工作开展，L 组织已经通过自己的服务项目将自己深度嵌入到社区的工作体制中，成为社区许多工作的执行者、建议提供者甚至是规划者。J 社区两委在综合评估之后，决定再次全面调查问题发生的原因，并很快相应地进行了行政体系的调整。这些调整使 L 组织逐渐恢复了与社区间的联系，其情境合法性得以重构：

> 所以我相信能够再开始，还是依靠在实务上积累的地位……他管妇联、管卫计，这两个部分是真的需要我们的……现在妇联要创建全国××社区，我们都是智囊。整个的思路都来自我们的设计。②

### （三）合法性重构："离不开了"

克服了合法性困境后，L 组织进入合法性重构的过程。在这一过程中，L 组织"地位提高了"，组织负责人重新获得政治身份，甚至让社区两委"离不开了"③，而且与社区两委结成"友好的伙伴关系"④。这一合法性的重构机制如下：

---

① L 组织负责人访谈，2019 年 9 月 10 日。
② L 组织负责人访谈，2019 年 9 月 10 日。
③ L 组织负责人访谈，2019 年 9 月 10 日。
④ J 社区两委干部访谈，2019 年 9 月 10 日。

### 1. 管制合法性发展

在管制合法性方面,党的十九大后,社会组织参与社区治理更加获得宏观政策导向的支持。而在社区层面,经历合法性困境后社区两委进行的人员调整也使社区两委与组织间的沟通更加顺畅,双方进入了较为稳定的合作阶段。值得一提的是,社区两委事实上在选择社会组织上存在"做生不如做熟"[1]的路径依赖倾向。只要不触碰社区的核心利益,社区事实上愿意不断赋予同一个社会组织参与社区治理的合法性,他们不愿承担更换社会组织带来的行政负担与不确定性。从这一角度上看,管制性要素事实上对 L 组织在社区中合法性的稳定有所帮助。

### 2. 规范合法性发展

在开展社区治理工作方面,L 组织也获得了来自 J 社区两委的高度评价。第一点仍是政策热点与实际工作的紧密结合。L 组织能够在社区治理工作的开展过程中找到与政策热点的结合空间,同时在上级参观或参与评比时予以充分呈现。由于经常得到上级的肯定,L 组织被赋予了更多代表社区进行展示的机会,组织的工作深度地嵌入社区体系中。

第二点则是创新工作的开展。创新也是社区两委对于社会组织的一个要求,但这一要求是模糊含混的。也就是说,社区尽管希望社会组织能够在社区治理中不断创新,但对于如何创新、在哪些方面创新事实上没有具体的要求。L 组织同样重视在参与社区治理过程中的创新,并重视通过创新"维持项目的活力、创造力和价值"[2]。但在具体的创新方向上,L 组织则从组织自身的专业追求出发,致力于在 J 社区所在镇街中建立基层社会治理的模式和经验,从而形成组织在这一领域中的引领力和开拓力。在这一过程中,L 组织可以对社区的组织架构和工作机制产生反作用,如推动社区两委建立"党建引领"的多个阵地等。这些工作能够加深组织在社区内的嵌入程度。

第三点则是最终取得的治理成效。社区两委对于社区治理有着基本的期待,主要包括"和谐稳定""对党和政府的认同提升""信息双向传递""小区问题得到解决"等方面。[3] 而 L 组织则以社区中的组织培育为主要方法,通过建

---

[1] J 社区两委干部访谈,2019 年 9 月 10 日。
[2] L 组织社区项目负责人访谈,2019 年 9 月 8 日。
[3] J 社区两委干部访谈,2019 年 9 月 10 日。

立自身与社区中物业管理、业委会、党员活动小组、社区社会组织的联系,培育并凝聚这些组织力量,使其成为开展社区治理工作的重要抓手。例如,通过培育种花协会完成全城种花的活动任务。L 组织在社区治理中找到了社区权力精英无法渗透与掌握的工作空间,通过这些组织培育工作使社区两委形成了"工作交给 L 组织的话完成是最快的、最有效的"①的印象。这种治理成效层面的不可替代性也使 L 组织在社区中的合法性更加牢固:

> 例如我们搞全城种花的活动,就要很多的家庭去种花。过去政府有行政力量发动很多资源给居民,然后去种花。但因为那个指标实在太大了,他们没有办法用这种手段解决。问到我们时,我们让我们小区里面的社区居民去成立种花协会,然后我们给一些资源,很容易就建立起来了。②

### 3. 认知合法性发展

L 组织认知合法性的发展主要体现在社区两委能够给予组织自主发展的空间。社区两委观念的转变一方面来源于 L 组织不断在实践中证明其能够在机构拓展的同时保证与 J 社区相关工作的顺利开展;另一方面则来源于 L 组织负责人多次将机构改革思路向社区权力精英进行传递:这使 L 组织的拓展策略与自主空间逐渐获得社区权力精英的认可,认知合法性得到了进一步的发展。值得一提的是,在这一阶段,L 组织负责人已不再需要非正式互动与文化亲近的策略。由于其在社区工作体制的不断嵌入、社区治理成果的不断提升、组织声誉的不断提高,L 组织负责人也具备了更强的议价能力,不仅受到尊重,而且可以对社区两委的要求进行回绝。这也体现了社会组织认知合法性的发展。

## (四)小结:合法性获得、困境与重构

上文重点呈现了 L 组织在 J 社区参与社区治理过程中合法性的演变,包括合法性获得、合法性困境及合法性重构。可总结如表 2 所示:

---

① J 社区两委干部访谈,2019 年 9 月 10 日。
② L 组织负责人访谈,2019 年 9 月 10 日。

表 2　社会组织情境合法性的获得、困境与重构

| 发展阶段 | | 合法性获得 | 合法性困境 | 合法性重构 |
| --- | --- | --- | --- | --- |
| 合法性表现 | | "蜜月期"<br>行政:物资资源支持、政策方向递送、行政逻辑协助;<br>关系:上级关系打通、政治身份给予 | "充满冲突"<br>组织:物资申请不获批;<br>个人:人大身份被剥离;<br>危机:社区项目全撤销 | "离不开了"<br>组织:伙伴关系;<br>个人:政治身份 |
| 管制合法性 | 社区权力精英 | 宏观:政策话语要求;<br>微观:社区管理权限 | 宏观:社区两委决策大于政策支持;<br>微观:社区两委政治格局变化 | 宏观:政策话语增强;<br>微观:社区路径依赖 |
| | 社会组织 | 获取合法身份;<br>适应购买服务 | / | 获取合法身份;<br>适应购买服务 |
| 规范合法性 | 社区权力精英 | 贯彻党委领导;<br>结合政策热点 | 服务无法开展 | 结合政策热点;<br>不断创新突破;<br>取得实际成效 |
| | 社会组织 | 寻找治理空间;<br>加高项目指标 | 依靠前期基础 | 嵌入社区工作;<br>不断创新突破;<br>组织培育联动 |
| 认知合法性 | 社区权力精英 | 本地本土机构;<br>商业家庭背景;<br>竞争机构对比 | 附属认同破裂 | 允许自主空间;<br>平等伙伴关系 |
| | 社会组织 | 文化亲近 | 尝试失败 | 机构改革传递 |

# 四、社区权力精英契合与社会组织嵌入

从 L 组织参与社区治理情境合法性的演变过程中,亦可以发现社区权力精英与社会组织间的紧密互动。本文认为,从社区权力精英的角度出发,社会组织参与社区治理的合法性遵循的是"契合—悖离"的逻辑。当社会组织能够在管制、规范与认知三个要素层面与社区权力精英对社会组织参与社区治理的期待与预设产生"契合"时,社会组织能够在社区情境中获得强的合法性;而

当社会组织与社区权力精英的期待"悖离"时,社会组织将面临合法性困境乃至组织退场的局面。但这种"契合—悖离"的逻辑并不是静态存在的,而是与社会组织的行动策略紧密相连的。为了达到在管制、规范与认知三个要素层面与社区权力精英的"契合",社会组织需要在社区的制度情境与文化情境下进行"嵌入"。这种"嵌入"旨在带来与社区权力精英的"契合",从而获得社区情境下的合法性。

## (一) 社区权力精英:管制、规范与认知的契合

本文认为,社会组织是否能在社区中获得合法性,取决于其是否能与社区权力精英在管制、规范与认知层面产生"契合"。这一"契合"的概念来源于国家与社会关系的"利益契合"概念(江华等,2011),但与之存在至少三点不同:一是关系主体不同,"利益契合"强调的是国家与社会的关系,本研究中的"契合"关注的是社区权力精英与社会组织间的"契合";二是概念范围不同,本研究中的"契合"并不限于利益,亦可能是双方所同属的管制系统或是文化情境;三是概念意涵不同,本研究中的"契合"是在合法性语境下提出的,会紧密围绕管制、规范与认知等三个合法性维度进行阐述。

社会组织与社区权力精英在管制性方面达到契合是其参与社区治理合法性的制度基础。在宏观层面,从中央到地方政府的社会治理话语中均鼓励支持社会组织参与社区治理,社区权力精英与社会组织在同一套管制系统中高度契合。但微观层面的社区情境对社会组织而言更加重要。在J社区的案例中,社区权力精英基于政策话语层面的契合允许L组织进入社区。但其后,社区权力精英是基于可以对L组织在社区内开展的治理工作进行管制这一考虑,选择将其纳入社区的管理体系中,给予其在社区中开展工作的合法身份,从而使L组织获得管制合法性。合法性困境的出现则是由于社区行政体系变化,社会组织与社区权力精英的管制需要产生悖离。在困境解除之后,社区权力精英选择继续与L组织合作一定程度上是一种"路径依赖",但这种路径依赖能够为社区权力精英的管制降低成本,同样"契合"其管制性需要。

社会组织与社区权力精英在规范性方面达到"契合"是其参与社区治理合法性的关键。当社会组织与社区权力精英对社区治理的期待——贯彻党委领导、结合政策热点、不断创新突破、取得实际成效等——高度契合时,社会组织能够获得在社区情境下参与社区治理的规范合法性。这一维度上的契合也可

被理解为"利益契合",社会组织能够通过自身的绩效表现为社区权力精英在社区治理方面带来更多的帮助,因此能够获得社区权力精英的支持,在社区中稳定参与治理。而当社区权力精英的这些期待落空时,社会组织会被认为已经与社区权力精英产生悖离,合法性困境也很快就会出现。

社会组织与社区权力精英在认知性方面达到"契合"是其参与社区治理合法性的认同依存。以 L 组织为例,其在进入社区伊始,便因为其本土优势及商业背景获得了社区权力精英的高度认同,并因为与社区权力精英这种文化情境下的契合而获得参与社区治理的认知合法性。之后,社区权力精英认为 L 组织应是社区的附属组织,而 L 组织则开始业务扩展,双方的认同悖离引发了合法性困境。合法性困境解除后,社区权力精英愿意给予 L 组织自主空间,并与其建立平等的伙伴关系,同样是由于 L 组织能够契合社区权力精英的认同期待。

综上所述,本研究得出以下两点结论:其一,社区权力精英对社会组织获得参与社区治理的合法性有决定作用;其二,社区权力精英是基于与社会组织在管制、规范与认知层面是否契合做出这一决定的——一旦契合,社会组织便可以获得社区情境下的合法性,一旦悖离,社会组织则会遭遇合法性困境,甚至丧失合法性。

## (二)社会组织:制度嵌入与文化嵌入

在社区权力精英基于"契合"与否做出决策时,社会组织并非只能被动反应,而是可以通过组织的行动策略追求与社区权力精英的"契合"。本研究认为,这种行动策略可以以"嵌入"进行表述。王思斌(2011)提出的"嵌入"概念指的是专业社会工作在与本土社会工作实践的互动中不断进入本土实践领域,从而实现深度嵌入;而本文中社会组织的"嵌入"可被理解为社会组织在与社区互动中不断进入社区权力精英的实践领域、嵌入社区体制的做法。

在制度情境上,社会组织的嵌入体现在管制体制层面与规范机制层面。以 L 组织为例。在管制体制层面,L 组织通过遵循社会组织双重管理体制的要求获取"社会组织"的合法身份,通过政府购买服务机制获得"进入社区"的合法身份,通过服从社区权力精英的管理获得"参与社区治理"的合法身份。这一层面的嵌入没有过多主动行动,而是对现有制度中管制性要素的遵从。但这种遵从也带来了社会组织在管制体制层面的嵌入,从而能与社区权力精英实现契合,获得合法性。

在规范机制层面,L 组织致力于寻找当前社区治理工作中可供社会组织嵌入的治理空间:其一便是通过组织培育与联动实现社区内信息的双向传递与工作的无缝推进;其二便是将日常的治理工作与从中央到地方的政策热点紧密结合,从而使所有治理工作不仅在社区范围内开展,还能够代表J社区与上级政府部门实现对话;其三便是不断突破创新,推动社区权力精英共同建立模式经验,实现在当地基层社区治理工作中的引领。正是基于L组织在社区治理规范机制中不断地深度嵌入,L组织能够艰难地克服合法性困境,并达到社区权力精英已经"离不开"L组织的效果。与已有研究"体制弱嵌入"(张超、朱俊瑞,2018)中的政治承认与松散联结不同的是,L组织不仅通过管制体制层面获得政治承认,更通过规范机制层面与社区权力精英建立紧密联结,"体制强嵌入"的行动策略反而呈现出来。

在文化情境下,社会组织的嵌入则体现在认同建构上。以L组织为例:首先,社会组织负责人将其商业背景的个人声誉转化为组织声誉,并为组织建立认同建构的基础;其次,L组织以文化情境下的亲近策略与社区权力精英建立良好关系。在合法性困境中,L组织迫切希望通过与社区权力精英最高层的非正式互动解决困境;在合法性困境被克服之后,L组织又以传递组织改革方向、转变社区权力精英观念为主要的行动策略,并最终保持社区权力精英对组织的认同。值得一提的是,L组织现早已放弃了在组织发展早期对社区权力精英的文化亲近策略,这是因为其体制强嵌入已经取得成效,因此文化情境下的强嵌入转变为了弱嵌入。

综上所述,本研究得出以下两点结论:其一,社会组织会采取一定的行动策略以达到与社区权力精英的契合,从而获得参与社区治理的合法性;其二,社会组织的行动策略表现为在社区制度情境与文化情境下的嵌入——其中,制度层面的嵌入体现在管制体制与规范机制上,是"体制的强嵌入",而在文化层面上的嵌入则以认同建构为主,体现了从强嵌入到弱嵌入的转变。如表3所示:

**表3 社会组织合法性获得的契合—嵌入机制**

| 嵌入:社会组织 | | 契合:社区权力精英 |
| --- | --- | --- |
| 制度情境:体制强嵌入 | 遵循双重管理体制;<br>通过政府购买服务;<br>服从社区权力精英管理 | 管制合法性 |
| | 组织培育联动;<br>结合政策热点;<br>不断突破创新 | 规范合法性 |
| 文化情境:认同建构<br>(强嵌入—弱嵌入) | 个人声誉转为组织声誉;<br>文化亲近策略 | 认同合法性 |

## 五、结语与讨论

本文以情境合法性为理论视角,以 L 组织在 J 社区中所经历的合法性获得、合法性困境与合法性重构的历程为切入点,探讨了社会组织参与社区治理在社区情境下是如何成为可能的。研究发现,社区权力精英对社会组织参与社区治理的合法性有决定作用,其决策取决于社会组织参与社区治理在管制、规范与认知层面上与其"契合"的程度。而社会组织会采用一定的行动策略以实现与社区权力精英的"契合",这些行动策略表现为在制度情境下与在文化情境下的不断嵌入,如体制强嵌入与认同建构等。在此基础上,本文仍可在以下几方面展开讨论。

一是社区服务对象与上级职能部门对社会组织参与社区治理合法性的影响。本研究发现,J 社区中的权力精英具有社区内社会组织参与社区治理工作合法性的决定权。获取社区服务对象的支持及上级职能部门的肯定能够在一定程度上加深社区权力精英对社会组织的认同,但却不会对社会组织的情境合法性产生决定性影响。以在 L 组织之前承接非户籍人口社会融入项目的 B 组织为例,其既能够获得社区一些服务对象的支持(主要为低龄长者),还能够获得上级职能部门(镇政府领导的引进)的支持,但最终仍在社区权力精英的坚持下被迫退场,丧失在社区内的合法性。基于此,本文主要以社区权力精英作为"社区"一端的讨论对象,而未对学者同样关注的社区服务对象(邓燕华,2019)进行过多的探讨。

二是在情境合法性的概念维度上进行探讨。本文关注的 L 组织在进入 J 社区时,由于该项目是其成立以来承接的第一个项目,其总体合法性与情境合法性高度一致。L 组织通过制度与文化等策略获取在社区中的情境合法性,其中组织负责人的个人声誉转化为组织声誉的过程十分关键。这一情境合法性转化为 L 组织总体的合法性,并在空间维度上不断扩散,成为 L 组织在不同社区场域中承接项目、开展服务的合法性依据。而在 L 组织遭遇合法性困境时,其情境合法性面临丧失的危险,但组织的总体合法性仍然较为稳定。这也进一步验证了情境合法性独立于总体合法性的结论(邓燕华,2019)。与此同时,本文也补充描述了社会组织如何克服情境合法性困境的案例。但需要说明的是,L 组织情境合法性的失而复得很大程度上依赖了组织在前期奠定的基础,社会组织面对困境后的行动策略仍是被动且无力的。从其中也可以看到社会组织与社区权力精英在权力上的不对称。

本文亦在许多方面存在不足。第一，J社区中的社区权力精英拥有较大的决策权力，这在全国的基层社区中是特殊个案、普遍现象抑或是未来发展趋势？这一问题仍需要更多案例研究才能加以回答，因此也会对研究结论的推论范围产生影响。第二，研究更多关注合法性这一议题，但缺乏对自主性这一议题的关注。例如，当L组织采用体制强嵌入的方式获取合法性时，其是否有过坚持组织自主性的考量，在其中组织的专业追求如何得到体现，这亦是等待进一步回答的问题。

# 参考文献

陈怀超、陈安、范建红，2014，《组织合法性研究脉络梳理与未来展望》，《中央财经大学学报》第4期，第87—96页。

陈天祥、徐于琳，2011，《游走于国家与社会之间：草根志愿组织的行动策略——以广州启智队为例》，《中山大学学报》（社会科学版）第1期，第155—168页。

陈扬、许晓明、谭凌波，2012，《组织制度理论中的"合法性"研究述评》，《华东经济管理》第10期，第137—142页。

邓燕华，2019，《社会建设视角下社会组织的情境合法性》，《中国社会科学》第6期，第147—166页。

高丙中，2000，《社会团体的合法性问题》，《中国社会科学》第2期，第100—109页。

管兵、岳经纶，2014，《双重合法性和社会组织发展——以北京市19个小区的业主委员会为例》，《广西民族大学学报》（哲学社会科学版）第5期，第147—151页。

何欣峰，2014，《社区社会组织有效参与基层社会治理的途径分析》，《中国行政管理》第12期，第68—70页。

何艳玲、周晓锋、张鹏举，2009，《边缘草根组织的行动策略及其解释》，《公共管理学报》第1期，第48—54页。

黄晓春、嵇欣，2014，《非协同治理与策略性应对——社会组织自主性研究的一个理论框架》，《社会学研究》第6期，第98—123页。

黄晓星、熊慧玲，2018，《过渡治理情境下的中国社会服务困境——基于Z市社会工作服务的研究》,《社会》第 4 期,第 133—159 页。

黄晓星、杨杰,2015,《社会服务组织的边界生产——基于 Z 市家庭综合服务中心的研究》,《社会学研究》第 6 期,第 99—121 页。

纪莺莺,2013,《当代中国的社会组织——理论视角与经验研究》,《社会学研究》第 5 期,第 219—241 页。

江华、张建民、周莹,2011,《利益契合:转型期中国国家与社会关系的一个分析框架——以行业组织政策参与为案例》,《社会学研究》第 3 期,第 136—152 页。

康晓光,1997,《创造希望:中国青少年发展基金会研究》,桂林:漓江出版社,第 636—637 页。

康晓光、韩恒,2005,《分类控制:当代中国大陆国家与社会关系研究》,《社会学研究》第 6 期,第 73—89 页。

梁德友,2019,《社会组织参与社会共治的合法性困境及其政策调适》,《社会科学辑刊》第 3 期,第 184—190 页。

刘蕾,2019,《合法性视角下企业参与社区治理战略研究》,《南通大学学报》(社会科学版)第 2 期,第 58—67 页。

皮特、安德蒙,2012,《嵌入式行动主义在中国》,李婵娟译,北京:社会科学文献出版社,第 1 页。

斯科特,2010,《制度与组织:思想观念与物质利益》,姚伟、王黎芳译,北京:中国人民大学出版社,第 58—73 页。

唐文玉、马西恒,2011,《去政治的自主性:民办社会组织的生存策略——以恩派(NPI)公益组织发展中心为例》,《浙江社会科学》第 10 期,第 58—65 页。

王思斌,2011,《中国社会工作的嵌入性发展》,《社会科学战线》第 2 期,第 206—222 页。

韦伯,1997,《经济与社会》上卷,林荣远译,北京:商务印书馆,第 238—239 页。

吴磊,2017,《"合法性-有效性"框架下社区基金会发展的影响因素分析——基于上海和深圳的案例》,《社会科学辑刊》第 2 期,第 65—71 页。

武静、周俊,2018,《合法性视角下社会组织"进社区"的耦合策略分析——以上海市 L 机构为例》,《东北大学学报》(社会科学版)第 3 期,第 284—290 页。

徐盈艳、黎熙元,2018,《浮动控制与分层嵌入——服务外包下的政社关系调整机制分析》,《社会学研究》第 2 期,第 115—139 页。

杨丽、赵小平、游斐,2015,《社会组织参与社会治理——理论、问题与政策选择》,《北京师范大学学报》(社会科学版)第 6 期,第 5—12 页。

张超,2017,《身份焦虑:社会工作机构的合法性困境及其突破》,《社会工作》第 1

期,第 73—80 页。

张超、朱俊瑞,2018,《社会组织合法性的双重面相及其生成逻辑——基于杭州 6 家"引领型"社会服务组织的分析》,《浙江学刊》第 1 期,第 102—109 页。

张紧跟,2012,《从结构论争到行动分析——海外中国 NGO 研究述评》,《社会》第 3 期,第 198—223 页。

张紧跟、庄文嘉,2008,《非正式政治:一个草根的行动策略——以广州业主委员会联谊会筹备委员会为例》,《社会学研究》第 2 期,第 133—150 页。

赵祥云,2019,《业主委员会参与社区治理的多重合法性及运行逻辑——基于对苏州市相城区 R 小区的分析》,《深圳社会科学》第 4 期,第 70—77 页。

朱健刚、陈安娜,2013,《嵌入中的专业社会工作与街区权力关系——对一个政府购买服务项目的个案分析》,《社会学研究》第 1 期,第 43—64 页。

Aldrich, Howard E., C. Marlene Fiol. 1994. "Fools Rush in? The Institutional Context of Industry Creation." *Academy of Management Review* 19(4): 645-670.

Meyer, John W., Brian Rowan. 1977. "Institutionalized Organizations: Formal Structure as Myth and Ceremony." *American Journal of Sociology* 83(2): 340-363.

Suchman, Mark C. 1995. "Managing Legitimacy: Strategic and Institutional Approaches." *Academy of Management Review* 20(3): 571-610.

Zimmerman, Monica A., Gerald J. Zeitz. 2002. "Beyond Survival: Achieving New Venture Growth by Building Legitimacy." *Academy of Management Review* 27(3): 414-431.

(责任编辑:邓燕华)

# 生产能动主体：减贫治理中的参与性难题及其反思*
## ——基于"鲁村"的观察

吕 方 冯瑞英**

**摘要：** 起自20世纪90年代，"参与式"的理念与方法在发展研究和发展干预实务领域得到广泛推崇。然而，大量研究表明参与式发展的实践成效与其倡导者所期许的美好愿景相去甚远，主要难点体现在社区和农户参与发展的制度设施供给不足以及难以突破地方利益网络影响的桎梏。促进社区和农户有效参与是巩固拓展脱贫成果、衔接乡村振兴战略的重要路径。在实践中，贫困农户"等靠要"的精神贫困现象较为普遍地存在，为有效的参与发展带来了严峻挑战。基于对"鲁村"治理精神贫困、动员社会参与的案例研究，发现参与式发展的难题涉及结构性和动机性的双重维度，因此破解"参与性"难题的关键在于同时解决好制度供给、发展环境营造和发展意愿生产诸方面的问题，从而重构个体"发展叙述"，提升其参与动机和能力。

**关键词：** 参与式发展 主体性 发展干预 精神贫困 中国经验

# 一、主体性、参与性与有效减贫

20世纪90年代以来，发展研究的理论范式经历了深刻变革，无论是新自由主义（neo-liberal）观点还是后马克思主义（post-Marxism）发展学说，都纷纷将关注点放在对国家主导发展叙事的批判与重构上。告别早期追求整体性宏大

---

\* 本文系国家社会科学基金项目"国家减贫行为对差异化减贫需求的回应能力建设研究"（项目批准号：19BSH067）的阶段性研究成果。

\*\* 吕方，华中师范大学社会学院教授（kkyy@ccnu.edu.cn）；冯瑞英，中国农业大学人文与发展学院博士研究生（通讯作者，raying07@126.com）。

发展理论的知识传统,研究者积极倡导以发展干预微观实践的经验研究为基础的知识生产路径,认为唯有深入到发展干预的经验场景,才能够清晰地呈现发展干预实践中不同主体的权力关系结构及其对发展干预绩效的影响,特别是注重贫困社区和贫困农户的主体性视角如何在发展议程中得以表达和回应。理论范式转变是对经验世界中发展实务转型的"映照"(Mohan, Stokke, 2000)。我们看到,20世纪70年代以来,各国政府、主要国际发展组织,以及众多非政府组织在其发展干预项目设计和实施中都积极实践"参与式"和"赋权"的理念与方法(Chambers, 1994)。

一般认为,主体性视角及其衍生的参与式发展理念滥觞于对"自上而下"一体化推进国家发展工程的批评。诚如知名政治人类学家詹姆斯·斯科特(Scott, 1998)所言,大量社会工程的失败,乃是由于对社会、自然采取了一种过度简单化的技术治理逻辑。基于对象化思维的发展干预实践,社区、农户、自然的主体性视角难以得到彰显,贫困人口难以参与到政策制定和实施过程中,遂导致政策供给和实际的需求产生严重的错配。契约经济学的理论成果为我们理解上述问题提供了有益视角,相对于身处科层体制较高行政层级的决策者而言,基层行动主体更易于接近那些对于有效减贫干预至关重要的"情境知识",而前者往往只能基于对政策对象偏好的平均描述来谋划政策供给(Hayek, 1945)。显而易见,如果缺乏必要的机制保证"被治理者"的发展愿望、潜能、禀赋与优势等信息在决策体系中有效传导,则必然影响到发展干预决策的回应性。鉴此,通过恰当的体制机制设计,赋权贫困社区和贫困农户,增进其参与发展能力,以提升发展干预有效性的理念和方法,获得了发展干预研究和实务领域的追捧。

回溯发展理论的知识谱系,便会发现,参与式发展的理念和方法有着颇为久远的知识传统。有论者将参与式发展的思想和实践缘起追溯到殖民地时期宗主国为维持殖民地政治秩序而吸纳当地精英群体参与地方事务的历史时期(Midgley, 1995)。诚然,在殖民秩序之下,参与的内涵与意义和20世纪90年代以来参与式发展的知识品格大相径庭,其主要目的是通过吸纳地方精英群体加入殖民统治的秩序,从而维护这一体系的稳定。20世纪50年代中期以来,一些国际发展机构开始积极倡导社区发展的理念和方法。如联合国经济及社会理事会在1955年发布的重要文献《通过社区发展促进社会进步》中提出,发展援助项目应考虑受援社区的基本需求和居民的发展愿望,通过鼓励积极的社区参与以提升发展干预的效能(桑德斯,1982)。值得注意的是,虽然二战后参与式发展的理念与方法得到了知识界和国际发展组织的重视,但整体而言,发展主义的范式仍占据着主导地位。所谓"发展主义"是二战后西方发达国家以"元叙事"的方式构建起的一整套关于发展的"话语-知识"体系,发展主义作为一种意识形态,认为经济增长是社会进步的先决条件,在各种发展主义的"方案"中,发展中国家通过发展自由市场、外向型经济、推动工业化和技术升级,辅之以发展型国家的制度安排,必将踏上告别贫困、实现现代化的坦途(田毅鹏,2009)。在发展主义话语的指引下,发展干预的主导范式依然是以"发展蓝图"为牵引的自上而下的"计划"变迁。实践表明,形形色色的发展主义学说及其指导下的国际发展实践,并没有为发展中国家提供"指路明灯",恰恰是众多负载着美好承诺的发展项目成效乏善可陈,甚至非但没有为贫困社区和贫困农户带来福祉,反而使其生存境遇面临更多的风险和不确定性。在此背景下,知识界和实务界着手系统反思发展主义的理论体系及其实践。特别是基于后现代主义立场,西方马克思主义者对发展主义思潮进行了全面的清算和解构,这场知识运动被冠以"新发展主义思潮"之名。然而,新发展主义思潮长于批判,疏于建构,其激进和锐利的解构锋芒直抵发展主义意识形态的核心,但在告别发展主义之后应何去何从的问题上却没有给出答案。就此而言,参与式发展理念在20世纪90年代的勃兴,则可以视为在全面解构发展主义"元叙事"的废墟之上重建发展知识的努力。

按照罗伯特·钱伯斯(Chambers,2010)的观点,20世纪的最后10年,参与式发展无论是在理论界还是在发展干预实务领域都成为"显学",它标志着发展理论由"属物"范式向"属人"范式的转变。参与式发展的理论与方法强调发展的"属人"性质,认为发展的终极目标是人的福祉改善和能力提升,主张一种"自下而上"的发展路径,即通过分权和增能,促进社区和农户在发展过程中主体性作用的发挥,采用"需求-牵引"(demand-pull)的方式,让社区和农户的需求与偏好在发展过程中得以表达和回应;通过"去中心化""去标准化"的方式,避免自上而下粗暴同质化干预对多元性的漠视,从而提升发展干预供给对多元化、差异化需求和偏好的响应能力(Chambers,2010)。显而易见,参与式发展的理论和方法,是主体性视角在发展理论中的经验表达,在实践层面依赖于发展干预治理结构的调整和"能动主体"的积极有效参与。前者指的是重塑发展体制,通过治理结构的调整将决策和资源配置的重心向"地方"(local)转移。后者则强调,社区和农户具有愿望(同时可以被赋能)参与到发展的过程中,从而影响政策过程和实际产出。参与式发展的理念和方法,不仅在知识层面实现了发展理论的范式转变，同时深刻地影响着国际发展与减贫实践。特别是在世界银行、联合国开发计划署推出的项目中，参与式发展范式产生了深远的影响，得到广泛应用，涉及领域涵盖了农业（林业）发展、环境保护、妇女发展、儿童保护、基础设施建设、公共事业发展、社区建设等（周大鸣、秦红增，2003）。20世纪90年代中期，参与式发展的理论和方法经由知识界和国际发展组织的倡导进入中国扶贫开发工作领域。研究者指出，参与式理念不仅在众多国际多边合作组织在华推动实施的发展研究和发展干预实践中是主导性的知识范式（郭占锋，2010），在政府的专项扶贫工作领域中也产生了重要的影响（李小云等，2007）。在全面建成小康社会的背景下，中国国家贫困治理体系以精准扶贫、精准脱贫基本方略为根本遵循，通过体制机制的改革和政策供给的优化，提升国家减贫行动对多元化、差异化减贫与发展需求的响应能力。在众多的改革举措中，参与式的理念和方法占据着重要板块，我们看到在贫困识别、项目设计、具体实施、评估验收的全过程，均鼓励贫困社区和贫困人口的积极参与，期冀能够以此推动"扶真贫、真扶贫"目标的落地和国家减贫治理效能的提升。

然而，无论是国际发展干预实践，还是中国的贫困治理，贫困社区和贫困人口参与不足的现象均颇为普遍。众多研究表明，在国际发展干预领域，参与式存在"表象化"的现象，即仅仅具有形式的意义，甚至沦为一些发展机构为获取资源而采取的"修辞"策略；参与式发展重视对边缘群体、弱势人群的赋权，但诸多案例显示"精英俘获"（elite-capture）的现象十分普遍，资源和决策重心下沉，并不必然意味着边缘群体的有效参与；此外，有研究者揭示，参与式的赋权理念并不能根本性地改善贫困人口的发展知能（literacy and capability），一些案例中的所谓"参与"更像是围绕着资源分配的具有展演性质的"配合"。国家全面推进扶贫开发工作过程中，通过专项扶贫和行业扶贫政策以及资源的投入助力贫困村和贫困农户脱贫，累计超过300万名"第一书记"和"驻村工作队"到村到户宣传动员、结对帮扶，聚力消除绝对贫困现象，补齐全面建成小康社会"突出短板"。毫无疑问，贫困村和贫困户是减贫与发展的最终主体，但一些贫困农户存在着参与发展的意愿不强、"等靠要"思想和依赖心理严重、"争当贫困户"甚至好逸恶劳消极无为的现象。可以说，发展主体的"主体能动性"弱，成为影响参与式发展模式成效的根本性因素。鉴此，本研究聚焦于参与式发展干预项目中贫困农户主体能动性弱的现象，在既有研究的基础上结合"鲁村"治理"精神贫困"问题的案例研究，尝试理解缘何参与式发展会陷入"主体性危机"，以及探寻"生产能动主体"的可能路径。

## 二、文献回顾：理解减贫治理中的参与性难题

在"属人"的发展范式中，发展的最终目的、最终主体是"人"。其潜在预设是：只要通过赋权式的治理结构安排，将决策与资源配置的重心下沉，搭建边缘群体参与发展的平台，则必然能够走出传统"属物"发展范式的种种误区。然而，不得不承认，能动主体不是自然出现的，恰恰是在众多案例中，能动主体的缺位导致了参与式发展项目的"异化"。围绕着缘何贫困群体不愿以及不能有效参与，知识界开展了大量研究，形成了丰富的理论成果，对本研究的开展提供了有益借鉴。大致而言，既有研究主要依循政府行为视角、社区政治视角以及文化心理视角对上述问题展开讨论。

### （一）政府行为视角

过去30多年，政府行为研究构成了中国研究的重要论题，知识界从该视角出发理解中国经济增长奇迹，认识国家治理众多领域的成就与挑战（周雪光等，2013；周飞舟，2019）。在减贫与发展研究方面，研究者对政府视角给予了充分的重视，理由在于国家力量往往在减贫治理中发挥着主导作用（吕方、梅琳，2017）。前文已述，参与式发展的理论和方法，缘起于对发展主义思潮指引下社会工程思维的批判与反思。在技术治理的思维框架下，丰富的经验情境被剪裁为若干抽象的、可计算的、可推演的概念图示，"发展"成为宏大社会工程的经验演绎过程（吕方，2012）。在此框架下，政府垄断了发展知识的生产和对发展过程的控制（毛绵逵等，2010），而显然没有为社区及农户的参与预留空间。一定范围内，计划性、强制性的经济社会变迁过程，粗暴地改造着地方，在"逼民致富"式的父爱主义发展体制之下，在地知识和主体性视角的重要性被遮蔽无遗（Scott，1998）。换言之，"参与不足"的成因首先在于"参与"的政治机会结构供给缺失，因此可能的改变路径自然在于在国家主导的发展干预项目中，通过向基层行动者赋权的做法，扩展其参与发展事务的机会空间。特别是，既有研究认为相对于身处科层体制较高行政层级的决策者而言，基层行动者掌握着丰富的"地方性知识"，这些知识的发掘和利用将会有助于发展干预决策的回应性提升（荀丽丽，2017）。

## （二）社区政治视角

尽管众多国家和国际发展组织采用了分权式的治理结构安排，将决策和资源配置的重心向基层下沉，但贫困农户的参与和收益依然十分有限（Crawford，2008）。社区精英政治的利益网络扭曲了参与式发展的在地过程，一方面大量资源被精英群体俘获和掌控，另一方面边缘群体难以参与到政策资源分配的决策和执行过程中。知识界称这种现象为"精英俘获"，视之为参与式发展体制的"分权悖论"（Bardhan et al.，2005）。可以想象，将决策和资源的配置重心下沉，只是有效参与的必要条件，而非充分条件。如果没有相应的政治安排和体制机制设计，保障贫困人口、边缘群体能够表达自身的愿望，并能够对资源分配产生实质性影响，则愿望良好的项目设置并不必然带来预期的结果。就此而言，贫困群体参与愿望不足，一定程度上可以理解为对参与政治机会供给不足客观状态的主观反映，因而生产能动主体的命题自然而然地包含着重塑社区政治过程的意义。

## （三）文化心理视角

与主张以结构-制度分析为研究取径的知识传统不同，另有一些研究者强调唯有坚持人本主义的阐释学方法深入贫困社区和贫困农户的生活世界，秉持"文化持有者的内部眼界"（吉尔兹，2000），才能发现其对于发展议题的"主体"观念。奥斯卡·刘易士（Oscar Lewis）在其名著《贫困文化：墨西哥五个家庭一日生活的实录》中有洞见性地指出，当我们深入到家庭层面，便会发现贫困家庭往往操持着一种"贫困文化"，并且这种贫困文化超越了宗教、城乡、国度的边界，"在伦敦、波多黎各、墨西哥城的贫民窟和墨西哥的乡村，以及美国的低阶层黑人当中，其家庭结构、亲属纽带的性质、夫妻和亲子关系的性质、时间观念、消费模式、价值体系和团体意识方面，都有惊人的类似"（刘易士，2004：108）。贫困文化本质上是贫困群体对其边缘地位的文化适应，贫困文化一经形成便具有稳定性和保守性，甚至抗拒变革，表现为贫困群体对那些可能改善他们生活际遇的机会兴趣寥寥，不愿投入。

上述梳理简要回顾了知识界关于"参与性"难题的主要解释进路。毋庸置疑，这些研究对于我们更好地认识发展干预中的"参与性"危机，理解"精神贫困"背后的深层次逻辑具有重要的启示意义。但不得不承认,既有研究的缺憾也是显而易见的。首先,既有研究多基于域外减贫案例,由于中外乡村发展体制、社会文化的巨大差异,很难直接简单借用既有研究的观点和结论来理解中国现象。其次,深入具体的经验情境便会发现,在众多案例中"参与性"危机的成因,往往不是单一的,而是具有复杂的"系统生成性"特征,需要置于发展干预的"实践脉络"中认识和求解。最后,在解释发展干预的"参与性"危机方面,既有研究提供了有益的学术视角,但关于如何有效破解这一困境,却没有提供较为实际、有效的方案和案例,可谓感慨多于顿悟,遗憾多于启发。不得不承认,之所以存在上述遗憾,很大程度上缘于没有较为有效的案例来支撑"生产能动主体"的路径与方法研究。以下我们将基于"鲁村"的案例,尝试整体性呈现"参与性"不足的成因及其可能的治理方案,以期对既有研究有所推进。

## 三、再思"参与性"危机:"鲁村"的难题

"鲁村"位于山东省 J 市,属省定贫困村。该村由三个自然村组成,现有人口 330 户 1353 人,其中建档立卡贫困户数量为 15 户 38 人。在精准扶贫时期,"鲁村"深入挖掘传统儒学文化,依托"乐和家园"村民自治,将"扶志"和"扶智"相结合,自治、法治与德治相结合,以此激发贫困人口的"原动力",保证贫困人口能够积极参与到扶贫项目的过程中。经过一系列变革和努力,村民逐渐积极主动参与到村庄的减贫发展与公共事务中,不断提升自我发展能力,依靠自身顽强的意志和勤劳的双手实现脱贫致富。然而,就在几年前,"鲁村"还是一个"问题村",村庄组织涣散,干群矛盾突出。

笔者先后两次进入"鲁村"对驻村干部、村两委干部和村民展开深入的访谈。访谈中,我们惊讶于"鲁村"在精准扶贫前后所发生的巨大变化,这种变化不仅体现在基础设施、基本公共服务、基本产业和基层组织诸方面,更体现在干群关系上,特别是干部群众的精神面貌使我们看到经历"精准扶贫"的实践后,村民参与村落公共事务和村落发展的热情和能力都得到了巨大提升。可以说,"鲁村"的案例为我们理解减贫干预中的"参与性"危机,以及探寻"生产能动主体"的可能路径提供了有益的经验素材。

在精准扶贫之前,"鲁村"在当地实称不上"先进",村庄和村民对于改变发展面貌普遍感觉到"无能为力",这种"无能为力"的感觉深刻地影响着当地干

部和村民的观念与行为。提到"鲁村",县里和乡里的干部常说这个村思想守旧、安于现状、"等靠要"的思想非常严重。在访谈中,笔者意识到,准确理解这种"无能为力"感背后的制度逻辑或许有助于加深我们对"参与性"危机的认识。经过细致的走访和资料收集整理,我们发现,多重逻辑共同塑造了"鲁村"在精准扶贫之前的"不思进取"。

## (一)"边缘地带"与"边缘心态"

据当地干部介绍,"鲁村"由于地处偏远,自然环境和发展基础较差,长期以来能够得到的政策扶持很少。就在前些年,"鲁村"给外界的印象还是一个"脏、乱、落后"的村寨,"屋里泥土地,户外烂泥路",一到雨天,道路泥泞不堪,污水横流。由于路、电等基础设施薄弱,村里发展生产的成本较高,也难以吸引到"老板"来投资。基础设施薄弱、村容村貌差,是众多贫困村存在的普遍问题。现实中,区位条件和资源禀赋往往对一个村的发展产生巨大影响:一方面,政府在发展干预资源总量有限的条件下,倾向于优先把项目安排在那些基础较好、条件较好的村;优先得到扶持的村,不仅能够在下一轮资源分配中得到更多的关注和支持(吕方,2013),亦能够凭借其改善了的经济和社会基础设施争取到更多发展机遇,如更易于争取到资本的入驻,推动当地农业产业发展。另一方面,那些区位条件差的村,往往难以获得政策和资本的关注,从而陷入长期欠发达的状况。显而易见,这实际上意味着在既往的发展体制下,"边缘地位"会系统地"再生产",而长期的"边缘地位"自然地滋生了干部和村民的"边缘心态",认为改变现状是艰难的,甚至是无能为力的。

## (二)社区内的"参与政治"

如果说"鲁村"的地理区位属于"边缘地带",原本就不利于"争取"好的发展环境,从而影响干部群众对发展的信心,那么,对之前几年有限的到村资金和项目在村里面分配与开展过程的"记忆",则进一步加剧了村里面一些"边缘"农户的"无力感"。如前文所述,社区在资源的分配过程中往往发挥着重要的作用,社区中的精英群体往往能够"游说""动员"到更多的资源(Platteau, 2004),长此以往,社区中的边缘群体逐渐丧失了参与社区发展事务的热情。值得一提的是,在"鲁村"争取到的有限资源分配过程中,确实存在着"能人""大户"得到更多资源的现象,但似乎这种"精英俘获"并不完全是"社区精英"有意为之,项目下乡的内生逻辑决定了社区中"能力不足"的群体更难以获得资源的扶持。如在对乡镇干部的访谈中,X镇副镇长告诉笔者:

> 县里面的产业项目,(经由)乡镇来落实到村,那么总得找些"明白人"来做,懂管理、懂经营,能够协调各种事情,解决各种矛盾。这个时候我们只能依靠"能人带动",让普通老百姓来做,他们可能真没有那个能力。[①]

不难发现,"支持型政权"运转的内生逻辑对社区层面的发展参与产生了重要的影响(吕方、向德平,2015)。对于政府部门而言,项目能否落地,很大程度上取决于社区层面的配合。社区中的精英群体凭借其诸方面的"资本"优势,可以在项目开展中发挥可期待的作用。换言之,"精英俘获"现象既有社区能人主动游说资源的方面,也是由既往的项目下乡逻辑所塑造的。这一体制之下,社区中"能力"较弱的群体难以有效地参与到资源分配和项目执行的过程中,因而在认知层面逐渐形成了对社区参与"精英主义"政治的想象,并自觉这种发展体制不会对自己开启参与和分享的机会窗口。

### (三)"福利化生存"与低水平均衡

由于地处发展的"边缘地带",原本就难以得到发展干预的阳光雨露,加之社区参与层面的"精英政治",因此"鲁村"困难群众对发展信心不足,可以说这与其他贫困村的情形有着高度的相似性。在此意义上,"鲁村"案例是颇具典型性的。调研中,当地干部介绍说,村里的贫困户脱贫的主动性都不强,指望着政府和干部多给帮扶一些,而他们所期待的帮扶,更直接地是希望以现金或者物资的形式落实,反而对发展生产不感兴趣。实际上这种状况一直延续到精准扶贫阶段,争当贫困户,不愿意摘"穷帽子",在整个脱贫攻坚战中是较具普遍性的现象。

研究者提出,贫困群体往往形成独特的"贫困文化"作为对其外部境遇的观念、价值和思维方式的文化适应。换言之,在经验层面,作为一套独特意义

---

[①] 访谈 2018112JCX,乡镇副镇长,2018 年 8 月 20 日。

体系的贫困文化，附着于其特定的物质生存境遇。依此视角来再思关于贫困人口"等靠要"的标签化认知，便会发现之所以他们呈现出"等靠要"的状态，与其所处的整体环境存在着紧密的关联。在贫困农户看来，"鲁村"的发展条件原本就很有限，自己在村里面又很难得到好的政策扶持，而且搞产业发展生产也还要承担风险，不如维持既有的生计模式，同时能够在国家政策扶持中拿到些"实惠"，对既有的家庭生计模式有所支撑，自然是最好的了。由此，贫困农户形成了故步自封的观念和行为模式，倾向于接受"特定的政策"，即那些能够不改变既有生计模式低水平均衡状态，但又能够起到一定改善和支撑作用的政策。相应的，在厌恶风险的经济理性下，他们倾向于拒斥产业发展类的政策。

综上所述，"鲁村"在精准扶贫以前，与全国大多数的贫困村相似，由于发展外部环境欠佳、村落治理难题等诸多因素限制，贫困群体觉得无法参与、无力参与，甚至是无心参与，在理性权衡之下，倾向于维持"低水平均衡"的生存状态，尽可能地追逐政策的直接"实惠"，而没有信心和意愿寻求改变。这种状况在"鲁村"一直延续到精准扶贫阶段，成为制约该村脱贫攻坚目标实现的难点。

## 四、"鲁村变形记"：生产能动主体

前文已述，"鲁村"在精准扶贫阶段，发展面貌明显改善，特别是经历了脱贫攻坚的过程，社区参与有了显著改观，老百姓更为积极主动地关心社区事务，参与发展的意愿和动能明显提升。就此而言，"鲁村"的案例构成了我们理解治理"参与性"危机、生产能动主体的有效样本。在对"鲁村"案例的梳理中，我们发现有几个方面的过程颇为重要。

### （一）走出"塔西佗陷阱"

"塔西佗陷阱"是中国学者根据古罗马史学家塔西佗在其史学著作中记述罗马帝国历史事件的研究时提出的概念，主要讨论政府公信力的重要性。习近平总书记多次谈到治国理政要尤其警惕"塔西佗陷阱"。2014年3月18日，习近平总书记在参加兰考县委常委扩大会的时候做出重要讲话，强调："如果群众观点丢掉了，群众立场站歪了，群众路线走偏了，群众眼里就没有你。古罗马历史学家塔西佗提出了一个理论,说当公权力失去公信力时,无论发表什么言论、无论做什么事,社会都会给以负面评价。这就是'塔西佗陷阱'。我们当然没有走到这一步,但存在的问题也不谓不严重,必须下大气力加以解决。如果真的到了那一天,就会危及党执政基础和执政地位。"依循"塔西佗陷阱"的视角观察村级治理,便不难发现,类似"鲁村"的一些村落在减贫发展过程中,首要难题是老百姓对村组织、村干部缺乏信任,因此如何重建村级组织和村干部的能力与形象,成为"鲁村"首先需要解决的问题。

实际上早在2011年,J市就针对基层组织薄弱涣散的状况,推出一揽子整顿举措,包括村级领导班子调整、下派第一书记等。据"鲁村"的村干部回忆:

> 宫书记(驻村第一书记)到村里以后,经过一段时间掌握了村里的情况,就领着村支两委和村民小组长成立了一支专门队伍,计划通过"碰硬"的方式,解决老百姓长期关心但解决不了的问题。当时我们讨论,村里面以往由于利益纠纷难以摆平,已经有接近20年没有新批过宅基地了,上面两任村书记都没有能解决这个问题,造成了村里一方面闲置很多宅基地,另一方面需要建房的村民又得不到地。后来,在宫书记的带领下,就把需要宅基地的都批下去,当时批这个宅基地也是一波三折,包括怎么分配,我们多次召开村民代表会,其间也应对了不少的扯皮……①

"鲁村"把多年来解决不了的宅基地问题解决好了,让老百姓对村干部的印象逐渐开始改观。近年来,村里陆续寻找资源组织人力开展卫生环境改善、土地整治、生产基础设施改善等工作。经过这些努力,村子发生了两个方面的变化:一是村民对村干部和村级组织的好感与信任有了明显提升;二是"鲁村"在乡里和县里的形象有了积极变化,可以"争取"到较之以前多一些的政策和资源支持。

## (二) 再造"社区政治"

党的十八大以来,中央高度重视脱贫攻坚工作,将消除绝对贫困现象作为全面建成小康社会的底线目标之一。一方面,"中省资金"大量投入贫困地区,

---

① 访谈2018122GXZ,村干部,2018年8月22日。

为贫困村的减贫发展提供了有力支撑。但另一方面，随着大量资源下沉到村，如果无法消除"精英俘获"的影响，则意味着贫困人口依然难以享受到精准扶贫的政策红利。因此，再造"社区政治"，扩展贫困人口参与的"机会结构"便成为村级脱贫攻坚工作的重中之重。

经过宅基地分配、卫生环境改善等几项工作，村民对干部的认同和好感有了提升。但到了精准扶贫阶段，在资源分配和政策执行中如果不能做到规范和公正，则不仅难以实现脱贫的既定目标，还会使前期各项工作的成果毁于一旦。为此，"鲁村"将规范村级权力运行和完善村民参与制度作为推动精准扶贫的"先手棋"。在规范村级权力运转方面，"鲁村"清理了村级的权力清单，特别是明确了"精准扶贫"各项工作开展的标准和程序，在实践中也确实做到了坚持标准、坚持程序。在完善村民参与制度方面，"鲁村"大胆尝试"全民公决"的做法，将其作为村内重大事项的决策机制的必需环节。以产业扶贫工作为例，村干部介绍产业选择的具体过程如下：

> 涉及村里的重大事项，或者是支出比较大的（项目，都需要全民公决——笔者注）。咱们村里搞了一个项目，莲藕种植，像这样都是比较重大的事了，需要走全民公决，先开支部会，再开村委会，然后再开村民代表会，开完再开全民会，开全民会我们都在晚上，参加的村民都在 85% 以上……除非有些常年不在家居住的。①

显而易见，"全民公决"的机制至少在理论层面为全体村民参与村落事务决策提供了更为直接的平台与机制，"决议"需要在"全民会"上通过，为贫困群体发出声音和表达利益提供了一定的支撑。

## （三）"扶志"与"扶智"

从贫困人口的视角看，发展项目参与不足的原因不仅包括无心参与、无法参与，还包括无力参与。即除了参与的机会结构以外，村民自身参与的能力和意愿也是非常重要的影响因素，包括对发展前景存在疑虑、对自身能力不够自信。针对该问题，"鲁村"明确了将"扶志"与"扶智"相结合的工作思路：一方

---

① 访谈 2018122KXG，村干部，2018 年 8 月 22 日。

面通过参观学习、"树典型"的方式,鼓舞贫困农户脱贫增收的斗志与热情;另一方面,结合每一户的帮扶方案,提供有针对性的指导和技术支持。

特别是,前些年在"鲁村"相继推了一些产业项目,但由于经营管理不善,基本都失败了,因此老百姓对发展新的产业项目心存疑虑。为此,村里尝试着组织村民到本县其他乡镇发展好的项目点去参观,并邀请县里农技干部到村做讲座。据村里干部讲,刚开始的时候请农户去参观、听讲座,人都很难聚起来,后来驻村工作队利用部门帮扶资金,给听讲座的农户发放每天80块钱的补助,才逐渐把大家聚拢起来。在相继看了其他乡镇的一些项目、听了农技人员的讲座以后,村民的心思逐渐"活"了起来,开始讨论如何发展本村的产业。按照县里的方案,各村可以结合自身实际提出产业发展的思路,县里面将之纳入"项目库"统筹安排发展资金。经过几轮的遴选和讨论,"鲁村"通过全民公决的方式确定了发展莲藕种植产业:一方面,这个产业在本村有一定基础,村民对莲藕种植比较熟悉;另一方面,发展莲藕产业预期会有比较好的回报,特别是还可以跟乡村特色旅游衔接起来。虽说经过"全民公决"的程序,村里面确定了发展莲藕产业,也得到了乡里和县里的支持,但并不是所有村民对发展生产都有热情,特别是一些贫困户觉得自身能力不够,对此信心不足。为此,"鲁村"确定了结对帮扶的办法,通过技术能手帮带、干部结对帮扶的方式,对有发展意愿但顾虑比较多的农户提供技术和贷款上的扶持。

## (四)重塑"社区文化"

从个体层面来讲,观念和价值形态的文化是其对生存环境主动适应的结果。因此,改变个体的观念与价值,不能仅仅从个体层面入手,而是需要从对其整体生存环境的改造出发。前文所述外部的政策和资源扶持、社区参与的政治机会结构,都属于整体生存环境的范畴。这些改变无疑对促进贫困群体的参与起到了积极作用,但整体的社区文化氛围是否具有持久的开放性和包容性,是否积极向上,对于塑造个体的观念与行动具有更为根本的意义。

在精准扶贫过程中,"鲁村"围绕"富精神"做了多方面的工作,包括明确"帮穷不帮懒"的导向,树立奋进脱贫的典型,以及除陋习、倡美德、弘儒学的"移风易俗"文化工程。例如,当地老百姓非常重视邻里亲戚的礼尚往来,讲面子、重排场,尤其是在红白喜事等重要事项上,以前往往大操大办,耗费颇多。这些仪式负担、人情负担对贫困人口来说特别沉重。诺奖得主班纳吉

(Banerjee)和迪弗洛(Duflo)夫妇的研究表明,在贫困群体中,节日和聚会的花销占据家庭开支非常高的比重(Banerjee, Duflo, 2007),人类学家坎朋(Kempen)进一步从贫困人口社会认同表达的角度对这一现象做了深入讨论,认为这些"消费"活动还体现在以特定文化规定的"恰当"方式参与到亲戚聚会、节日、庆典、社区宴会的花销中(Kempen, 2004)。可以说,这种现象在贫困社区是较为普遍的。之前笔者调研中部地区时,某县乡镇干部告诉笔者,该乡老百姓一年花在红白喜事及人情往来上的费用估计超过3000万元。"鲁村"在精准扶贫以前就尝试通过建立"红白理事会"来倡导百姓"喜事新办,丧事简办",但成效不彰;脱贫攻坚时期,通过宣传倡导、干部劝说、树立典型等做法,村里面大操大办的风气明显好转。此外,"鲁村"积极推进"孝诚爱仁"四德工程,开办"儒学讲堂",用村里干部的话来说,让大家知道为人做事的"好的标准"。

虽然我们无法确切地评价这些工作对于形塑个体的观念和行动产生了何种程度的影响,但可以肯定的是,移风易俗工作在社区文化氛围和价值导向方面释放了明确的信号,而且可预见的是如果这些工作能够持续下去,时间将会把这些文化新风逐渐浸润到个体心灵,形塑乡村"新礼俗",进而脱离贫困文化陷阱。

## (五)重构"生命叙事"

精准扶贫时期各项政策投入为"鲁村"改变面貌提供了难得机遇,村里面密集的工作调整和部署则较为有效地激励了村民关心村庄事务、参与村庄发展。然而,依然有个别农户对此颇为戒惧和保守,对发展生产脱贫增收缺乏主动性和信心。帮扶干部几番做工作,农户往往口头上答应了,但没有后续的行动跟进。村里面开专题会议研究"后进"帮扶的问题,认为建立更为私人的信任关系和情感联系,才能真正走进困难群体的内心,需要通过"主动""感动"和"带动"来换取他们的"行动"。在农户走访中,我们听到贫困家庭的孩子讲述了这样一个故事:

> 宫书记(驻村第一书记)听说我有病,住院比较困难,书记和村干部亲自到了山东省J市安康医院看望,个人亲自掏出住院费帮助我渡过难关。我因此才在医院及时用上针药,解决了我们全家的燃眉之急。宫书记对

待我如同对待自己的亲生女儿一样……我一定会努力学习,做个对国家和社会有用的人,用我的实际行动来报答宫书记对我的恩情。①

中国社会是"人情"社会,特别是在乡村工作领域,情感动员和情感治理往往比文牍教条的"照章办事"更能够收到好的效果(王雨磊,2018)。干部在群众工作中,只有让老百姓体会到身边事有人管有人问,才能更有效地建立个人信任和情感联系。对于困难群体而言,这种个人情感色彩的联系,不仅意味着得到更多关注和表达的机会,更意味着一种尊重。在建立了这种信任和情感联系以后,干部得以更深入地进入村民的"生活世界",从而影响其观念,帮助其重构"生命叙事":

我们村有个贫困户,他的情况是这样的:以前想发大财,买彩票——中国福彩,买迷了,买了有万把块钱,也没中奖,每天都在刷,天天不干活,研究那个数字。后来就……之前他媳妇上班,出去干活,他不干,很长时间都是这样……我们就给他做工作啊,"不能光让媳妇干活、赚钱你花啊……再说孩子大了,你以后要给孩子盖楼啊",我们就说让他盖房,然后可以给他申请点补助什么的……后来他觉得不是这个味儿,他觉得不干不中啊,他就出去打工了。②

道之以德,齐之以礼,民有耻且格。正是在情感联系中,村民对干部建立了信任,也重拾其尊严,这种颇具"友爱"的"德治技术",往往更能够从更深处改变人的观念和行为。

# 五、总结与讨论

"鲁村"的案例具备一定普遍性,但同时不得不承认其又是一个"特例"。说其具有普遍性,指的是"鲁村"体现了大多数贫困村所遇到的困难,比如:由于区位和基础设施条件欠佳,往往处在发展的"边缘地带";由于社区精英政治

---

① 访谈 2018124GJZ,村民,2018 年 8 月 24 日。
② 访谈 2018122YDQ,村干部,2018 年 8 月 22 日。

的特征，贫困群体往往觉得无法参与社区公共事务，进而演变到无心参与、听其自然。换言之，其普遍性体现在"鲁村"反映了社区参与困境的一般成因及其典型的经验表达。说其特殊，则是必须承认，在"鲁村"案例中，驻村第一书记无论是理念还是方法都颇具"先进性"，并且"鲁村"地处J市，有着深厚的传统文化积淀；而在其他案例中并不见得能够分享"鲁村"的这些"特殊性"。然而，不得不承认，"鲁村"案例为我们理解减贫治理的参与性危机与生产能动主体的实践路径和知识逻辑，提供了难得的成功范例。

在既有研究中，对于发展干预参与性危机的理解，往往从特定单一的视角展开，而"鲁村"的案例则呈现出"参与性"危机是由多重逻辑共同塑造的，因此有效地治理"参与性"危机，生产能动主体的路径与方法，自然也需要综合的"策略"。我们不妨将其概括为"结构重塑"和"主体重塑"两个方面。借用涂尔干的社会学理论进路，人的思维方式、感觉方式都是制度的产物，贫困群体的"等靠要"不能完全从个体层面得到解释，而是需要将其还原到特定的制度场景中，观察其在整个制度结构中所处的位置，进而勾连起结构与行动之间的"互构"脉络。易言之，参与的主体性危机从表面上看是贫困群体缺乏参与的意愿、思想保守所致，但深层次的因素需要从对其所生活社区的研究中得到理解，而有效的改造方案则在于同时解决好社区参与的机会结构安排以及个体精神气质重塑的问题。

"鲁村"成功案例的背后，是近年来国家与农民关系的持续变革。新千年以降，国家为有效应对"三农"问题，贯彻"少取、多予、放活"的惠农理念，不断加大对农业农村领域的投入。特别是在党的十八大以来，脱贫攻坚战在全国范围打响，强劲的政策扶持为类似"鲁村"的贫困村带来了难得的发展机遇，使其可以摆脱发展的"边缘地位"，同时也为其开启了重塑社区政治结构的机会空间。还应看到，"第一书记"和"驻村工作队"等新时代的"干部下乡"运动，从直接目标看是执政党为实现全面建成小康社会目标，确保政策下乡"最后一公里"落实落地的干部制度安排；但从国家与农民关系演进的历程长时段视角来看，这表征着在大规模"政策下乡"过程中，规范村级权力运转，重塑基层治理体系的努力。毫无疑问的是，正是上述这些整体性的国家与农民关系变迁过程，为"鲁村"案例设定了基本的时代背景，也恰恰是在中国共产党的推动和努力下，"鲁村"破解了减贫治理的参与性难题，探索出了有效路径和方法。

## 参考文献

刘易士,2004,《贫困文化:墨西哥五个家庭一日生活的实录》,丘延亮译,台北:巨流图书公司。

郭占锋,2010,《走出参与式发展的"表象"——发展人类学视角下的国际发展项目》,《开放时代》第1期,第130—139页。

吉尔兹,克利福德,2000,《地方性知识:阐释人类学论文集》,王海龙、张家瑄译,北京:中央编译出版社。

李小云、唐丽霞、李周、刘永功、王思斌、张春泰,2007,《参与式村级扶贫规划系统的开发与运用》,《林业经济》第1期,第74—76页。

吕方,2012,《发展的想象力——迈向连片特困地区贫困治理的理论创新》,《中共四川省委机关党校学报》第3期,第112—117页。

——,2013,《治理情境分析——风险约束下的地方政府行为》,《社会学研究》第2期,第98—124页。

吕方、梅琳,2017,《"复杂政策"与国家治理——基于国家连片开发扶贫项目的讨论》,《社会学研究》第3期,第144—168页。

吕方、向德平,2015,《"政策经营者":"支持型政权"与新乡土精英的崛起——基于"河村"案例的研究》,《社会建设》第3期,第57—67页。

毛绵逵、李小云、齐顾波,2010,《参与式发展——科学还是神话?》,《南京工业大学学报》(社会科学版)第2期,第68—73页。

桑德斯,1982,《社区论》,徐震译,台北:黎明文化事业公司。

田毅鹏,2009,《东亚"新发展主义"研究》,北京:社会科学文献出版社。

王雨磊,2018,《缘情治理——扶贫送温暖中的情感秩序》,《中国行政管理》第5期,第96—101页。

荀丽丽,2017,《从"资源传递"到"在地治理"——精准扶贫与乡村重建》,《文化纵横》第6期,第66—73页。

周大鸣、秦红增,2003,《参与发展——当代人类学对"他者"的关怀》,《民族研究》第5期,第44—50页。

周飞舟,2019,《政府行为与中国社会发展》,《中国社会科学》第3期,第21—38页。

周雪光等编,2013,《国家建设与政府行为》,北京:中国社会科学出版社。

Banerjee, A. V., E. Duflo. 2007. "The Economic Lives of the Poor." *Journal of Economic Perspectives* 21 (1): 141-168.

Bardhan, Pranab, D. Mookherjee. 2005. "Decentralizing Antipoverty Program Delivery in Developing Countries." *Journal of Public Economics* 89 (4): 675-704.

Chambers, R. 1994. "Paradigm Shifts and the Practice of Participatory Research and Development."*IDS Working Papers* No. 2.

——. 2010. "Paradigms, Poverty and Adaptive Pluralism." *IDS Working Papers* No. 344: 1-57.

Crawford, G. 2008. "Decentralization and the Limits to Poverty Reduction: Findings from Ghana."*Oxford Development Studies* 36 (2): 235-258.

Hayek, F. A. 1945. "The Use of Knowledge in Society." *American Economic Review* 35 (4): 519-530.

Kempen, L. V. 2004. "Are the Poor Willing to Pay A Premium for Designer Labels? A Field Experiment in Bolivia." *Oxford Development Studies* 3 (2): 205-224.

Midgley, J. 1995. "Strategies for Social Development." in *Social Development: The Development Perspective in Social Welfare.* London: Sage.

Mohan, G., K. Stokke. 2000. "Participatory Development and Empowerment: the Dangers of Localism." *Third World Quarterly* 21(2): 247-268.

Platteau, J. P. 2004. "Monitoring Elite Capture in Community-Driven Development." *Development and Change* 35(2): 223-246.

Scott, J. C. 1998. *Seeing Like A State: How Certain Schemes to Improve the Human Condition Have Failed.* New Haven: Yale University Press. pp.3-6.

（责任编辑：朱安新）

# 依附与协商
## ——"红色物业"融入城市老旧社区治理的合法性构建

郑广怀　张　政*

**摘要**:为推动城市老旧社区治理创新,武汉市实施"红色物业"计划解决老旧社区的物业管理难题。"红色物业"为摆脱进入老旧社区后不被认同的合法性困境,从政治、行政、社会和法律合法性四个维度分别采取标签化、捆绑、关系建构和打擦边球等策略实现合法性的构建。在此过程中,"红色物业"一方面依附于隐形在场的国家权力以争取更多利益,另一方面诉诸协商解决冲突和提升服务以获取居民认同。简言之,依附与协商构成了老旧社区治理中合法性构建的双重逻辑。

**关键词**:合法性构建　社区治理　老旧社区　红色物业

## 一、问题的提出

改革开放以来,城市社会的整合机制经历重组,一些非专业功能逐步从单位中分化出来进入社区(李汉林,1993)。伴随着单位制的瓦解,单位制改革之前由政府、单位出资建设的职工社区逐渐沦为"被遗忘的角落"。作为单位制的遗存,老旧社区开始走向衰败,愈发难以适应社区居民的需求,成为当前城市社区治理的一大难点。在我国城市目前近50亿平方米的住宅小区中,老旧社区的比例达到40%,由于其在产权结构、居民构成及制度架构等方面的独特性,绝大多数老旧社区长期处于无物业管理状态(毛敏,2017;林雪霏,2018)。

---

\* 郑广怀,华中师范大学社会学院教授、博士生导师(zhenggh01@163.com);张政,南京大学社会学院硕士研究生(通讯作者,azth0898@163.com)。本文曾在2019年第五届栗林社会学青年论坛上宣读,特别感谢邓燕华、李骏、冯猛等与会学者的批评建议。

为解决物业管理问题,老旧社区通常采取居委会代管、单位自管或服务外包与自我管理相结合的方式,少数条件较好的小区能够实现组建业委会、聘请物业服务企业实行市场化的物业管理(刘承水等,2012)。

为加强城市基层治理体系建设,2017年2月,武汉市开始推行"红色物业"工程。"红色物业"的主要对象是市场失灵、自治失效、无物业管理或管理不善的老旧社区(中共武汉市委等,2017:第6章第14—16条),旨在通过政府购买服务的方式探索推进老旧小区的准市场化物业服务托管,以解决城市老旧社区的治理难题(武汉市住房保障和房屋管理局,2017:第3章)。过去,在不具备物业管理条件的老旧社区中,物业公司由于无法维持运营而撤离的现象极其普遍(何丰伦等,2015);然而,自"红色物业"计划实施以来,已取得良好改观。① "红色物业"如何能够在老旧社区中进得来、留得住,得到居民的认可并维持经营,这是个值得思考的问题。基于此,本文试图借用"合法性构建"的概念来分析"红色物业"融入老旧社区治理的机制,通过观察老旧社区中"红色物业"与其他治理主体的互动过程,探究"红色物业"是如何在提供物业管理服务中逐步完成合法性构建的,并着重分析其合法性构建的策略和逻辑。

## 二、文献回顾与分析框架

### (一)"红色物业"的类型、性质与合法性问题

在一般意义上,"红色物业"是指通过加强物业服务企业的党建工作或组建公益性企业化物业服务实体,促使物业服务企业在党建引领的作用下不仅追求经济效益,而且注重社会价值,强调公益属性,由此改进物业服务管理和推动社区治理创新。其"红色"的本质在于党和国家认可,而作用主要体现在社区治理中有效整合多方资源的能力。目前,"红色物业"大致有三种类型:市场运作型、行政主导型和购买服务型。市场运作型"红色物业"主要存在于商品房小区,行政主导型和购买服务型则存在于老旧小区。

---

① 根据武汉市住房保障和房屋管理局2019年第三季度工作报告,武汉市共有老旧小区2074个,截至2019年9月,"红色物业"服务已覆盖老旧小区2069个,覆盖率99.76%。

市场运作型"红色物业"是指在商品房小区现有的物业管理公司中加强党建工作,使之既发挥物业服务功能,又起到政治引领作用(中共武汉市委等,2017:第6章第14条)。这种类型的物业以武汉市的"百步亭社区"为典型代表。百步亭物业将党建工作有机地融入社区管理、服务和活动之中,探索出以党建引领和谐社区建设的成功实践(顾兆农、田豆豆,2012)。

行政主导型"红色物业"是指由国资企业出资或公共财政支持而组建成立的公益性物业服务企业,例如武汉市江岸区国资企业出资组建众治社区服务有限公司,对市场失灵、自治失效、无物业管理的老旧小区提供基本物业服务(李婷等,2017),以及武汉市东西湖区径河街道投入财政资金成立国有红色物业公司,实行由社区居委会主导的社区物业一体化管理模式(宋磊,2017)。这种类型的"红色物业"属于公益性组织,且在国家力量的主导下进入老旧小区,因而并不存在合法性构建的问题。

购买服务型"红色物业"是指依靠政府购买服务进驻老旧小区的物业服务企业,这种类型实行准市场化运作模式,即初期凭借政府购买服务资金的补贴维持经营,在提供物业服务的过程中逐步收取物业管理费用,向市场运作型转变。但老旧小区居民长期习惯于政府、单位包办一切的居住方式,依靠市场机制解决新问题的习惯难以建立。居民精神习性的转变需要经历较长时间(沈原等,2017),这就会为市场化的物业运作带来很大阻力。因此,购买服务型"红色物业"进入老旧小区后会面临不被认同的合法性困境,若想获得认同并成功经营,就必须采取有效的策略构建合法性,这是"红色物业"融入老旧社区治理的关键问题。

购买服务型"红色物业"是一种混合形态的组织类型。物业公司本是仅具有市场属性的组织,但在"红色物业"运作的制度环境中,逐渐被"改造"成兼具市场属性、政治属性和社会属性的混合型组织(hybrid organizations),其运作需要同时满足市场逻辑、政治逻辑和社会逻辑等多重制度逻辑(institutional logics)。首先,"红色物业"是市场化运作的物业公司,它需要通过收取物业管理费以实现盈利来维持经营;其次,"红色物业"在党组织的领导下开展工作,它承担着推动老旧社区治理创新的政治任务;最后,"红色物业"还是政府购买服务的承接主体,它同时具备着为老旧社区提供公共服务的职能;因此,单一维度的合法性分析已经无法适用于"红色物业"的研究,必须在多维度视角下对其展开探讨。

## (二) 多维度视角下的合法性构建

"合法性"(legitimacy)这一概念源于韦伯(Weber)在《经济与社会》一书中对统治类型的分析,他认为凡是为公众所相信的、赞同的就是合法的统治,合法性的"法"既包括国家的制定法,也包括由道德、宗教、习惯和惯例构成的规范(韦伯,1997)。帕森斯(Parsons)将合法性纳入组织社会学研究中,用以解释组织制度结构趋同的现象(帕森斯,1988)。在新制度主义的理解中,迈耶(Meyer)和罗恩(Rowan)认为制度环境对组织提出了应对合法性的要求,并强调组织的生存和成功取决于合法性(Meyer, Rowan, 1977)。从战略管理的视角考察组织合法性,合法性被描述为一种运营资源(Suchman, 1988),组织通常从其文化环境中竞争性地提取合法性,并将其用于实现组织目标(Dowling, Pfeffer, 1975; Ashforth, Gibbs, 1990)。

### 1. 现有研究涉及的合法性维度

现有研究涉及合法性维度的多种分类,在国内外学界应用最为广泛的主要有四种界分方式。斯科特(Scott)从制度分析的角度将合法性分为规制、规范和认知合法性三个维度(Scott, 1995)。萨奇曼(Suchman)从产生的机制上分析界定了合法性的三种形式:基于受众的自身利益算计的实用合法性,基于是否符合社会建构的规范、标准和价值系统的道德合法性,以及基于可理解性和态度的认知合法性(Suchman, 1995)。迪普豪斯(Deephouse)则根据合法性的来源将其分为获得社会公众认可的公众合法性和获得政府承认的体制合法性(Deephouse, 1996)。高丙中(2000)把合法性分解为社会合法性、法律合法性、政治合法性和行政合法性:社会合法性表示组织由于符合由文化传统、社会习惯等组成的民间规范而具有的合法性,法律合法性表示组织由于满足法律规则而获得的合法性,政治合法性表示组织由于符合国家的思想价值体系而被承认享有的合法性,行政合法性表示组织由于遵守行政部门及其代理人确立的规章、程序而拥有的合法性。

### 2. 组织合法性构建的相关研究

不同合法性维度的区分激发了不同角度的合法性构建研究。基于斯科特的分类,许多实证研究发现,组织能够通过与官方组织联盟、去个人化、结构化资源、规范化建设等策略构建规制合法性;采取与著名企业合作、创造标准、撬动资源、统一目标、树立品牌等策略构建规范合法性;以及运用公开讲述、与高知名度的个人联系、绑定资源、延续冒名、妥协让步、选择性宣传等策略构建认知合法性(刘玉焕等,2014;赵环、严骏夫,2014;王凯、柳学信,2018;曾凡木,2017;武静、周俊,2018)。在萨奇曼的分类基础上,陈昀和陈鑫(2018)提出修辞策略和产品策略能够帮助组织有效构建道德合法性和实用合法性;张慧玉等(2019)则发现组织通过综合运用发挥、延伸、桥接与转变等话语框架策略构建实用、道德和认知合法性。依据迪普豪斯的划分,董运生和傅园园(2016)、张虎彪(2014)研究发现公众(社会)合法性和体制(政府)合法性之间存在冲突和断裂,政府应转变对社会组织的治理方式以化解冲突,社会组织能通过话语建构和中层动员以弥补断裂和构建合法性。

基于高丙中的分类,陈天祥和徐于琳(2011)研究发现组织会采取"游走于国家与社会之间"的策略构建政治、社会、行政和法律合法性,包括通过合作建立双向依赖关系、社会资源内部化和强化内部资源整合利用等。也有一些学者基于对高丙中的四维框架的修订而展开研究,范斌和朱志伟(2018)在政治、社会、文化和实效合法性的框架下研究发现,组织能够通过政治精英持续推动和精神传承、积极性顺从、部门游说、满足政治期许等策略构建政治合法性;通过理事结构多元化、创建资源链接平台、丰化居民参与方式、理性选择的多主体联动等策略构建社会合法性。李雪萍和徐娜(2014)将政治、法律和行政合法性统合进"政策合法性"维度,从政策和社会合法性的二元维度进行探讨,提出"公开地遍地开花"和"低调地向上发展"两类合法性构建策略。

需要指出的是,斯科特和萨奇曼的分类中对认知合法性的界定过于粗疏,将对所有利益相关者的认知混为一谈,忽视多元利益主体之间的博弈,难以分析复杂的互动关系;其他维度的界定中没有考虑到中国的特殊情境下党和国家认可对于组织生存发展的根本作用。同时,迪普豪斯的分类则过于简单和对立,未对公众和体制合法性做出更为细致的拆解,在组织具有多重目标的情况下缺乏足够的解释力。综合而言,高丙中的合法性维度界分理论架构全面深入,符合中国社会现实,能够为复杂情境中的合法性构建研究提供重要的分析视角。

## (三) 分析框架

基于上文对"红色物业"特殊性质的考察及其与其他主体互动的复杂性,本文将沿用高丙中区分的合法性维度,即作为社区治理主体的"红色物业"的合法性构建要从政治、行政、社会和法律四个维度展开。其中,政治合法性是实现合法性构建的前提,行政合法性是实现合法性构建的基础,社会合法性是实现合法性构建的关键,法律合法性是实现合法性构建的保障。上述四种合法性构成合法性构建的四维框架,同时,它们彼此之间也相互影响、相互建构。综上所述,本文将使用图1所示的分析框架。

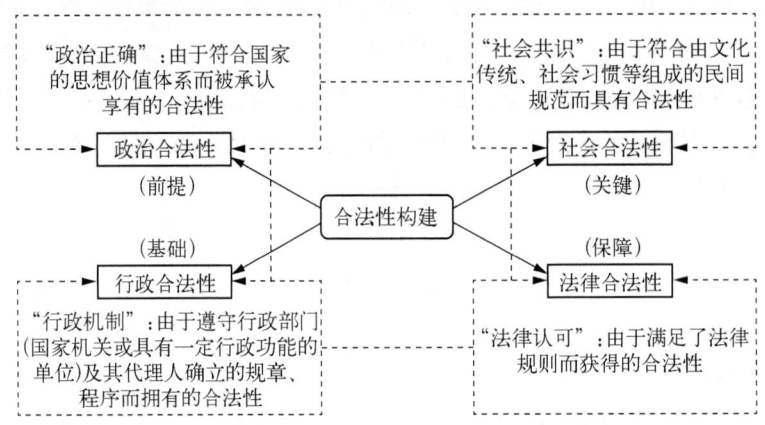

**图1　社区治理主体的合法性构建分析框架**

本文对政治合法性的理解和应用试图超越其形式意义:社区治理主体须利用"政治正确"的标签为行动创造条件;行政合法性则应用于通过"行政机制"传导行动所需的资源;社会合法性的构建目标是形成"社会共识"而使得行动能够持续;法律合法性是在"法律认可"的边界内为行动提供保障。

# 三、研究方法与案例介绍

## (一) 研究方法

本研究选取位于武汉市江岸区新华社区①的建华小区作为田野调查地点,通过参与观察的方式了解社区中的日常情况与互动关系,以访谈的方式从物业管理人员、居民代表和居委会工作人员等对象处收集关键信息,并凭借居委会和物业公司提供的社区历史文献资料,理清社区治理的故事脉络,同时配以

---

① 出于隐私保护,本文中所涉及的地点、组织和人物名称均为化名。

居民的问卷调查,借助调查结果直观反映居民对"红色物业"服务的态度。驻地调查结束后,研究者仍通过线上和线下两种方式进行近两年时间的跟踪回访,对"红色物业"的经营情况予以持续关注。

## (二)小区概况

建华小区位于武汉市江岸区,属于新民街道新华社区,是一个单位制小区,建成于20世纪八九十年代,总面积约4.1万平方米,共18个单元、315户居民,约900人。小区原所属单位是一个市级医院,以下称作金华医院。住房制度改革实施以后,除小区居民的水费仍由金华医院代收以外,单位基本停止对小区的管理。建华小区住户的人员构成大致有:40%左右的金华医院退休老人,20%左右的金华医院在职员工,20%左右的租户,20%左右的购得房产入住的新业主和少数特殊居民(如寄住在亲戚家)。

自2001年建华小区基本完成房改后,金华医院对小区的管理减少了很多投入。当时小区的基础设施老化严重①,借助政府资金,新华社区改造了小区的地下管网和道路。但小区的居住条件依然难以改善,公共环境仅依靠环卫工人打扫,楼道里则无人打扫,环境卫生变得越来越差。居民的私家车以及外来的社会车辆在小区内乱停乱放,严重影响小区居民的出行。由于没有保安和门禁,小区的治安状况也非常差,偷盗现象十分猖獗,尤其是电动车电瓶的偷盗时有发生。其间,一些热心居民曾组织自治管理,但由于门卫工资、保洁费和停车费均难以向居民收取,遂以失败告终。长达十几年间,建华小区一直处于无物业管理状态,日益衰落。

## (三)"红色物业"的发展

2017年3月,江岸区试点"红色物业"计划。建华小区形成了居委会、"红色物业"和"准业委会"三方联动的治理模式。其中,"准业委会"是建华小区在加强居民自治方面的独特探索。为顺利引入物业管理,新华社区居委会组织进行入户调查和票选,选举成立"业主代表小组",又称"准业委会",代表居民参与社区公共事务。3月,新民街道对"红色物业"进行招标,荣华物业公司最

---

① "地下排水管网经常发生堵塞,导致粪便满溢,道路狭窄且坑坑洼洼,居民出行十分困难。"引自录音整理170427A001。

终竟标成功。5月,新民街道与荣华物业签订期限3年的物业服务合同。① 7月1日,荣华物业开始为建华小区居民提供服务。在融入小区的过程中,荣华物业面临多重挑战。在停车管理方面,物业公司和居民在停车费的问题上产生较大分歧②,荣华物业做出妥协③,延迟到8月开始收费。8月末,停车费的交纳比率达到90%,9月中旬达到100%。在环境卫生方面,居民向"准业委会"投诉小区道路和花坛垃圾较多,也经常有一些由养狗引发的纠纷。同时,荣华物业原定于2018年1月开始收取物业费④,但由于居民在物业收费方面的抵触情绪远超预期,物业费问题一直被搁置。一年以来,荣华物业积极应对和解决居民反映的问题,试图通过优质服务换取居民认可。⑤

2018年7月8日,在荣华物业进驻建华小区刚好满一年时间之际,研究者组织的调研团队进行了一次物业管理情况调查。⑥ 调查结果显示,居民对荣华物业服务的满意度达到88.42%,78.95%的受访者认为"红色物业"能够为居民提供更好的社区服务、解决社区问题,和荣华物业发生过纠纷的受访者仅占8.42%。在物业收费意愿方面,70.53%的受访者表示愿意主动交纳物业费。

---

① 由于建华小区并没有成立法定意义上的业委会,且给予"红色物业"的财政补贴由街道发放,故新民街道代表江岸区政府与荣华物业公司签订期限为3年的物业服务合同。根据合同规定,自2017年7月1日开始提供物业服务起,江岸区政府在物业进驻的第一年,每月为建华小区的每户居民补贴27元,之后逐年减少补贴金额,第二年补贴70%,第三年补贴40%,三年之后停止补贴。在此期间物业公司逐步开始收费,向市场化运作转型。引自录音整理180511A002。
② 根据荣华物业的预算,仅依靠江岸区政府每月每户27元(小区共315户)的补贴无法满足物业公司的成本支出,在此基础上,"物业公司必须要收取停车费才能尽量减少亏损"(引自录音整理180724C002)。因此,物业公司根据开支情况制定了平均120元/月(交费方式不同则价格不同)的停车收费标准,但"准业委会"委员和居民均认为收费过高。
③ 在居委会和"准业委会"的提议下,荣华物业决定实行"先服务再收费",7月免费服务,8月开始收费,让居民感受到引入物业管理后停车秩序的提升。
④ 根据原先的服务计划:荣华物业于2017年7月1日正式进驻建华小区,即刻开始收取停车费,起始定价约为120元/月,应于2018年1月开始收取物业费,起始定价20元/户·月;应于2019年1月开始将停车费涨至约150元/月,于2020年1月开始将物业费涨至30元/户·月(引自录音整理180914C003)。
⑤ 经过近一年时间的努力,2018年4月,荣华物业被评为江岸区"十佳红色物业服务企业",荣华物业经理被评为"优秀物业管理者"。
⑥ 建华小区共315户居民,本次调查以户为单位共计完成100份问卷,整理得95份有效问卷,问卷有效率达95%。受访者中年龄在60岁以上者占比36.8%,租户占比18.9%,中共党员占比25.3%,与居委会和荣华物业所存资料中的数据基本吻合。69.5%的受访者在小区居住10年以上,11.6%的受访者居住不足1年,居住未满1年的受访者中90.9%为租客。

2019年1月起,荣华物业开始对建华小区收取物业费。① 截至2019年3月,小区共有241户业主主动交纳物业费,12月末达到276户,收缴率为87.62%。总体而言,"红色物业"在该小区中的目前运作和未来预期良好②,它对老旧社区治理能够发挥创新性作用。可以说,"红色物业"在新华社区建华小区中的合法性构建是基本成功的。

## 四、"红色物业"融入老旧社区治理的合法性构建策略

### (一)政治合法性构建——"标签化"

政治合法性表明符合某种政治规范,即"政治上正确",组织可从多方面说明其与政治秩序一致:第一,显示与意识形态、国家推崇的价值一致;第二,显示与国家目标尤其是中心任务一致;第三,显示与国家的政策一致(高丙中,2000)。"红色物业"是武汉市实施"红色引擎工程"的重点内容,其诞生之初就以"红色"的头衔奠定了政治合法性基础,在实践中又通过"标签化"策略进一步构建完备的政治合法性,具体表现为贴上"红色"标签的话语标签化和党建引领的身份标签化。

#### 1. 话语标签化:"红色"标签

"红色"在中国象征着革命精神,其本质可被视为一种执政党认同的价值体系,进而融入国家认可层面。"红色物业"借助居民对党和国家的认同主动贴上"红色"标签,进一步巩固其政治合法性。例如,荣华物业会主动在小区中宣传"红色物业"政策是政府扶持老旧小区解决物业问题,强调"红色物业"以服务为本、不以营利为目的③,并在政治层面宣传党的精神,让物业公司跟党走

---

① 根据2018年12月20日在小区内公示的物业通报,物业费收取的标准为"房屋在40平方米以上的业主每月收取30元物业服务费,房屋在40平方米以下的业主每月收取20元物业服务费"。
② 荣华物业经理表示,87.62%的物业费收缴率在老旧小区中的情况已经良好,且据估计荣华物业能够在2020年度实现不计入政府补贴的盈利;与此同时,当2020年现行合同到期后,预计将与街道签订新的服务合同,继续留在建华小区提供服务。
③ 引自录音整理180724C002。

得更近①。

贴上"红色"标签最显著的特征就是"红色物业"会将其为老旧社区提供物业服务的工作与"完成政治任务"的话语相联系。首先,"红色物业"强调对待居民以服务为本、不以营利为目的,显示出与党和国家推崇的"为人民服务"的价值相一致。② 其次,新华社区乃至武汉市内随处可见"大力实施红色引擎工程、促进社区治理体系和治理能力现代化"的横幅,从武汉市政府到江岸区、街道和社区以及各级行政单位,实施"红色物业"计划总是与完成"推进国家治理体系和治理能力现代化"的政治任务③相联系,由此显示出与国家目标相一致。最后,"红色物业"本就伴随着地方政府推行的社会政策而生,建华小区内张贴的"红色物业"服务内容中将"保宣传"放在全部物业服务工作的第一位,并强调"大力宣传实施红色引擎工程,夯实党在城市基层的执政基础",这反映出"红色物业"的运作与党和国家的政策相一致。

### 2. 身份标签化:党建引领

加强党的建设是"红色物业"构建政治合法性的重要方式,即主动纳入到党的组织体系中,实现身份标签化。例如,新华社区居委会与"红色物业"公司建立联合党支部,由居委会副主任张丹担任党支部书记,并开始发展荣华物业经理余波为党员,这使得荣华物业要在新华社区党总支的领导下开展工作,通过党建引领社区治理形成合力。同时,社区党总支和居委会是"两块牌子,一套人马",这也等同于居委会拥有指导"红色物业"工作的正当理由,虽然"红色物业"在这种支配关系中不得已丧失一定程度的自主性,但也因此获得政治合法性。

党建引领在社会治理中的作用不断拓展,其核心要义是对多元治理中活力与秩序的双重把关(李友梅等,2018)。在党组织的领导下,"红色物业"既是提供物业服务的市场主体,也是满足居民需求的治理主体,这样的双重身份使得"红色物业"能够同时保证参与社区治理中的活力和秩序。同时,党建引领也有助于"红色物业"在与居民的互动中掌握更多的主动权。总而言之,"红色物业"通过加强党建的方式使其维持与政治秩序相一致,由此获得政治合法性。

---

① 引自录音整理 180914C003。
② 荣华物业经理表示,"公司不以营利为目的,参与建设'红色物业',既是出于品牌建设的考虑,也是努力践行我们党为人民服务的宗旨"。引自录音整理 180705C001。
③ 2013 年 11 月,党的十八届三中全会将"推进国家治理体系和治理能力现代化"确立为全面深化改革的总目标。

## （二）行政合法性构建——"捆绑"

行政合法性的基础是官僚体制的程序和惯例，其获得形式是很多样的，大致有机构文书、领导人的同意、机构的符号和仪式等方式（高丙中，2000）。"红色物业"的运作依靠政府购买服务的行政机制，基于这种先赋的行政合法性，物业公司通过"捆绑"策略加以巩固，具体表现为"双向进入、交叉任职"的权力捆绑和建立行政联系的资源捆绑。

### 1. 权力捆绑："双向进入、交叉任职"

通过"双向进入、交叉任职"，既加强了居委会对"红色物业"服务质量的监督，又使得荣华物业经理余波拥有了双重身份——他是新华社区建华小区的物业管理者，也是居委会的兼职委员。随着国家权力在社区不断渗透，居委会工作趋向行政化，执行着国家的各项政策和任务，并在体制和资源上依赖于国家，其角色可被视为国家在社区中的"代理人"（王汉生、吴莹，2011），因此，居委会具有得天独厚的行政合法性。通过"双向进入、交叉任职"，物业公司的日常经营和居委会的权力运作得以捆绑，诸多工作可以得到居委会的支持。尤其是老旧社区没有住房维修基金，当老化严重的硬件设施如地下管网、路面墙壁等需要提升时则缺少充足的资金，居委会便可以利用其在行政上的优势帮助"红色物业"顺利申请到政府的财政支持[①]，这相当于居委会将其行政合法性传递给"红色物业"。

### 2. 资源捆绑：建立行政联系

"红色物业"还通过与新民街道、区房管局以及城管、环卫和供电等多个行政部门建立联系来巩固其行政合法性。"红色物业"作为武汉市政府大力推行的一项社会政策，各级行政部门都会大力支持配合，荣华物业借助这种优势和多个行政部门建立良好关系，也获得了众多资源投入，例如：街道协助其申请惠民资金进行路面改造、墙面粉刷；城管部门帮助其进行环境专项整治，解决违章搭建问题；环卫部门帮助其进行垃圾清运，节省物业管理开支；供电部门负责路灯安装和维修等。[②] 尤其是在安装门禁和收取物业费的问题上，房管部门为"红色物业"提供了行政审批上的支持。简言之，建立行政联系使得"红色

---

[①] 在"红色物业"进驻建华小区的过程中，居委会和荣华物业达成协议，由居委会负责申请惠民资金承接路面整理、杂物清理、楼道粉刷和监控安装等工作。
[②] 引自录音整理180914C003。

物业"获得各方面的行政资源,从而构建起行政合法性。

## （三）社会合法性构建——关系建构

社会合法性主要有三种基础：一是地方传统，二是当地的共同利益，三是有共识的规则或道理（高丙中，2000）。社会合法性的构建是物业公司构建合法性最关键的环节，"红色物业"以已获得的政治合法性和行政合法性作为基础，在提升服务质量的基础上，再运用关系建构策略逐步构建社会合法性，具体表现为让步、结盟、示弱讨好和制造共识。

### 1. 让步：缓和紧张关系

在进驻老旧小区的初期，"红色物业"采取的应对方式是妥协让步，主动牺牲一部分利益来消解与居民的矛盾冲突。例如，居民对停车收费过高的问题反应强烈，荣华物业便实行"先服务后收费"，在停车管理一个月后再进行收费。为保证小区居民优先停车，限制社会车辆进出，荣华物业对非小区内居民临时停车按照每小时5元收费，但这也影响到了小区的非常住居民，出现例如"子女开车回来看望老人，在家吃一顿午饭，离开时须交纳几十元的临时停车费"①的情况。在居民的投诉下，最终荣华物业以派发临时停车卡的方式解决这一问题，持卡停车24小时内仅收费5元。原定于2018年1月开始收取的物业费，也由于居民的严重抵触情绪而推迟一年，导致荣华物业截止到2018年末仍处于收支基本平衡的状态，有赖政府补贴才能保证不会亏损。② 在这种情况下，荣华物业依然选择做出让步来争取居民认同。因此，妥协让步既是"红色物业"在老旧小区中面对居民的抵制而生成的被动反应，也是"红色物业"愿意牺牲经济效益来保证物业管理稳定运营的主动策略。妥协让步并没有让"红色物业"即时获得社会合法性，但却以牺牲短期利益的方式为获得长远收益奠定基础，也为社会合法性的构建创造条件。

---

① 引自录音整理180724B001。
② 根据荣华物业在建华小区经营的财务情况：荣华物业在2017年下半年共计支出157 200元，通过收取停车费共计收入108 280元，政府补贴51 030元，共盈余2110元；2018年全年荣华物业共计支出253 900元，通过收取停车费共计收入171 655元，政府补贴86 751元，共盈余4506元。由此可见，若没有政府补贴或物业费收入，荣华物业的经营将处于亏损状态。以上数据分别来源于2017年12月31日和2018年12月13日小区内公示的物业经营报告，但报告中并未提及政府补贴，因此报告中荣华物业在2017年下半年共亏损48 920元，在2018年共亏损82 245元。

## 2. 结盟：发掘互利关系

为摆脱初进老旧小区"孤立无援"的状况，"红色物业"采取的第二个做法便是与街道、居委会和单位形成结盟，以此获取居民的信任。产生结盟的原因在于各个主体与"红色物业"之间存在着利益交换和互利互惠的关系。首先，街道和居委会希望在社区治理中做出典范，为了能够在"政绩工程"中获得更多政治资本，他们需要荣华物业在小区的物业服务方面取得良好成效；其次，老旧小区长期处于居委会代管的状态，单位在历史上长期发挥着分配、维护、管理职工住房以及为职工提供居住福利的作用（沈原等，2017），房改后单位仍作为小区公共产权持有者[①]，对老旧小区管理也具有不可推卸的责任，"红色物业"的进驻使得他们从管理小区的职责中剥离出来，而居委会和单位也愿意在承担更轻职责的情况下为"红色物业"提供更多支持[②]。因此，"红色物业"会选择与其结盟而获得更多资源支持，例如街道和居委会协助物业公司开展日常管理活动、调解纠纷争端，甚至在服务质量的监督问题上为物业公司提供庇护，物业公司与街道在制定补贴标准上也争取到更多的话语权。[③] 尤其是在收取停车费和物业费方面，由于很多居民是金华医院的在职和退休职工，单位制小区所独有的熟人社会传统成为有利条件，使得金华医院能够充分动员小区内居住的职工交纳相关费用，同时，金华医院还为在建华小区居住的职工提供每月200元的物业管理补助，居委会也组织小区内的党员去动员居民予以配合，这都为荣华物业的工作提供了有力支持。可以说，结盟的方式创造和维护了各个治理主体的共同利益，从而扩展了"红色物业"的社会合法性。

---

① 根据沈原等（2017）的观点，虽然在房改后小区的住房产权已经归属个人所有，但从原则上讲，单位在将房屋出售给个人以后，仍然是小区建筑物共有部分的产权人。

② 居委会主任、荣华物业经理和金华医院领导多次召开协商会议，协调物业管理相关事宜。会议上，作为建华小区公共部分的产权人，金华医院同意荣华物业在小区内安装配套设施、收取停车费和投放广告赚取收入，并决定向在建华小区居住的职工提供每月200元的物业管理补助。居委会除了申请惠民资金帮助整改环境外，还会积极动员党员力量配合物业工作。

③ 在本案例中，江岸区新民街道所遵照的起始补贴标准是27元/户·月，对所有小区都是如此。但据荣华物业经理介绍，户数多和户数少的小区在物业投入上可能是相同或相近的，例如同属于新民街道的另一个小区，户数达到3000左右，建华小区户数只有315，根据户数多少分配补贴，导致3000户小区的政府补贴是315小区的近10倍，但在物业成本上仅为两三倍，这对于"红色物业"的经营状况产生了极为不合理的影响（引自录音整理180724C002）。荣华物业经理将这一情况反映给街道，并在反复磋商中，街道同意根据之后的政策调整做出改变，取消以户为单位发放补贴的标准，并会探索更为合理的新的方式。

### 3. 示弱讨好：巩固信任关系

为巩固与居民的信任关系，"红色物业"还采取示弱讨好的方式博得居民的同情和认可，具体表现为荣华物业对居民宣称处于亏损状态和在服务上对居民需求进行迎合。上文已经提及，荣华物业在政府的补贴之下能够保证收支基本平衡，但小区内公示的物业经营报告中并未提及政府补贴，故而在居民看到的报告中荣华物业2017年下半年共亏损48 920元、2018年共亏损82 245元。荣华物业正是利用信息不对称建立一种物业公司处于弱势地位的表象，同时也为物业公司营造一种高尚无私的形象。但这一行为并非刻意隐瞒，"只要居民来问就会告诉，但不会去公示这个事情"①，因此可以称之为示弱的策略。同时，荣华物业会根据居民的生活需求安排相应的服务计划，例如：居民提出临时停车管理影响亲友来访，荣华物业便派发临时停车卡予以解决；小区里经常出现养狗纠纷，存在深夜犬吠影响邻居休息、狗的粪便遍及各处等问题，荣华物业在接到投诉后，与狗的主人多次进行协商，引导居民文明养狗，并通过加大清洁频率缓解矛盾；居民反映收发快递不方便，荣华物业引进智能管理系统；以及针对电动车停放充电问题，荣华物业也计划修建电动车棚。② 这些行为总体上可被视为一种讨好的策略。同时，建华小区之前平均每年发生10起左右的偷盗案件，在荣华物业进驻小区后还未发生过一起，这些也都反映出荣华物业的工作成效。"红色物业"通过示弱讨好博得居民的好感，进一步巩固社会合法性的构建。

### 4. 制造共识：深化合作关系

"红色物业"为实现市场化而采取的策略性行为可被概括为"制造共识"，其执行分为两步，第一步是安装门禁，第二步是收取物业费，目的都是促进居民在物业管理观念上的提升并建构与居民的合作关系。

荣华物业最初提出要安装门禁对小区的人员进出加强管理、改善治安状况，随即引发"准业委会"的反对。③ 但荣华物业仍坚持推进安装门禁④，并借助

---

① 引自录音整理190130C004。
② 引自录音整理190130C004。
③ 由于小区里生活着40%左右的老人，安装门禁会给日常生活带来极大的不便，例如"老人们记性不好，出门买菜或锻炼很容易忘记携带门禁卡，这就给出行带来麻烦"。引自录音整理180724B001。
④ 荣华物业经理余波提出，安装小区门禁是不需要经过业主同意的。《中华人民共和国物业管理条例》第二十九条规定，在办理物业承接验收手续时，建设单位应当向物业服务企业移交相关资料，其中包括物业配套设施，而门禁就属于配套设施，原本应由开发商交由物业公司，但老旧小区不存在开发商和这些配套设施，物业公司就有权自主进行安装，而安装费用由物业公司承担，"如果业主接受我们的物业管理，那么就应该接受为他们准备的配套设施"。引自录音整理180724C002。

门禁登记对居民进行物业费收取的问卷调查①。门禁对于老旧小区居民来说是一个新的管理方式,必然会与其传统的生活方式发生冲突,然而荣华物业安装门禁旨在建立一种新的社会规范,即使用门禁进出小区属于物业管理的一部分,且门禁所设置的边界有利于保障小区的安全。在此基础上制造一种共识,即居民需要刷门禁卡才能进出小区,以及居民只要接受物业管理就必须遵守这个规范。但由于老旧小区中居民的观念还比较滞后,不像商品房小区的居民一样易于接受设置门禁这样的物业管理措施,对于安装门禁可能引发的矛盾冲突,余波经理表示:

> 安装了门禁之后,肯定会不方便,然后产生相应的矛盾。但是,我们物业公司跟业主发生矛盾的前提是为什么?物业公司的前提是小区安全。而业主所提出的不方便,比如说老人忘带卡进不来,这些问题可以通过相关的方式方法去解决,例如保安帮忙开门。哪怕是一些社会政策、法律法规的实施也是根据实际情况进行调整的,相对应来说,当在老旧小区里实施这个东西的时候,或许一开始很多居民会认为不方便,但是久而久之,你一年以后再来看,你会看见每个人都拿着门禁卡在这里刷卡进出小区。②

当居民适应门禁管理后,物业公司在门禁卡到期失效后开始收取物业费③,以此制造另一种共识,即居民接受物业管理就必须交纳物业费。这种共识也建立在接受物业管理的居民的权利义务关系上,即享受物业管理所带来的清洁、安全和秩序,就必须要为物业服务"买单"。荣华物业运用这种策略促进居民"树立权利义务观念",即"享有什么样的权利,还要去履行什么样的义务"④。从物业费收缴率达到87.62%来看,制造共识的策略是较为成功的,而共识的积累逐渐会在小区内形成一种"有偿购买物业服务"的价值观,进而带

---

① 《中华人民共和国物业管理条例》第十二条规定,收取物业费应当经专有部分占建筑物总面积过半数的业主且总人数过半数的业主同意。截至2018年12月,建华小区共有312户居民完成了门禁登记和问卷调查,其中有284户居民同意荣华物业公司收取物业费,同意的比率达到91.03%,达到了收取标准并且情况良好。
② 引自录音整理180724C002,访余波经理。
③ 门禁于2018年10月1日正式启用,初次派发的门禁卡时限为3个月,即12月31日失效,而荣华物业从2019年1月1日起开始收取物业费。
④ 引自录音整理190130C004。

动更多的居民交纳物业费,推动"红色物业"实现市场化。①

## (四) 法律合法性构建与缺失——"打擦边球"

由于"准业委会"在法律层面不被认可,导致"红色物业"与街道、居民之间存在法律合法性的缺失,使得"红色物业"的经营存在着许多法律漏洞,进而影响治理体系的稳定性和可持续性。"红色物业"虽然通过"打擦边球"策略暂且"偏安一隅",但从长远来看,构建法律合法性的保障不可或缺。

### 1. 试探型:寻求变通方式

为弥补经营中的法律漏洞,"红色物业"主要采取寻求变通的试探型策略。首先,根据《物业管理条例》,业主委员会应当与业主大会选聘的物业服务企业订立书面的物业服务合同(国务院,2007:第34条),但实际上,"红色物业"既非业主大会选聘,也非与业主委员会签订的物业服务合同。其次,《武汉市物业管理条例》规定,普通住宅物业服务费、车辆停泊服务费实行政府指导价,具体收费标准由业主与物业服务企业在物业服务合同中约定(武汉市人民代表大会常务委员会,2010)。但条例中的"政府指导价"没有明确的细化标准,"红色物业"的收费标准也是街道与物业公司在合同中约定的,业主并没有参与到物业收费标准的制定中。原则上讲,物业收费标准没有得到全体业主的同意,业主则有权拒绝交纳;如果后期还要涨价,则会引发更多的法律问题和纠纷。在这种情况下,"红色物业"只能利用与街道签订服务合同的变通方式打擦边球,试图以政府合同的权威性来回避可能的法律层面的争议。

同时,房改后的单位小区的公共部分产权归属仍然是一个不确定的问题②,《物权法》规定"建筑区划内的其他公共场所、公用设施和物业服务用房,属于业主共有"(全国人民代表大会,2007),《湖北省物业服务收费管理办法》规定"利用业主共用部位、共用设施设备经营所得收益属于全体业主共有"(湖

---

① 根据荣华物业在建华小区经营的财务情况,2019年全年荣华物业共计支出262 300元,通过收取停车费和物业费共计收入258 355元,政府补贴56 133元,共盈余52 188元。由此可见,相较于2017年和2018年,荣华物业的经营状况有较大好转。以上数据来源于2020年1月9日小区内公示的物业经营报告,但报告中并未提及政府补贴,因此报告中荣华物业在2019年共亏损3945元。

② 本文根据沈原等学者的观点,认为单位只是将房屋的产权出售给个人,公共部分产权仍归属单位,如果物业公司要经营小区的公共部分如收取停车费、投放广告等,只需征求单位的同意即可。

北省物价局等,2018),业主如果以此为理由控诉物业公司私吞收益,也拥有一定的法律依据。而"红色物业"则通过获得房管部门、街道和单位许可的变通方式打擦边球。

2. 顺势型:诉诸外部推力

法律合法性的缺失使得"红色物业"被迫采取诉诸外部推力的顺势型策略在老旧小区中生存和发展。现阶段,由于"准业委会"不被法律认可,为期三年的服务合同到期后,物业公司还需要与街道签订下一份服务合同才能继续运营。由此可见,若真正意义上的业主委员会迟迟无法建立,"红色物业"只能依附于政府部门发展。但这种做法是有风险的,因为"红色物业"能够游走于法律边缘打擦边球的前提是老旧小区中的居民缺乏法律维权意识。随着居民观念的提升,依赖与政府部门签订物业服务合同便不再可行。因此,从长远来看,只有尽快引导老旧小区成立业委会,才能使法律合法性的构建问题迎刃而解。

荣华物业经理在谈及合同到期后的发展规划时提出已经向社区居委会建议,计划于2020年由街道和居委会牵头在建华小区成立业委会,"这是一个合法合规的必然趋势";同时,根据目前的物业费收缴率,小区居民对荣华物业的整体评价以及认可程度较高,"成立业委会没有太大的阻力",而物业公司的进驻使得小区房屋的租金上涨,也由此获得了作为租户房主的业主的支持。[①]可以说,物业公司顺势提出的成立业委会的建议,将有助于其构建相对完备的法律合法性。

## 五、依附与协商:"红色物业"合法性构建的双重逻辑

在建华小区的治理过程中,"红色物业"与街道以政府购买服务的方式产生联结而使其构建起行政合法性,居委会及其党组织通过与"红色物业"建立联合党支部和交叉任职的方式产生联结而帮助其构建政治和行政合法性,"准业委会"代表居民在协商中促使"红色物业"构建社会合法性,同时,"红色物

---

① 引自录音整理191216C005。

业"的社会合法性也来源于与居民的矛盾化解和单位对物业管理的支持。此外,街道、居民与"红色物业"之间还存在着法律合法性的部分构建和缺失。总体而言,"红色物业"在合法性构建的过程中,一方面依附于隐形在场的国家权力以争取更多利益,另一方面诉诸协商解决冲突和提升服务以获取居民认同,使得依附与协商成为老旧社区治理中合法性构建的双重逻辑。

## (一)依附:国家权力的隐形在场

长期以来,行政主导的国家权力广泛渗入一直是城市老旧社区治理的显著特征。然而,以"红色物业"为标志的市场力量登场似乎宣告了国家权力的退场,作为市场主体的物业公司全方位参与社区居民的日常生活,国家在社区治理中不再露面。但实际情况并非如此,从"红色物业"的合法性构建过程中可以发现,由于作为前提的政治合法性和作为基础的行政合法性皆来源于国家权力,作为关键的社会合法性和作为保障的法律合法性也会因国家权力的参与而更易于构建。因此,"红色物业"仍会选择依附于国家权力构建合法性,国家权力也倾向于通过新的制度手段渗透进社会基层,以隐形在场的方式对基层社会进行引导和统和(赵欣,2012),类似于"虽然实体性的政府似乎被隔在了门禁小区的围墙之外,但国家的力量仍然穿透小区的门禁发挥着作用"(王汉生、吴莹,2011:89)。

### 1. 谋求"政治正确"

政治合法性以符合国家的思想价值体系为依据,具体反映在中国社会中则是拥护党和国家的领导,中国公共空间中的任何事物在存在和发展中都要首先解决政治合法性问题(高丙中,2000)。因此,政治合法性是组织生存的前提条件,"红色物业"必然要依附于正式权力获得政治合法性。而无论是贴上"红色"标签还是党建引领的标签化策略,都是通过将"红色物业"纳入党和国家权力体系之下,达到谋求"政治正确"的目的,并以此通过政治检验,获得政府的资源支持(颜玉凡,2017)。社区党总支与"红色物业"的党组织之间处于领导与被领导的从属关系,由此形成依附型逻辑。正如高丙中(2000)所说,组织大都主动地使自己兼具一种国家政治单元的功能,负起一定的政治责任,以此奠定其政治合法性。邓宁华(2011)认为这些象征性行动并不能给组织带来技术效率的提升,而只是遵从制度的仪式性要求以获得组织的合法性,因而是一种"有组织的仪式主义"。但对于"红色物业"而言,谋求"政治正确"不仅具有形式意义,更具有凭借政治合法性整合资源的实质意义,相当于"依附换资源"(孙发锋,2019)。

### 2. 争取行政认同

"红色物业"自诞生起就伴随着行政权力的介入,它必须获得行政认同才能顺利开展各项活动,因此,行政合法性是基础,其获得也需要依附于国家权力。"双向进入、交叉任职"通过将居委会的权力运作和"红色物业"捆绑在一起,使得"红色物业"与国家行政体系发生一定关联,这是一种形式上的合法化手段(赵秀梅,2004)。虽然物业经理担任社区居委会兼职委员并没有获得实质性的权力,但却获得了形式上的合法地位,从而达到争取行政认同的目的。叶娟丽和韩瑞波(2019)提出在商品房小区中居委会和"红色物业"的吸纳式合作机制趋于失效,其原因在于市场化导向下经济利益与科层制导向下的政治利益建构了物业公司和居委会的对峙格局。然而,"红色物业"能够进入老旧小区是以牺牲短期经济利益为代价的,为了维持经营,物业公司迫切需要居委会的支持,双方的利益冲突弱化,故吸纳式合作机制在老旧小区中能够成功。物业公司通过建立行政联系,借助政策执行过程中各个部门的重视和支持,从而获得诸多行政资源的投入。

### 3. 获得"国家认证"

社会合法性是关键,"红色物业"只有获得广泛的居民认可才能真正植根于老旧社区。而老旧社区中的居民由于长期习惯于政府包办一切的体制,他们会对国家予以实施的事物感到放心并给予认可。市场化的物业管理服务对老旧社区居民来说是不易接受的新生事物,大多数人心中认可的合法性的最终来源仍然是自上而下的国家授权(吴莹,2015)。而缺乏社会基础的组织能够通过"寄居蟹的艺术"策略凭借和利用国家的特殊合法性支持,进入社会领域中获得资源和合法性(邓宁华,2011)。因此,"红色物业"可以通过获得"国家认证"来构建社会合法性。同时,在房改后的新体制下,政府考虑的往往不是市场化与物业管理的效益最大化原则,而倾向于追求稳定和利益的原则(张磊、刘丽敏,2005),这也是政府愿意推行"红色物业"计划并授予其"国家认证"的原因。而"红色物业"正是通过与街道、居委会和单位结盟的做法,让居民看到"红色物业"是政府部门大力推行的政策从而产生信任,这是"红色物业"虽依附于国家权力,反而有利于构建社会合法性的原因所在。

### 4. 规避法律风险

法律合法性是保障,但它通常是滞后的。"红色物业"可能会在法律合性缺失或模糊的状态下运作,为了规避法律风险会倾向于选择依附发展,即通过寻求一定程度的国家权力的支持和认可,来弥补由自身法律程序的缺失所造成的合法性不足(赵秀梅,2004),在资源与制度之间赢得较好的生存环境(和经纬等,2009)。根据《物业管理条例》,物业公司需要同业主委员会签订物业服务合同,但在老旧社区中并不存在业委会这样的组织,也因为客观因素限制难以成立业委会,在这种情况下,"红色物业"会选择打擦边球的策略,通过与街道签订合同的变通方式达到规避法律风险的目的。因为街道办事处是我国城市基层政权的派出机关,"红色物业"和街道签订合同虽然并不符合法律规定,但也绝不会触犯法律,或者说,即使缺少法律保障也不会影响物业公司的正常经营。武汉市政府将"红色引擎工程"作为基层治理中最为重要的政策大力执行,依附于政府部门至少在没有重大物业纠纷的前提下是非常稳妥的,因此,依附型逻辑在未来一段时间内会长期存在。

## (二)协商:递进沟通中达成共识

相对于广泛渗入合法性构建四个维度的依附型逻辑而言,协商型逻辑则主要体现在社会合法性的构建中。在基层社区中,协商不仅作为一种民主形式,还是可供开发的治理资源,作为治理资源的协商民主能够缓解老旧社区典型的共同体困境和秩序困境(林雪霏,2018)。老旧社区治理的结构性改革,既需要社区党委、居委会、居民、物业管理公司等治理主体参与的内部协商,又需要街道以及辖区单位等利益主体参与的外部协商(谈小燕,2019)。面对新常态下的社区多元组织协同、社区弱参与、社区冲突和社区自治等问题,协商式治理能够最大范围地发起公众参与,对社会治理的公开性和回应性特征也能做最大程度的回应(闵学勤,2015)。因此,"红色物业"需要通过多元协商共同解决物业管理中存在的问题,采用递进沟通的策略,在消解矛盾的基础上,推动居民的社区参与,进而促进居民的观念提升,由此形成了协商型的合法性构建逻辑。

### 1. 妥协让步以消解矛盾

在"红色物业"与居民协商的过程中,妥协让步是非常重要的策略性行为。当"红色物业"初进老旧社区时,居民对物业管理这一陌生事物的排斥心理较为强烈,由此产生接连不断的矛盾冲突。在这种情况下,"红色物业"只能选择策略性妥协,让渡一部分物业公司的利益给居民,避免激化矛盾。而策略性妥协有赖于协商的成功,居民借助"准业委会"和居委会渠道或直接向物业公司投诉抗议,物业公司也感受到压力并愿意提出让居民满意的替代性措施。同时,正是因为"红色物业"尚未构建起坚实的社会合法性,或者说,它所面临的合法化压力大于市场化压力,即使无法在物业管理中盈利,物业公司也能够在收费问题上屡屡妥协,愿意牺牲经济效益,以低偿的物业服务回应居民需求。策略性妥协的本质是采取权宜性手段暂时消解矛盾,它并非为了真正化解矛盾,而只是将这些矛盾暂时摆平或者掩盖起来(刘建、吴理财,2019),而真正化解矛盾的关键仍是设法得到居民的认可。

### 2. 塑造环境以获取行政资源

"红色物业"生存的外部环境并不只有居民,还有街道、居委会、单位以及房管、城管、环卫等多个行政部门,这些都是"红色物业"能够链接到的行政资源,通过争取到这些资源支持,可以有效缓解物业公司在老旧小区经营初期的压力。环境之所以是可以"塑造"的,组织之所以有能力改变环境并对关键资源做出反应,是因为资源依赖可以是相互的,组织能够通过合作建立与国家和社会之间资源的双向依赖关系(陈天祥、徐于琳,2011)。因此,虽然"红色物业"可以通过依附的方式汲取资源,但协商是互动过程中不可或缺的环节,例如物业公司与街道共同拟定物业服务合同,向房管部门征询安装门禁和收取停车费、物业费的许可,与城管部门联合清除违章搭建,和环卫部门沟通垃圾清运等,这些工作都需要"红色物业"通过协商的方式完成,从而创造组织生存所需的良好的外部环境。

### 3. 宣传迎合以获得居民认可

刘威(2010)发现居委会干部在邻里政治实践中会主动示弱、策略性"弱化"或"矮化"身份,以博取邻里同情与支持,而"红色物业"的示弱讨好也具有相同的意义。选择性宣传是协商过程中的一项单向策略,即"红色物业"可以选择将对其有利的信息传播给居民,从而建立良好的形象,或者达到示弱的目的。"红色物业"凭借政府的补贴能够维持收支基本平衡,但补贴是逐年减少的,如果不能收取物业费,物业公司仍会面临亏损。在这种情况下,物业公司对外宣称处于亏损经营状态,在协商中容易激发居民产生同情心理,使得居民愿意站在物业公司的立场上考虑问题。而迎合需求的讨好行为则更加依赖于双向的协商过程,居民将物业服务中的不足反映给物业公司,物业公司就服务提升与居民展开充分讨论,从而更好地满足居民的需求,让居民对"红色物业"更加认可。

#### 4. 引导行为以建立规则

冲突治理的实质是调节各方行为的、共享的社会规则的建构和执行,即规则的生产和执行是冲突化解的核心(袁方成、侯亚丽,2019),因此,构建居民对规则的认同至关重要。这既建立在协商的基础上,又依赖于协商过程之外的执行过程。首先,在门禁安装的问题上,"红色物业"与居民的协商是失败的,多数居民对安装门禁持反对态度,但物业公司为达成引导居民行为的目的,在不触犯法律的前提下坚持推进门禁安装。为了防止与居民激化矛盾,物业公司在协商过程中向居民反复强调门禁的安装有利于保障小区的安全,能够有效防范推销、贴小广告和偷盗等行为,从而促进居民对门禁管理的接受和适应。其次,在物业费收取的问题上,"红色物业"与居民建立起了"一对一"的协商过程,物业公司借助门禁登记对居民进行物业费收取意愿的问卷调查,并向居民表明门禁卡的时限与交纳物业费的时长是相一致的,最终居民同意收取物业费的比例达到91.03%,居民对这一规则的认同也有赖于门禁登记和问卷调查过程中的协商。

需要强调的是,依附型逻辑与协商型逻辑之间并非对立冲突的关系。一方面,如果物业公司过度依赖隐形在场的国家权力,不主动争取居民认同,物业经营将无法持续;另一方面,如果物业公司完全拒绝依附,不善于借助外部推力,将会失去必要的资源支持。同时,依附型逻辑与协商型逻辑也是相互补充的。依附型逻辑下也会有协商的过程,例如"红色物业"与街道、居委会之间并非仅有依附关系,也存在着协商的关系,而与居民的协商过程也需要依附所带来的国家授权作为支撑。

## 六、结论

基于对"红色物业"融入城市老旧社区治理的合法性构建过程的分析,我们发现:"红色物业"凭借"标签化"策略构建起政治合法性;利用"捆绑"策略构建起行政合法性;在稳固政治和行政合法性的基础上,运用让步、结盟、示弱讨好和制造共识的关系建构策略完成社会合法性的构建;并通过"打擦边球"策略来弥补法律合法性的缺失。在这一合法构建过程中,形成了依附与协商的双重逻辑。依附型逻辑的特征是国家权力的隐形在场,具体表现为谋求"政治正确"、争取行政认同、获得"国家认证"和规避法律风险;协商型逻辑的特征是在递进沟通中达成共识,具体表现为妥协让步以消解矛盾、塑造环境以获取行政资源、宣传迎合以获得居民认可、引导行为以建立规则。

相较于既往研究,本研究有如下推进:首先,"红色物业"的红色标签化不仅仅是一种政治上的仪式,更是带来了实实在在的资源整合的益处。这种益处弱化了市场导向的物业公司与科层导向的基层政府之间的利益冲突,使得物业公司可以牺牲短期利益迎合老旧社区的居民。其次,"红色物业"借助党和国家赋予的政治合法性,借助与行政部门结盟获得的行政合法性,逐步赢得了居民认可,构建了自己的社会合法性,也一定程度上规避了法律合法性不足的问题。这既说明了,在社会心理或居民心智层面,无论何种合法性,最终都来源于党和国家;也说明了,在实际运作层面,社区的外来组织依附于国家权力,有利于构建社会合法性,并弥补法律合法性的不足。最后,社会组织和市场主体对于社会合法性的需求是不同的:对"红色物业"而言,社会合法性不仅是开展活动的基础,更是其"生命线",物业公司只有获得居民认可才能维持经营。

# 参考文献

陈天祥、徐于琳,2011,《游走于国家与社会之间:草根志愿组织的行动策略——以广州启智队为例》,《中山大学学报》(社会科学版)第 1 期,第 155—168 页。

陈昀、陈鑫,2018,《基于认知视角的社会创业企业合法化机制及获取策略》,《管理学报》第 9 期,第 1304—1310 页。

邓宁华,2011,《"寄居蟹的艺术":体制内社会组织的环境适应策略——对天津市两个省级组织的个案研究》,《公共管理学报》第 3 期,第 91—101 页。

董运生、傅园园,2016,《合法性悖论——淘宝村民间团体的生存困境》,《江海学刊》第 4 期,第 100—108 页。

范斌、朱志伟,2018,《差异性互补:我国社区基金会合法性获取的比较研究——以两个不同类型的社区基金会为例》,《社会主义研究》第 3 期,第 88—97 页。

高丙中,2000,《社会团体的合法性问题》,《中国社会科学》第 2 期,第 100—109 页。

顾兆农、田豆豆,2012,《武汉百步亭社区:党建铺就幸福路》,《人民日报》8 月 31 日。

国务院,2007,《中华人民共和国物业管理条例》。

何丰伦、梁冬、周强等,2015,《多地老旧小区沦为弃管重灾区——物业业主矛盾尖锐》,《半月谈》9月8日。

和经纬、黄培茹、黄慧,2009,《在资源与制度之间:农民工草根NGO的生存策略——以珠三角农民工维权NGO为例》,《社会》第6期,第1—21页。

湖北省物价局、湖北省住房和城乡建设厅,2018,《湖北省物业服务收费管理办法》。

李汉林,1993,《中国单位现象与城市社区的整合机制》,《社会学研究》第5期,第23—32页。

李婷、祝丽芳、文鹏远等,2017,《推动党建引领物业服务管理创新,江岸区全力打造"红色物业"》,《长江日报》5月2日。

李雪萍、徐娜,2014,《合法性建构——公益类草根NGO的双重困境及脱困的核心》,《学习与实践》第5期,第111—117页。

李友梅等,2018,《中国社会治理转型(1978—2018)》,北京:社会科学文献出版社。

林雪霏,2018,《协商民主与老旧社区的"集体危害品"治理》,《国家行政学院学报》第2期,第128—133页。

刘承水、刘玲玲、史兵等,2012,《老旧小区管理的现存问题及其解决途径》,《城市问题》第9期,第83—85页。

刘建、吴理财,2019,《制度逆变、策略性妥协与非均衡治理——基于L村精准扶贫实践的案例分析》,《华中农业大学学报》(社会科学版)第2期,第127—134页。

刘威,2010,《街区邻里政治的动员路径与二重维度——以社区居委会为中心的分析》,《浙江社会科学》第4期,第53—60页。

刘玉焕、井润田、卢芳妹,2014,《混合社会组织合法性的获取——基于壹基金的案例研究》,《中国软科学》第6期,第67—80页。

毛敏,2017,《实施"红色引擎工程"推进武汉市老旧社区治理现代化》,《长江论坛》第5期,第20—25页。

闵学勤,2015,《社区协商——让基层治理运转起来》,《南京社会科学》第6期,第56—61页。

帕森斯,1988,《现代社会的结构与过程》,梁向阳译,北京:光明日报出版社。

全国人民代表大会,2007,《中华人民共和国物权法》。

沈原、刘世定、李伟东等,2017,《社区治理:价值匹配(NGT)分析方法》,北京:社会科学文献出版社。

宋磊,2017,《"红色物业"令小区面貌焕然一新》,《长江日报》10月10日,第3版。

孙发锋,2019,《依附换资源——我国社会组织的策略性生存方式》,《河南社会科学》第5期,第18—24页。

谈小燕,2019,《老旧社区治理的社会学干预——以"新清河实验"为例》,《北京行政学院学报》第4期,第106—113页。

王汉生、吴莹,2011,《基层社会中"看得见"与"看不见"的国家——发生在一个商品房小区中的几个"故事"》,《社会学研究》第1期,第63—95页。

王凯、柳学信,2018,《民营企业商业模式创新过程中的合法性获取——基于重庆加加林的案例研究》,《经济管理》第9期,第59—73页。

韦伯,1997,《经济与社会》,林荣远译,北京:商务印书馆。

吴莹,2015,《社区何以可能:芳雅家园的邻里生活》,北京:中国社会科学出版社。

武汉市人民代表大会常务委员会,2010,《武汉市物业管理条例》。

武汉市住房保障和房屋管理局,2017,《关于贯彻落实"红色物业"计划推动物业服务融入基层社会治理创新的试点方案》。

武静、周俊,2018,《合法性视角下社会组织"进社区"的耦合策略分析——以上海市L机构为例》,《东北大学学报》(社会科学版)第3期,第284—290页。

颜玉凡,2017,《组织的合法性、正规化与社会资本拓展——文化服务NGO的"环境嵌入式"发展策略研究》,《江苏社会科学》第6期,第67—74页。

叶娟丽、韩瑞波,2019,《吸纳式合作机制在社区治理中为何失效?——基于H小区居委会与物业公司的个案分析》,《南京大学学报》(哲学·人文科学·社会科学)第2期,第136—144页。

袁方成、侯亚丽,2019,《公共冲突治理的绩效差异——基于规则"生产—执行"框架的经验分析》,《上海行政学院学报》第3期,第37—46页。

曾凡木,2017,《耦合与脱耦的平衡——社会组织进社区的实践策略》,《中国行政管理》第6期,第43—48页。

张虎彪,2014,《民间环保组织的合法性建构何以可能——基于两个案例的比较》,《兰州学刊》第7期,第117—123页。

张慧玉、沈煜、眭文娟等,2019,《创业型企业话语框架策略与合法性构建——基于成长阶段的纵向案例分析》,《南方经济》第10期,第11—22页。

张磊、刘丽敏,2005,《物业运作:从国家中分离出来的新公共空间——国家权力过度化与社会权利不足之间的张力》,《社会》第1期,第144—163页。

赵环、严骏夫,2014,《从体制障碍到公众问责——"壹基金风波"背后的合法性议题》,《探索与争鸣》第12期,第111—115页。

赵欣,2012,《授权式动员——社区自组织的公共性彰显与国家权力的隐形在场》,《华东理工大学学报》(社会科学版)第6期,第13—20页。

赵秀梅,2004,《中国NGO对政府的策略——一个初步考察》,《开放时代》第6期,第 5—23 页。

中共武汉市委、武汉市人民政府,2017,《关于实施"红色引擎工程"推动基层治理体系和治理能力现代化的意见》。

Ashforth, Blake E., Barrie W. Gibbs. 1990. "The Double-Edge of Organizational Legitimation." *Organization Science* 1(2): 177-194.

Deephouse, David L. 1996. "Does Isomorphism Legitimate?" *The Academy of Management Journal* 39(4): 1024-1039.

Dowling, John, Jeffrey Pfeffer. 1975. "Organizational Legitimacy: Social Values and Organizational Behavior." *Pacific Sociological Review* 18(1): 122-136.

Meyer, John W., Brian Rowan. 1977. "Institutionalized Organizations: Formal Structure as Myth and Ceremony." *American Journal of Sociology* 83(2): 340-363.

Scott, W. Richard. 1995. *Institutions and Organizations*. Thousand Oaks: Sage.

Suchman, Mark C. 1988. *Constructing an Institutional Ecology: Notes on the Structural Dynamics of Organizational Communities*. Atlanta, GA.: Annual Meeting of the American Sociological Association.

——. 1995. "Managing Legitimacy: Strategic and Institutional Approaches." *Academy of Management Review* 20(3): 571-610.

(责任编辑:邓燕华)

# "阳光信访"的运行机制和现实意义

桂晓伟*

**摘要**：近年来，在国家大力推动下，"阳光信访"已经成为一个解决社会矛盾的重要平台。对此，既有研究仍多停留在宏观和规范分析上，而缺少对其运行机制和现实意义的经验观察。基于对 H 省 X 县的田野调查，本文深入分析了阳光信访从"多元立体的信息网络""分类标识的登记系统""因事而异的办理流程""刚柔并济的内部监督"到"四率并重的外部评价"的整个运行机制。在此基础上我们发现，虽然阳光信访通过"信息跑路"的方式增加了便利性，借助"全程公开"的方式提升了透明性，凭借"程序导向"强化了规范性，但其在面对"疑难积案"时仍然存在无力感，而随着历史遗留问题的逐步消化和社会治理改革的不断规范，阳光信访当有更加可期的未来。

**关键词**：阳光信访　运行机制　现实意义

近年来，伴随着互联网技术的兴起，一种通过网上投诉、办理、回复的更加便利、快捷、透明的"阳光信访"模式开始受到国家的青睐。"阳光信访"最早可以追溯至 2000 年深圳市规划与国土资源局推出的网上信访服务（付晶、刘振宇，2019：49）。2005 年修订的《国务院信访条例》将"电子邮件"列为新的信访形式，为各地的网上信访建设提供了法律依据。随后，上海、云南、江苏、湖北、广东等地先后在 2005—2010 年间建立了各具特色的网上信访制度（石佑启、黄喆，2014：96—100；中国政务舆情监测中心，2014：24—25；张海波等，2016：1—6）。短短几年，网上信访便从地方性的社会治理创新演进为国家层面的整体制度规划。2009 年，国家信访局开通了网上投诉受理平台，专门受理"三农"、社保等群众投诉。2013 年，党的十八届三中全会提出要"实行网上受理信访制度，健全及时就地解决群众合理诉求机制"。同年，国家信访局全面放开群众

---

\* 桂晓伟，武汉大学社会学院副教授（guixiaowei@whu.edu.cn）。

网上投诉受理内容。2014年,中共中央办公厅和国务院办公厅联合出台了《关于创新群众工作方法解决信访突出问题的意见》,明确了网上信访制度建设的基本原则。2015年,国家信访局印发了《信访事项网上办理工作规程(试行)》,具体规范了网上信访的制度建设。同年,全国网上信访信息系统建成并投入运行(张璁,2015a)。2016年,国家信访局又相继开通了手机信访平台和微信公众号,进一步拓宽了群众利益表达的渠道。目前,国家信访局已实现了与全国31个省、自治区、市的三级信访机构(省、市、县),8万多个职能部门和乡镇(街道),以及36个中央和国家机关的互联互通,基本形成了全方位覆盖、全区域联通和全过程管理的网上信访格局(张璁,2017)。据统计,2015年,全国网上信访量已占信访总量的43.6%(张璁,2015b),2016年,全国网上信访量同比上升106.8%(张璁,2017),2017年,继续同比上升79.4%(白阳,2018),截至2018年上半年,全国网上信访量增长明显,其占比已超过信访总量的50%(张璁,2018)。不难看出,在国家的大力倡导和推动下,网上信访建设成就斐然,并逐渐成为反映社情民意、解决群众诉求、维护社会和谐的重要举措。

在这个意义上,研究"阳光信访"具有重要的理论和实用价值。就实用性来说,信访工作是党和国家"了解民情、集中民智、维护民利、凝聚民心"的重要途径(习近平,2017),而网上信访又是当前处理信访问题的主要渠道,因此,其能否良性运转也就成为实现上述目标的关键一环。而在理论上,网上信访的良性运转又离不开对其运行机制和现实意义的深入剖析和反思,唯有如此,才能发现其利弊所在,并进行有针对性的改进,从而形成从实践到理论再到实践的正向循环。

然而,学界对"阳光信访"的研究并不令人满意。笔者以"网上信访""网络信访""阳光信访""电子信访"为关键词,不限发表时间,在中国知网(CNKI)上一共只搜到了200篇左右的文献,而其中一半左右还是介绍各地网上信访情况的短篇新闻报道。很显然,这说明至少在数量上,网上信访研究并没有受到学界的重视。在有限的学术论文中,还有一部分聚焦于网络化时代民意表达的特征(于水等,2018:50;吴柳芬、刘蔚,2017:43—48)、形成原因(姜胜洪,2014:80—86)和保障方式(张平,2014:116—120)。这类研究,因为侧重于上访者,并没有增加我们对网上信访体系的认识。

真正以网上信访体系为研究对象的文献大致可以分为如下三类:第一类是对网上信访的价值定位和现实功能的分析。其中一些研究将网上信访比作新时代的群众路线(卿立新、张艳斌,2012:212—213),并通过与传统信访模式和国外网络民意表达机制的比较,概括了其便捷、灵活、及时等优点(严炜、毛莉莉,2013:71—77;陶乾,2015:1—10;金太军、杨国兵,2016:7—15);而另一些研究则反思了网上信访的形式化回应方式可能带来的消极后果(陈洪连、李广民,2013:5—9;朱锦英,2016:109—113),以及可能带来的盲从性、信息失真、失序等负面效应(吴天昊,2008:30—33;赵春丽、冯静,2010:32—34;滕亚为、崔梦豪,2016:102—107)。这类研究虽然加深了我们对网上信访的性质和特征的认识,但其讨论更多限于宏观层面,而较少涉及对网上信访体系的具体内容的分析。第二类研究开始将研究重心放在了网上信访体系的程序步骤、考评机制、部门职能(石佑启、黄喆,2014:96—100;时立荣、张巍婷,2015:79—83;蒋冰晶、张继红,2018:108—110)、信息平台建构(刘焕成、李维纯,2004:1337—1341;丁立华等,2006:1213—1217;赵定垚,2009:68—70;王郅强、刘子炀,2015:77—81)、便民渠道落实(杨小军,2013:38)等具体内容上。不过,这类研究主要是从政策法规入手的规范分析,其典型特征是跳过具体经验直接基于困境开出对策,因此常常不切实际而难以令人信服。第三类研究是对各地网上信访工作的经验总结和对策建议(中共淮安市委研究室,2013:62—64;姜胜洪,2014:80—86;覃国慈,2014:58—62;陈汉君,2014:61—62;黄征、陈友强,2017)。然而,这类研究对经验往往"一触即走",缺乏对网上信访的工作机制及其实践过程结合实例的深入分析,这使其对策建议经常陷入第二类研究的窠臼之中。

综上所述,既有研究要么是对网上信访价值和功能的宏观分析,要么是对其具体内容的脱离经验的规范研究,要么是对经验泛泛而谈的简单描述,而缺少扎根田野、深入挖掘其运行机制和现实意义的经验研究,而本文试图推进这一领域的研究。更具体地说,基于对 H 省下辖的 X 县的阳光信访平台的田野调查①,本文深入分析了阳光信访从"多元立体的信息网络""分类标识的登记系统""因事而异的办理流程""刚柔并济的内部监督"到"四率并重的外部评价"的整个运行机制和工作流程。在此基础上,通过与传统信访模式的比较,我们发现,虽然阳光信访通过"信息跑路"的方式增加了便利性,借助"全程公开"的方式提升了透明性,凭借"程序导向"强化了规范性,但其在面对"疑难积

---

① 笔者于 2018 年在 X 县进行了为期 20 天的田野调查,访谈对象包括县委监察室工作人员、县信访局领导和普通工作人员、县司法局纠纷调解中心干部、乡镇司法所干部、乡镇来访接待办公室工作人员、村干部,以及信访人和他们的邻居朋友,一共完成深度访谈 45 个,并在后期对其中的关键访谈者进行了多次微信回访;另外,笔者还收集了包括会议纪要、工作日志、各级政府的信访文件、阳光信访平台操作流程截图,以及相关网信案例等 52 份文本和电子档案材料。

案"时仍然存在无力感,而随着历史遗留问题的逐步消化和社会治理规范化改革的不断推进,阳光信访当有更加可期的未来。

# 一、阳光信访的运行机制

我们的调研在 H 省下辖的 X 县信访局进行。近年来,在 H 省的大力倡导下,X 县通过整合"市长信箱"、"市长热线"、网上信访等公共诉求服务平台,组建了全新的阳光信访平台,这为我们提供了洞悉其运作机制和实践效果的良好契机。

## (一)多元立体的信息网络

相比传统信访模式,阳光信访最显著的区别就在于建构了一套多元立体的信息网络,实现了信息而非人的向上汇集。

阳光信访的"多元"体现在综合了信、访、电、网四种主要形式。根据 X 县所属的 H 省制定的《网上办理工作规则》,阳光信访的类别主要有走访、书信、电话、信息网络四种形式。① 与之相应,进入 X 县的阳光信访平台,便可以在"登记办理"界面看到"来访""来信""来电""网信"四个类别。其中前三项仍然是传统的信访方式,它们由信访人提出,然后由网信工作人员录入系统,而最后一项,即信访人通过信息平台或领导信箱提交的投诉则无须录入,直接进入系统的网信类别。

阳光信访的"立体"则体现在其建构了五级互联互通的信息网络。早在 2016 年,X 县的阳光信访平台就已经完成了向上与国家、省、市,向下与乡镇共五级信访机构的互联互通。② 就县级层面来讲,X 县负责阳光信访平台登记工作的主要有县委监察室、县信访局和相关责任单位。县委监察室一般负责管理领导信箱,定期清理其中的信访件,并转给县信访局。在 X 县,监察室的这项工作实际由县信访局代办;同时,县信访局还设有接访科和网络科,分别负责登记来访,以及来电和来信;此外,县级的相关责任单位也会对直接向他们投诉的信访件进行登记。就国家、省、市的上级信访机构来说,其同样包括政

---

① 档案 1,《H 省信访事项网上办理工作规则(试行)》。根据该《工作规则》,所有通过信息网络、书信、走访、电话等形式提出的信访事项,不论是否受理,都应该客观、准确、及时登记录入阳光信访系统。

② 访谈 1,X 县信访局领导,2018 年 6 月。

府的监察部门、信访局和相关责任单位。他们也会对向其投诉的信访件进行登记,然后转交县里。因为人手充足,上级政府的监察部门并不需要信访局代办其工作,比如 X 县所属的 H 市就由市委监察室专门负责领导信箱。[1] 同时,上级信访局和责任单位的登记分工也会更为细致。而就乡级信访机构而言,其主要包括政府的来信来访接待办公室和相关工作人员。因为人手紧缺,乡镇一级往往案结事了,并没有严格执行来访必登的规定,但他们会根据上级部门的工作需要进行补登。[2]

通过上述多元和立体的阳光信访平台,X 县进而强调"来访必登"并"允许越级上访"。实践中,信访人可以自行选择向任何一级信访机构反映问题,也可以同时向多级信访机构反映问题,这极大地提高了群众上访的便利性。

## (二) 分类标识的登记系统

海量的信息数据进入阳光信访平台之后,如何对它们进行合理的分类归档就是一个非常关键的问题。

首先,每一个信访件在登记之后,都会生成一个"编号",通过它可以随时在系统中查找到相关的登记信息,这大大提高了信息处理的效率。其次,打开阳光信访平台的"登记办理"界面,所有已登信访件都会显示在"待办事项"中。点击任意一个,就会看到这个信访件的办理情况,主要包括信访件编号、信访日期、办理时间、办理单位、办理人、当前状态、办理意见、相关文书以及送达情况等信息。这些信息涵盖了一个信访件从登记到办理的所有程序性和实体性环节。[3] 这种"全程留痕"的方式既有利于信访人了解案件进度,也有利于责任单位规范处理问题,还有利于上级部门监督信访工作。

最后也是最关键的是阳光信访平台还会对每一个信访件的信息进行进一步的精细化归类。具体来说,每个信访件的信息又可以大致分为三类:第一类是信访人信息,主要包括姓名、联系方式、身份证号码、户口地址、邮箱等个人资料。这些资料有助于核实信访人的身份,与之进行有效沟通,从而为信访件的办理、送达提供便利。第二类是信访件信息,主要包括登记单位、问题属地、信访原因、信访目的和信访标签。这些信息有助于厘清信访件的特征,从而为

---

[1] 访谈 2,X 县信访局网信科干部,2018 年 6 月。
[2] 访谈 3,X 县某乡镇来访接待科干部,2018 年 6 月。
[3] 档案 3,X 县阳光信访平台"代办事项"中关于信访件办理情况的截图。

更合理地区分它们,并采取更有针对性的精细化治理措施提供依据。具体来说,通过信访原因可以及时确定归口管理的责任单位,从而提高信访事项的办理效率。通过信访目的(即申诉、求决、揭发、建议四种)可以有效确定不同的回应方式,从而合理使用治理资源。比如,只有揭发和建议类信访可以直接回复,而申诉和求决类不可以;只有申诉、求决、建议类的初次信访件可以接受信访人评价,而揭发类不可以。"信访标签"主要包括判重识别、是否积案(即不断重复网信)、是否攻坚(即涉及重点领域、重点问题、重点群体)、是否三跨三分离(即涉及不同地区多个责任单位)等更为细致的区分信息。比如,所有的信访件都必须经过判重识别,以决定是否受理和接受信访人评价①;而被贴上积案、攻坚、三跨三分离的标签,则会决定信访件的受重视程度和处理力度。第三类是信访内容,主要包括信访人的主要诉求、反映的基本情况、提出的意见建议以及相应的事实理由。这些内容简单明了,兹不赘述。

除了上述常规的登记操作,还有一种"简单登记",只需要录入信访人姓名、联系方式、来访人数、简登原因等几项信息。② 简单登记一般适用于两种情况:一种是信访件的信息不全,无法处理,只能先简单登记,在系统中留痕;另一种是事件容易解决,因此可以通过简化流程及时反馈,以提高办事效率。③ 最后,无论常规还是简单登记的信访件都会生成一个编号,通过它可以随时在系统中查找到相关的登记信息。

### (三)因事而异的办理流程

阳光信访平台的第三个特点就是对不同的信访件,根据不同的情况,采用差异化的办理方式,以提高整个系统的运行效率。

具体来说,网上信访的办理方式主要有退回、直接回复、不予受理、不再受理、自办、转办、交办七种。"退回"适用于转错属地单位的信访件,"直接回复"适用于意见建议、揭发控告类信访件。④ 它要求处理机关必须在15日内当面回

---

① 一般来说,重复信访只网上留存而不再受理,只有初次信访才能接受信访人评价。访谈4,X县信访局网信科干部,2018年6月。
② 档案2,X县阳光信访平台"简单登记"操作界面截图。
③ 实践中,简单登记往往也意味着通过简易流程简单处理。访谈5,X县某乡镇来访接待办公室干部,2018年6月。对此,《H省信访事项网上办理工作规则(试行)》第六章也有专门的规定。
④ 一般来说,申诉、求决类信访件不能直接回复,在决定受理之后,由相关部门依据情况进行自办、转办、交办处理。访谈6,X县信访局来访接待科干部,2018年6月。

复信访人,如果不能,则可以通过书信、电话和网络形式回复。"不予受理"主要用于重访、涉法涉诉访,以及在复查复核期内的信访事项。① 实践中,"不予受理"必须当面或电话告知信访人理由,征求他的意见,再将其填入系统之中(即同意、不同意、无明确意见三种表述),最后上传不予受理告知书。"不再受理"主要用于已有复核意见且没有提出新的事实或理由,以及在规定期限内未申请复查复核两种情况,其操作程序和"不予受理"一样,只是上传的是不再受理告知书。

如果决定受理,则有自办、转办、交办三种处理方式。"自办"是指基层责任单位针对简单信访件的自行登记和办理;而"转办"和"交办"是指国家、省、市和县级信访部门根据属地和归口管理原则向基层责任单位的信访件转交②:两者的区别在于"交办"是一种特殊的"转办",其往往涉及需要重点关注的群体(比如涉军)、交叉责任(比如三跨三分离)、民生(比如扶贫、环保)或疑难积案(比如缠访户)③。这也决定了实践中交办件的比例不高,很多信访件都是通过自办和转办进行处理。④

进一步分析,针对自办、转办、交办,又有三种处理流程。第一种是仅用于自办和转办的简易流程。它主要用于争议不大容易解决、提出建议表达感谢,或者相关部门已有明确承诺的信访件。对此,有权处理机关要在收件后的 3 个工作日内决定是否受理,并在受理后的 10 个工作日内给出答复;该意见可以当面、手机短信或电话告知信访人,但需要录入系统留痕。第二种还是用于自办和转办的常规流程。其与简易流程的区别有两点:一是时间更长,决定受理期限是 15 日内,给出答复期限是 60 日内,情况复杂还可以延长 30 日,但要提交延期受理告知书;一是形式更严,所有相关文件都需要上传系统留痕(比如受理告知书、处理意见书、延期告知书),同时还必须制作纸质的处理意见书送达

---

① 一般来说,重访和涉法涉诉上访都是久拖未决的积案,无论是相关责任单位还是各级信访机构往往都有过处理意见,很少有第一次就不予受理的情况。也正是在这个意义上,网上信访试图将它们剥离出去,但是信访人发现网上信访不予受理,就会通过走访迫使政府关注它们。或者,如果他们不断网信,这些不予受理的诉求也会留存在系统里,等到留存的多了,上级也会要求基层以重信治理或积案化解的方式解决。对此,后文将会进一步论述。
② 在 X 县的网信操作平台上,点击转办,就会弹出"选择部门"字样,里面有规定的模板,最常见的就是"根据文件规定,现将该信访事项转给你单位处理,请按程序、要求及时办理"。选择之后提交,就会自动生成"转办要求"。档案 4,X 县阳光信访平台关于转办信访件办理情况的截图。
③ 这只是笔者根据已有网信案例列举出的几种可能性,实践中并不只限于此。
④ 以 2018 年为例,X 县所有网上信访件一共是 2255 件,但交办件只有 30 件。档案 5,X 县 2018 年网上信访工作总结。

信访人。此外,系统还设置了"超期警示"和"地区未受理文档"来督促责任单位按时完成工作。比如,当一个信访件快要超过办结期限时,系统就会出现"即超"字样的提醒;而当一个信访件已经超期之后,则会进入"地区未受理文档",以便上级部门随时查阅并向责任单位施压。[1]

第三种流程是专门针对交办的特殊流程。其特殊之处主要有两点:第一点是交办流程更加严格。交办函须经上级主管领导批示,并以红头文件的形式发到县里。交办函上会有"网"(网信交办)、"访"(走访交办)、"督"(上级督办)的字样,并会写明信访事项的基本内容。县级信访局接到交办函之后,必须继续交办至责任单位,发文前也要经过主管领导的批示。[2] 第二点是文书制作更加复杂。责任单位除了与转办流程一样需要在规定时限内完成工作并提交"处理意见书",还需要额外提交"办结报告书"和"审理报告书"。其中,"处理意见书"是责任单位对信访人的回复,要写明基本的处理决定。"办结报告书"是责任单位对县信访局的回复,要写明基本诉求、调查情况、处理意见,如有必要,还会提供对信访人的稳控建议措施。县信访局认为处理恰当的,应予以办结,认为处理不当的(主要针对程序流程、政策依据和文书表达),则应退回责任单位重新办理。对此系统有不超过四次的设置,以对责任单位形成督促。而"审理报告书"是县信访局对交办单位的回复,其内容和办结报告书类似,在提交前需要经过县法制办审核和交办领导签字。[3] 交办单位随后会对其进行形式和实体的双重审核。前者和县信访局审理类似,主要看办理流程和相关文书是否符合程序且政策依据是否充分,后者则会就处理结果对信访人进行电话回访。[4] 对于未按规定办理并且评价为不满意的回访,会按件进行扣分考核。[5]

---

[1] "超期警示"一般出现在办结规定时限前15天,而如果60天没有上传"处理意见书",该信访件会自动进入"地区未结件"中,以便上级查询和督办;另外如果15天内没有上传"受理告知书",也会进入"地区未结件"中。访谈7,X县信访局网信科科长,2018年6月。

[2] 几乎所有的"交办"信访件都来自国家、省、市信访部门和相关职能部门,县里很少交办,只会偶尔为之。但上面交办下来的信访件,县里必须继续交办,而且必须通过县里相关领导交办下去,以表示重视。访谈8,X县信访局副局长,2018年6月。

[3] 访谈9,X县信访局督办科科长,2018年6月。

[4] 这种回访有时是随机的,有时是全覆盖的,并无固定规律。比如2018年,省里的交办件就是每个都回访了。这主要看人手和重要性,以及阶段性工作的重心。访谈8,X县信访局副局长,2018年6月。

[5] 在X县2017年的考核办法中,上级交办件回访不满意的,每件扣2分。档案6,《X县2017年网上信访考核办法》。

## （四）刚柔并济的内部监督

信访件办理完成之后还必须有合理的监督才能保证其办理过程和结果符合相关的要求,这种监督首先来自内部。内部监督是灵活多样的,根据不同的侧重点,有着不同的要求,既有线上的形式化审查,也有线下的实地督办,还有针对违规缠访闹访的上访人的依法处置。其中前两种方式相对柔性,而后一种方式较为刚性,这也是笔者将这种内部监督称为"刚柔并济"的原因所在。

更具体地说,内部监督主要有"常规"的"复查复核"和"非常规"的"督查督办"两种。本文中,笔者将着重介绍"督查督办"这种内部监督。究其原因主要有两个:首先,"复查复核"的处理主体在实践中其实和上文所述的"交办"是重合的。虽然根据H省的网信条例,复查复核的处理主体是县、市两级人民政府的复查复核委员会和本级信访机构的复查复核办公室,但在现实中,一般是由县信访局和市信访局的复查复核办公室分别代办复查和复核工作。① 其次,"复查复核"的处理流程和接下来要介绍的"督查督办"又是基本类似的,都既包括线上环节,也包括线下环节②,既有柔性手段,也有硬性手段③。在这个意义上,为避免不必要的重复,下文将着重介绍"督查督办"的运行机制。

"督查督办"的实施与否主要依据实际工作需要,而非明确的法律依据。

---

① 名义上,县级政府和市级政府才是复查复核的办理单位,但实际上这一工作都是由信访局代办,再交给他们审核。X县是督办科做这项工作,但他们也是身兼数职,除了复查复核,还有督查督办和扫黑除恶工作。这种情况在基层很普遍,因为编制和经费都有限。访谈10,X县信访局督办科干部,2018年6月。

② "复查复核"的处理过程主要有三个环节:第一个是申请立项。它需要信访人于收到处理意见30日内,在系统中提交复查复核申请书方能启动。第二个是受理审查。其目的在于通过形式审查,决定是否受理。对超过法定申请时间、正在处理或已经终结、申请内容与原信访事项不一致、应通过法律途径解决的事项,一般不予或不再受理。此外,对已有复查意见,申请复核时没有提出新的事实或理由的,也将不再受理。而不存在上述问题的,则必须予以受理。其实,对复查复核而言,大多数情况下都是不予受理,因为这些案件往往都是久拖未决的重访和积案。所以,某种意义上,复查复核和上文讨论的交办非常类似。网信人要么通过不断走访和网信,迫使上级交下来;要么通过类似方式,迫使上级亲自下来进行积案化解。访谈11,X县信访局副局长,2018年6月。

③ 这里的柔性手段主要是上文所述的各种规范化、形式化的工作,而硬性手段将在督查督办部分内容中进一步分析,两者之间的关系是以充分利用柔性手段为主,而用硬性手段兜底。其实无论是登记、受理,还是复查、复核各个方面,对形式的要求都是主要工作,一般主要的精力都花在相关要件是否齐备上,比如停访息诉是否有协议,如果给予了救助是否有收据。总之,决定背后必须有法律法规等政策文件可以佐证的各种材料。访谈12,X县信访局督办科科员,2018年6月。

"督查督办"主要分为两种:第一种是"信访业务的规范化检查"。它是一种形式审查,目的在于规范登记、办理、复查、复核各个环节的操作流程,主要包括有无错登漏登、是否准确判重、是否及时受理、答复意见是否清楚、适用法规是否准确、相关书面材料是否及时录入系统、是否告知信访人进行满意度评价等内容。实践中,上级部门会先要求下级部门对这些内容进行自查,随后再对其工作进行抽查。抽查一般采取"线上"和"线下"两种方式:线上抽查和自查的内容大体一致,兹不赘述;线下抽查则会随机选择部分地区,通过听取汇报、查阅案卷、实地查看、约见信访人、调查取证、举行听证会、拿出可行性报告等方式进行。① 近两年来,H省十分重视线上抽查工作,市、县两级信访部门必须每月对抽查中存在的不规范问题进行通报。相对来说,线下抽查尚没有形成稳定的工作机制,其是否公开视情况而定。

第二种是针对重信重访的"积案攻坚"。现实中不乏持续上访的钉子户,而几乎零成本且可以越级投诉的网上信访进一步便利了他们的缠访。虽然网信系统可以通过"判重"拒绝钉子户的重访,但因为必须留痕,它们仍会在系统中累积下来形成积案;而且钉子户在重复网信的同时,也会不断通过走访施压政府。上述行为最终会阶段性地触发针对重信重访的"积案攻坚"。② 具体来说,"积案攻坚"也可以分为两种:一种是线上操作的"网上督办"。它是特殊形式的交办,采用交办的处理流程,只是会在交办函上刻意标明"督"字。其处理方式和上文所述的信访业务的形式审查类似,主要是在网上完善相关文字材料。有时候,一个积案可能会在上下级之间重复多次规范审查。网上督办最近两年也受到了H省的高度重视,省、市每个季度都会对积案进行抽查,并且通报情况。③ 对不符合规范的,除了要求整改,还会纳入网信考核体系进行扣分处理。另一种是线下操作的"实地督办"。实地督办一般是上级部门根据需要而阶段性(比如重点时期)发起的。其督办对象主要是长期积压的重要信访事项(比如重要民生问题)或重点信访人(比如老上访户);而其工作流程无外

---

① 档案6,X县信访局副局长的工作日志。
② 上级部门在进行"网上督办"和"积案攻坚"时,没有特别的规律,但通常来说,那些总是网信和走访的人,经常会被优先考虑。访谈14,X县信访局来访接待科科员,2018年6月。
③ 档案7,H省关于进一步加强网信规范化建设的建议。

乎听取汇报、查阅案卷、实地查看、约见信访人这些常规操作。① 如果信访事项已经处理到位，督办工作就结束了；如果信访事项没有处理到位，则区分情况做出回应。是上级政策原因的，就收集信息，回去向相关部门反映情况，寻求解决；是属地单位无权处理的，就变更管辖；是需要更多经费解决的，就寻找政策依据，争取配套资金。② 此外，在重要时间节点，督察组也会检查相关人员和准备措施是否到位。

## （五）四率并重的外部评价

阳光信访系统的外部评价是一种通过信访人参与来实现的外部监督，主要包括"受理率""办结率""参评率""满意率"四个方面。

"受理率"和"办结率"是对信访事项是否在规定期限内受理和办结、相关文书是否及时上传的考核，而不涉及对文书是否错漏、处理是否合理等内容的评价。这两率均由信访部门统计，其特点是只看形式规范而不问实际效果。③ "参评率"是指被纳入评价范围的信访事项获得评价的比率。只有网上登记为初访的求决、申诉和意见建议类网信才能纳入评价范围，而重访、揭发控告、复查复核、督查督办类网信④都不参与评价。与"受理率"和"办结率"类似，"参评率"也是形式考核，并且也由信访部门统计，其不同之处在于，"参评率"的高低取决于信访人的主观意愿，而这无法通过行政指令加以约束。

---

① 这一工作一般由上级部门的督办专员带队，事前不通知基层，直接下来。其工作流程首先是召集县委、县政府、纪委、信访局等部门组成联合办公小组了解情况，然后针对了解的基本情况，再约信访人见面，最后再召集相关责任单位和责任人（一般包括包案领导和具体经办人）商议解决措施。实践中，上述步骤的先后顺序可根据情况调整，也可同时进行，但一般不外乎听取汇报、查阅案卷、实地查看、约见信访人这些基本步骤。访谈15，X县信访局来访接待科科员，2018年6月。
② 这样的案件往往都是一些已经过了诉讼时效、没有证据，或者原单位已经不存在（即"无头案"）的历史遗留问题。对此，除了要求基层信访局和责任单位向群众解释到位、救助到位之外，也确实没有其他更好的办法。访谈13，X县信访局来访接待科科长，2018年6月；档案8，X县信访局督办科科长的工作日志。
③ 某种意义上，将形式化内容作为考核的主要内容，其实是保证网信处理流程严格遵循形式规范的前提条件。
④ 档案7，《H省关于进一步加强网信规范化建设的建议》。

"满意率"是指信访人对网信办理过程和结果是否满意的评价。① 其评价内容主要包括信访事项的转交和督办是否及时、答疑解惑是否到位、合理诉求是否解决、处理问题是否依法依规，以及处理意见是否落实。② 不难看出，"满意率"既考核形式也考核结果③，这是它与上述三率最显著的区别，但现实中信访人经常依据办理结果的好坏进行评价，这使其更接近于对结果的考核。④

其实，信访人评价机制由来已久，早在 2010 年的田野调查中，笔者就见过不少写着满意评价的处理意见书。不过阳光信访的"四率"评价与之前相比至少有如下三个特点。首先，评价内容更加全面。之前的评价只针对是否满意一项，且并无具体的可供参考的评价依据。而阳光信访则通过"四率"全面考察受理、办结、参评和办理过程四个环节，并且都有明确的评价标准。其次，评价结果不可更改。之前的评价并不上网公开且留痕，这至少在形式上无法杜绝相关部门的暗箱操作，而阳光信访的满意率评价则是网上可见的，并且只能由信访人填写、提交和更改。最后，评价结果纳入考核。之前的评价主要是一种可做可不做的建议性规定，而阳光信访则将"四率"统计纳入了信访考核，并且占有相当比重。以 X 县 2017 年信访考核办法为例，四率统计一共占总分值的 60%，其中受理率和办结率各占 20%，参评率和满意率各占 10%。此外，国家、省、市交办的信访件必须全部网上流转，凡是不按规定办理且信访人评价不满意的，每件另扣 2 分。⑤

---

① 根据规定，信访人对责任部门的评价需要在后者出具处理意见书之日起的 30 日内给出，否则会被视为超期未评价，而这在系统里等于满意评价。如果自提出信访事项之日起超过 90 日仍未收到答复意见书的，信访人也可对责任部门做出评价。档案 9，X 县关于网上信访考核办法的说明。

② 一般来说，在评价是否满意的时候，会有一个不满意原因的内容勾选，这些内容都在勾选的评价范围内。当然，信访人也可以只选择不满意或者满意，而不勾选内容，这样就只显示是否满意，而没有具体原因了。另外，除了勾选内容，信访人还可以自己填写是否满意的内容。访谈 16，X 县的一位网信群众，2018 年 6 月。

③ "四率"当中，信访人可以评价的只有"满意率"一项。"受理率"和"办结率"不是评价的，是计算信访局是否在信访条例规定的期限内受理和办结。换句话说，这两个评价只看上传到系统里的时间是否及时，至于内容有无错漏、文书是否规范这些更具体的内容主要是通过上级的抽查通报来进行规范。但是实际上，文书内容是否规范、办理意见是否详细准确这些比较关键的内容，被纳入了满意率评价的范围，所以也不能完全说信访人没有权利对一些实质性内容进行评价。

④ 根据笔者对几位网信人的访谈，他们的确更关心结果，这里面有的人是对程序和结果之间关系的认识不到位，也有的是认为觉得结果都处理不好，提那些关于程序的建议其实没有意义。访谈 17，X 县的一位网信群众，2018 年 6 月；访谈 18，X 县的一位网信群众，2018 年 6 月；访谈 19，X 县的一位网信群众，2018 年 6 月。

⑤ 档案 6，《X 县 2017 年网上信访考核办法》。

虽然阳光信访的"四率"统计有效增强了外部评价的力度,但信访部门和责任单位也并非没有稀释这一压力的空间。首先,受理率和办结率很容易拿高分。如前所述,这两率只考察形式上是否按时受理、办结并上传相关文本,而不问实际效果,因此相关单位只要按流程操作即可完成任务,实践中 X 县的这两率统计接近 100% 即是明证。① 其次,参评率和满意率亦有操作空间。相对于受理率和办结率,参评率和满意率能否提高还需要依赖上访人的参与和积极评价,但这并不意味着信访部门和责任单位就束手无策。实践中,他们提升这两率的办法主要有两个。一个是积极动员那些对处理结果满意的信访人参与评价,同时不去提醒那些对结果不满意的信访人参与评价。② 因为一个信访件的处理周期往往比较长,很多人可能也就忘了评价,而超期未评价在网上信访体系中等同于满意。在调研中,X 县 2016 年和 2017 年的超期未评价信访件占到所有网上信访件的 70% 左右。③ 另一个策略是将乡镇一级很多处理较好但没有网上流转的信访件输进网络。由于人手有限,乡镇并没有像县级以上单位那样严格执行所有信访件上网,很多时候问题处理完了就完了,这些信访件占据了不小的比例。以 2017 年为例,其比例超过 50%。④ 因此将它们纳入考核范围,可以有效提升参评率和满意率。⑤ 尽管如此,我们也应该看到,阳光信访系统还是赋予了信访人很大的参与权利。正如 X 县信访局一位领导所言,信访人往往对处理得满意的信访件没有评价的热情,但对不满意的却耿耿于怀,非要给个差评。所以,虽然他们可以动员那些没给好评的人给好评,但他们对于那些执意给差评的却是无能为力的。⑥ 在这个意义上,外部评价,尤其是满意率评价一定程度上还是能够督促相关部门更好地履行自己的职责。

---

① 档案 10,X 县 2017 年度网上信访工作总结。
② H 省目前尚没有通过短信提醒每一个信访人去评价的机制,实践中也没有明确规定必须口头上和每一个信访人讲明这项工作的重要性。访谈 20,X 县的一位网信群众,2018 年 6 月;访谈 21,X 县的一位网信群众,2018 年 6 月;访谈 22,X 县信访局副局长,2018 年 6 月。
③ 档案 10,X 县 2017 年度网上信访工作总结;档案 11,X 县 2016 年度网上信访工作总结。
④ 这其实不难理解,因为现实中,直接处理的信访件肯定占多数,而这些信访件中,又有大部分是可以有效解决的,而越是简单好处理的问题,信访人越没有兴趣向上级反映,而那些向上级投诉,并由其交办的信访件,往往都是难以解决的。以 X 县为例,2017 年上级交办的信访件只有不到 10%。档案 10,X 县 2017 年度网上信访工作总结。
⑤ 实践中,基层干部会打电话劝说他们认为对结果满意的信访人进行评价;而在送达处理意见时,如果觉得对方比较满意,也会建议他们进行评价。访谈 23,X 县的一位网信群众,2018 年 6 月;访谈 24,X 县一位责任单位的工作人员,2018 年 6 月。
⑥ 访谈 8,X 县信访局副局长,2018 年 6 月。

## 二、阳光信访的现实效果

通过阳光信访平台听取民声、体察民情、化解民忧、汇聚民心是党的群众工作在新时期的重大创新。在前文中，我们已经探讨了其登记、办理、监督、评价的基本工作流程，而接下来我们将通过与传统信访模式的比较，进一步分析其在实践中的优势和局限。

### （一）信息跑路的便利

传统信访模式的一个重要特点就是其相对于法律诉讼的便利性，比如维权程序更简化、对形式要件标准更低、耗费时间金钱更少等，而网上信访与传统信访相比，又要更加便利。这种便利首先是时间和经济成本大大降低。传统信访主要以走访为主，虽然也有人通过来信反映诉求，但往往都是作为走访的辅助手段。既然是走访，必然会受到时空和经济因素的限制，尤其是对于那些赴省进京的上访者来说，不仅耗时费力，而且还可能碰到地方政府的阻挠（O'Brien, Li, 2006; Gui, 2017: 162-182）。与之相对，网上信访完全可以足不出户，在家通过电话、电脑、手机完成操作，从而极大降低了时间和经济成本。

其次，网上信访更为重要的便利性体现为不受越级上访的限制。传统信访模式禁止越级上访的一个重要原因在于一旦放开限制，上级政府尤其是北京将不堪重负（Li et al., 2012: 313-334），而网上信访则没有这个顾虑，因此上访人可以不受限制地向各级信访部门反映问题。虽然上级部门通常会将这些信访件再转交给基层，但逐级走访也是这种处理模式；而且，如前文所述，如果信访人不断通过网信反映问题，那么其信访件就有可能被上级以交办或者督办的特殊形式转交给基层。① 与之相比，传统的走访模式要想获得上级如此关

---

① 在调研过程中，无论是信访干部还是网信群众都给我讲过一些这样的案例。比如一位中年妇女因为宅基地纠纷难以解决，不断通过网信上访，不仅自己递交，还动员家人参与，而她的案件在 2016 年和 2017 年都被作为积案由上级要求督办过，至今还在商讨协议的过程中；还有一位中年男性，因为对交通肇事案件的判决赔偿结果不满，在偶尔走访的同时（腿脚不太方便），也一直通过这样的方式网信。访谈 25，X 县的一位网信群众，2018 年 6 月；访谈 26，X 县的一位网信群众，2018 年 6 月；访谈 27，X 县来访接待科科长，2018 年 6 月。

注,则要付出更多的成本。

最后,网上信访的操作程序和形式要件也没有比传统信访更为复杂。不可否认,现实中确实有一些人不习惯甚至不会网上信访,但在互联网如此普及的今天,他们很容易通过亲戚朋友获得帮助。[①] 同时,信访人还可以通过电话反映诉求,后者要比网上操作容易很多。在形式要件上,网上信访只是要求信访人提供姓名、联系方式、信访原因和信访诉求等基本信息,而这些在传统信访中也是必须具备的要件。

综上所述,网上信访的运作模式是让"信息多跑路,群众少跑腿",从而大大节省了上访人的时间和经济成本;同时,因为信息而非人向上级部门的聚集并不会带来维稳压力,所以网上信访并不禁止越级投诉;此外,网上信访在操作流程和形式要件上也没有比传统信访更加严格。这些因素都使网上信访比传统信访更加便利。不过,网上信访仍然存在信任危机,那就是缺少了面对面的沟通,如何使信访人相信自己的诉求不会为网络所隔绝从而杳无音讯。为此,网上信访的另外两个特点,即透明性和规范性,可以一定程度上缓解这种焦虑。

## (二) 全程透明的公开

与传统信访相比,网上信访因为在信息录入、办理过程和数据生成上可以做到全程留痕,具有较高的透明性和追溯性,从而有利于缓解上访人的不信任感。首先,就录入而言,上访人通过网信平台和领导信箱提交的投诉直接就会进入网信系统,而通过来访、来信、来电提交的诉求,除了个别例外,也都会进入网信系统。比如一些当面被解决的简单诉求,或者信访人就同一事项反复提起的诉求(只录入一次),这些情况主要发生在县级以下信访部门,至于省市两级,则来访必录,没有例外。

其次,办理情况和办理方式同样强调全程留痕。就办理情况来说,每个被录入的信访件都会生成一个编号,输入该编号就可以查到上访人姓名、联系方式、信访日期、信访原因和信访诉求等信息;而在该件开始办理之后,还可以查到办理时间、办理单位、办理人、办理意见、相关文书以及送达情况等信息。就办理方式而言,无论是退回、直接回复、不予或不再受理,还是自办、转办、交办、

---

[①] 一位中年妇女就在自己女儿的帮助下学会了网信,这样的例子其实有很多,不再一一列举。访谈28,X县的一位网信群众,2018年6月。

复查复核都必须全程留痕。比如不予或不再受理必须征求信访人的意见,将之录入系统(一般分为同意、不同意或无明确意见三种),再上传不予或不再受理告知书;比如所有常规流程的自办、转办、交办和复查复核的信访件都必须上传受理告知书、处理意见书,如果延期还需要上传延期告知书。① 此外,信访受理、处理、复查复核的相关文书除了录入系统之外,还必须送达上访人,并将相关情况录入系统。② 所有上述文件的上传和送达同时也都会显示具体的时间,以及办理人或办理单位。

最后,虽然信访部门可以通过判重拒绝信访人的重复上访,但这些重访件也必须留痕,并在系统中累积起来形成积案,从而可能在将来的某个时间节点触发上级部门的关注。

综上所述,网信系统的一个重要优势就是确保每个录入系统的信访件从登记到办理再到送达全程可以通过网络查询和跟踪,这有效缓解了上访人因为担忧暗箱操作而产生的不信任感。需要进一步强调的是,为了确保网信办理过程的透明公开,上级信访部门还通过一系列规范不断推进基层网信工作的制度化,而这也在很大程度上增进了信访人对网信工作的信任感。

## (三) 程序为重的规范

规范性是网上信访不同于传统信访的第三个特点,它一般通过网信业务的基层规范化检查工作来实现。这一工作通常由上级信访部门推动,包括基层自查和上级抽查两个步骤,其目的在于通过各种形式化的要求,规范网上信访的登记、受理、办理、送达等各个环节。

在登记方面,主要检查是否准确判重、是否应录未录、是否及时录入、有无错登漏登、登记内容是否完整规范等;在受理方面,主要检查受理、转送交办是否及时规范、受理(或不予、不再受理)理由是否准确、是否延时或选择性上传受理告知书、是否书面告知且内容规范等;在办理方面,主要检查是否存在超期未办理(未办结、未答复)、办理主体是否符合要求、处理意见是否清楚规范

---

① 另外,对于交办案件还要额外上传办结报告书和审理报告书,不过他们对信访人不可见。访谈7,X 县信访局网信科科长,2018 年 6 月。
② 这里录入的情况主要包括是否及时送达、有无假冒信访人签收,或者以口头告知代替送达等情况,实践中,点击送达录入界面,会弹出这些选项,供操作人勾选。档案 12,X 县阳光信访平台送达录入界面截屏。

（比如是否存在事实不清、没有正面回复、避重就轻、简单应付、弄虚作假的情况）、适用政策法规是否准确、有无明确告知信访人复查复核权利、处理意见是否落实到位、处理文书有无延时、选择性或错误上传等；在送达方面，主要检查文书送达是否及时、有无信访部门代替有权机关送达、有无假冒信访人签收或者口头告知代替送达、送达情况是否及时录入系统、是否及时告知信访人进行满意度评价等。①

通过上述工作，至少在形式上对网上信访的操作过程进行了较为严格的规定；更为重要的是这种规范性还以可见的形式为信访人所看到，这相对于传统信访模式来说，是一种明显的进步。可以说，透明性和规范性的结合，较为有效地缓解了网信人无法与政府面对面沟通所产生的不信任感。

## （四）尚待完善的效果

传统信访其实和网上信访一样，都能够解决大多数的简单信访件。区别只在于，这些信访件在阳光信访平台上留下了痕迹，而在传统信访模式中则往往案结事了，因此变得隐而不显。因此，真正体现两种信访模式有效性的其实是对疑难棘手的信访积案的化解。然而在这方面，两种模式其实都有些无能为力。尽管如此，阳光信访与传统信访相比，也仍然具有一些差异。

具体来说，讨论网上信访的有效性可以从上访人和信访部门两个角度入手。对上访人而言，网上信访虽然并没有比传统信访更为有效，但它也有一套保证有效性的方法，那就是以网信为主并适当结合走访，而其最终的目的是能够通过反复多次的网信，推动上级政府对自身案件的关注，从而在其下来督查督办积案化解的时候解决自己的诉求。与传统信访模式相比，这种不断重复网信的方式显然要简单安全很多。实践中，也确实有一些信访人频繁地通过网信引起关注，而一旦上级下到基层督查督办案件，这些累积的重访和积案往往都是他们关注的焦点。而在不断网信的同时，信访人也仍然可以继续走访，并以此施压基层。在这个意义上，阳光信访实际上比传统信访多了一条通过网络引起上级关注的途径，而且这种途径不仅成本很低，也没有与其继续走访的策略相冲突，从而使其实际上可以更有效地获得上级政府的重视。

而对信访部门来说，面对这种情况也自有一套应对办法。首先，他们可以

---

① 关于上述内容的详细规定，参见档案 7，H 省关于进一步加强网信规范化建设的建议。

借助各种规范化的操作来拖延时间，从而与信访人展开拉锯和消耗。恰如前文所述，阳光信访主要的精力就集中在其从登记、办理再到提交、送达这些环节的规范化要求上，而所有这些要求都要耗费大量的时间、填写大量的文书，这些文书往往还要在上下级之间来回多次重复地修改、提交、退回、完善。而所有这些操作又都是透明留痕的，其不仅让信访人可见，也会对他们进行回访。这些操作让信访人虽有不满但又有苦难言，如果处理不当，很可能演变成一种过度形式主义的拖延塞责。其次，除了线上的形式主义，阳光信访在线下还有"三到位一处理"的策略可用。虽然，依法依规处理违规上访者要求以思想疏导到位、工作解释到位、困难帮扶到位为前提，但毕竟在实践中，只有"一处理"才是真正可以让信访人停访息诉的关键。在这个意义上，"三到位一处理"的策略存在被滥用的可能，因而必须对此进行严格的约束。不过，虽然这一规定存在被滥用的风险，但网上信访因为毕竟是信息而非人的向上汇集，所以其较小的维稳压力也削弱了官员违规的动机，而全程留痕的处理方式同时又增加了他们恣意妄为的风险。① 上述两个因素都在一定程度上对权力滥用起着较好的约束作用。

综上所述，通过对阳光信访的现实意义分析，发现其既有优势也有局限，但仍不失为一项值得期待的制度创新。其实任何社会都有政府难以化解的矛盾，而快速的经济社会转型又不可避免地产生了很多历史遗留问题，而对这些问题，不管其合理与否，中国政府又因为其执政承诺而不得不承担无限连带责任。在这个意义上，信访制度在中国本来就一直在负重前行，并承担着超出了一般纠纷化解机制的政治和社会功能。随着历史遗留问题的逐步消化和社会治理的逐步规范化，阳光信访的"制度化吸纳"实践应该会有更光明的未来。

# 参考文献

白阳，2018，《2017 年全国网上信访同比上升近 8 成》，1 月 24 日，http://www.

---

① 这个道理其实不难理解，因为大量的上访人流被阳光信访系统分流和吸纳了，这缓解了传统信访中便利和控制之间的巨大张力，因此也让基层信访工作人员有了更多空间在线上和线下继续坚持规范化的操作。当然，这本身也是一把双刃剑，因为规范化的吸纳也可能成为滋生懒政和不作为的温床。

xinhuanet.com/legal/2018-01/24/c_1122309833.htm,获取日期:2020年2月29日。

陈汉君,2014,《联手市长信箱推进涉法涉诉处置》,《学习月刊》第6期,第61—62页。

陈洪连、李广民,2013,《我国网络民主的发展困境与应对策略》,《中州学刊》第2期,第5—9页。

丁立华、张品惠、许真玉,2006,《政府信息资源建设网上调查及对策分析》,《情报科学》第8期,第1213—1217页。

付晶、刘振宇,2019,《大数据时代的网上信访——治理模式与优化路径》,《宁夏社会科学》第2期,第49页。

黄征、陈友强,2017,《武汉全力推动信访工作制度改革》,《长江日报》9月7日,第4版。

姜胜洪,2014,《网上信访:动因、问题及其发展路径》,《电子政务》第2期,第80—86页。

蒋冰晶、张继红,2018,《整体性治理视野下的网络信访研究》,《河北法学》第6期,第108—110页。

金太军、杨国兵,2016,《政治系统论视角下传统信访与网络信访的比较研究》,《苏州大学学报》(哲学社会科学版)第1期,第7—15页。

刘焕成、李维纯,2004,《我国政府网站建设的若干问题研究》,《情报科学》第11期,第1337—1341页。

卿立新、张艳斌,2012,《网上群众路线是新时期群众工作的重要方法》,《求索》第12期,第212—213页。

石佑启、黄喆,2014,《论网上信访及其制度保障》,《中南民族大学学报》(人文社会科学版)第5期,第96—100页。

时立荣、张巍婷,2015,《"阳光信访"模式构建初探——基于信访工作实践的思考》,《中州学刊》第7期,第79—83页。

覃国慈,2014,《利用网络疏导信访群众情绪的实证研究——基于湖北省的调查》,《新疆社科论坛》第1期,第58—62页。

陶乾,2015,《国内外"网络信访"机制研究》,北京:中国政法大学出版社。

滕亚为、崔梦豪,2016,《网上信访制度的发展、困境与完善》,《知与行》第10期,第102—107页。

王郅强、刘子炀,2015,《我国网上信访信息综合平台制度保障体系构建》,《桂海论丛》第4期,第77—81页。

吴柳芬、刘蔚,2017,《网络社会条件下的信访相变与治理》,《新视野》第 1 期,第 43—48 页。

吴天昊,2008,《网上信访:技术革新还是制度创新》,《社会观察》第 4 期,第 30—33 页。

习近平,2017,《千方百计为群众排忧解难,不断开创信访工作新局面》,7 月 19 日,http://www.xinhuanet.com//politics/2017-07/19/c_1121346653.htm,获取日期:2020 年 2 月 29 日。

严炜、毛莉莉,2013,《网络民主发展探析》,《社会主义研究》第 2 期,第 71—77 页。

杨小军,2013,《网上信访便民更需跟进落实》,《中国党政干部论坛》第 8 期,第 38 页。

于水、姜凯宜、徐亚清,2018,《网络信访的研究主题与深化方向》,《电子政务》第 1 期,第 50 页。

张璁,2015a,《解决网上信访工作不平衡问题》,《人民日报》6 月 29 日,http://society.people.com.cn/n/2015/0629/c1008-27220550.html,获取日期:2020 年 2 月 29 日。

张璁,2015b,《全国网上信访量已占信访总量的 43.6%》,《人民日报》6 月 29 日,http://news.xinhuanet.com/politics/2015-06/29/c_127960174.htm,获取日期:2020 年 2 月 29 日。

张璁,2017,《信息上网,阳光信访》,《人民日报》9 月 13 日,http://legal.people.com.cn/n1/2017/0913/c42510-29532731.html,获取日期:2020 年 2 月 29 日。

张璁,2018,《网上信访量占比过半》,《人民日报》7 月 27 日,http://legal.people.com.cn/n1/2018/0727/c42510-30173593.html,获取日期:2020 年 2 月 29 日。

张海波、童星、倪娟,2016,《网络信访:概念辨析、实践演进与治理创新》,《行政论坛》第 2 期,第 1—6 页。

张平,2014,《民意表达的自由及其控制——网上信访与实名制的政治学逻辑》,《理论月刊》第 4 期,第 116—120 页。

赵春丽、冯静,2010,《网络民主的乌托邦因素与非乌托邦前景——网络民主发展中的制约因素与对策思考》,《理论导刊》第 3 期,第 32—34 页。

赵定垚,2009,《我国政府网站建设中的问题思考》,《中国行政管理》第 2 期,第 68—70 页。

中共淮安市委研究室,2013,《网络时代的阳光新政——淮安市"126"信访工作模式的经验与启示》,《唯实》第 1 期,第 62—64 页。

中国政务舆情监测中心,2014,《网上信访四大模式》,《领导决策信息》第 23 期,第

24—25页。

朱锦英,2016,《网络问政背景下的我国政府公信力建设》,《深圳大学学报》(人文社会科学版)第2期,第109—113页。

Gui, Xiaowei. 2017. "How Local Authorities Handle Nail-Like Petitions and Why Concessions Are Made." *Chinese Sociological Review* 49(2): 162-182.

Li, L., M. Liu, K. J. O'Brien. 2012. "Petitioning Beijing: The High Tide of 2003-2006." *The China Quarterly* 210: 313-334.

O'Brien, K. J., Li L. 2006. *Rightful Resistance in Rural China*. New York: Cambridge University Press.

(责任编辑:钱力成)

# 学术论文

# 不稳定劳动中的"义"*
## ——以 C 市学生工为例

苏熠慧**

**摘要**：本文以学生工为案例，讨论中国不稳定劳动中的团结问题。本文发现，作为一种不稳定劳动，学生工缺乏劳动合同和保障，并受工厂和学校的双重管理，但他们之间却存在着"同伴团结"。这种"同伴团结"区别于阶级团结，是以学生工的同伴群体为基础、以"义"为原则建立起来的。"义"的原则不仅强调同伴群体内部的平等权利，同时也强调同伴群体的义务——忠诚。本文还发现同伴团结通过玩乐和反抗权威等仪式得到巩固，并在劳动场所中对学生工起到保护作用；但这种团结也具有一定的脆弱性，表现为阻碍学生工与其他工人建立联结，且容易受到压制。

**关键词**：学生工  同伴团结  不稳定劳动  义  同伴群体

## 一、问题提出

2008 年金融危机之后，经济全球化下的劳动形式愈发呈现出"不稳定"（precarious）的特征。这些"不稳定"体现为合同期缩短或合同缺失、工作时间弹性化、短工和临时工普及、劳动保障和社会福利的丧失以及工会角色的减弱（Lazzarto, 1997; Terranova, 2000）。这种"不稳定"的劳动特征不仅出现在传统行业中，也出现在新兴行业中。2010 年以来在中国开始受到媒体广泛关注的"学生工"也是"不稳定劳动"的典型代表。这些"学生工"是指那些在工厂实习的中等职业技术学校的学生，他们缺乏劳动合同，雇佣期短，缺乏普通工

---

\* 本文是由上海市浦江人才计划资助的 2020 年度上海市浦江人才计划项目"中国家政业的专业化问题研究——以上海市为例"（项目批准号：2020PJC045）的阶段性研究成果。
\*\* 苏熠慧，上海财经大学人文学院副教授（su. yihui@ mail. shufe. edu. cn）。

人所拥有的社会保险和劳动保障。针对以"学生工"为代表的不稳定劳动者，全球形成了以盖伊·斯坦丁（Guy Standing）为代表的学者与其反对派之间的争论。这些争论围绕"劳动的不稳定化是否导致劳动者团结的缺失"这个问题展开。斯坦丁提出"不稳定无产者"概念，认为从事"不稳定劳动"的人群具有很强的个体化特征，无法团结起来（Standing，2011）；而其反对派则认为劳动的"不稳定化"并非必然导致劳动者团结的缺失，而是形成了不同于传统的"阶级团结"的其他形式的团结（汪建华，2013；Paret，2016；Chun，2016）。本文希望从斯坦丁及其反对者所提出的"不稳定劳动与团结之间关系"争论出发，以学生工这一"不稳定"劳动形式为案例，来思考以下问题：从事不稳定劳动的人群是否如斯坦丁所断定的无法团结？抑或，从事不稳定劳动的人群可能形成一种新的团结形式？如果能够形成新的团结形式，那么这种团结形式的内涵是什么，其局限是什么？

## 二、文献回顾

### （一）"不稳定无产者"概念的局限

20世纪70年代，伴随全球资本主义的扩张、全球劳动力市场的建立以及"劳动力市场弹性机制"的形成，劳动形式逐渐出现"不稳定"的特征（Vosko，2000；Fudge，Owens，2006）。2008年的全球金融危机更加剧了这一趋势，使得许多学者都将"不稳定"作为当今全球劳动的普遍趋势（Kalleberg，2011；2012；Olsthoorn，2014；Vosko，2010）。从20世纪70年代起，许多学者便试图通过诸如"边缘性""非正规性"和"社会排他性"等概念来描述这一趋势，其中最具影响力的是盖伊·斯坦丁的"不稳定无产者"（precariat）概念（苏熤慧、姚建华，2019）。2011年，盖伊·斯坦丁的新著《不稳定无产者：新危险阶级》（*The Precariat: The New Dangerous Class*）出版，他在书中使用了"不稳定无产者"来描述资本全球化背景下，在生产关系、分配关系和与国家的关系三个层面具有不稳定性的大量劳动者。在生产方面，他认为"不稳定无产者"收入低、合同期短或没有合同、缺乏长期的职业路径；在分配方面，缺乏劳动保障和社会福利；在与国家的关系方面，没有政治、文化和社会的权利，既无法参与投票或选举等政治生活，也没法开展各种文化和社会活动（Standing，2011）。在这三个方面,"不稳定无产者"都区别于学理意义上的"工人阶级"(working class):首先,他们无法像传统工人阶级长期在一个工作场所中工作,从而建立长期的工作关系、社会记忆和阶级认同;其次,他们也缺乏福利国家时期工人阶级所享有的各种社会福利;最后,他们缺乏传统工人阶级的政治性,不仅缺乏政治组织(工会),更缺乏政治权利(投票、竞选)(Standing, 2011)。从这三个层面看,斯坦丁认为"不稳定无产者"与传统工人阶级根本的区别在于团结的丧失。他在书中也强调,"不稳定无产者"只是一个"自在的阶级"而非"自为的阶级",他们缺乏清晰的阶级意识,内心充满孤独和仇恨,异常脆弱,且往往互相责难、彼此争斗(Standing, 2011)。

斯坦丁提出这个概念以后,在劳动研究领域引发了学者们广泛的争议。一些学者认为斯坦丁找到了分析21世纪雇佣关系的新棱镜,而另一些学者则对这个概念提出了严厉的批判。其中最猛烈的批判围绕"不稳定劳动与团结"之间的关系展开。这些学者认为斯坦丁将"不稳定无产者"塑造成个体化和原子化的从事"不稳定"劳动的人群,认为他们无法团结起来,而且充满怨念,彼此争斗(Braga, 2016; Munck, 2016; Jonna, Foster, 2016; Scully, 2016; Paret, 2016; Chun, 2016)。他们认为斯坦丁的书中隐含着一个假设,即全球劳动力市场的不稳定化在削弱劳动者的团结,并针对这个假设提出了不同意见:首先,他们认为斯坦丁只注重第一世界国家的劳动力市场变迁,而忽略了劳动的"不稳定性"在第三世界的长期存在;在他们看来,第三世界国家中的劳动从来都是"不稳定的",却没有阻止这些地区的劳动者为争取稳定而建立起来的团结(Munck, 2016; Scully, 2016; Braga, 2016)。其次,他们认为斯坦丁之所以看不到身处不稳定环境中劳动者的团结,是因为他过度强调生产领域中工会的力量,而忽略了在社区等再生产领域中女性、有色人种在日常生活中形成的团结(Paret, 2016; Chun, 2016)。

## (二)中国"不稳定"劳动研究的争议

与全球范围内的讨论相似,中国劳动研究领域的学者也围绕"不稳定"劳动形成了不同的观点。中国劳动研究领域的学者都认为中国劳动力市场发展存在很明显的"不稳定"趋势,但对"不稳定"劳动是否如斯坦丁所言会损害劳动者的团结这个问题,中国劳动研究领域的学者则呈现更加复杂的态度。

在计划经济时期,中国便存在着一些"不稳定"的用工形式,这些用工形式涵盖了包括临时工（如亦工亦农）、合同工、轮换工、季节工、家属工、外包工、零散工在内的多种用工形式（张学兵，2014；赵庆伟，2017）。但这些具有"不稳定"特征的用工形式，只是计划经济时期对稳定用工形式的补充，且往往受到政治因素的影响，呈现波动的状态，并没有替代稳定用工成为计划经济时期的主要用工形式（张学兵，2014）。改革开放之后，中国出现了大量"非正规经济"（黄宗智，2009；2010；2017）：一方面，国有企业的改制使得大量下岗工人面临着不稳定的生活（贾文娟，2012；2015；2016；Solinger，2017）；另一方面，大量的农民离开土地，在城市里从事着低收入和缺乏社会福利及劳动安全的工作（Chan, Pun, 2009; Pun, Lu, 2010；汪建华，2015）。此外还出现了大量的自雇职业者，他们虽然看似拥有老板的身份，但仍要亲自参与到劳动之中，也缺乏劳动保障和社会福利（郑广怀、孙慧、万向东，2015）。李静君认为，2010年之后，制度方面的调整加剧了"不稳定性"劳动的扩张（Lee, 2016; 2018）：一方面，派遣制度的形成使得派遣工成为不稳定用工的主要形式（Feng, 2019）；另一方面，互联网技术的普及也加剧了资本对劳动者工作和生活的渗透，并加强了资本对劳动者的控制（梁萌，2017）。从计划经济到市场经济，再到2010年之后的制度改革，中国劳动力市场的"不稳定化"成为中国劳动研究者的共识。

但中国的劳动者是否如斯坦丁所述，在"不稳定"中丧失了团结？还是如斯坦丁的西方批判者所认为的那样，存在自己的团结形式？一方面，一些学者认为，中国劳动的"不稳定化"使得工人在生产领域逐渐丧失团结的基础——组织的可能性，使得中国劳动政治呈现出非制度和碎片化的特征（Lee, 2016; 2018）；另一方面，一些学者则认为这种劳动的"不稳定化"只是推迟了工人形成阶级意识的时间，而并没有破坏工人团结的可能性（Smith, Pun, 2017）。汪建华提出"生活的政治"和"实用主义团结文化"的概念，认为工人们仍然可以在日常生活中形成具有中国自己特点的团结形式（汪建华，2013）。本文认为，出现这种争议的原因在于中国劳动研究领域的学者们对"团结"赋予的内涵不同。

## （三）"义"与同伴团结

"团结"（solidarity），是劳动研究中长久的话题。但对于"团结"的内涵，劳动研究却没有给出统一的答案。受到马克思主义的影响，传统的劳动研究更多关注"阶级团结"（class solidarity）。在 E. P. 汤普森（E. P. Thompson）看来，"阶级团结"是建立在工人日常工作和生活的基础上，围绕着对于工人群体的归属感和工人阶级身份的认同组织起来的(Thompson, 1966)。在汤普森看来,"阶级团结"与其说是一种斗争,还不如说是一种经验,或一种文化。受汤普森的影响,里克·凡塔西亚(Rick Fantasia)提出了"团结文化"(culture of solidarity)的概念,指出代际相传的文化性实践,以及和这些实践所交织的工人群体的遭遇、痛苦都是一种"团结文化"(Fantasia, 1988: 17)。作为文化的团结,更强调的是具体工人之间的连接和社会关系。这种连接和社会关系,并不仅限于"阶级性"的关系,还包括各种亲缘、地缘、学缘、种族和性别关系。裴宜理在对20世纪早期上海工人的研究中便提出,上海工人中暂时性的"团结"往往建立在老乡和地缘的关系上(裴宜理,2001)。汪建华更提出"实用主义团结"来区别于传统的"阶级团结"(汪建华,2013)。在他看来,"实用主义团结"扎根于工人受到市场渗透的日常生活,其围绕着工人的"市场参与者"身份组织起来,实用性地运用并定义官方意识形态,借用市场导向的议价方式来为自己争取权利,缺乏对抽象市场主义意识形态和全球资本体系的挑战(汪建华,2013)。这种"实用主义团结"在对国家规制的影响、日常基础、团结范围、途径、诉求等方面都与"阶级团结"存在差异(汪建华,2013)。通过"实用主义团结"连接起来的工人并没有清晰的阶级身份认同和阶级群体的归属感,他们更多的是通过市场和消费连接在一起。

如果说"团结"的内涵并不一定是阶级性的,也可能是地缘性或市场性的,那么是否还存在着其他类型的"团结"? 也就是说,"团结"是否可以通过工人之间的其他关系组织起来? 关于"不稳定劳动"与"团结"之间关系的分歧,更大程度上在于斯坦丁及其拥护者看到了传统生产领域的不稳定化打破了工人(通过工会等生产领域的组织)形成"阶级团结"的可能,但其批判者则认为在生产领域之外存在着工人建立"其他类型团结"的可能。当我们将视线转向社区、学校和家庭等再生产领域时,我们就可能寻找到新的团结文化。裴宜理的"乡缘团结"和汪建华的"实用主义团结"都是介于生产领域和再生产领域的团结。那么,在社区、学校和家庭等再生产领域中,是否还存在一些未被注意到的团结形式? 实际上,已有的研究表明性别和同伴关系都可能成为联结工人的重要纽带。何明修对台湾工会的研究发现,男性工人们之间建立在性别身份上的兄弟情谊,是他们联结彼此、争取利益的重要纽带(何明修,2008)。熊春文等也在中国打工子弟学校中的青少年身上发现了这种男性化的"兄弟义气",并认为这种"兄弟义气"是底层青少年中的重要文化(熊春文、史晓晰、王毅,2013)。本文希望在两位学者研究的基础上,思考当前中国的一种不稳定性劳动——学生工中所存在的团结文化形式。本文将审视再生产领域中的同伴关系如何形成学生工中的"团结",并讨论这种"团结"与"阶级团结"之间的关系,从而贡献于不稳定劳动与团结之间关系的讨论。

## 三、研究方法

本文所使用的资料来自 C 市。2013 年 3—9 月,研究者以一名学校社会工作者的身份进入中等职业学校 L,参与观察学校的日常事务(包括教师会议、领导会议、实习动员大会、校企合作事宜),进入课堂观察老师的教学及师生互动,并在课后加入学生的学习和娱乐活动。在这个过程中,研究者访谈了该校的校长,以及各个部门(教务处、学生处、就业办、保卫科)的领导,还访谈了不同专业、不同年龄和不同年级的 8 名教师。此外,研究者还与学生在宿舍中共同生活,观察他们的日常生活,参与到他们的日常活动中,并跟随学生回到他们的家乡,观察他们日常与其他家庭成员的互动,记录下他们日常学习和生活的各种细节。2013 年 8—9 月,研究者陪着学生进入 M 工厂进行为期两个月的实习,并住在工厂进行参与观察,访谈了 30 名实习的学生,以及 M 工厂的 3 名管理人员。此外,研究者还访谈了中等职业学校 G 和 W 的学校领导。

作为中西部城市的典型代表,C 市从 2002 年开始建立产业园区 S,引入大量信息产业实行经济转型。2007 年,该市颁布了《职业教育条例》提倡大力发展职业教育来满足产业转型中的就业人员需求,其中提到"本市职业教育实行政府主导、行业引导、校企合作、社会参与的多元办学体制"。在政策的倡导下,该产业园区内的 12 所中等职业学校纷纷调整自己的专业,增加了适应信息产业发展的微电子专业,并且纷纷和该产业园区内的信息产业进行"校企合作"。该产业区内的 12 所中等职业学校中只有 G 一所公立学校,其余 11 所都为民办学校。研究者选取了唯一公办的 G 校作为案例,同时选取两所民办学校 L(示范学校)和 W(非示范学校)作为案例。作为市级示范性学校,L 校于 1999 年建立,最早是一所以计算机职业教育为主的民办职业技术学校。2010 年该校转为培养微电子技术人才,培养的学生大量进入 C 市的各大电子厂,成为流水线上的一线工人。截至 2013 年,该校在校生为 4000 多人,分为三个年级。一、二年级在校学习基础知识,同时伴有短时间的实习,三年级整年实习。该校的学生由招生老师从贵州、四川等农民家庭招来。学生年龄在 15—18 岁之间,父母长期在外打工。

## 四、从事"不稳定劳动"的学生工

"学生工"是这样一个群体:他们的年龄在15—18岁之间,是中等职业技术学校的学生。他们一年级和二年级在学校学习,同时伴有短时间的工厂实习(主要是暑假和寒假),三年级整年处于实习的状态。由于C市产业园区S内的中等职业技术学校主要支持产业园区内信息产业的发展,所以这些学校的学生主要在产业园区S的工厂里实习。实习期的学生拥有双重身份,一方面他们是中等职业技术学校的学生,另一方面他们是在工厂打工的工人。学生和工人的双重身份,与他们劳动的"不稳定性"紧密联系。

首先,由于他们的学生身份,他们与工厂签订的并不是劳动合同,而是实习协议。也就是说,学生工的学生身份往往使他们很难受到《劳动合同法》的保护,一旦出现拖欠工资、工伤或职业病等问题,学生和实习单位之间发生的争议将不能作为劳动争议来处理。[1] 这使得他们比正式工人更难获得劳动保护。

其次,除了第三年整年的实习以外,一年级和二年级的实习期为短短一到两个月。短期签订的实习协议中只涵盖一项商业保险,而不涉及任何社会保险。也就是说,相比与工厂签订劳动合同的正规工人,学生工不享受国家给予的任何社会保障和社会福利。社会保障和社会福利的缺乏,也使得雇佣学生工的工厂节省了大量的成本。这些学生工成了来源稳定、廉价而灵活的劳动力。工厂在繁忙的短期生产季内,不需要支付大批社会保险费用,便可雇佣到灵活而年轻的学生工;一旦到了淡季,便结束学生工的实习期,让学生回到学校,也省去一笔为解雇正规工人支付的经济赔偿。

最后,学生工的管理比正规工人更加严格,他们比正规工人拥有的权利更少。正规工人通常只面对工厂的管理,他们在与工厂的较量中行使他们的权利;但是学生工不仅要面对工厂的管理,还要面对学校的管理。他们如果在产线上表现不佳,不仅会遭到工厂管理的训斥,还会受到实习带队老师的教育。如果学生工像正规工人那样抵制工厂的管理,则会遭到学校的批评。因此,从劳动合同、工作期限、劳动保障和权利方面看,学生工都在从事着"不稳定性劳

---

[1] 中国劳动人事网,2015年9月20日访问:http://www.cn12333.com/。

动"。他们没有劳动合同,工作期限很短,缺乏社会保险和劳动保障,无法享有社会福利,同时相比于正规工人要面临来自学校和工厂的双重管理。相比于拥有劳动合同和享受社会保障的正规工人,他们劳动环境的"不稳定性"要更高。但是,即使是从事"不稳定性"劳动的学生工,也存在以同伴群体为基础、以"义"为核心的"同伴团结"。

## 五、"义"与学生工的同伴团结

### (一) 同伴团结的基础:同伴群体的建立

在从事"不稳定"劳动的学生工中,存在着基于同伴群体形成的团结。那么,这些同伴群体如何形成?虽然学生工来自不同地区,但很少围绕着乡缘形成群体,他们也极少通过学习形成群体,一个班级内部通常分裂成若干小群体。这些小群体要么是通过日常生活自然形成的群体,要么是通过娱乐活动(游戏或溜冰等)形成的群体,抑或是通过暴力活动(打架)形成的群体。最多数量的同伴群体是以宿舍为单位,围绕着日常生活形成的同伴群体。这些同伴群体是天然形成的,当学生进入学校,在日常生活中的频繁接触和相互支持自然地形成了这样的同伴群体。游戏和溜冰是C市中等职业学校学生最普遍的娱乐活动,尤其是游戏。三所学校老师们最头疼的事情就是学生对于游戏的沉迷,在研究者旁听的所有课堂上,均有一半的学生在电脑或手机上玩电子游戏。学校的宿舍规定晚上10点熄灯,但熄灯后的学生往往到走廊上打游戏。还有一些学生则翻墙到网吧打游戏。L校的教导处人员每晚都要在L校的后门抓翻墙出外打游戏的学生,而成功翻墙的学生则会花两到三天的时间在网吧中,直到老师找到他们。在这样的同伴群体中,游戏玩得最好的学生往往成为该群体中的领袖,帮助其他成员更好地获得游戏的积分。最后一种群体的形成以暴力为基础,那些打架最狠、最凶的学生,往往成为其他学生敬畏的对象。三所学校老师们反映,他们平常最重要的工作就是处理学生们之间的斗殴。在老师们眼里,学生们之间争端的解决往往通过暴力,暴力成了一种强者的标志和能力的体现。实施暴力的学生往往会获得一群追随者,形成同伴群体。追随者寻求群体领袖的庇护,群体领袖则在追随者的拥护中获得权威。有些群体会同时具备两种或三种类型的特征。一个暴力群体可能也是一个游戏群体,甚至还是一个宿舍群体。

## (二) 同伴团结的原则:"义"

"义"是这些同伴群体内部盛行的原则。有些同伴群体存在领袖,有些则不存在。那些被捧为领袖的学生,通常都被认为是最讲"义气"的。即使对于那些没有领袖的同伴群体,"义"也是他们的处事原则。那么,什么是"义"?熊春文等发现,在农民工子弟中存在一种文化,其中混合着平等的义气伦理和不平等的差序体验(熊春文、史晓晰、王毅,2013)。在他们看来,"义"的核心价值是平等观念,这种平等观念成为农民工子弟群体同吃同玩、分享心事和共同体验的基础,也是群体成员内部看待彼此的内涵(熊春文、史晓晰、王毅,2013)。同时,不同群体在每个农民工子弟心中却有着差序等级秩序(熊春文、史晓晰、王毅,2013)。本文认为,"义"不仅仅是一种作为同伴群体成员之间互动基础的"平等"的观点,还包括了一系列围绕这个观点的权利和义务。一方面,"义"包括一系列的权利和义务。义务体现在,作为群体成员,必须在同伴遇到困难或麻烦的时候提供帮助。同时,在自身陷入困难或麻烦时,该群体成员也可享有群体其他成员的支持。另一方面,同伴群体成员之间的权利和地位是平等的。虽然一些群体成员会因为经常为其他成员提供帮助和支持而获得"讲义气"的声望,从而获得尊重,但并不意味着他拥有高于其他成员许多的权利。这种基于"平等"的权利和义务通过"以牙还牙"和"以眼还眼"的直接而简单的互动表现出来。

阿亮有一群平常一起打游戏的小伙伴,他说和大家相处就一句话:"你怎么对我,我就怎么对你。"他觉得群里的阿鬼特别讲"义气",因为阿鬼不仅自己游戏玩得特别好,当他每次游戏快输的时候,阿鬼都来帮一把,而且阿鬼私底下还"罩"过他,找了之前欺负他的其他班的学生算账。"看到他带着大家跑到那班门口叫那家伙的名字时,我心里就想,他这朋友够义气,没白交,平时也没白跟他一起翻墙出去玩游戏,被教务主任抓。"[1]他还提到,如果阿鬼也被人欺负了,他会第一个冲在前面。阿鬼则这样解释他帮阿亮出头的想法:"我们都是兄弟啊,欺负阿亮就是欺负我。再说阿亮平时对我们大方,总是买冰棒给我

---

[1] 访谈 101,阿亮,2013 年 6 月 19 日。

们,我们不该去教训那家伙吗?"①互相支持、平等相待是同伴群体最核心的原则。"向老师打小报告"则被认为是在向老师邀功,利用群体来为自己谋取利益,被视为对"义"原则的违背、对同伴群体的背叛,一旦群体成员做出这样的行为,马上就会被驱逐出同伴群体。

## (三) 同伴团结的仪式:玩乐和反抗权威

### 1. 玩乐与情感联络

如果说"义"是同伴团结的原则,那么这种原则需要通过各种互动性的仪式不断地巩固和再生产。对于中等职业学校的学生来说,学习和班级事务并不是他们所热衷的活动,课业之外的玩乐才是他们真正的兴趣所在,溜冰、打游戏和吃喝对于他们来说都是联络感情和巩固"义"的好方式。每到周末,L校旁边的取款机旁便排成长龙,学生纷纷在这里取钱。有些学生取到钱以后,马上和他的同伴到餐馆进行消费。许多同伴群体总是在周六、周日两天花去下周一半的生活费,他们在聚餐和喝酒中巩固情感。每周日L校的学生处总要对一些晚自习迟到的学生训话,其中一部分便是喝酒后返校迟到的学生。方子曾经因为相同的事情被老师批评,但她觉得自己有理:

> 这根本就不是什么问题。我们(同伴群体)那天本来要去吃饭的。后来大家心情都不好,就喝了酒。喝完酒以后大家才说了很多心里话。其实不喝酒,大家平常也不会那么说心里话的。别看大家平常嘻嘻哈哈的,其实大家都有自己郁闷的地方。那天她们几个喝着喝着就哭了,说了好多。老师总是说我们喝醉了,其实没有,我们都醒着。那天大家聊了好多好多,好几个人还一起哭了。②

对于像方子这样的学生来说,喝酒不完全是一种娱乐,更多的是一种情感的沟通与分享。同伴们通过这种方式,共享自己过去的生活经历,在分享中形

---

① 访谈178,阿鬼,2013年7月8日。
② 访谈99,方子,2013年6月4日。

成共鸣与认同。

溜冰是学生们最热衷的集体活动之一。从 L 校乘车一小时就到了一个小镇，L 校的学生周末都喜欢到这里溜冰。伴随着嘈杂的音乐，学生们嬉闹和打趣。良子每个周末都出来溜冰，她谈到溜冰的时候眉飞色舞：

> 你不知道有多好玩。音乐动起来的时候，就感觉自己快飞了。我们通常都是一帮人出来玩的。少的时候 10 个人，多的时候二三十个。大家一起出来玩的话，你不会别人可以教你。而且大家一起算钱的话，溜一天都很便宜……我跟你说哦，我们一帮人出去溜冰很好玩。你去溜冰可以认识很多人。①

良子经常把溜冰的照片放在 QQ 空间里，获得其他同学的"赞"（评价和回复）。她还常常在 QQ 群里招呼同学们去溜冰，很快她就成为一个溜冰群体的核心人物。

网络游戏更是学生们热衷的娱乐活动。在所有的课堂上，都可以看见抱着电脑投入在线游戏的学生。在晚自习的时间里，几个学生凑在一起打游戏，时不时大叫几声，班委也不敢上前阻止。下课以后，他们回到宿舍继续打，甚至翻墙到网吧上网。小辉因为翻墙上网已经被学校处分过好几次。问及他为什么总是翻墙，他不以为然地说道："他们（一起打网络游戏的朋友）都翻墙，如果我不翻就显得不够'义气'。反正大家都被抓，一样被罚，没有关系。我刚刚认识他们的时候，其实也不太敢翻，怕被抓，怕被骂。当时他们就问我：'你翻不翻，你翻不翻？翻了才够朋友。'"②打网络游戏的学生，往往将"翻墙上网吧"视为进入一个群体的仪式，把"翻墙被抓"视为忠实于一个群体的表现。当被问到为什么这么喜欢打网络游戏时，小辉和他的哥们小林答道："在线游戏很好玩的。我们都玩那种有战队的游戏，大家可以有不同的战队，一起配合打败别人。你看这个麦，通过它你可以跟你的队友讲话，告诉他们哪里有敌人，哪里要蹲下。"③学生们玩的大多是团体游戏，这种团体游戏在他们看来，既可以培养他们的沟通和协作能力，也可以巩固他们之间的同伴团结。他们一天大部分时间因为游戏而联结在一起，而这种集体性活动又让他们学会如何平

---

① 访谈 87，良子，2013 年 5 月 22 日。
② 访谈 65，小辉，2013 年 5 月 12 日。
③ 访谈 66，小辉，2013 年 5 月 13 日。

等相处、互相帮助。在游戏中,他们必须对彼此忠诚,就像他们一起翻墙被老师抓一样。一起在游戏中打败对手,对他们来说是共享福祉,而一起被老师处罚则是共同承担患难。因此,围绕着网络游戏形成的一切活动,本身是巩固同伴团结的仪式。

### 2. 反抗权威和巩固团结

反抗作为权威化身的老师,也是巩固同伴团结的重要仪式。学校和老师,作为同伴群体的对立面,往往以"他者"的身份存在着。与学校和老师的对抗,往往成为加强同伴群体内部纽带和群体认同的重要仪式。5月中旬的一节数学课上,老师在上边讲得起劲。但除了第一排的学生,其他的学生都昏昏欲睡。阿豪和几个小伙伴在最后一排打着游戏,打到激烈的地方,他们紧张地交头接耳,阿豪还笑出了声。声音传到了数学老师的耳朵里,他的脸黑了下来,指着阿豪道:"你,脸都快笑烂的那个,站起来笑给全班看。"阿豪没有作声,阿豪的好哥们牛哥对他使了使眼色,示意阿豪不要起来。旁边的大军马上接道:"要不老师您笑一个给大家看看吧。"全班哄笑。老师急了,指着大军道:"你,给我滚出去。"听到这句话,阿豪和牛哥立马站了起来:"一人做事一人当,你凭什么叫他滚?有事冲我来。你在上面讲,我在下面做我的事,跟你有关系吗?你让我们滚,我们还不想听呢!"说完这些,两个人摔门而去,大军等其他哥们也马上站起,纷纷离开了课堂。事后研究者问起阿豪,当时为什么那么做。他说那个老师教得也不好,大家也听不进去;但是当面这么说他和他的哥们,就是伤脸面,得给点颜色看看。问起其他人为什么也出去了,他们说阿豪这么讲义气,他们还能不支持自己的哥们么。类似的事情在校园里不断发生,同伴群体将集体对老师的反抗,视作"义"的表现。这种集体对权威的反抗,就像仪式一样,不断地巩固着他们内部的团结。

每日,训导处总是会传来对学生的谩骂声甚至殴打声。这些学生不是被抓到集体抽烟,就是集体翘课,或是集体翻墙去打网络游戏。被打骂完的学生,总像没有发生什么一样,离开以后就继续在学校的角落聚集起来,筹划着下一场反抗权威的活动。有时候见到训导处的老师经过,相互顶几句,又跟什么事情都没有发生一样。训导处的这些惩戒,在这些学生看来只不过是他们彼此认同的一种仪式,他们并不会因此乖乖地顺从学校,反而增加了他们对同伴群体的依赖和认同。

## （四）同伴团结在工厂里的体现："义"与权利维护

当进入工厂实习之后，同伴群体便成了学生工彼此依赖和寻求庇护的重要支柱。L校的学生进入工厂之后，仍然和他们的同伴群体保持着紧密的互动。平时和小冯一起玩的四个同伴都在一个工厂实习，他们这样描述他们的同伴群体在工厂里的时光：

> 我们住在一起，一起上班。下了班以后我们就自己买菜，然后做饭吃。不加班的时候我们就出去玩。这样感觉生活有了依靠。①

他们在工厂里感受到了前所未有的压力，每日都在重复枯燥且劳累的工作中度过疲惫的一天。面对这种枯燥工作带来的艰辛，他们往往跟同伴诉说，并寻求情感上的安慰。每日下班，学生工就会在工厂的空地上或宿舍里聚集，和自己的同伴发泄着一天的不满。工厂门外布满各种小摊贩，他们约在某个摊位见面，点上最受欢迎的烧烤、几瓶啤酒，宣泄着劳动中所受的委屈。阿华一到工厂实习，就忙着招呼平时那些一起翘课、翻墙和打游戏的伙伴下班后聚餐。几串烧烤下去之后，他点上烟，吸了几口，开始喃喃道："我们的线长太恶心了。这个工作真的很累。两班倒，白班夜班倒来倒去，很累。产量大，我们每天都做2000台产量，一直加班。我们好久没休息过了。"②其他几个同伴听完也纷纷开始抱怨自己的工作。"咱们啥时候才能有个结束？"③大家嬉闹着模仿线长的丑态，一边嘲笑着线长，一边把十几瓶啤酒都喝下了肚。"这么聊完舒服多了。平常上班憋得慌，跟哥们聊聊心里畅快些。"④酒足饭饱，一顿对线长的谩骂之后，阿华和他的同伴们消散在华灯初上的宿舍门口，迎接着第二天重复的工作。

这些穿插着情感交流的聚餐，常常成为学生工发泄不满的窗口。这种发泄和不满在一定程度上增加了他们的同伴团结。当同伴群体的成员遭受线长这样的"外来者"欺负时，同伴团结的"义"原则便发挥了作用，"线长"作为工

---

① 访谈180，小冯的同学，2013年7月11日。
② 访谈200，阿华，2013年8月22日。
③ 访谈201，阿华，2013年8月22日。
④ 访谈190，阿华，2013年8月22日。

作场所的权威,成了他们集体反抗的对象。8月的一次聚餐,成了第二天一场群架的酝酿。这一天,阿旺和他的小伙伴照例约在工厂门口的麻辣烫聚餐,想着要跟小伙伴吹吹牛,炫耀一下今天自己完成的产量,没想到几个小伙伴骂骂咧咧地从工厂里边出来:"××的,那线长和助理有什么了不起的,就知道骂。老让我们换来换去。我们不换又咋的啦?这也骂得太难听了。"①阿旺一问,才知道原来今天几个小伙伴因为不想换岗,和线长当场吵了起来,如果不是其他工友拉开,他们已经在线上打了起来。几个小伙伴越讲越生气,他们平时在学校是用惯拳头的,没有人敢惹他们,这回在工厂感觉自己受尽了侮辱。阿旺平时是最"罩"兄弟的,一听自己好几个兄弟被欺负,气不打一处来,马上就询问这个线长平时的动向,什么时候一个人出来吃饭或买东西,计划着怎么"找更多的兄弟教训他"。果然第二天,阿旺和他的同伴叫来了十个高大的男生,在线长去超市买完日用品出门的时候堵截了线长。等学校和工厂发现的时候,已是傍晚。这十个男生都遭到了工厂的辞退。当他们打包回学校的时候,脸上一点没有不悦的神情,相反流露出的是一种骄傲和自豪。当问及学生工们怕不怕被学校处罚时,阿旺回答道:"没想这么多。我也不能眼睁睁地看着我的兄弟被欺负。"②阿哲是被阿旺叫来支持兄弟的,不是核心成员的他解释道:"阿旺来叫我的时候,我其实犹豫了一下。但是如果我不去的话,大家会觉得我不够意思,不讲义气。"③这样的群架在工厂里层出不穷。学生工们将他们在学校里形成的同伴群体和"义"的行事原则搬进了工厂,让同伴团结成为他们寻求庇护和抵抗"不稳定劳动"环境的基础。

## (五) 同伴团结的脆弱性与局限性

围绕学校生活建立起来的同伴团结具有一定的局限性,非常脆弱。它的局限性表现在两个方面:首先,由同伴群体和校园生活所建立起来的同伴团结,阻碍了学生工与工厂其他工人之间建立联系。以实习的名义进入工厂,学生工在客观上有学生和工人双重身份,但他们在主观的认同上往往较为模糊,在日常生活中较为依赖在学校形成的同伴群体。对于正规工人来说,这些学生工的"实习"身份也与他们形成了区别。再加上一年级和二年级的实习时间

---

① 访谈 195,阿旺,2013 年 8 月 15 日。
② 访谈 196,阿旺,2013 年 8 月 16 日。
③ 访谈 197,阿哲,2013 年 8 月 16 日。

只有一到两个月,在不到两个月的时间内,学生工并没有和正规工人建立起联结。被问到和线上其他工人的关系,阿强表示并没有太熟悉,并提到大部分的学生工还是和自己的同学玩:

> 有的时候跟线上其他人交流,不过主要是跟我们原来的同学玩。感觉工厂跟学校就是不一样:学校比较单纯;但是工厂就比较杂。感觉人与人之间隔着什么,所以我们还是跟同学们玩得比较多。下班了我们就一起吃饭,周末我们会一起出去逛街。①

韵子说到在工厂的生活时,同样强调自己与同伴群体的联系。双儿也有类似的感觉,她虽然认识了一些新朋友,但还是和原来的同学交往:

> 知道是同校的同学就很开心了,原来不是很熟的也熟悉了。我们住的也不远,经常会一起下班去吃饭。虽然和同寝的人也合得来,但是感觉还是不太一样。②

其次,这种同伴团结也常常受到工厂和学校的压制。当学生工通过小团体来抵御来自线长的训斥和刁难时,线长往往找到学生工的实习带队老师,让老师来做学生的"思想工作"。最开始,老师们找到几个同伴群体的核心人物,语重心长地说线上的工作是他们将来在社会上不可避免的经历,如果无法忍受就是"不能吃苦",而"不能吃苦"则将不会有所作为,还拿出评优和升学来劝这些同伴群体的核心人物放弃与线长作对。但是这些和颜悦色的好言相劝通常并不会打动这些同伴群体的核心人物,相反,核心人物们往往将接受老师们的"劝降"当作对自己同伴的背叛。在劝说无效的情况下,带头"闹事"的核心人物在返校之后,往往受到更为严酷的军事训练。那些屡劝不听的"惯犯"往往被安排为期一个月的"特训班",他们被学校从军队请来的教官要求绕着操场不断地跑步,在烈日下保持站姿,稍为不服从命令就会遭到教官的训斥甚至规训。一旦在线上带头"挑事"的"刺头"被扔进"特训班"集训,就宣告了同伴群体的瓦解,群体的小成员往往解散。对于那些经受"特训"都不"悔改"的"刺

---

① 访谈185,阿强,2013年7月29日。
② 访谈184,韵子,2013年7月28日。

头",等待他/她的只有退学。一旦同伴群体的核心人物退学,也就宣告了同伴团结的彻底解体。

## 六、结论

斯坦丁的"不稳定无产者"概念勾勒出了20世纪70年代以来,在金融化和信息技术作用下劳动形式的新变化。弹性用工制度的普及使得全世界范围内出现了大规模低收入、临时性和无劳动保障的工作。2010年以来,随着国家能力的增强和金融化的进一步发展,中国劳动力市场的不稳定化也逐渐成为趋势(Lee, 2018)。学生工便是"不稳定"劳动的一种类型,体现在学生工模糊的双重身份——学生和工人——上,劳动合同的缺乏,社会保险的缺失,以及面临的来自学校和工厂的双重管理。这些特点都体现了他们对于工厂来说是一种灵活而廉价的"不稳定"的劳动力。

对于全球劳动力市场的不稳定化趋势,斯坦丁隐含着一种悲观主义。他认为这种不稳定化势必会削弱传统的工人团结(Standing, 2011)。斯坦丁的悲观主义来源于两个方面:一是西方福利国家的经济和社会变迁,包括美国和欧洲政府对资本的去管制化、社会福利的商品化,以及工会的持续衰弱,使得这些地区的劳动形式从稳定向不稳定转向,劳动者的个体化和原子化的趋势加强;二是全世界范围内保守政权的上台,以及左翼力量的式微,都使得传统工人的组织性减弱。正如批判者所提到的,斯坦丁的悲观主义更多来自对于美国和欧洲的观察,他所关注的也是生产领域的阶级团结(Braga, 2016; Munck, 2016; Jonna, Foster, 2016; Scully, 2016; Paret, 2016; Chun, 2016)。如果劳动的"不稳定化"削弱的是生产领域的阶级团结,那么在新的劳动形式下能否形成其他形式的团结?斯坦丁的批判者为我们带来了许多启发。在巴西和南非等国家,劳动的"不稳定性"具有自身的历史原因,从而不稳定性劳动与团结的关系更加复杂,且团结的类型也越发多元(Braga, 2016; Munck, 2016; Jonna, Foster, 2016; Scully, 2016; Paret, 2016; Chun, 2016)。中国劳动者的"不稳定化"与欧美等西方国家不同,也与巴西和南非等其他第三世界国家不同,经济转型和制度变迁扮演着重要的角色。在经济转型和制度变迁中,市场的因素极大地影响着工人团结的形成和形式。汪建华的"实用主义团结文化"正是在这样的基础上提出的(汪建华,2013)。汪建华同时也提到,工人的意识还会受到大众传媒、广告和时尚的介质影响,为消费所塑造,从而影响团结纽带、动员能力和认知洞察能力(汪建华,2013:224—225)。

本文所讨论的"同伴团结"则是另外一种团结形式,它和"实用主义团结"的共同之处在于:首先,它们都不是基于工人的阶级认同形成的团结形式,而是基于非阶级认同形成的团结形式;其次,它们都是基于工人具体的经验所形成的文化。但"同伴团结"与"实用主义团结"的不同之处在于:首先,"实用主义团结"仍然基于工人在生产领域的经验而形成,是工人围绕着劳动场所的关系而形成的团结;而"同伴团结"是基于学生工在非生产领域的经验而形成的,以学生工在校园这一再生产领域所形成的同辈关系为基础。正如上文所述,"同伴团结"的基础是学生在校园里所形成的同辈群体,而这些同辈群体的形成是基于学生的爱好和在校园的日常互动,其巩固也是通过玩乐和对抗作为权威化身的老师。正因为学生工拥有"不稳定"劳动者的双重身份(学生和工人),他们可以将在校园里形成的同伴团结带到工作场所中从而维护他们作为劳动者的权利。其次,"实用主义团结"背后是对工人的理性主义假设,即工人在维护自己权益的过程中实用性地使用法律和制度资源,而"同伴团结"背后的假设则是同伴之间形成的感情和伦理,即"义"作为互动原则所体现出来的平等和忠诚。通过引入"义"和"同伴团结",本文希望能够讨论中国劳动"不稳定化"趋势下不同类型团结形成的可能性。团结不仅可以在生产领域形成,也可以在再生产领域形成,甚至对于某些不稳定的劳动而言,生产领域和再生产领域的界限本身便是模糊的。劳动者们不仅能通过生产关系的联结形成阶级团结,也能够通过其他社会关系建立联系从而形成多种多样的团结,从而影响劳动者在生产中的关系。

## 参考文献

何明修,2008,《没有阶级认同的劳工运动——台湾的自主工会与兄弟义气的极限》,《台湾社会学研究季刊》第 72 期,第 49—91 页。
黄宗智,2009,《中国被忽视的非正规经济——现实与理论》,《开放时代》第 2 期,第 51—73 页。
——,2010,《中国发展经验的理论与实用含义——非正规经济实践》,《开放时代》

第 10 期，第 134—158 页。

——，2017，《中国的非正规经济再思考——一个来自社会经济史与法律史视角的导论》，《开放时代》第 2 期，第 153—163 页。

贾文娟，2012，《从热情劳动到弄虚作假："大跃进"前后日常生产中的国家控制与基层实践——以对广州市 TY 厂的考察为例（1956—1965）》，《开放时代》第 10 期，第 5—21 页。

——，2015，《双重大转型下的国有工业企业生产模式变迁——以 A 市南厂"入厂包工"模式兴起过程为例（2001—2003）》，《开放时代》第 3 期，第 64—77 页。

——，2016，《选择性放任——车间政治与国有企业劳动治理逻辑的形成》，北京：中国社会科学出版社。

梁萌，2017，《强控制与弱契约——互联网技术影响下的家政业用工模式研究》，《妇女研究论丛》第 5 期，第 47—59 页。

裴宜理，2001，《上海罢工：中国工人政治研究》，南京：江苏人民出版社。

苏熠慧、姚建华，2019，《"不稳定无产者"研究谱系及其当代意义》，《社会科学》第 6 期，第 98—107 页。

汪建华，2013，《实用主义团结——基于珠三角新工人集体行动案例的分析》，《社会学研究》第 1 期，第 206—246 页。

——，2015，《生活的政治：世界工厂劳资关系转型的新视角》，北京：社会科学文献出版社。

熊春文、史晓晰、王毅，2013，《"义"的双重体验——农民工子弟的群体文化及社会意义》，《北京大学教育评论》第 1 期，第 43—62 页。

张学兵，2014，《计划外用工——当代中国史上的一种资源配置形式》，《中共党史研究》第 1 期，第 57—68 页。

赵庆伟，2017，《改革开放前青年群体的非稳定就业研究》，《青年探索》第 3 期，第 83—89 页。

郑广怀、孙慧、万向东，2015，《从"赶工游戏"到"老板游戏"——非正式就业中的劳动控制》，《社会学研究》第 3 期，第 170—195 页。

Braga, Ruy. 2016. "On Standing's A Precariat Charter: Confronting the Precaritisation of Labour in Brazil and Portugal." *Global Labour Journal* 7(2): 148-159.

Chan, Chris King-Chi, Pun Ngai. 2009. "The Making of A New Working Class? A Study of Collective Actions of Migrant Workers in South China." *The China Quarterly* 198: 287-303.

Chun, Jennifer Jihye. 2016. "The Affective Politics of the Precariat: Reconsidering

Alternative Histories of Grassroots Worker Organising. "*Global Labour Journal* 7(2): 136-147.

Fantasia, Rick, 1988. *Culture of Solidarity: Consciousness, Action, and Contemporary American Workers.* California: University of California Press.

Feng, Xiaojun, 2019. "Trapped in Precariousness: Migrant Agency Workers in China's State-Owned Enterprises." *The China Quarterly* 1(22).

Fudge, Judy, Rosemary Owens. 2006. *Precarious Work, Women, and the New Economy.* Portland, OR.: Hart Publishing.

Jonna, Jamil, John Foster. 2016. "Marx's Theory of Working-Class Precariousness: Its Relevance Toady." *Monthly Review* 67(11): 21-44.

Kalleberg, Arne. 2011. *Good Jobs, Bad Jobs: The Rise of Polarized and Precarious Employment Systems in the United States, 1970-2000s.* New York: Russell Sage Foundation.

——. 2012. "Job Quality and Precarious Work: Clarifications, Controversies, and Challenges." *Work and Occupations* 39(4): 427-448.

Lazzarto, Maurizio. 1997. *Lavoro immateriale: Forme di vita e produzione di soggettivita.* Verona, Italy: Ombre Corte.

Lee, Ching Kwan. 2016. "Precarization of Empowerment? Reflections on Recent Labor Unrest in China."*The Journal of Asian Study* 75(2): 317-333.

——. 2018. "China's Precariates." *Globalizations* 6: 1-18.

Munck, Ronaldo. 2016. "Globalisation, Labour and the 'Precariat': Old Wine in New Bottles?" pp. 78-98. in *Politics of Precarity: Migrant Conditions, Struggles and Experience,* edited by Carl-Ulrik Schierup, Martin Bak Jørgensen. London: Brill Publishers.

Olsthoorn, Martin. 2014. "Measuring Precarious Employment: A Proposal for Two Indicators of Precarious Employment Based on Set-Theory and Tested with Dutch Labor Market-Data."*Social Indicators Research* 119(1): 421-441.

Paret, Marcel. 2016. "Politics of Solidarity and Agency in An Age of Precarity." *Global Labour Journal* 7(2): 174-188.

Pun, Ngai, Lu Huilin. 2010. "A Culture of Violence: The Labor Subcontracting System and Collective Actions by Construction Workers in Post-Socialist China." *The China Journal* 64: 143-158.

Scully, Ben. 2016. "Precarity North and South: A Southern Critique of Guy Standing."

*Global Labour Journal* 7(2): 160-173.

Smith, Chris, Pun Ngai. 2017. "Class and Precarity in China." *Made in China* 4: 32-40.

Solinger, Dorothy. 2017. "The Precarity of Layoffs and State Compensation." *Made in China* 4: 40-44.

Standing, Guy. 2011. *The Precariat*. London: Bloomsbury Academic.

Terranova, Tiziana. 2000. "Free Labor: Producing Culture for the Digital Economy." *Social Text* 18(2): 33-57.

Thompson, E. P. 1966. *The Making of the English Working Class*. New York: Vintage.

Vosko, Leah. 2000. *Temporary Work*. Toronto: University of Toronto Press.

——. 2010. *Managing the Margins*. Cambridge: Oxford University Press.

（责任编辑：钱力成）

# 单位制巩固时期"单位女工"身份生产的实践逻辑*
## ——基于东北地区口述历史的分析

陶 宇**

**摘要:** 单位制巩固时期"单位女工"的口述历史研究浮现出国家主义、父权制与性别化三种力量的交织碰撞,共同塑造"单位女工"不同面向的身份实践逻辑,隐喻着女工服从单位组织化要求、满足家庭生活化期待、实现女性内在化探索的策略性回应。在女工"单位身份"的生产过程中,国家宣传与单位动员以感恩、平等与实现价值的思想洗礼,为女工超越传统父权制对于女性形象的桎梏提供了想象性重构的精神动力与现实范本;单位的稳定收入与福利待遇让女工获得鲜为体验的安全感、归属感和荣誉感的同时,劳动的负荷性、边缘性和依附性又是女工必须面对的理想与现实差距。作为先前存在的"女性身份"虽然始终处于服从国家安排与家庭需要的从属位置,但是女工以朴素平凡的巾帼英姿,在成全单位身份的体制化与家庭身份的理想化的同时,亦塑造了独特女性形象。

**关键词:** 单位制  单位女工  身份生产  实践逻辑  口述历史

在新中国成立之后的社会主义建设进程中,"单位"成为极具中国特色的现象,而相应的单位研究也成为颇具本土色彩的研究论域,并形成了丰富的学术成果。在共和国发展与工业化演进的总体脉络中,综合学者对于单位制发展时期的梳理,本研究的时段主要划分为单位制的形成期(1948—1956)、单位

---

\* 本文系教育部人文社科青年基金项目"东北老工业基地国企工匠精神的价值实践研究"(项目批准号:19YJC840038)、吉林省教育厅科学研究规划项目"后单位时代'单位人'命运共同体的建构研究"(项目批准号:JJKH20200694SK)的阶段性研究成果。

\*\* 陶宇,博士,东北师范大学马克思主义学部社会学院副教授(taoyu_socialwork@163.com)。

制的巩固期(1956—1976)、单位制的演变期(1976年至今)。① 其中1956—1976年对于中国社会来说是一个经历了深刻变动过程的时期。在这20年里,"大跃进""三年自然灾害""国民经济调整""文化大革命"等大事件,在一定程度上破坏了国家与社会的秩序。但在单位内部,单位制度却得到不断巩固与扩大。这一时期,单位制所包含的生产、生活与政治功能渐趋健全,单位制已成为城市生活的堡垒,"单位人"身份也被赋予了一定的优越感。在此阶段,一个在我国历史上前所未有的现象是,大量女性劳动者以"单位女工"的身份从家庭走向单位,从私人空间走进公共空间,跨越于家庭与单位之间,实践出极其典型的身份与形象,成为我国社会主义建设时期的重要特征。翻阅那些纸面泛黄的报纸与书刊,她们的故事依稀浮现。在国家宣传的官方报道与历史记载中,这些"单位女工"往往被书写为"舍小家为大家"的付出者,坚信"男人能做到的女人也能做到"的人生信条,追求"不爱红装爱武装"的中性形象。在宏大叙事之下,"单位女工"绵延的生活场景与家庭琐事往往被悬置或隐去。笔者在调研中与她们相遇,在她们的口述中,官方记述与群体口述形成了鲜明的张力,车间劳动之外的家庭事务、婚姻与生育等内容在她们的记忆中——展开,成为她们口述的重点和生活史中的关键事件。这些情境清晰、感情饱满并带有明显细节性的讲述,成为相对于男性工人讲述的不同呈现。集中了"单位人""家庭人"与"女人"三种不同角色于一身的"单位女工",她们如何完成了不同角色给予自身的期待?其背后的实践逻辑何在?她们又是怎样实现单位的组织化管理、家庭的生活化要求以及自我的内在化探索?沿此脉络,本文立足东北老工业基地的Y厂、B厂与S厂等具有典型代表性的单位,通过"单位女工"洞穿时空的口述历史,呈现单位制巩固时期"单位女工"的身份生产以及背后的实践逻辑,进而深化"单位人"这一群体的内涵,丰富单位制研究的视

---

① 在单位体制形成分期这一问题上,学术界迄今有如下几种梳理。路风(2003)强调了1956年、1957—1966年、1966—1970年三个时段对单位体制形成的关键作用,认为"从新中国社会体制的演变过程来看,单位体制在第一个五年计划完成时(1956年)就初步形成了"。其中,1957—1966年,从1958年"大跃进"开始,中国走上一条与众不同的发展道路。1966—1976年,在"文化大革命"这一新中国历史上规模最大、时间最长的政治运动中,计划—行政体制和就业场所内部社会关系的一系列变化使单位体制达到成熟状态。刘建军(2000)认为"单位中国"的建立,经历了以下几个发展阶段:单位体制的孕发与铺垫期(1949—1952);单位体制的成型和实验期(1953—1957)。田毅鹏等(2005)认为,"单位社会"建立的轨迹可分为以下阶段:"单位社会"的酝酿探索时期(1948—1953);"单位社会"的形成时期(1953—1956);"单位社会"的扩张时期(1957—1976);单位的变异和走向消解(1980年至今)。

角①,并为当下的职业女性提供来自过去声音的回响、润泽与启示。

## 一、"单位女工"的历史溯源与研究价值

单位制巩固时期"单位女工"群体囊括了新中国成立以来以正式女工、集体女工、"家属工"、"三线女工"等不同身份参与社会主义建设的女性劳动者,她们通过单位的动员与组织,从家庭空间走向单位空间,在新中国成立初期工业化、"三线建设"、"五七道路"等特殊历史进程中贡献了不可忽视的力量。"单位女工"群体形成的过程是国家对于工业化、现代化以及性别化的重新建构。新中国成立以来,政府为确保妇女享有与男子平等的权利制定了一系列相关的法律和政策。"1953 年 3 月,中华人民共和国全国人民代表大会及地方各级人民代表大会的选举法中,明确规定妇女有与男子同等选举权和被选举权。1954 年的《中华人民共和国宪法》重申了男女平等的基本原则。这些规定为促进男女平等,提高广大女性家庭和社会地位提供了法律保障。"(中华全国妇女联合会,1979:184—186)新中国公布的一系列法律法规与国家政策,为"单位女工"走出家庭、走向工厂铺垫了合法化的制度基础。"单位女工"的涌现也是时势所趋。"'大跃进'时期,由于劳动力的严重短缺,许多妇女离开了家庭,参加了社会工作,也有一些行业出现'以女替男'现象,客观环境要求女性必须像男性一样工作,甚至从事以前只有男性能做的工作。这一时期,'穆桂英''花木兰'等词汇逐渐增多,并成为歌颂女性勇敢、能吃苦的代名词。"(许刚,1958:8—10)因此,在"大跃进"运动中,参加社会工作的女性人数之多史无前例。"单位女工"数量的剧增与国家领导人的指示息息相关。1966 年 5 月 7 日,正值"文革"前夜,毛泽东看了解放军总后勤部《关于进一步搞好部队农副业生产的报告》后,给林彪写了一封信,在这封后来被称为《五七指示》的信中,毛泽东"要求全国各行业都要办成'一个大学校',这个大学校'学政治、学军事、学文化,又能从事农副业生产,又能办一些中小工厂,生产自己需要的若干产品和国家等价交换的产品'"(一凡,2010:27)。在此背景下,更多原本是工人家属的女性投入社会主义建设的洪流之中,成为"五七家属工"。随着国内外形势的变化以及社会主义建设的需要,"三线厂""知青厂"等在各地不断推

---

① 因对社会科学研究伦理的遵守,文章中出现的单位、姓名等信息均进行过技术化处理。

厂,在一次次的政策推动与单位组织中,"单位女工"的数量不断扩大。在此阶段,我国国企女性工业劳动者蔚为壮观,形成了极具特点的"单位女工"群体,实践出亦厂亦家的空间特性与多重角色集于一身的身份属性。"国营女工""家属女工""三线厂女工""知青厂女工"共同构筑了"单位女工"群像,也铺开了前所未有的工厂女工劳动画卷。

"单位女工"研究具有一定的特殊性。基于城乡空间的比较维度,与同一时期的农村劳动女性相比,她们虽然同样都要承担生产劳动与家务劳动,但二者之间的差异在于:农村女性的劳作空间是经过漫长历史塑造出来的,有传统文化根基作为支撑,农村女性已经形成一定的生活策略适应乡村的活计;"单位女工"的劳动空间则是在工业文明与政治导向下急遽产生的,是政策推动下额外赋予女性的独特场域。而相应的,在生活方式上,"单位女工"有的是在"一五""二五"计划中被招募进厂成为工人的;有的来自农村,跟随自己丈夫首先成为职工家属之后被整合进入单位。无论基于何种原因,她们多数人都完成了从相对松散的家庭生活到高度组织化的工厂生产之转变。立足社会性别的参照维度,与工业领域劳作的男性相比,虽然男女平等思想被不断强调,但几千年来的父权制对于女性的角色塑造力仍然存在:一方面,"单位女工"作为女性、家属、妻子、母亲等角色,所要承担的家务劳作并没有得到减轻;另一方面,她们还要投入繁重的大生产任务之中,适应高度制度化的甚至军事化、半军事化的单位生活,因此劳动的强度、时间的密度以及需要处理事情的琐碎程度等,都使得"单位女工"几乎每天穿梭于家庭、单位、哺乳室、托儿所等不同场所,竭力实践着多元的角色。

从目前对女性劳动者的学术研究来看,女性劳动者身份与形象烙印在家庭、田野、作坊以及现代意义的车间流水线上,她们在不同的历史时期与社会空间演绎出"家庭妇女""农家女""女性劳工""打工妹"等身份与形象。这些身份与形象在近代工业资本主义下纺织女工的政治意识(洪尼格,2011:233)、农业合作化进程中心灵的集体化(郭于华,2003:7)、农村集体化与记忆的性别(贺萧,2017:33)、改革开放时代不同代群女工的另类现代化路线(罗丽莎,2006:280)、全球资本主义与中国现代性工程(潘毅,2011:11)等话语体系中得到了一定的诠释。但是,在"男女平等""五七指示"等感召之下的"单位女工"作为一个具有时代性、阶级性与性别化的群体,在学术研究的搜寻中却属鲜见。在极为有限的老一代工人阶级的主体性研究中,"单位女工"基本被淹没于去性别化的"单位人"或者工人群体的整体性研讨中。在"单位人"的研究中,"存在着只见'制度'不见'人'的局限"(田毅鹏、许唱,2015:5)。特别是东北老工业基地"单位女工"的规模极其庞大,有待学术回应。与此同时,一个更为迫切的现实危机在于,这一时期的"单位女工"已经渐渐老去,她们当中,有的已溘然长逝,有的已达耄耋之年,即便年龄相对小的也已年逾古稀,她们过往的生命历程与集体记忆正在被时间裹挟而去,其作为女性、家属、工人等多元身份的独特历史亟待抢救、留存与解读。因此,在复原历史与观照现实、聚焦人物与追问命运的多重力量碰撞下,"单位女工"角色的形成与实践逻辑成为带有学术责任意味的研究主旨。

## 二、"单位女工"的身份生产

在单位制巩固时期,越来越多的"单位女工"投入国企单位的生产劳动,参与社会运动,塑造了新中国的新女性形象。在当时的历史文献记载以及新闻报道中,"单位女工"以"巾帼不让须眉"的形象融入社会主义建设的洪流之中。与之相应的,其家庭生活、家务安排等日常生活的表述在高歌猛进的宏大叙事之下退于一隅。几十年后,这些口述者将过去的历史娓娓道来,包括生产的、生活的、生育的,她们的真实形象与故事也在自身的言说中逐渐清晰与丰满起来。

### (一)身为"单位人":时代召唤与空间跨越

计划经济时期,个体镶嵌于社会结构之中,恰如时代洪流中的一粒蒲公英种子,风吹到哪里,就在哪里落地、生根、发芽。作为家庭女性,当一扇新世界的大门为她们徐徐打开之时,带着优越感、使命感和对命运的尊重与对未来的憧憬,在新的价值坐标系中,这些"单位女工"以生命承受的轻与重,将会书写怎样的单位身份,蕴含怎样的劳动隐喻?

#### 1. 解放与平等的思想洗礼

在单位制巩固时期的"单位女工"群体当中,她们经历过解放前的苦难岁月,因此对于她们而言,能够过上安稳的生活,是最值得心怀感恩的事情。"想想过去的日子,比比现在的生活,我们更加热爱社会主义,热爱共产党。我们家属各个心里明白,只有在共产党领导下,走社会主义的道路,我们妇女才能得到解放,才能永远结束吃不饱、穿不暖、受压迫、受欺侮的痛苦日子,才能过平等自由的、越来越美好的幸福生活……我们坚决地、永远地跟着共产党走社会主义道路,积极地响应党和国家的各项号召,为社会主义建设努力。"(中华人民共和国全国妇女联合会宣传教育部等,1958:2)这种今昔对比的诉苦表达与解放叙事成为"单位女工"无怨无悔、勇于响应时代召唤的心理再结构化过程:

> 报恩,就是报恩。解放前,在关里,一拉警报就往防空洞里逃,逃命啊。有一次眼睁睁看着村里的人被小日本鬼子的飞机炸了。这辈子感谢共产党,感谢新中国,让我们保住了命,还过上了好日子,党怎么组织咱们就怎么干,就是一颗报恩的心。①

同时,男女平等思想也一直以各种形式被宣传与强化,特别是在城市单位中得到了深入贯彻。"毛主席教导我们说:'中国的妇女是一种伟大的人力资源。必须发掘这种资源,为了建设一个伟大的社会主义国家而奋斗。'"(工人日报编辑部,1966:4)"全国妇女也和男子一样,成为国家的主人。我们职工家属,是工人阶级的一部分,和职工共同担负着建设社会主义的重大任务,在政治、经济、文化、社会和家庭的各个方面,享有同男子平等的权利,婚姻、家庭、母亲和儿童受到国家的保护。"(中华人民共和国全国妇女联合会宣传教育部等,1958:1)

> 毛主席告诉我们,时代不同了,男女都一样。当时真的很鼓舞人心,一次一次地讲,大会小会上说,听了特别激动。我心里也一直有一股劲,我就是告诉自己要出去工作,要补习文化知识,要把原来的遗憾都补上。②

女性工业劳动者理想形象的塑造也为单位女工想象性重构与可行性选择提供了助推力量。在"家属革命化""五七指示""三线建设"等实践推进中,全国各地特别是东北地区涌现出了各行各业的"单位女工"先进典型,她们都在

---

① 访谈 022,B 厂退休"家属工",2013 年 5 月 3 日。
② 访谈 011,B 厂退休"家属工",2011 年 2 月 28 日。

各自的岗位上发挥出模范带头作用,并得到了单位的肯定与宣传。"在大庆油田这个革命的大熔炉里,不断锻炼出了一支高度革命化、战斗化的职工队伍,同时也锻炼出了一支高度革命化、战斗化的职工家属队伍。正像大庆职工为全国职工闯出了一条办中国式工业的道路一样,大庆的职工家属们也为全国职工家属闯出了一条革命化的道路,树立了一个光辉的榜样。薛桂芳,就是这支革命化队伍的代表和带头人。"(工人日报编辑部,1966:1)新中国的火车司机田桂英、东北铁路功臣董玉兰、包装能手张桂英、女英雄林秀兰、"我们的拖拉机手"梁军等(新华书店东北总分店,1950:1),这些来自"单位女工"群体的先进人物与事迹,以生动鲜明的形象带动了更多女性走出家庭、走向单位,并力求进步,突破自己,超越传统文化对于女性劳动形象的桎梏,在历史化形塑的偶然性中抓住实现自我价值的可能性。解放与报恩的心理支点、男女平等的主流思想与一个个被树立的鲜活典型,通过单位的宣传渗透进"单位女工"的日常生活,触动她们的内心世界,引起"灵魂深处的革命",这为她们迈开脚步走进单位,提供了精神动力与现实范本。

### 2. 从家庭到单位的空间跨越

知易行难。空间不仅是物质性的存在,更是生产关系的集合。对女性而言,从家庭走向单位,这是不同生产关系系统的跨越,也是新的空间权力的获得,需要一定的政治资本与文化资本耦合后的空间位置适应。"单位女工"因其家属身份或者城市户籍的政治资源,在国家政策的许可下,进入单位最难的政治性通道已被打开,但是对于能进入 Y 厂的"单位女工"而言,文化资本的积累具有更深远的意义。在"单位女工"的职业生涯中,各种各样的生产工种以及围绕不同劳动岗位开展的招工、培训、竞赛等事件始终是她们回忆与讲述的要点:

> 每天下班都坚持去扫盲班,现在认识这些字都是那时候学的,那时候求学的心啊,可是真强,天天拿着小本记,背着。这样培训的时候,黑板的字我渐渐地都认识了,然后是师傅手把手地教,学得也快,学不快受屈啊。后来有一次我们车间技术比武,我还得了第一,给我发了一套被罩枕巾,留了好长时间也没舍得用。[①]

---

① 访谈 020,B 厂退休工人,2013 年 5 月 2 日。

"职位是社会化、空间化的关键,它处于社会与个体的链接点上:它不仅带有诸多的社会性,体现社会对个体的规划、塑造作用,即很大程度上,我们是通过职位获取自身的社会性。"(童强,2011:228)"单位女工"职位往往处于单位劳动位序的边缘地带,从事一些辅助性工种:

> 那时候家属工招的特别多,技术性不强,做那些水桶啦、油箱、盖房子之类的。后来成立知青厂,我就自告奋勇到那当会计。知青厂主要是子女毕业了下乡回来的,没地方就业,单位就成立知青厂,帮助就业,都是辅助工种。①

随着"知青厂""三线厂"的开办,越来越多的女性劳动者被吸纳进来,一些"三线创业队"陆续成立,主要内容也是干农业活、工业活,服务生产:

> (孩子)刚满月,(我就)去上班。上班那天我记得比较清楚,刨土豆,也挺累啊,在地里得刨挺深呢。完了还干过啥活呢,洗厕所。那男厕所、女厕所,都得给洗啊。②

毋庸置疑,对社会的整体发展而言,招收"家属工"进厂很大程度上缓解了就业压力,也推动了单位发展,包括后来陆续成立的"知青厂"等,也具有类似功能。除了已经劳作在生产第一线的女工之外,原本作为"单位人"的家属纷纷进入厂房与车间,以"家属工""知青厂集体工""三线厂家属队"等身份成为工业体系与社会建设中的一分子。如果说国家主流思想的宣传重塑了男性与女性的价值观,单位的组织号召又提供了女性进入工厂的制度背景,那么,促进其身份跨越成为一种可能性的因素则在于扎实而细密的招工与培训工作。但是,这种空间跨越获得的空间权利,与男性工人相比,依旧因为职位的非核心性导致女工在劳动地位与福利待遇上带有劳动空间区隔后的差异性。

### 3. 矛盾的单位性:单位女工的光荣与痛感

工厂在单位制巩固时期承担着资源配置的重要作用。虽然绝大部分女工都不属于正式编制,但是,工作的收入、稳定性、福利待遇以及家庭地位的提升

---

① 访谈089,Y厂退休工人,2013年11月28日。
② 访谈130,S厂退休"家属工",2015年12月30日。

让女工体验到单位带来的安全感、归属感和荣誉感:

> 我家那时候困难呀,什么都没有。多一个人的收入,那可是解决大问题了,也敢每个月吃点好的,孩子也高兴得像什么似的,生活也不再提心吊胆的,不再像以前那样,总借钱,等男人开工资再还,月月难了。①

按时的工作时间与固定的工作内容,促使女工形成规律性的工业化生活方式,这在当时是令人羡慕的城里人生活的稳定象征:

> 我干的是给工人们缝制劳动手套的活,按照这时候的说法,那是相当枯燥,一天天地在流水线上,像机器人一样。但那时候啊,从围着锅台走出来,也能去工厂上班下班,像工人一样,真挺骄傲。而且有一帮姐们吃饭聊天,感觉有意思,有奔头。②

但是,在劳动过程中,新的局限性又让她们感受到悬而未决的危机,在社会角色建构的历史进程中,女性每每前进一步的艰难在于,她们需要付出更为沉重的代价。单位劳动的负荷性、边缘性和依附性则是"单位女工"面对的理想与现实的差距:

> 工厂让干啥咱就干啥,大冬天的,火车运来几大火车皮货,连夜通知我们必须按时卸货,要不然影响生产。那一个个大箱子,大老爷们都干着费劲,我们卸完货,基本都瘫着不能动了。③

女性劳动者有自身体力与性别的生理性客观局限,某些单位工种带给"单位女工"的负荷性与去性别化的工作压力,成为她们挥之不去的痛感记忆。而依附性的单位劳动也导致"单位女工"自我价值感与效能感的降低:

> 工厂效益好的时候,我们生产还行,但是效益不好的时候,青黄不接,生活也是真难啊,大河流水小河满,大河无水小河干,没办法啊,我也就会

---

① 访谈 079,Y 厂退休工人,2013 年 7 月 1 日。
② 访谈 058,Y 厂退休科长,2013 年 5 月 30 日。
③ 访谈 111,S 厂退休三线家属创业队工人,2015 年 12 月 25 日。

包装纸盒,离开工厂我也干不了啥,啥也不是了。①

虽然"三线厂""五七厂"在市场化改革中逐渐衰落,成为历史产物,但这些差异化的用工制度构成了当时"单位女工"的身份基础。单位制度建立起了一种高效率的社会政治动员机制,有效地满足了党和政府运用自上而下的行政手段,大规模地组织群众投入各种政治运动,以实现党和政府的各项战略意图的需要(揭爱花,2000:5)。社会主义的先进思想,国家的生产与发展动员,均在城市单位通过厂部、机关、车间等场域传递给干部与工人及家人,为"单位女工"的形成提供了制度化基础与组织化平台。"单位女工"和其他男工一样,均作为"单位人"的一部分投入生产建设之中,却也生产出不同的"单位性"。国家主义、父权制以及性别化三种力量以单位为舞台互构于一处,构筑了"单位女工"单位身份的命运与形象。矛盾的单位性带给"单位女工"的光荣与痛感,成为这一时期相互抵牾的总体性表达。

## (二) 身为"家庭人":生活实践策略与微观权力浮动

过往的记载与主流的话语往往强化与渲染了"单位女工"深受国家意志鼓舞与组织化动员及辛苦劳作的一面。但真实的日常生活真的是被"舍弃"了吗? 与时代洪流相对照的个体生活之涓涓细流,究竟有怎样的纹理与印记? 单位女工以快速的空间切换与严格的时间管理为实践方式,延续并改造传统父权制下作为妻子与母亲的角色,但阻断的情感与身体的焦虑依旧在她们记忆中萦绕不去。

### 1. 延续的妻子职责

"单位女工"除了需要承担单位所赋予她们的劳动任务之外,作为"妻子与母亲"的家庭角色也始终延续。无论是来自父母辈生活方式的传承、父权制的深刻影响,还是发乎本心的角色需求,这些都使得"单位女工"始终没有忘记自己妻子、母亲的身份,也没有丢弃在家中的责任,即便她们在劳动场所已经透支了体力。同传统意义的家庭角色相比,她们对妻职、母职的实践有所不同,既受到工作制度与单位组织的深刻影响,但同时也受益其中:

我丈夫传统思想比较重,总觉得妇女得先搞好家里这摊事。当时厂

---

① 访谈072,B厂"五七厂"退休工人,2013年6月15日。

里办补习班,晚上上课之前我都得抢时间把他们几个的饭菜做好,把猪喂好,把鸡鸭伺候好。完后我就蹬着二八自行车,紧赶慢赶往夜校跑。①

在口述中能够看到"单位女工"的身份实现实质上深受家庭影响,她首先是服从于家庭安排,继而才是单位组织。在由来已久的父权制思想中,女子应当是贤良淑德、侍奉丈夫、照顾家庭的,特别是在社会事业并不发达的阶段,这些家务琐事多由女性来承担。因此,"单位女工"虽然从家庭走出到了单位,但是她们仍然要返回家中,确切地说,必须要在家与单位中不断周转。对于口述者而言,"进与退""去与留"的选择一直处于宏大的体制规则与微观的生活世界之间,在她的选择中,家庭始终是最为重要的影响因素。同样,当她作为一名"单位女工"活跃在单位领域的时候,会尽可能策略化地照顾到家庭需要:

我就是跟着老头进厂后安排到大食堂了。当时工厂任务多,职工也多,一到中午、晚上下班,食堂都忙不过来。对我们女同志来说,能在食堂挺好的,忙是忙点,最起码一个人的嘴保住了。有时候单位管的饭我吃不完,就悄悄拿回家里去。②

国家宣传、单位动员与组织保障赋予"单位女工"极大的工作热情。但在她们身上,始终烙印着传统意义的家庭责任,她们既深受国家鼓舞,同时也充分考虑家庭的实际需要,使自己的生产与生活空间始终不会偏移丈夫这个中心,并在此基础上尽可能为国家做贡献,为家庭谋福利。在可以选择的空间里,她们往往以家庭为先,并尽最大可能地满足家庭需要,创造生产价值。

### 2. 另一种母职实践

在父权制影响下的传统分工中,照顾孩子的任务主要由母亲来承担。当"单位女工"纷纷投入生产,此任务往往交由单位托儿所担负,也有部分家庭将孩子交由家属亲戚照管。在这种情形下,"单位女工"实践出了有别于传统意义的另一种母职路径:

我去了厂医院上班,孩子就得送幼儿园。一个月4块钱托儿费,孩子

---

① 访谈011,B厂退休"家属工",2011年2月28日。
② 访谈022,B厂退休"家属工",2013年5月3日。

8个月我就给送去了,孩子哭了一个礼拜,给我哭得啊,也怪心疼的。我们医院护士开导我,我就坚持,到下周好了,挺好的。①

在计划经济时代,几乎大大小小的单位都有着"小福利国家"的性质。单位不仅提供基本福利保障,而且还直接提供各种生活福利设施,如幼儿园、中小学、商店、招待所、浴室、理发室、裁缝店、医院、电影院、食堂、菜场等等(揭爱花,2000:5)。可见,"单位女工"投入单位劳动生产后,单位保障体系的确提供了基础服务。但在具体日常生活之中,对于任何一个母亲,与自己儿女的分别,特别是与弱小婴孩的分离,仍然是充满焦虑与伤感的。这种焦虑与伤感是一种极其自然的本能反应,也是一个较普遍的状态。同时,这种情绪又被当时的生产热潮冲淡,在当时热烈的大生产中,对于当时的女工,个体伤痛总要融入国家需要与单位发展中:

> 早上起来呢,我得装饭盒子、奶瓶子,如果孩子大一点呢,蒸鸡蛋糕、面条啊,都得一样一样的,背着孩子,拎着饭盒子,这边是奶瓶子、尿布,"踢里秃噜"就上班了。孩子放幼儿园,就得上车间了,中间送奶的时间,如果回来晚5分钟都不允许,给的那个时间太短了,半个小时。②

在"单位女工"的描述中,除了家庭,幼儿园与车间也是她不断穿梭的空间。在这两个空间中,她不断实践着两种不同的人生角色:一方面,她作为母亲需要安顿好孩子,保证其正常的需求;另一方面,她需要及时到岗,完成单位的生产任务。两个场所之间的穿梭,两重身份的实践,没有捷径与便利,在她的话语之中,只有通过加快速度的办法方能有所兼顾。在类似的母职实践与生产实践中,很多女工是通过"打提前量"尽力完成母亲与工人这两种身份的责任,解决分身乏术的困窘:

> 孩子刚满月就得去干活,那讲话了,身体能不虚么?一早上起来紧忙做饭;做完饭,完了上农场干活,还得带饭,给孩子得带个小饭盒。给孩子不点儿个小饭盒,给他蒸大米饭,完了我们吃大饼子。这个兜是饭盒,这

---

① 访谈011,B厂退休"家属工",2011年2月28日。
② 访谈156,L厂退休科员,2016年6月28日。

边这个兜还得带着裤子,粑粑裤子啥的。那时候到车站那儿吧,还得走挺远。这工夫就下雨啊,哎呀,那雨下得。孩子就得背着啊,你这边打着伞,那边还得拎着兜,一兜粑粑裤子,一兜饭。7点半开始干活,到9点半,完了就送奶了。完了(孩子)吃10分钟的奶,(我)紧忙还得跑回去。①

当单位身份与家庭身份发生冲突的时候,单位给予了"单位女工"托底性保障,比如幼儿园、托儿所及其他福利,以保证其工作的可能性以及时间的有效性。但需要正视的是,由于当时的条件有限,"单位女工"需要克制作为母性的情感与情绪,她们与子女的相处以及对于子女带来的陪伴质量也是被缩减的。

### 3. 家庭微观权力的提升

传统意义的家庭结构一般都是男性"单位人"出去工作、女性照管家务的单收入家庭。深受男尊女卑等思想的影响,在经济支配以及家庭事务决定上,男性享有更多话语权。随着越来越多女性走进单位,这种格局逐渐被打破,并逐渐渗透到"单位女工"的日常生活中。

作为一名"单位女工",能够通过劳动为单位创造价值,同时也为家庭带来经济贡献,这对于她们作为"单位人"抑或"家庭人"都是积极的肯定。因为获得工作与工资收入,其在家庭当中的身份地位以及话语权有了明显提高。这对于传统意义的女性来说,是前所未有的解放与提升:

> 以前自己不挣钱,说话也没底气,现在不一样。以前不敢花钱,花人家的钱,腰杆子不硬,说话也不好使。②

特别是与过往的经历相对照,"单位女工"的劳动价值更加重大。传统意义的家务劳动中,琐碎繁杂的家庭劳动是不会被给予价值衡量的,也无法实现货币化兑现。但在单位之中,无论是从事一线技术生产,还是比较苦和累的体力劳动,又或者是边缘化的辅助性生产,都被视为社会主义生产劳动的一部分,都会在工资、福利等方面获得相应待遇。这对于"单位女工"而言,是来自国家主义的家庭赋权:

---

① 访谈130,S厂退休"家属工",2015年12月30日。
② 访谈022,B厂退休"家属工",2013年5月3日。

从没想过能进工厂当工人呢,都说工人阶级领导一切,我们普通家庭妇女能干点工作,特别光荣。①

"要彻底解放妇女,要使她们与男子真正平等,就必须有公共经济,必须让妇女参加共同的生产劳动。这样妇女才会和男子处于同等地位。"(列宁,1972:72—73)因此,"单位女工"敢"说话"与"花钱"背后的底气,以及当"工人""养家"的光荣是细腻的,也是深刻的。当然,"单位女工"也是"家庭人",这种传统意义的家庭职责不会在短时间内被消解。当时,全国上下包括东北地区都开展生产与劳动自救。每家每户都在通过开荒种地、养鸡养鸭等方式补给生活,也都需要妇女自己通过手工浆洗、缝补等完成家中老小的衣裤鞋帽,营造出"自己动手,丰衣足食"的理想图景。这些无疑给家务劳动者增添了劳作的分量。因此,一面是单位的劳动生产,另一面是家庭的生活生产,在不同场域之间穿梭游走,在不同角色之间轮换实践,她们尽可能找到策略与分寸以完成不同角色赋予的任务。她们既受到单位生产任务与劳动纪律管理的制约,也受益于单位本身提供的保障条件与实践空间。在这种亦厂亦家、亦工业生产亦田野作业的生产生活实践中,她们在家庭生活领域的微观权力也得以提高。

### (三)身为"女人":被重构的身体与可超越的精神

作为"单位人",她们响应时代感召,进入单位;作为"家庭人",她们通过灵活方式实践出作为妻子、母亲的家庭职责。同时,"单位女工"也蕴含了丰富的性别意义,其作为女性本身的反身性记忆与阐释亦为女性角色的建构带来更细腻的思考。

#### 1. 劳作的身体与克制的追求

"单位女工"在她们的叙说中勾勒出自身以及群体的身体印记,劳作背后往往是与艰苦的条件、饥饿的身体、疾病与伤痛以及孩子的喂养联结在一起的。也即,她们作为"单位人",与她们的女性、妻子、母亲等其他身份角色不可分割,具有不同于男性的话语叙事。在今天看来,很难想象这是年轻的女人所

---

① 访谈130,S厂退休"家属工",2015年12月30日。

能承受的劳动。但当时，成千上万的妇女都同样肩负着家庭的责任与单位的生产：

> 我们女的很少能上生产线，只能干辅助的。当时我在连运，装车卸车。这么大的方块儿，哎哟，我瘦啊，背着石头咯啊，那骨头啊都咯破了。①

疾病、伤痛已经成为身体的一部分，融入每个女工的生活史之中，与她们的生命年轮和单位记忆同频共振，即便是退休多年之后，她们的身体记忆与伤痛记忆仍然深刻：

> 压力整不好就压手了，不少人压手了，那就残废了，那就工伤了。我们车间就有这么残废的，紧张，担心，害怕出事。②

与身体的疲惫、病痛相伴的是这一时期女性形象的朴素，作为"单位女工"的她们将此形象塑造得更为典型。美国新闻记者埃德加·斯诺在作品中提到当时的场景："人们的穿着更加单调，无论是男人还是女人，都是一件蓝色或灰色的衬衫和裤子……几乎所有人都在家里备有一两套丝绸或毛料衣服，以备特殊场合穿用，但是街上的服饰现在是无产阶级化的。"（斯诺，2005：6）他从外国人角度观察了"文革"期间人们的服装样式，而在单位的革命生产与政治动员中，女性劳动者也被号召以这样的人物为榜样：

> 俺们那时候都是大蓝大黑大灰的，不爱红装爱武装嘛！都忙着革命生产，没有条件也没有心思打扮自己。③

因此，在单位领域，她们的工作是去性别化的，甚至忽略了女性天然的生理条件与形象追求，或者说这种本能的追求是被限制的。在有限的条件下，为了单位、家庭与个人的可持续发展，性别之间的差异只能服从于社会主义生产建设的需要。因此，在轰轰烈烈的生产建设中，在"男女平等"以及"不爱红装

---

① 访谈 023，B 厂退休"家属工"，2013 年 5 月 3 日。
② 访谈 022，B 厂退休"家属工"，2013 年 5 月 3 日。
③ 访谈 022，B 厂退休"家属工"，2013 年 5 月 3 日。

爱武装"的时代重构下,去性别化是一种社会结构与个体行动互构过程中不由自主的选择。

### 2. 身份跃迁、认同升华与价值体验

对于任何一个可以有机会走出家庭、成为工人的女性而言,成为职业劳动者都是其生活史上浓墨重彩的一笔。对于"单位女工"而言,这种空间穿梭与人生跨域赋予了她们人生的精神升华与价值意义:

> 最值得回忆的就是"大干"。"大干"就是有条件要干,没有条件也要干,创造条件也要干。①

"单位女工"通过身体力行的劳动投入到单位生产中,也融入到时代洪流之中。凭借这种切实经验,她们获得了与国家、时代以及单位融为一体的认同,她们对自我身份的界定不再局限为是某某的家属,而是某位女工、某个单位的人,这是一种难得的精神体验与人生升华:

> 其实"三小一道"属于社办企业,"三小一道"就是什么小工厂、小学校、小医院,完了不就街道嘛,这是"三小一道"。我就到了街道,当时是在小工厂里头嘛,车工,跟着老师傅,但是我在那待了三个月就被调到办事处了,就属于机关了,之后就干财会了。②

"文革"时期,报刊报道了大量"铁姑娘"的事迹,如"海上铁姑娘"(本报记者,1969:8—9)、"'北大荒'的铁姑娘"(本报记者,1972:8—12)、"雪山下的铁姑娘"(本报记者,1973:3—7)等。当然,这些形象被赋予了政治象征意义,一直处于主流媒体宣传中并被不断拔高,成为国家女性的典范与更多人可期待的"未来"。而在平凡的劳动人民当中,即便她们都具有生产与生活、单位与家庭等多面性,但对劳动付出及其背后的价值感受也是有共鸣的。当我们思考这些具有典型意义与政治内涵的形象时,可以看到这是在身体需求的克制与精神层面的满足中共同建构的。

---

① 访谈110,Y厂退休绘图师,2014年3月20日。
② 访谈151,Z厂退休科长,2016年5月29日。

## 三、"国-家-人":"单位女工"背后的实践逻辑

回到开篇所提出的问题:"单位女工"这一身份是如何被生产出来的?其背后的实践逻辑是什么?本文通过"单位女工"口述历史研究展开了在官方记载与主流报道之外的被遮蔽的"单位女工"生活世界。她们的性别化特征始终处于服从国家安排与家庭需要的从属位置。这成全了作为"单位女工"的体制化成分,隐匿了个体层面的本能化需求。相应的,单位也通过国家资源自上而下的配置与"单位女工"自下而上的实践完成了国家与个人的深层联结。在这一身份的形成中,国家主义、父权制与性别化这三种重要的力量交织碰撞,以单位为舞台,共同塑造了"单位女工"当中的不同层次与面向,完成了这一身份的实践,构成了"国-家-人"三位一体的深层逻辑。也正是在此实践框架内,她们策略性地实现了单位的组织化管理、家庭的生活化要求以及自我的内在化探索。

### (一)"女工"的形成:国家主义主导、父权制影响与去性别化

作为"单位女工","单位人"是这一身份中的体制性基础,而获得这一身份则源于强大的国家主义力量推动。我国社会农耕文明由来已久,"男主外女主内"的家庭分工根深蒂固,新中国成立之后的一系列法律法规的建立健全,为女性走入单位、走向社会、参与公共事务开辟了合法性与合理性制度空间。同时,伴随着"男女平等"的公正平等社会思潮的影响,越来越多的女性获得受教育权以及工作权、社会参与权等,这为女性成为"单位女工"打下了扎实的精神基础,也点燃了她们走向社会的激情。更重要的是,新中国成立之后,中国社会百业待兴,提高生产、发展经济成为国民核心任务,这需要广大女性参与生产。相对于广大男工,她们的劳动分工较为边缘,更多从事辅助性工作,难以走入生产中心,身份多归属于"家属厂""知青厂""三线厂"的"大集体""小集体"体制。但她们的劳动价值不应该因分工与编制而被低估:作为社会主义生产劳动力的蓄水池,她们有力保障了一线生产的有序进行。在此过程中,国家主义在制度建设、思想引导以及体制安排等方面,起到了主导作用。对她们来说,成为一名女工,不仅意味着相对稳定的工作,而且代表着一种政治荣誉,国

家赋予"劳动"的新的意识形态内涵极大地改变了妇女对于自身身份的认知(揭爱花,2011:10)。

同时,在"单位女工"身份的建构中,父权制始终是贯穿其中的重要逻辑,这也是一直以来学界对女性研究所秉持的传统。无论是从历史记载还是从"单位女工"口述中均可看到,单位系统的分工安排往往是以男性为主导、女性为辅助来进行的。男性工人更多从事于管理、研发与技术等相对核心的工作,且稳定性较强,一般呈纵向发展路线;女性劳动者则被安排于装卸、搬运、后勤等距离生产中心较远的辅助岗位,且流动性较大,很多"单位女工"更是在职业生涯中辗转多处。而作为"单位女工",女性这一性别是生理前提。她们自身的口述历史呈现的恰是忽略了性别差异的劳动场景,苦与累、病痛与疲惫、超负荷与冒风险成为生产劳作的常态化表达。因此,在"单位女工"的身份之中,国家主义主导、父权制影响与去性别化的逻辑共同构筑了其作为"女工"的这一部分。

## (二)"家庭人"的实践:国家主义依托、父权制延续与性别化再现

在"单位女工"的身份中,"家庭人"这部分始终是不言自明的。从实践逻辑的前提来看,她们往往先是"单位人"的家属,之后才在国家与单位的推动中不断成为"女工"的。而在家庭生活领域,作为"女工"的她们开展了不同以往的另类"家庭人"职责实践。她们深受国家与时代的感染,将主要精力投入社会生产,同时,在琐碎化的时间中履行作为妻子、母亲的职责。可见,国家的号召、时代的影响以及单位的组织化要求通过"单位女工"这一身份渗透进她们的微观生活世界之中,同时国家主义也通过单位组织的单位福利,如职工食堂、托儿所等机构对"单位女工"实践"家庭人"这一角色提供了基本的托底作用,即便当时的托幼等机构并不是很完善。因此与传统家庭妇女相比,她们对于"家庭人"的角色实践依托于国家主义与单位组织的力量。可以说,在当时有限的条件下,国家通过单位的资源配置号召她们离家,同时,又帮助她们更好地"回家"。

同传统意义的家庭相比,"单位女工"的家庭发生了重要变迁。但现代化与工业主义并非完全将"家庭人"角色身份消解。几千年的父权制思想、男尊女卑的文化烙印,并不可能在短时间内被彻底颠覆。传统意义上的"贤妻良

母""相夫教子""孝敬公婆"等角色功能也并不可能被完全消解。她们当中绝大部分人在承载"女工"工作任务的同时,也承担起传统意义的家庭职责。虽然"单位女工"获得了经济收入、社会地位,使得她们在家庭生活中拥有了相对平等的权利,但这并未使她们放弃对家庭职责的履行,也并不与另一半完全平权。因此,在单位制巩固时期,一方面是她们投入轰轰烈烈的社会主义生产;另一方面则是她们以另类的方式担起家庭生活的琐碎与繁杂。作为"家庭人",她们本能的母性责任体现得淋漓尽致,她们可以对工作无怨无悔地付出,但面对家庭,特别是下一代的照顾时,也绝非无情冷漠,而是将内心的柔软转化为刚强的力量,去与留、来与走虽深受国家感召,服从单位安排,但家庭需要却始终是最重要的考量。因此,国家主义依托、父权制延续与性别化再现成为她们作为"家庭人"的逻辑基础。

## (三)"女性"的认同:国家主义建构、父权制变动与性别化重塑

作为"单位女工",女性性别是作为天然的部分存在的,这一性别化特征先于"家庭人",也早于"单位人",但在与二者进行碰撞的时候,往往退居幕后。也即,"单位女工"的生理性层面在国家主义、父权制的覆盖下被极大遮蔽了。在国家号召、时代呼唤以及单位安排的宏大话语之下,在形象气质上,她们外在的性别化特征被逐渐淡化,以"艰苦朴素""克勤克俭""不爱红装爱武装"为荣,很多先进劳动者与模范的形象也为通过电影、戏剧以及宣传报道中的中性气质甚至偏阳刚色彩的语言所强化。在工作安排上,"单位女工"不会因女性性别而被关照,反而因此难以走进核心位置而往往从事边缘性的纯体力劳动。在家庭分工上,在由来已久的父权制影响下,无论是在单位领域还是家庭生活之中,她们虽然在家庭中的地位有所提高,但作为女性的职责始终没有减弱,而是以不同的方式履行。因此,对于女性本身,她们柔软脆弱的内在被纠正,对美好形象的追求被克制,而她们的母性本能与责任担当却从未褪去。"女人"这一角色既是生理性的,更是被建构的,在这一过程中,国家主义力量一直通过单位组织、文艺宣传等形式建构新的女性形象气质,从而使其符合社会主义国家的主流思想与性别要求。

同时,在对社会主义新女性的建构中,父权制的影响是有所变动的。传统意义的"贤良淑德""三从四德"等烙印并没有完全消除,但在新中国"男女平

等"思想的感召下，特别是在女英雄、先进劳动者、劳动模范等典型形象的宣传中，父权制逐渐让位于国家的建设与生产的需求。而"单位女工"由内而外的性别化期待也在时代的洪流中浮浮沉沉，服务于前两者。女性本身对美好形象的追求逐渐偏移于对平等、独立权利的争取，对于自我的认同也逐渐向不断涌现出的典型靠拢。无须依赖家庭与男性，能够掌握自己的命运，可以为单位、为国家做贡献，是国家、单位与"单位女工"自身努力实践的理想标准。在此阶段，国家主义的积极建构、父权制的变动以及"单位女工"对自我的重塑，共同再造了"单位女工"作为女性的外在形象、内在气质与价值追求。

## 四、结语与讨论

在对"单位女工"的探讨中，她们在彰显出不同面向的性别化、家庭化的同时，也表现出与其他类别的劳动女性不同的"单位化"属性。她们从家庭到单位，从自由松散到严整一致，从不同身份来源实践出相对一致的集体生活与组织生活。对于她们而言，单位即是社会，并赋予她们走向中心的机会。同时，单位也是原点，给予她们兼顾家庭的可能。她们往往以大集体、小集体等编制在横向层面构成了与男性工人不同的体系，也通过儿媳或者女儿接班传递出单位体制的纵向延伸，从而在纵横交织间被编织进单位体制网络，并具有"单位人"之社会性格，促进了单位制度的巩固。"社会主义制度延续了中国近代以来的妇女解放遗产，将'妇女'纳入国族主体当中，从而将性别进步与国族进步合二为一。在这个框架之内，以消除性别差异、实现平等的'男女都一样'话语，既遮蔽了女性的自然属性，同时也塑造了新的社会主义劳动妇女形象，更重要的是它一定程度上削弱了个体家庭的'父权制'，为女性进入公共空间提供了意识形态支持。"（孙婷婷，2017：1）因此，"单位女工"这一群体的整体形成与实践，仍然是巨大的进步。"如果尊重历史，正视中华人民共和国成立初期广大底层劳动妇女的实际生存境遇，就会发现完全回避国家、阶级等宏大话语，离开政治、经济等具体现实，空谈劳动妇女人格独立、性别主体性建构是没有意义的。"（刘传霞、石成城，2018：3）

对于本文研究视角及方法论的检视，在历史记载与个体口述之间，在单位、家庭与自我之间，"单位女工"的意涵是丰富的，其实践出的角色身份也是多元的。来自她们娓娓道来的集体记忆使我们看到其身份实践与家庭温度紧密相连。在社会结构制约性与个人行动自主性的互构过程中,"单位女工"的命运也许曾经是解放话语的讲述对象,但同时,她们也是讲述这些话语的积极主体。通过参与社会主义建设的叙事,"单位女工"开始参加到这一认识现实的特殊模式里。通过讲述自身,她们重新塑造了过去的意义,并将其排列进集体记忆的一部分,以此为当下以及未来女工命运带来启示。在这些具有典型的性别色彩的口述记忆中,她们的身体、情绪、家庭、子女、丈夫始终成为重要的叙说对象。一些回忆也许无法特别精准,但她们的故事以及故事中的人物形象与自我呈现始终是生动饱满的。通过个人叙述与集体记忆,"单位女工""将自己生命史融入了对历史进程有深刻影响的标志性历史事件,使历史事件具有了性别色彩"(刘晓丽,2017:6)。她们呈现出"单位女工"性别化、家庭化与"单位化"的属性,成为讲述历史的另一种声音、丰富女性劳动者的另一种路线,以及再思社会主义建设与单位制变迁的另一种逻辑。

中国女性的命运与中国历史命运之间有着异常密切的错综纠缠(白露,2012:463),但具有鲜明中国色彩的"单位女工"则较少被纳入专门性的探讨,她们往往作为"单位人"整体进入学术视野,对其生活世界的微观探讨以及生命内在的幽微更是鲜少被关注。虽然这一群体之中的"国营女工""家属女工""三线女工"①等有着身份与认同的微妙差别,但在彼时,却在历史脉络、城乡维度与性别视角的鉴别中,具有较强的共同性,体现了鲜明的时代性、阶级性与性别特征,构筑了较为同质化的"单位人"群体以及工人队伍的不同形象与多元化面孔,使我们看到单位制的形成、巩固与演变在社会主义现代化建设以及工业化推进这一主线行进的同时,也在微观的生活领域与性别化世界渗透。她们的形象从未进入生产的主流领域,也未曾走进主流的学术话语系统,但恰如历史之微光照亮社会主义研究与单位制梳理的另一扇窗,她们所带来的对历史的回溯与对现代制度设计的参考,仍然具有重要的理论洞见与现实启迪意义。当下,社会思潮丰富多元,人们对于父权制、性别等概念有了更多样与深刻的阐释,女性也被更多的人所接纳。但她们也仍然面临如何平衡工作与家庭、生产与生育、社会竞争与自我提升等关系的难题,也需要迎接组织上下、家庭内外的风险与压力。2018年11月2日,习近平总书记在同全国妇联新一届领导班子成员集体谈话时对于妇女工作赋予了新的使命:"要帮助妇女处理好家庭和工作的关系,做对社会有责任、对家庭有贡献的新时代女性。要引导

---

① 关于"单位女工"群体内部的差别与类别化研究将在另外的篇章中讨论。

妇女发扬爱国奉献精神,自尊自信自立自强,以行动建功新时代,以奋斗创造美好生活,在祖国改革发展的伟大事业中实现自身发展,在人民创造历史的伟大奋斗中赢得出彩人生。"(习近平,2018)新时代为女性发展提供了更多的空间,也带来了更高的要求。女性社会劳动付出的前提在于,诸多家庭的功能需要为社会化力量所分担。在推进专业化服务的前提下,更多女性才能被解放;在正视性别差异的基础上,劳动女性在工作中的努力以及在家务中的付出都应当被看见并被尊重:如此,真正意义上的平等才有可能实现。

## 参考文献

白露,汤尼,2012,《中国女性主义思想史中的妇女问题》,沈齐齐译,上海:上海人民出版社。
本报记者,1969,《海上服务队的故事——海上铁姑娘》,《解放军报》8月9日。
——,1972,《"北大荒"的铁姑娘》,《解放军报》8月12日。
——,1973,《雪山下的铁姑娘》,《解放军报》3月7日。
工人日报编辑部,1966,《大庆家属革命化的标兵:薛桂芳》,北京:工人出版社,第1页。
郭于华,2003,《心灵的集体化——陕北骥村农业合作化的女性记忆》,《中国社会科学》第7期,第79—92页。
贺萧,2017,《记忆的性别:农村妇女和中国集体化历史》,张赟译,北京:人民出版社,第33页。
洪尼格,艾米莉,2011,《姐妹们与陌生人》,韩慈译,南京:江苏人民出版社,第233页。
揭爱花,2000,《单位:一种特殊的社会生活空间》,《浙江大学学报》(人文社会科学版)第5期,第76—83页。
——,2011,《国家干预:中国妇女解放实践模式的体制建构》,《湖北社会科学》第10期,第51—56页。
路风,2003,《中国单位体制的起源和形成》,《中国社会学》第2期,第91—134页〔原刊于路风,1993,《中国社会科学季刊》(香港)第4期〕。
列宁,1972,《论苏维埃共和国女工运动的任务》,《列宁选集》(第4卷),北京:人民出版社,第 18 页。

刘晓丽,2017,《口述访谈中的女性生命史——基于对大寨村和西沟村的口述访谈》,《山西师大学报》(社会科学版)第 6 期,第 5—9 页。

刘传霞、石成城,2018,《集体主义时期城市底层家庭妇女的自我认同与主体建构——从茹志鹃的〈如愿〉〈春暖时节〉谈起》,《妇女研究论丛》第 3 期,第 83—94 页。

刘建军,2000,《单位中国:社会调控体系重构中的个人、组织与国家》,天津:天津人民出版社。

罗丽莎,2006,《另类的现代性:改革开放时代中国性别化的渴望》,黄新译,南京:江苏人民出版社。

潘毅,2011,《中国女工:新兴打工者主体的形成》,任焰译,北京:九州出版社。

斯诺,埃德加,2005,《漫长的革命》,贺和风译,北京:东方出版社,第 6 页。

孙婷婷,2017,《社会主义机制下的"妇女"身份再造》,《山西师大学报》(社会科学版)第 1 期,第 1—6 页。

田毅鹏、漆思,2005,《"单位社会"的终结:东北老工业基地"典型单位制"背景下的社区建设》,北京:社会科学文献出版社。

田毅鹏、许唱,2015,《"单位人"研究的反思与进路》,《天津社会科学》第 5 期,第 64—70 页。

童强,2011,《空间哲学》,北京:北京大学出版社,第 228 页。

习近平,2018,《坚持中国特色社会主义妇女发展道路,组织动员妇女走在时代前列建功立业》,《人民日报》11 月 3 日,第 1 版。

新华书店东北总分店编,1950,《东北工业建设上的女英雄》,沈阳:新华书店东北总分店,第 1 页。

许刚,1958,《动员妇女劳动力参加和支援工业生产》,《中国妇女》第 12 期,第 8—10 页。

一凡,2010,《说说"五七干校"》,《文史月刊》第 7 期,第 27 页。

中华全国妇女联合会,1979,《中国妇女运动重要文献》,北京:人民出版社,第 184—186 页。

中华人民共和国全国妇女联合会宣传教育部、武汉市妇女联合会宣传部,1958,《怎样做一个好家属》,北京:工人出版社。

(责任编辑:陆远)

# 制造业"机器换人"对工人技能的影响[*]
## ——基于2018年广东省"企业-员工匹配"问卷调查数据

雍　昕　邓韵雪[**]

**摘要**：随着"工业4.0"的到来，越来越多的制造业企业开始引入工业机器人等自动化设备替代人工，"机器换人"已经成为不可避免的发展趋势。本文基于2018年广东省制造业"企业-员工匹配"问卷调查数据，探讨了企业"机器换人"对员工技能水平的影响。研究发现，在广泛引入工业机器人等自动化设备的企业中，高教育水平员工比例显著增高；同时，员工技能培训时间显著增长，说明制造业企业"机器换人"会提高员工的总体技能水平。在此基础上，本文进一步分析了引入自动化设备的企业中员工间的技能差异，发现非自动化部门员工的技能水平显著提高，而自动化部门员工的技能水平没有显著提升，因此"机器换人"造成了企业员工内部的技能分化。

**关键词**："机器换人"　去技能化　技能水平

## 一、研究背景

在新一轮的科技革命浪潮下，工业机器人等自动化设备的应用成为制造业转型升级的重要基础。为了提高我国制造业的国际竞争力，2015年国务院印发《中国制造2025》，提出力争用十年时间实现制造强国的战略目标。应用

---

[*] 本文系国家社会科学基金青年项目"'智能制造'趋势下劳动者技能演变机制及应对策略研究"（项目批准号：20CSH044）、湖南省教育厅科学研究优秀青年项目"农民工职业流动对子女教育质量的影响机制研究"（项目批准号：20B552）、湖南省社科基金青年项目"劳动过程视角下农民工维权实践类型与塑造机制研究"（项目批准号：16YBQ075）的阶段性研究成果。

[**] 雍昕，湘潭大学公共管理学院讲师（yxdyxpp@163.com）；邓韵雪，湘潭大学公共管理学院副教授。

工业机器人、电脑数值控制机床等自动化设备成为我国制造业进行技术升级、实现"智能制造"的关键一步。近年来,我国制造业企业开始大规模使用工业机器人等自动化设备,"机器换人"成为不可避免的发展趋势。例如,从2005年到2016年,中国工业机器人存量的年均增长率高达38%。2016年,中国的工业机器人存量约为34万台,占全球工业机器人存量的19%,位列全球第一(IFR,2018)。"机器换人"能有效地提高我国制造业企业的全要素生产率、生产效率和质量能力(程虹等,2018)。但是,"机器换人"也为我国数以亿计的劳动者带来"技能再形成"的挑战:我国制造业劳动者需要通过调整自身技能,以适应自动化生产的需要。因此,工业机器人等自动化设备的广泛应用正在深刻地影响我国制造业的发展模式和劳动者的技能水平。

在本文中,"机器换人"是指用工业机器人、电脑数值控制机床等自动化设备替代人工劳动的现象,即"工作自动化"(automation of work)。目前,已有少数前沿研究开始关注"机器换人"对我国制造业工人技能的影响,但研究发现存在较大差异。其中,黄瑜和白立邦(Huang, Sherif, 2017)通过对东莞8家工厂的调查发现:一方面"机器换人"导致一些中年技术工人被取代;另一方面操作机器人等新岗位并没有为工人带来技能提升的空间,他们所需的技能培训时间明显低于技术工人。布托洛和吕博义(Butollo, Lüthje, 2017)分析了佛山两家工厂应用工业机器人的情况,指出在严格的标准操作流程管理下,一线工人难以获得技能提升的空间。与上述研究的发现不同,许辉(2019)基于对珠三角工厂的个案研究,发现"机器换人"催生出对技能工人的巨大需求,工人需要掌握多项综合技能,如机器操作、编程、研发设计、应用工业互联网等,因此自动化技术的应用提高了工人的技能水平。这些研究为我们了解"机器换人"趋势下工人技能的变迁提供了有益的观察材料和分析视角。但是,这些文献主要是基于对少数工厂的案例研究,不利于我们从总体上把握劳动者技能水平的变化。

针对已有研究的不足,本文将利用广东省开展的"企业-员工匹配"问卷调查数据,分析当下"机器换人"对制造业工人技能水平的影响。与个案研究相比,"企业-员工匹配"问卷调查数据一方面可以展现企业开展"机器换人"的具体情况,另一方面可以呈现员工教育水平和岗位所需培训天数等。通过分析上述数据,我们将探讨企业应用工业机器人等自动化设备对员工技能水平的整体影响。

## 二、文献综述

技术升级对劳动者技能的影响是社会学和经济学的经典议题之一。目前已有大量研究探讨了新技术如何影响了工作组织和工人技能，但研究结论存在较大争议。总体而言，已有的研究主要包括两派观点：第一种是去技能化观点，认为资本主导的技术进步造成了劳动者技能水平下降，引发劳动退化问题；第二种是技能提升观点，指出技术进步推动了分工细化和工作专业化，提高了劳动者技能水平和工作质量。

### （一）去技能化观点

"去技能化视角"（de-skilling perspective）认为，技术不是中立的生产方式，而是"嵌入"在一定的政治经济结构和劳动关系中的。在市场经济体系下，资方的逻辑决定了技术的发明和应用方式。在资本的主导下，应用新技术的主要目标之一是降低资方对工人技能的依赖，从而增强资方对劳动过程的控制、实现对剩余价值的攫取。

去技能化视角根植于马克思主义的劳动过程理论。马克思（2004）指出，资本的利益控制着机器的设计和使用，使得机器成为工人的竞争者。随着机器化大生产的兴起，技术分工不断细化，导致熟练工人的技能被机器取代，同时引发工人及其组织的抗争，因此技术是阶级控制和斗争的工具。布雷弗曼拓展了马克思关于技术的研究，指出技术革新不仅是生产机器的创新，而且也是生产流程和劳动组织管理技术的改变（王星，2011）。在著作《劳动与垄断资本》中，布雷弗曼（1978）指出，在前工业资本主义时期，工匠掌握了大量的生产知识，对工作方法和工作程序的选择具有高度自主性。但随着资本主义发展到垄断阶段，资方通过采用新的生产管理制度和生产过程自动化，剥夺了工人的生产知识和对劳动过程的控制。一方面，资方通过实施泰勒科学管理制度，将劳动过程和工人的技术分离开来，造成"概念"（conception）和"执行"（execution）分离，从而将知识垄断在管理部门手中，实现对劳动过程的控制；另一方面，随着科技的发展，资方开始推广数控机床等自动化机器设备，大规模的机械化和自动化使得劳动分工进一步精细化，使得工人的工作变得常规化、简单化、重复化，技能下降趋势日益明显。此外，以机器为中心组织劳动过程使得工人从属于自动化机器设备,导致工人进一步丧失了劳动过程中的自主性和控制权。因此,布雷弗曼指出,资方的"技术控制"造成了"劳动退化"(work degradation)。

自布雷弗曼之后,大量的实证研究开始探讨技术升级趋势下的技能下降问题。其中,诺贝尔(Nobel, 2011)分析了美国工业自动化的社会史,指出自动化设备的应用是一个"社会选择"的过程,资方在选择自动化设备机器时会更倾向于选择对熟练工人依赖较低的设备,从而导致工人的技能水平下降。赛肯(Shaiken, 1979)通过对1983年美国制造业工厂的个案研究发现,资方通过应用可编程自动化设备和调整生产组织降低工人在生产过程中的自主性、降低工人技能、削弱工会力量,从而增强资方对劳动过程的控制。华莱士和卡勒贝里(Wallace, Kalleberg, 1982)通过分析美国1931—1978年印刷业工人的工资水平的变化,发现自动化设备的应用使得工作任务变得常规化,工匠的技能水平下降。

## (二)提升技能观点

与"去技能化"观点相反,一些研究认为技术升级会提高生产力、降低生产成本、扩大市场,同时增加对工作技能种类的要求,提高对劳动者整体技能水平的要求以及对受过良好教育和培训的高技能劳动力的需求,并提升工作质量,增强劳动者的自主性。这一观点也被称为"技能提升视角"(skill upgrading approach)(Spenner, 1983)。

"技能提升视角"主要来源于工业化理论(industrialization thesis)和新古典经济学。总体而言,该视角提出新技术对技能水平的提升主要体现在三个层面。第一,自动化技术替代的不是高技术性工作,而是低技术性工作,同时自动化技术也会推动工人形成新的技能。其中,阿西莫格鲁和雷斯特雷波(Acemoglu, Restrepo, 2017)分析了1993—2007年美国各地企业引入工业机器人对劳动力市场的影响,发现工业机器人主要替代的是体力性、常规性工作,对低技术性工人造成替代效应。阿尔德(Alder, 1988)分析了法国银行业引入自动化设备的过程,发现自动化技术的应用虽然导致工人原有的技能被淘汰,但却推动劳动者发展了新的技能,如认知学习技能、使用电脑的能力、团队合作能力等。与此类似,琼斯(Jones, 1982)分析了数值控制机器的应用对英国工程师技能水平的影响,发现自动化设备虽然重塑了工程师的技能结构,但是并没有造成技能水平的总体下降。因此,这些研究认为自动化技术的应用可以将工人从常规性的、重复性的、枯燥的工作中解脱出来,并推动工人发展新的劳动技能。

第二,技术进步会提高对拥有较高教育水平的劳动者的需求。研究指出,受教育程度是衡量工人技能水平的重要指标。受教育程度较高的劳动者能更快地学习新知识,具有更高的适应性,能更快地将新技术应用于工作流程中。因此,应用新技术的企业更倾向于雇佣具有较高教育水平的劳动者。例如,多姆斯等(Doms et al.,1997)学者分析了1992—1997年美国358家制造业企业应用自动化设备对劳动者技能的影响。结果显示,采用自动化设备的企业中具有大学学历的工人比例更高。吕洁等(2017)基于对1990—2015年22个国家或地区的经验数据分析,发现在工业机器人应用程度越高的国家和地区,其高技能劳动力的比例越高,因此工业机器人的大规模应用促进了制造业劳动力结构的转型。

第三,技术进步优化了劳动力市场的职业结构,有利于提高工作品质和劳动者的工作自主性。该观点认为,技术进步并不会使工人成为同质化的、低技术的无产者;相反,技术进步造成专业性和技术性就业的快速上升,导致职业结构发生重要变化。贝尔(Bell,1976)指出,随着科技的发展,后工业化社会中的专业类、技术类、管理类职业快速增加,工程师和技术人员成为美国社会的新阶级。研究指出,与蓝领工作相比,专业人员和管理人员在工作过程中的自主性和决策责任显著提高(Piore,Sabel,1984)。因此,技术进步没有导致"劳动退化",而是提升了工作的质量。

综上所述,既有的研究为理解技术进步对劳动者技能水平的影响奠定了重要基础,但在经验分析和理论视角方面也存在局限。首先,在"去技能化视角"中,布雷弗曼没有清晰地界定技能的概念(Agnew et al.,1997)。对技能定义的不清晰影响了"去技能化视角"在经验分析方面的准确性和实用性。① 其次,在"技能提升"观点的文献中,有关研究通常将劳动者的受教育程度作为衡量技能水平的指标。但是,学者指出,西方国

---

① 一些研究者通过总结布雷弗曼的研究,认为他所讨论的技能主要包括两个层面,即技术的复杂性(technical complexity)和劳动者的自主性(discretion or autonomy)。在布雷弗曼看来,技术的复杂性越高,劳动者的自主性也越高。但是,其他研究者指出,技术进步可能对技术的不同面向造成不同的影响,即技术革新可能提高技术的复杂性,同时降低劳动者的自主性。因此,布雷弗曼对技能定义的模糊性是引发对"去技能化"争议的重要原因之一。

家的劳动者存在"过度教育"(over education)的问题(Clogg, Shockey, 1984),即劳动者可能具有较高的教育水平,但仍从事技术含量较低的工作,因此只采用受教育程度这一指标并不能准确地反映劳动者的技能水平。最后,上述文献主要是针对美国、英国等发达国家的研究,较少关注发展中国家开展技术革新与技能变迁的情况。值得注意的是,由于经济结构、政策环境和社会环境的差异,中国劳动者的技能结构和西方发达国家存在显著差异,自动化技术对中国劳动者的影响可能也和西方国家存在不同。因此,我们认为需要利用一手调查数据,具体分析制造业"机器换人"对我国制造业劳动者技能水平的影响。

## 三、数据、研究假设与变量描述

### (一) 数据与研究假设

本研究的调查地点广东省是我国制造业第一大省份,也是推进制造业技术升级的前沿地带。2015年,广东省推出《广东省智能制造发展规划(2015—2025年)》,推动企业引入工业机器人等先进自动化设备。仅2015年,广东省政府就投入了150亿美元鼓励企业开展自动化技术升级和机器人研发(Yang, 2017)。此外,广州、东莞、佛山等地级市也纷纷推出了相应的支持政策,推动企业通过引入先进自动化设备进行技术升级。例如,2014年东莞市出台《推进企业"机器换人"行动计划(2014—2016年)》,为该市企业引入工业机器人等自动化设备提供补贴。因此,广东省为我们了解制造业"机器换人"对劳动者技能的影响提供了很好的观察平台。

本研究所用数据来自"'机器换人'对制造业劳动用工影响"的问卷调查,该调查于2018年7—10月在广东省19个地级市(不包括汕尾和茂名)展开。本次问卷调查共包括企业607家,除去不满足抽样要求的企业样本,最终有效企业数为585家,企业问卷有效率为96.38%;员工问卷2434份,除去不符合"企业-员工匹配"的问卷,最终有效员工问卷2395份,员工问卷有效率为98.40%。

如前所述,准确地界定"技能"是分析技术进步对劳动者技能影响的关键一步。在本文中，技能是指劳动者掌握的知识（knowledge）和技术能力（technical capacity），这些知识和能力可以被运用到生产过程中，转化为生产力。技能主要通过受教育程度和工作岗位所需培训天数进行测量。首先，我们基于已有的研究，将企业中员工的教育水平结构作为技能水平的测量指标。具体而言，在企业调查问卷中，我们询问了管理者该企业中员工具有"大专及以上学历"的具体比例。其次，大量的研究指出，工人的技能水平与培训时间紧密相关：工作所需培训时间越长，说明工作任务的复杂性越强，工人所需掌握的技能越复杂。因此，我们也将员工的工作岗位培训天数作为技术水平的测量指标。在员工调查问卷中，我们询问了员工其所在的"工作岗位所需培训天数"。表1和表2分别是此次调查企业员工学历结构比例与员工所在岗位所需技能培训天数的基本描述情况。

表1　企业拥有大专及以上学历员工结构比例（%）（N=563）

| 企业应用自动化设备的情况 | 频数 | 均值 | 标准误 | 最大值 | 最小值 |
| --- | --- | --- | --- | --- | --- |
| 尚未应用，也暂不考虑 | 186 | 18.8 | 18.7 | 99 | 0.0 |
| 尚未应用，正在准备应用自动化设备 | 91 | 22.9 | 19.0 | 90 | 0.1 |
| 少量应用自动化设备 | 221 | 19.8 | 15.2 | 90 | 0.0 |
| 广泛应用自动化设备 | 65 | 29.3 | 23.3 | 99.9 | 2.0 |

表1数据显示，在企业层面，广泛使用工业机器人等自动化设备的企业中员工高学历比例最高，达29.31%。其他依次是准备应用自动化设备的企业、少量应用自动化设备的企业和没有应用自动化设备的企业。但少量应用自动化设备的企业与没有应用自动化设备的企业中高学历劳动者的比例差别微弱，甚至低于准备应用自动化设备的企业。

表2　技能岗位所需培训天数（N=2116）

| 企业应用自动化设备的情况 | 频数 | 均值 | 标准误 | 最大值 | 最小值 |
| --- | --- | --- | --- | --- | --- |
| 尚未应用，也暂不考虑 | 723 | 17.4 | 23.0 | 360 | 0 |
| 尚未应用，正在准备应用自动化设备 | 333 | 17.0 | 18.0 | 180 | 0 |
| 少量应用自动化设备 | 819 | 19.1 | 21.4 | 90 | 0 |
| 广泛应用自动化设备 | 241 | 24.4 | 25.1 | 90 | 0 |

表2数据显示,在员工层面,广泛应用自动化设备的企业工人所在岗位所需培训天数最高,其他依次是少量应用自动化设备的企业、没有应用自动化设备的企业、准备应用自动化设备的企业。存在企业实施自动化水平越广泛,工人所在岗位所需技能培训天数越多的趋势。广泛应用自动化设备的企业员工所在技能岗位所需培训天数平均为24天,比没有应用自动化设备的企业员工平均多7天。

综上,本研究提出如下基本假设:应用工业机器人等自动化设备的企业将更倾向于招募高教育水平劳动者,淘汰低技能水平工种,优化职业结构,从而提高企业劳动者技能整体水平,因此在宏观水平上将观测到实施"机器换人"的企业拥有更高比例的高教育水平员工。具体有:

假设1:在应用工业机器人等自动化设备的企业中,企业员工高教育学历水平比例更高。

在微观水平上,对于劳动者个体而言,企业实施"机器换人"使得工人工作变得常规化、简单化、重复化,进一步限制与剥夺了工人的生产知识和对劳动过程的控制,造成劳动者技能退化。

假设2:在应用工业机器人等自动化设备的企业中,劳动者所在岗位所需技能培训天数更短。

## (二)变量测量与描述

企业自动化改造升级进程对员工劳动技能状况以及收入、福利状况等的影响主要有两条路径:第一条路径是通过影响企业综合竞争力,这表现在自动化程度不同的企业中员工的劳动状况不同;第二条路径是企业自动化改造升级进程中不同部门的劳动状况不同,这表现在自动化与非自动化部门中劳动状况存在差异。

因此,我们将从上述两条路径考察企业自动化进程对员工劳动技能的影响,即本研究的自变量有两个,一个是企业自动化程度的类型化,一个是员工是否在自动化部门。对于第一条路径即企业层面自动化影响,我们根据企业问卷中企业对实施自动化程度的反馈,将企业划分成不同自动化类型的企业。对于第二条路径,即同一企业不同自动化部门的影响,我们则通过将上题与个人问卷相应题目交互分类,进一步区分企业员工是否在自动化部门。在本文中,如果员工所在的部门引入了自动化生产设备,则被认为是在自动化部门,否则被认为是在非自动化部门。具体见表3:

表 3　企业自动化程度情况表

| 自变量 | 企业层面 | | 员工层面 | |
|---|---|---|---|---|
| 企业类型(N=563) | 频数 | 百分比 | 频数 | 百分比 |
| 没有应用自动化设备的企业 | 186 | 33.0 | 723 | 34.2 |
| 准备应用自动化设备的企业 | 91 | 16.2 | 334 | 15.8 |
| 少量应用自动化设备的企业 | 221 | 39.2 | 818 | 38.6 |
| 广泛应用自动化设备的企业 | 65 | 11.6 | 241 | 11.4 |
| 员工类型(N=2116) | 频数 | 百分比 | 频数 | 百分比 |
| 在没有应用自动化设备的企业 | — | — | 723 | 34.2 |
| 在准备应用自动化设备的企业 | — | — | 334 | 15.8 |
| 在少量应用自动化设备的企业但不在自动化部门 | — | — | 384 | 18.1 |
| 在少量应用自动化设备的企业且在自动化部门 | — | — | 434 | 20.5 |
| 在广泛应用自动化设备的企业但不在自动化部门 | — | — | 102 | 4.8 |
| 在广泛应用自动化设备的企业且在自动化部门 | — | — | 139 | 6.6 |

　　表 3 数据显示,企业层面,在此次调查中少量应用自动化设备的企业占总体近四成,其次是没有应用自动化设备的企业,占总体三分之一强,准备应用自动化设备的企业和广泛应用自动化设备的企业分别占一成多。从员工层面分布看,员工分布比例与企业分布比例一致。我们进一步发现,在少量应用自动化设备的企业的 818 名员工中,有 384 名员工不在自动化部门,434 名员工在自动化部门;在广泛应用自动化设备的企业的 241 名员工中,有 102 名员工不在自动化部门,139 名员工在自动化部门。

　　控制变量包括企业层面和员工个人层面两类控制变量。企业层面控制变量除开表征企业基本情况的变量之外,我们还纳入了高新企业和销售市场以及人工成本三个变量。个人层面控制变量包括人口学特征变量、人力资本变量、日常工作特征变量,具体包括性别、年龄、户籍、教育程度、工龄、专业、日均工作时间、日常执行工作类型 8 个变量。表 4 是所有变量基本情况描述。

表4 变量基本情况描述

| | 频数 | 均值 | 标准差 | 最大值 | 最小值 |
|---|---|---|---|---|---|
| 因变量 | | | | | |
| 大专及以上学历比例 | 563 | 21.1 | 18.3 | 99.9 | 0 |
| 岗位所需技能培训时间(天) | 2116 | 18.8 | 22.3 | 360 | 0 |
| 控制变量 | | | | | |
| 企业层面控制变量 | | | | | |
| 企业所有制 | | | | | |
| 民营 | 563 | 0.5 | 0.5 | 1 | 0 |
| 国有及合资 | 563 | 0.1 | 0.3 | 1 | 0 |
| 港澳台 | 563 | 0.3 | 0.5 | 1 | 0 |
| 外资 | 563 | 0.1 | 0.3 | 1 | 0 |
| 企业规模(千人) | 563 | 0.9 | 2.7 | 32.8 | 0.004 |
| 企业所属行业 | | | | | |
| 电子电器类行业 | 563 | 0.2 | 0.4 | 1 | 0 |
| 机械设备类行业 | 563 | 0.1 | 0.3 | 1 | 0 |
| 化工类行业 | 563 | 0.1 | 0.3 | 1 | 0 |
| 纺织类行业 | 563 | 0.1 | 0.4 | 1 | 0 |
| 五金类行业 | 563 | 0.1 | 0.2 | 1 | 0 |
| 家具、玩具类行业 | 563 | 0.1 | 0.3 | 1 | 0 |
| 交通运输类行业 | 563 | 0.1 | 0.2 | 1 | 0 |
| 食品类行业 | 563 | 0.1 | 0.2 | 1 | 0 |
| 其他行业 | 563 | 0.1 | 0.3 | 1 | 0 |
| 珠三角(非珠三角=0) | 563 | 0.6 | 0.5 | 1 | 0 |
| 企业成立时间(年) | 563 | 15.9 | 8.0 | 52 | 0 |
| 高新企业(非高新企业=0) | 563 | 0.5 | 0.5 | 1 | 0 |
| 销售市场 | | | | | |
| 内销 | 563 | 0.2 | 0.4 | 1 | 0 |
| 大部分内销 | 563 | 0.4 | 0.5 | 1 | 0 |
| 大部分出口 | 563 | 0.2 | 0.4 | 1 | 0 |
| 全部出口 | 563 | 0.2 | 0.4 | 1 | 0 |

续表

| | 频数 | 均值 | 标准差 | 最大值 | 最小值 |
|---|---|---|---|---|---|
| 企业用工成本 | | | | | |
| 人工成本20%以下 | 563 | 0.4 | 0.5 | 1 | 0 |
| 20%—40% | 563 | 0.4 | 0.5 | 1 | 0 |
| 40%以上 | 563 | 0.2 | 0.4 | 1 | 0 |
| 个人层面控制变量 | | | | | |
| 男性(女性=0) | 2116 | 0.5 | 0.5 | 1 | 0 |
| 年龄 | 2116 | 33.8 | 7.5 | 59 | 18 |
| 城市户籍(农村户籍=0) | 2116 | 0.3 | 0.5 | 1 | 0 |
| 教育年限 | 2116 | 12.2 | 2.9 | 16 | 6 |
| 工龄 | 2116 | 5.7 | 5.2 | 34 | 0 |
| 所学专业 | | | | | |
| 无任何专业 | 2116 | 0.4 | 0.5 | 1 | 0 |
| 机械、数控类专业 | 2116 | 0.2 | 0.4 | 1 | 0 |
| 经管、财会、法律类专业 | 2116 | 0.1 | 0.3 | 1 | 0 |
| 计算机、电子通信或软件类专业 | 2116 | 0.1 | 0.3 | 1 | 0 |
| 其他人文专业社科类 | 2116 | 0.1 | 0.3 | 1 | 0 |
| 其他专业类 | 2116 | 0.1 | 0.3 | 1 | 0 |
| 日均工作时间(小时) | 2116 | 8.7 | 1.2 | 14 | 7 |
| 日常执行工作内容 | | | | | |
| 重复性和体力性工作 | 2116 | 0.3 | 0.4 | 1 | 0 |
| 操作机械或设备 | 2116 | 0.2 | 0.4 | 1 | 0 |
| 生产管理或协调 | 2116 | 0.1 | 0.3 | 1 | 0 |
| 数据处理或服务客户 | 2116 | 0.1 | 0.3 | 1 | 0 |
| 文字处理或行政事务等 | 2116 | 0.2 | 0.4 | 1 | 0 |
| 其他 | 2116 | 0.1 | 0.3 | 1 | 0 |

## 四、数据分析

### （一）企业员工教育水平比例影响因素分析

根据企业员工高教育水平比例变量特征，我们建立了多元线性回归模型，对影响企业员工高教育水平比例的因素进行分析。表5是模型结果。

表5　企业大专以上学历员工占比模型

| 变量 | 模型1 | |
|---|---|---|
| | 系数 | 标准误 |
| 企业性质（民营=0） | | |
| 国有及合资 | -3.178 | 2.553 |
| 港澳台 | -4.046* | 1.897 |
| 外资 | -3.086 | 2.608 |
| 企业规模 | 0.225 | 0.284 |
| 企业所属行业（电子电器类=0） | | |
| 机械设备类 | 6.872* | 2.909 |
| 化工类 | 5.139+ | 2.631 |
| 纺织类 | -3.675 | 2.505 |
| 五金类 | 2.580 | 3.193 |
| 家具、玩具类 | -1.973 | 3.033 |
| 交通运输类 | -3.394 | 3.499 |
| 食品类 | 0.167 | 3.543 |
| 其他 | 3.040 | 2.474 |
| 地区（非珠三角=0） | 2.032 | 1.518 |
| 企业成立时间 | -0.015 | 0.093 |
| 高新企业（否=0） | 6.265*** | 1.662 |

续表

| 变量 | 模型 1 | |
| --- | --- | --- |
| | 系数 | 标准误 |
| 销售市场(内销=0) | | |
| 大部分内销 | −1.595 | 2.033 |
| 大部分出口 | −7.566*** | 2.261 |
| 全部出口 | −6.806* | 2.633 |
| 人工成本(20%以下=0) | | |
| 20%—40% | −0.472 | 1.592 |
| 40%以上 | −5.089* | 2.157 |
| 企业自动化程度(没有应用自动化设备的企业=0) | | |
| 准备应用自动化设备 | 0.825 | 2.247 |
| 少量应用自动化设备 | −0.650 | 1.742 |
| 广泛应用自动化设备 | 5.732* | 2.621 |
| 常数 | 22.059*** | 2.980 |
| 观测值 | 563 | |
| R-squared | 0.213 | |

注:*** $p<0.001$;** $p<0.01$;* $p<0.05$;+$p<0.1$。

模型1结果显示了各变量在控制其他变量情况下对企业员工高教育学历比例结构的影响情况。第一,从企业所有制层面来看,相比民营企业,港澳台资企业高教育学历比例要显著低4%。其他性质企业系数虽然不显著,但为负数。因此,从人才结构上来说,民企制造业在广东产业转型升级过程中走在了前面,率先优化了产业人才结构。第二,从制造业细分行业的层面来看,相比电子电器类行业,属于机械设备类和化工类行业的企业高教育学历比例要显著更高,分别高出6.87%和5.14%。第三,从产业价值链看,相比非高新企业,高新企业高教育学历比例要显著高6.27%。第四,从销售市场的层面看,相比销售市场属于内销型的企业,全部出口和大部分出口型企业高教育学历比例要显著更低,分别低6.81%和7.57%。第五,从人工成本看,相比人工成本占总成本20%以下的企业,人工成本占到总成本40%以上的企业,高教育学历比例要显著低 5.09%。一般而言,人工成本高的企业大多为劳动密集型企业,换句话说劳动密集型企业比非劳动密集型企业具有相对水平更低的劳动力素质结构。第六,本文的核心自变量企业自动化程度影响结果显示,相比没有应用自动化设备的企业,广泛应用自动化设备的企业的高教育水平员工的比例要显著高 5.73%。

## (二)企业员工技能岗位所需培训时间影响因素分析

在表 6 模型 2 中,除了模型 1 中所包含的企业层次变量外,我们还控制了人口学、人力资本、工作特征等变量。模型 2 显示了各变量在控制其他变量情况下对员工技能岗位所需培训时间的影响情况。

表 6 企业员工技能岗位所需培训时间模型

| 变量 | 模型 2 | | 模型 3 | |
|---|---|---|---|---|
| | 系数 | 标准误 | 系数 | 标准误 |
| 男性(女性=0) | 0.932 | 0.891 | 0.957 | 1.000 |
| 年龄 | -0.023 | 0.162 | -0.022 | 0.080 |
| 城市户籍(农村=0) | -1.111 | 1.092 | -1.101 | 1.099 |
| 教育程度 | 0.712** | 0.250 | 0.727** | 0.261 |
| 所在企业工龄 | 0.553** | 0.160 | 0.548** | 0.161 |
| 专业(无专业=0) | | | | |
| 机械、数控类 | 5.161** | 1.680 | 5.250** | 1.741 |
| 经管、财会、法律类 | 0.701 | 1.773 | 0.621 | 2.514 |
| 计算机、电子通信或软件类 | 0.092 | 0.344 | 0.132 | 1.622 |
| 其他人文社科专业类 | -1.654 | 2.463 | -1.691 | 2.103 |
| 其他专业类 | 5.363* | 2.330 | 5.269* | 2.351 |
| 日均工作时间 | -0.501 | 0.423 | -0.482 | 0.493 |
| 日常执行工作(重复性和体力性工作=0) | | | | |
| 操作机械或设备 | 7.090*** | 1.331 | 7.100*** | 1.260 |
| 生产管理或协调 | 14.763*** | 2.121 | 14.789*** | 2.041 |
| 数据处理或服务客户 | 7.762*** | 1.961 | 7.750*** | 1.866 |
| 文字处理或行政事务等 | 5.470** | 1.790 | 5.329** | 1.584 |
| 其他 | 11.921*** | 2.221 | 11.740*** | 2.182 |

续表

| 变量 | 模型 2 | | 模型 3 | |
|---|---|---|---|---|
| | 系数 | 标准误 | 系数 | 标准误 |
| 企业类型(没有应用自动化设备的企业=0) | | | | |
| 准备应用自动化设备 | 0.801 | 2.433 | — | — |
| 少量应用自动化设备 | 1.792 | 1.112 | — | — |
| 广泛应用自动化设备 | 4.031* | 1.960 | — | — |
| 员工类型(没有应用自动化设备的企业=0) | | | | |
| 准备应用自动化设备 | — | — | 0.785 | 1.861 |
| 少量应用自动化设备但不在自动化部门 | — | — | 2.372+ | 1.40 |
| 少量应用自动化设备且在自动化部门 | — | — | 1.192 | 1.692 |
| 广泛应用自动化设备但不在自动化部门 | — | — | 6.322** | 2.332 |
| 广泛应用自动化设备且在自动化部门 | — | — | 2.198 | 2.712 |
| 企业特征变量 | 控制 | | 控制 | |
| 常数 | 1.912 | 5.871 | 1.449 | 6.170 |
| 观测值 | 2116 | | 2116 | |
| R-squared | 0.152 | | 0.152 | |

注:①模型 2 中纳入了模型 1 中所有的企业特征变量作为企业层面的特征变量,限于篇幅不展现全部控制变量,有兴趣的读者可以向作者索要;②考虑到同一个企业中的员工特征可能相关,而不同企业的员工不相关,因此模型 2 和模型 3 都使用了聚类稳健标准误来修正这一影响;③ *** $p<0.001$,** $p<0.01$,* $p<0.05$,+$p<0.1$。

第一,在人口学变量中,性别、年龄和城市户籍三个变量没有显著效应,这意味着岗位技能培训上可能不存在性别、户籍歧视,即在各方面因素一致情况下,男女、城乡员工的技能培训要求一致。第二,在人力资本变量中,教育程度、工龄和专业类型变量则对技能岗位培训时间有显著性影响。具体而言,教育程度越高、所在企业工龄越长的员工所在岗位技能培训时间越长,所掌握技能相对更复杂。相比没有受过任何专业训练的员工,机械、数控类专业和其他专业类员工所在岗位技能培训时间更长,其他专业则与无专业员工没有显著差异。这有两种可能,在制造业中非机械数控类专业员工与无专业员工所体现的劳动禀赋相差不大,因而面临的工种和劳动技能任务相似,而机械、数控类专业员工由于专业更为对口,被分配到更为复杂的工作中。这提示我们职业教育需要培养更多适应企业现实发展需要的技能人才,充分发挥技能知识效应,让员工充分发挥并体现自己的技能禀赋。第三,工作特征变量中日常执行工作内容对员工岗位技能培训时间有显著影响,相比从事重复性和体力性工作的员工而言,从事操作机械或设备、生产管理或协调、数据处理或服务客户、文字处理或行政事务以及其他工作内容的员工岗位技能培训天数都更长,要多出5—15天。最后,本文的核心自变量企业自动化程度的影响显示,相比没有应用自动化设备的企业,准备应用自动化设备的企业和少量应用自动化设备的企业与之没有显著性差异,但广泛应用自动化设备的企业的员工岗位技能培训时间要显著多4天。

如前所述,企业推进实施的以自动化改造升级为代表的技术进步对劳动力技能的影响有两条路径:一条路径是从整体上提升劳动力的综合素质,典型现象是招聘更多的高学历劳动者;另一条路径则是采用新技术下对员工劳动的具体影响,典型现象则是新技术下工序、工作内容的变化,既可能是简单化、重复化,也可能是需要更高的工作技能配合复杂精密的工业生产设备仪器运行。因而在模型2中,我们虽然观察到了在广泛应用自动化设备的企业中员工岗位技能培训时间要更长,但我们还需要进一步区分这种技能水平增益效益在同一个企业内部是如何表现的。具体而言,则是在实施自动化改造升级的企业中,尤其是不同部门中的员工(是否属于自动化改造升级部门),他们的技能水平是否有差异。因此,我们在模型3中进一步观察了自动化部门与非自动化部门中员工技能培训的差异。

模型3显示,个人层面人口学变量、人力资本变量、企业工作特征变量对员工岗位技能培训时间的影响与模型2一致。但我们发现模型2中自动化升级对企业员工技能培训时间的增益效应,主要是因为实施自动化改造升级企业中非自动化升级改造部门员工岗位技能培训时间更长,而自动化部门员工与非自动化升级改造企业员工没有显著性差异。这在一定程度上说明,如果企业部门实施了自动化改造升级,那么可能会简化原有工序所需的劳动技能,让劳动者可以在更短的时间内掌握该项技能。因此,虽然我们没有观察到自动化改造部门工人的技能显著低于非自动化部门的工人,但在某种意义上,可能原本显著高于没有应用自动化设备的企业以及非自动化部门员工的技能水平现在已经没有显著性了。此外,我们发现反而是应用了自动化设备的企业中非自动化部门员工的岗位技能培训时间显著更长。我们认为有三方面的原因推动了相应员工的技能水平的提高：一是因为非自动化部门的生产技艺难以实现标准化的自动化改造，更加依赖于工人的生产实践积累，因此非自动化部门员工的岗位培训时间更长；二是因为自动化部门所带来的更高的生产效率，也需要其他非自动化部门岗位的配合，这种"倒逼"使得非自动化部门员工的技艺在没有自动化助推的条件下，需要更长的岗位培训时间来适应及胜任整体效率提升所带来的生产压力与要求；三是因为自动化技术的引进对非自动化部门的员工提出了新的要求，促使他们学习新的技能。例如，随着工业机器人的引进，工程师需要通过学习新的关于工业机器人的知识才能胜任工作，因此导致其培训时间高于在没有应用自动化设备的企业中的机器维修工和工程师。

## 五、结论与思考

本文通过分析广东省制造业"企业-员工匹配"问卷调查数据，发现广泛应用工业机器人等自动化设备的企业具有更高比例的高教育水平的员工，同时员工技能培训时间更长。进一步的分析发现，应用自动化设备的企业中非自动化部门的员工岗位技能培训时间更长，而自动化部门员工与没有应用自动化设备的企业员工技能培训时间则没有显著差异。总体而言，企业开展"机器换人"一方面提高了员工的总体技能水平，具有"技能提升"的效应；另一方面扩大了员工之间的技能水平差距，造成了"技能分化"。

首先，研究发现，在广泛应用自动化设备的企业中，具有大专及以上学历的员工比例显著高于其他类型的企业，员工的工作岗位所需的培训天数也显著高于其他类型企业的员工。因此，我们认为，中国当下的"机器换人"没有导致普遍的"去技能化"趋势。相反，广泛应用自动化设备的企业中的员工学历结构优化、培训时间增加，说明从整体上来看，"机器换人"对劳动者具有"提升技能"的影响。因此，本文与多姆斯（Doms，1997）等学者的研究发现一致，实施"机器换人"将推动企业优化职业岗位结构，淘汰低技能水平工种，招募更高学历的员工。值得注意的是，虽然我们发现了自动化技术升级能够优化企业员工教育水平结构，但是这一影响是有条件的，那就是当企业自动化改造升级达到一定水平，才会涌现这种效应。少量应用自动化设备的企业，则不存在工人技能水平增益效果。

其次，本文指出，自动化部门和非自动化部门中员工的技能水平变化存在差异：非自动化部门的员工技能水平显著更高，自动化部门的员工技能水平则与非自动化企业员工没有显著性差异。因此，一方面，在引入了工业机器人等自动化设备的岗位中，工人的技能没有显著提高。这一研究发现与已有的研究(Huang, Sherif, 2017; Butollo, Lüthje, 2017)具有相似性，即工作自动化给工人带来的技能提升空间十分有限。例如，对于给工业机器人上下料的工人而言，主要的工作是将物料放在工业机器人上进行加工，然后再将加工好的产品取下，这一工作主要是简单重复的辅助性劳动，所需的工作岗位培训时间较少，因此他们难以通过自动化升级提高自身的技能水平。另一方面，对于工作任务没有被自动化的工人而言，他们的技能水平显著提高了。在自动化企业中，机器维护部门、研发部门、生产管理与协调部门等的工作难以被自动化设备取代，通常属于非自动化部门。随着新技术的引入，这些部门的员工需要学习机器人维修、机器人编程、自动化生产流程管理等新技能，导致他们的工作岗位培训时间明显增加。制造业自动化改造升级客观上会加速企业内部员工的"技能分化"。因此，我们认为虽然自动化升级对工人技能的提升具有积极作用，但是这一作用局限于工作任务没有被自动化的工人群体，工作岗位被自动化的工人则难以通过这次技术升级提升自身的技能，实现"技能升级"和"技能赋权"。

最后，本文指出，广泛应用自动化设备的企业更倾向于雇佣受教育程度较高的员工。也就是说，这一类型的企业对低教育程度的员工具有排挤效应。目前，我国正在经历快速的自动化过程。2015—2017年，我国制造业企业机器人投资增幅高达57%。预计到2025年，我国机器人的覆盖率将逼近世界先进水平(程虹等，2018)。随着工业机器人等自动化设备在制造业企业中的广泛应用，企业对于员工技能水平的要求也会相应提高，部分低技能水平的工人面临的失业风险将会增大，可能引发技术性失业问题和随之产生的社会问题。因此，我们认为在技能结构调整的背景下，需加强劳动力技能培训，密切关注技术性失业的风险。一方面，政府有关部门需要积极推动制造业劳动者"再技能化培训"，通过提供公共技能培训服务提高劳动者的人力资本，促进劳动力再配置。同时，鼓励学校和企业开展技能培训，提高劳动者的受教育程度和专业技术水平，应对"智能制造"趋势下对劳动者技能水平的要求。另一方面，需密切关注企业在自动化升级过程中的裁员行为，保障被裁员工可以依法获得经济补偿，切实保护劳动者的合法权益，避免因裁员引发劳资纠纷。

# 参考文献

布雷弗曼,哈里,1978,《劳动与垄断资本:二十世纪中劳动的退化》,北京:商务印书馆。

程虹、陈文津、李唐,2018,《机器人在中国——现状、未来与影响》,《宏观质量研究》第3期,第56—57页。

吕洁、杜传文、李元旭,2017,《工业机器人应用会倒逼一国制造业劳动力结构转型吗?——基于1990—2015年间22个国家的经验分析》,《科技管理研究》第22期,第32—41页。

马克思,卡尔,2004,《资本论》(第1卷),北京:人民出版社。

王星,2011,《技术的经济政治学——基于马克思主义劳动过程理论的思考》,《社会》第1期,第200—222页。

许辉,2019,《"世界工厂"模式的终结?——对"机器换人"的劳工社会学考察》,《社会发展研究》第1期,第143—162页。

Acemoglu, Daron, Pascual Restrepo. 2017. "Robots and Jobs: Evidence from US Labor Markets."*NBER Working Paper*, No. 23285.

Agnew, Andrew, Paul Forrester, John Hassard, Stephen Procter. 1997. "Deskilling and Reskilling within the Labour Process: The Case of Computer Integrated Manufacturing."*International Journal of Production Economics* 52: 317-324.

Alder, Paul. 1988. "Automation, Skill and the Future of Capitalism." *Berkeley Journal of Sociology* 33: 1-36.

Bell, Daniel. 1976. *The Coming of the Post-Industrial Society*. New York: Basic Books.

Bulloto, Florian, Boy Lüthje. 2017. "'Made in China 2025': Intelligent Manufacturing and Work." pp. 42-61. in *The New Digital Workplace*, edited by Kendra Briken, Shiona Chillas, Martin Krzywdzinski. Houndsmills: Palgrave.

Clogg, Clifford, James Shockey. 1984. "Mismatch Between Occupation and Schooling." *Demography* 21: 235-257.

Doms, Mark, Timothy Dunne, Kenneth Troske. 1997. "Workers, Wages, and Technology."*The Quarterly Journal of Economics* 112(1): 253-290.

Huang, Yu, Naubahar Sherif. 2017. "From 'Labour Dividend' to 'Robot Dividend': Technological Change and Workers' Power in South China." *Agrarian South: Journal of Political Economy* 6(1): 53-78.

IFR, 2018. "Executive Summary World Robotics 2018 Industrial Robots." Available at: https://ifr.org/downloads/press2018/Executive_Summary_WR_2018_Industrial_Robots.pdf.

Jones, Britney. 1982. "Deconstruction or Redistribution of Engineering Skills: The Case of Numerical Control." in *The Degradation of Work: Skill, Deskilling and the Labour Process*, edited by Stephen Wood. London: Hutchinson.

Nobel, David. 2011. *Forces of Production: A Social History of Industrial Automation*. London: Transaction Publishers.

Piore, Michael, Charles Sabel. 1984. *The Second Industrial Divide: Possibilities for Prosperity*. New York: Basic Books.

Shaiken, Harley. 1979. "Numerical Control of Work: Workers and Automation in the Computer Age." *Radical America* 13(6): 29-45.

Spenner, Kenneth. 1983. "Deciphering Prometheus: Temporal Change in the Skill Level of Work." *American Sociological Review* 48(6): 824-837.

Wallace, Michael, Arne Kalleberg. 1982. "Industrial Transformation and the Decline of Craft: The Decomposition of Skill in the Printing Industry, 1931-1978." *American Sociological Review* 47(3): 307-324.

Yang, Zi. 2017. "Who Will Satisfy China's Thirst for Industrial Robots?" *Diplomat* 5-19. Available at: https://genuinebritishengineer.wordpress.com/2017/10/07/machines-robots-who-will-satisfy-chinas-thirst-for-industrial-robots/.

（责任编辑：贺光烨）

# 增强技术控制权
## ——平台经济下外卖骑手的劳动过程研究

董慧娜*

**摘要**：聚焦平台经济下外卖骑手的劳动过程，本研究发现，资方隐匿在技术系统的背后，制定平台管理规则，并重点设置了智能派单、数据监控和惩罚制度三大管理规则。同时，资方能够针对骑手的劳动实践调整管理规则。而骑手在直接与技术系统互动过程中，发展出碎片化的系统想象、合作跑单和寻求多方共谋的三重劳动实践，试图以此增强自身的技术控制权，修正技术机制，争取符合自身劳动预期的自主空间。但从实际结果来看，骑手们更深地卷入到自身积极创造出的更为苛刻和高度竞争的劳动规则之中。本文指出，骑手在劳动过程中并未改变资方基于数字技术设置的劳动管理规则，而是陷入与技术系统无穷的博弈过程，被迫发展出"能力至上"的劳动意识，甘愿忍受劳动风险并努力提高劳动效率，在无意间与资方利益达成了一致。

**关键词**：平台经济　技术系统　劳动策略　能力至上　技术控制权

## 一、研究背景

当前的网络平台公司借助"技术+资本"的组合，普遍采用轻资产经营模式。基于该模式，公司将资源主要投放于核心业务相关的人力资本上，而将其他业务和相关劳动者以外包或劳务派遣等形式排除在核心领域之外，以便减轻相关资源消耗和管理负担（梁萌，2017）。该模式下的行业部门旨在成为以最低投入和风险、弹性化的组织结构和资本增值为特征的"独角兽"企业（崔学东、曹樱凡，2019）。在轻资产战略的影响之下，以美团、饿了么为首的外卖平台采取外卖服务外包的用工模式，旨在降低人力和管理成本。这一将外卖配

---

\* 董慧娜，南京大学社会学院博士研究生（dhndhy123@163.com）。

送服务外包给加盟商、由加盟商自行招募骑手的用工关系被称为"加盟模式"，是当前外卖平台主流的用工模式。

此外，美团公司研发出了当前全球规模最大的"人机游戏体"——美团配送智能调度系统。它横亘 2000 座城池，数百万人超长待机等待任务。骑手们需要钻进城市的毛细血管中，熟稔每一处街道、每一个单元楼，甚至隐藏在黑暗楼栋的信息，才能步步通关，而通关意味着更密集的订单和更丰厚的酬劳（张珺，2019）。但智能化调度系统的顺利运作离不开有序的组织管理和人数庞大的骑手团队，而站长和骑手位于管理系统的末端。以方圆三公里为界，一个个微观的站点在平台系统这台神秘机器的调度之下，建构出城市甚至国家宏大的即时运力整体，驱动着数百万骑手每天 10 个小时的努力劳动，打造了当前庞大的外卖商业帝国。

在这幅凭借数字技术实现全局调度的平台化劳动全景之中，资方为骑手建构出一个高薪且管理宽松的劳动机会。但实际上，平台劳动过程中存在的诸多矛盾和难题不断戳破资方建构的劳动神话，比如骑手与美团平台之间模糊的劳动关系，骑手和消费者之间冲突不断，骑手因频繁违反交通规则而被视为城市秩序破坏者，超长工作时间且交通事故风险突出，等等。为更好地理解平台经济中的劳动困境问题，本文聚焦美团外卖骑手的劳动实践，试图讨论在这幅大型人机合作的劳动场景之中，资方如何借助数字技术设置管理规则、开展劳动控制；而骑手如何对技术控制进行反抗，以及又为何自愿容忍各种劳动冲突和风险。

## 二、文献综述：劳动过程和平台经济研究

### （一）劳动过程理论的两大脉络

考虑到本研究的具体研究对象和问题，文献综述首先梳理了经典劳动过程理论中涉及技术变迁与劳动控制的相关研究，其次聚焦数字技术变迁背景下平台经济如何重新塑造新型劳动过程。控制劳动过程、实现剩余价值是马克思在劳动过程研究领域的核心关注（马克思，2004:207），也是后继研究的重点。

马克思从阶级对立视角讨论资本剥夺剩余价值的技术手段，机器和大工

业生产激化劳资矛盾,引发工人反抗。其理论彰显出对劳动价值的重视和对劳动者自我实现的关怀,技术变革成为压迫劳动者的直接因素。随后,布雷弗曼(1978)进一步讨论机械机器被引入工厂劳动场景,形成了"概念和执行"相分离的技术逻辑。在此逻辑下,工人成为生产机器的一部分,其劳动本身的价值创造性被磨灭。但其技术控制论取向遭到诸多批判。后来学者虽然继续将技术变迁作为关键的分析维度,但更注重工人反抗这一现象。埃德沃兹(Edwards, 1979)认为技术控制将整个公司的劳动力引向由生产技术确定的共同的工作节奏和工作模式中,或者说技术控制将同质化的劳动者联系起来,而这种联合同时有助于工人举行罢工。随着机器大生产带来企业规模的扩大,简单的去技术化控制已经存在局限。资本家在公司组织层面发展出官僚制的结构控制方式,因此,埃德沃兹关注公司内部存在的多重组织结构和技术控制之间的相互嵌入作用。

布洛维被认为对技术控制论做出了最严厉的批判,他(Burawoy, 1985: 39)认为任何工作场景都包含经济维度(物品的生产)、政治维度(社会关系的生产)和意识形态维度(对这些关系体验的生产),且这三个维度密不可分。而布雷弗曼只考察了生产领域中的劳动过程,没有将生产的政治和意识形态维度纳入考量(闻翔、周潇,2007)。布洛维关注工人为何积极参与针对自身的劳动剥削,着重提出"超额游戏"这一车间文化机制是劳资双方共同塑造的产物,该机制在形成之后自主运作,超出工人控制,资本主义得以从中获得并掩盖剩余价值。车间内的技术设备和变迁则成为生产性活动和生产关系变迁的推动和刺激因素,比如新型技术设备的运作改变并细化着工人的分工,不同工种工人之间发生摩擦导致劳动者和管理者之间的冲突转为工人之间的冲突,工人之间弥漫的竞争和冲突关系也汇聚到"超额游戏"这一文化机制中。后续研究多继承布洛维关注工人群体内部的文化性互动机制及其劳动意识的研究思路(游正林,2006)。此外,托马斯(Thomas, 1985)对比两家机器运用情况不同的生菜收割公司,发现人力收割和机器收割的差异导致公司对工人素质需求的差异,但两种不同的劳动过程和技术组织却同样使得资方获益。该研究表明技术会改变资方组织劳动队伍的逻辑,但对劳动收益的提升效果却都受到当下社会文化逻辑的影响。

由上可知,技术作为影响资方开展劳动控制的重要因素,马克思和布雷弗曼强调资本对工人的直接控制,尤其是布雷弗曼更是将资本控制的逻辑归结于"概念与执行"分离的技术逻辑,技术成为资本的直接代理人,导致生产方式和劳动关系的转变。相反,埃德沃兹和布洛维等作为技术控制论的批判者,认为资本需要适应工人的抗争,以及资本剥削机制具有暧昧性和掩饰性。各种劳动场景下的文化性机制在允许工人发挥主体性的同时,也发展出帮助资本获利的劳动机制。技术不再是资本控制劳动者的直接代理人,而是资方拥有的多种控制策略或工具的一种,抑或发挥着作用媒介的功能。

对于上述两类视角主要存在两方面的批评。首先,上述研究认为资本家与工人的利益是对立的,因此,在劳动过程中,工人必然会对管理者的控制进行抗争。但该假设不一定成立,实际上工作场所的文化通常是矛盾复杂的。从工人主体性视角来看,工人并不是对管理者的所有控制都抗争,他们有各自判断控制是否公正的标准(游正林,2006)。其次,关注技术控制和劳动意识形态的两种路径的研究存在独立并行的特征(梁萌,2016),相关研究多是选择某一理论路径,讨论技术逻辑或者文化意识形态如何分别服务于资方获取剩余价值。

当前数字技术的兴起和应用提供了重新讨论技术控制和劳动反抗现象的机遇。技术深化到劳动过程之中(杨伟国等,2018),这要求学者们对传统劳动控制路径进行反思和调整。比如梁萌(2016)指出,互联网技术不仅在形式上区别于传统技术,更在意识形态层面具有显著的技术文化特征,互联网技术及其文化正在成为劳动过程中的重要影响因素,技术和意识形态在互联网产业的劳动过程中形成一定的融合关系。当前数字技术到底如何在平台劳动控制中发挥作用?又能为我们提供哪些有关技术控制和劳动者意识形态相互融合的新认识?这是本文关注的重点。下面本文将进一步讨论以数字技术为依托的平台经济及其劳动过程。

## (二)平台经济及其劳动过程研究

随着互联网技术的兴起和发展,各类以数字技术和数字劳动为新特征的平台经济正呈现加速发展的趋势。以平台化为特征的数字经济催生出分享经济(sharing economy)、合作经济(collaborative economy)和零工经济(gig economy)等多种经济模式,推动资本主义步入平台资本主义阶段(Langley, Leyshon, 2017;徐林枫、张恒宇,2019)。资方借助平台系统,为劳动者和其他主体提供基础设施和中介化服务,将自己定位于可以监视和提取不同群体之间的所有交互性操作,这种定位成为其经济和政治权力的来源(Srnicek, 2017a;

2017b)。平台资本是一种专门提供网络基础设施或者中介性服务的资本形态。从当前诸多平台巨头公司的垄断发展趋势来看,平台资本主义本质上是一种垄断资本主义,是资本主义更加集约化的表现。平台资本主义垄断逻辑背后是平台公司对数据与社交关系的私有化与商业化(蔡润芳,2018)。同时,平台逻辑创造出新的劳动领域、生产方式和劳工组织形态(邱林川,2009)。劳动者既是生产者也是消费者,极大改变了传统马克思主义视角下的生产逻辑和劳动关系(乔晓楠、郗艳萍,2019)。

聚焦平台经济下的劳动过程研究,其研究对象主要包括两类劳动群体:以生产网络内容为工作的数字劳工和以网约车司机、快递员和外卖骑手等为代表的低技能平台劳工。对前一类劳动者的劳动过程研究指出,资方将平台媒介作为技术工具,通过对参与主体活动的劳动化获取巨大的数字劳动剩余价值(蔡润芳,2018)。与此同时,平台资本塑造出数字劳工的新自由主义工作伦理(Kathleen, Corrigan, 2013; Jonas, 2017),在"分享""参与"和"自由"等意识形态的掩盖下,资本实现剥夺劳动者剩余价值的目的(吴鼎铭,2015;胡慧、任焰,2018)。这一过程同时预示着资本生产开始跳出传统工业体制,将行业乃至社会整体纳入其生产体制之中(吴鼎铭,2015;徐林枫、张恒宇,2019)。

现有的对低技能平台劳工的研究侧重于讨论技术对劳动过程的控制,平台方制定了各种管理机制。首先,数字技术的运用便利了平台方对劳动过程的实时监控,劳动不再被局限在特定的工厂场景,超视距劳动控制成为可能(赵璐、刘能,2018);其次,"算法管理"(algorithmic management)成为开展劳动控制的重要技术因素(Kenney, Zysman, 2016; Schildt, 2017)。以优步平台为例,平台方基于技术算法大量收集劳动数据,精心设计出浮动的阶梯式薪资制度,诱导劳动者延长工作时间,提高劳动效率(Rosenblat, Stark, 2015)。算法技术普遍应用到平台管理过程中,导致算法黑箱现象。由于劳动者和平台方掌握的技术信息不对称,平台垄断着劳动规则的制定权和变动权(Bucher, 2017; Dourish, 2016)。此外,平台方借助顾客评价机制,将劳动监督责任转移给消费者,并催生了外卖骑手的情感劳动实践,使得劳动冲突得以转移,淡化了雇主责任(Sun, 2019)。研究认为,数字技术的运用使得平台劳动成为超越特定时空范畴的伪弹性工作的典型,系统和算法成为主导型的资源分配者,彼此关系淡薄的劳动者高度信任和依赖技术,服从技术安排(吴清军、李贞,2018;胡杨涓、叶韦明,2019)。

此外,通过对比传统劳动控制机制,有研究(赵璐、刘能,2018;胡杨涓、叶韦明,2019)认为,不同于传统的科层式控制逻辑,平台方往往采取去科层化的劳动管理模式。该模式依据数据监控收集劳动数据,制定严厉的经济惩罚和等级制薪酬进行超视距管理,导致一线劳动者多数情况下面对的只是冷冰冰的平台系统,无法接触到系统背后的管理者。平台管理机制下的劳动者的劳动呈现出个体化趋势,他们劳动合作性低,彼此关系松散淡薄,劳动者集体抗争的可能性降低(邢海燕、黄爱玲,2017;Veen et al.,2020)。

上述研究总结出大量关于资方借助技术平台开展劳动控制的机制,丰富了学界对数字技术变迁背景下劳动控制问题的认知。上述研究普遍认为技术改变了资方对劳动过程的控制机制,资方将平台系统作为开展劳动控制的直接代理人,自身得以隐匿在平台系统背后。平台方建立在算法基础上的管理控制本质上也是一种去技能化的、原子化的泰勒制,不过更为隐蔽和精巧(许辉,2019);而且,劳动者的反抗是零散的、个体化的,无力抵抗精准严密的技术控制。但通过对骑手和技术之间微观互动过程的分析,本文对上述判断进行反思。本文指出,平台经济下的劳动过程并非资方借助平台系统严密监控劳动者的场景,而是骑手积极配合、不断反抗技术控制、争取自主空间的过程。但显然,在此过程中,骑手们的直接反抗对象转变为技术系统,而非其背后的资本及其管理制度。

本研究以 N 市 X 区域作为田野,结合田野观察和深度访谈法,对美团平台的外卖骑手及其劳动过程展开调研。从 2019 年 6 月 15 日到 2019 年 8 月 12 日,笔者在 X 区域的 A 和 B 两个相邻的美团站点开展近两个月的田野调研和访谈。[①] 在调研过程中,笔者考虑到骑手的从业时长、年龄和婚姻状况、跑单数量和与笔者的熟识程度等因素,正式访谈了 29 名骑手(按照访谈时间顺序,编码 A1—A29)和两个站点的站长(A 站长和 B 站长),单次访谈时长从 30 分钟到 3 小时不等,之后还对部分骑手进行回访。此外,笔者经两位站长允许,加入两个站点的微信工作群和部分骑手的小团体微信群,从而能够观察站长和骑手、骑手之间的线上互动。在田野期间,笔者与骑手同吃同劳动,还参加了两次站点聚餐活动,以期深度了解骑手们的生活日常。

---

[①] A、B 站点属于 N 市同一家物流公司,该公司承包了 N 市多地区的美团外卖物流服务。站点骑手的流动性较大,两个站点的骑手人数基本稳定在 30 人和 140 人左右(站点骑手数量主要取决于站点的订单量)。A 站点站长之前担任 B 站点的副站长,于 2019 年 6 月份被公司派到 A 站点担任站长。

## 三、基于数字技术的劳动管理规则

数字技术改变了生产任务的分配方式,构成平台系统运作的核心。与传统计件薪酬制度不同,平台系统中"件"的分配是由智能派单系统完成的。平台系统根据"黑箱式运作"的系统算法,即时收集来自消费者、骑手和商家等主体的历史数据以完善算法,提高外卖骑手单次配送效率。系统算法包括机器学习(出餐时间估计、交付时间估计、未来订单估计、路径耗时估计)、统筹优化(路径规划、系统派单、自动改派、仿真系统)和即时的大数据平台(骑手轨迹数据、配送业务数据、特征工程数据、实时环境数据)等因素(技术之心 V,2017)。智能算法旨在将配送工作转变为依照算法系统指示开展的简单重复的去技能化劳动,继而提高整体配送效率,降低物流成本。结合美团公司提供的智能系统优化的算法目标可知,平台方旨在实现特定区域内的整体跑单情况最优,而非个体骑手跑单数最优,算法目标和骑手个体利益之间存在偏差。不过,从数据上看,美团引进智能系统派单模式之后,骑手配送效率不断提升:订单的平均配送时长从 2015 年的 41 分钟缩短至 2017 年的 28 分钟,同时,单均配送成本也有了 20% 的缩减(井华,2017)。

但目前看来,智能派单系统的运作尚存在缺陷,重点表现在午晚用餐高峰期(每天 10:30—13:30 和 16:30—19:30 为系统设定的订单高峰期时段,其他时段为非高峰期)出现的"爆单"现象。"爆单"主要是由于算法技术不够成熟,系统难以应对短时间内涌现的大量订单,造成配送路径规划不合理,订单大量累积,导致骑手送餐超时。骑手对"爆单"现象常常是爱恨交织。订单量骤增意味着一天的收入有了保障;但同时,"爆单"常常意味着路线不顺和跑单超时风险,这带给骑手巨大的身心压力。为缓解"爆单"问题,技术系统为骑手提供了有限次数的转单操作,每个骑手每天有三次定向转单机会,骑手之间可互相转单。但有限的转单次数往往不能满足骑手的实际需求,于是骑手们便借助由站长控制的无限次人工后台转单权限,在私下协商换单,然后通知站长在系统后台进行转单。

如上所述,智能派单旨在利用算法技术,提升配送效率,降低人力成本。但对于外卖行业来说,为顾客提供准时快捷的良好配送体验同样重要。在配送体验和物流成本之间取得最佳的平衡是外卖平台发展的根基和关键。因此，为保障顾客获得良好的消费体验，以美团为代表的外卖平台普遍实施严格的数据考核和惩罚制度。美团基于加盟商管理模式，形成美团、加盟商和骑手三方之间委托、管理和代理的三层组织结构。美团公司将外卖服务外包给加盟商，同时也将部分平台系统的管理权限交给加盟商，如上文提到的后台转单权限。加盟商既接受美团公司的监督考核，同时也负责组织和管理骑手。美团根据平台系统收集的数据对加盟商进行考核，而加盟商也会独立制定相应的数据标准管理站点和骑手。此外，根据计件薪酬制，骑手的劳动报酬与其跑单数据直接挂钩。可见，数据监控和考核连接着三方利益。美团和加盟商的数据考核标准都是基于骑手的各项基础跑单数据制定的，主要包括跑单数、准时率、（每单）平均时长、差评率、提前点"送达"和异常取消单等指标。

加盟商根据上述几项重点考核指标制定出严苛的惩罚制度，但各地加盟商和站点的惩罚制度存在一些差别。由于本文调研的两个站点同属一家加盟公司，其惩罚制度（见表1）基本一致。但实际上，基于数据监控开展的违规判定过程存在不稳定性和模糊性，美团从而为骑手提供了针对其违规行为的申诉机制。骑手如果对技术判定有异议，可以与站长沟通，由站长在系统后台进行申诉。其申诉主要集中在差评申诉方面，比如有些消费者把原本给商家的差评误给了骑手，这类差评一般都可以通过申诉修正；此外，也有一些时候消费者没有写明差评原因，这时候如果骑手没有超时等异常送餐情况，系统一般也会经骑手申诉后通过修正。但总的来说，骑手们对技术系统的违规判定过程并不了解，站长和骑手也时常因为技术判定和人工申诉问题发生争执。

**表1　A、B站点针对骑手的主要惩罚制度**

| 超时 | 每月准时率排名后三名的骑手，抄写"骑手准则"10遍 |
| --- | --- |
| 得差评 | 累积制，每月第一个差评罚款50元，第二个差评罚款100元…… |
| 提前点"送达" | 一次罚款200元 |
| 未通过"微笑行动"① | 一次罚款100元，三次未通过直接注销骑手账号 |
| 被顾客投诉 | 一次罚款500元 |

结合相关研究（冯向楠、詹婧，2019；Veen，2019），本节指出，基于数字技术的智能派单机制、数据监控和相应的惩罚制度构成资方核心的劳动管理规则，

---

① 美团平台不定期检查骑手穿戴是否符合要求以及骑手本人是否与账户信息相符，当手机美团软件出现"微笑行动"检查时，骑手需要在500秒内拍照并上传至平台系统。其目的在于防止骑手的冒名代跑行为。

用于指导、监督和考核骑手劳动者乃至其管理方——加盟商。正如埃德沃兹（Edwards, 1979: 17-18）指出，资本的劳动控制系统由指导工作任务、评估工人的工作、酬劳和惩罚工人三个要素组成。在平台经济中，技术系统首先作为资方的技术代理人，通过智能派单机制指导骑手工作任务，通过多方主体的数据收集，监督和评估骑手工作并设置了严苛的惩罚制度。

## 四、骑手的三重劳动实践

### （一）碎片化的系统想象：对智能派单的合理化解释

基于对脸书用户的调研，布赫尔（Bucher, 2017）提出"算法想象"（algorithmic imaginary）这一概念，主张从算法和个体相遇的空间入手，理解人们对算法的认知，以及人们如何在实践中重塑算法规则，继而构成化解算法不可知问题的研究路径。在本文中，全面综合各类影响因素的智能派单机制旨在实现区域性跑单效率最优，而非个体骑手的跑单效率最优，这使得骑手即使了解系统派单原理，也难以把握即时订单的分配规律。骑手们时常抱怨系统派单不合理、系统死板。但面对计件薪酬制导致的跑单激励，骑手们仍然积极发挥主观能动性，发展出"赌博式吸单"、选择性跑单和修改"系统记忆"等策略，试图在黑箱式的智能派单机制中把握较为清晰稳定的派单规律，以获得更高质量的系统派单。

由于订单是即时派送的，骑手们认为智能系统会优先把订单派给距离商家最近且手头有着与未派订单同一地点或方向订单的骑手，即派单遵循顺路原则。因此，"吸单"成了骑手们争取更多系统派单的重要经验。所谓"吸单"是指当骑手收到系统派单，并不会立即到商家取餐，然后在手机上确认"已取餐"，骑手通常先在系统划定的取餐范围内继续等待，期待系统根据手机上的既有订单，再派给自己更多相同方向的订单。举例来说，A 站点邻近某著名高校，对骑手们来说，来自该校的学生外卖订单被视为最优单，高校订单不仅距离近，而且学生下楼取餐，减少了骑手的送单时间。对于 A 站点骑手来说，一天的跑单量基本为用餐高峰期该高校的订单数所决定。而且，如果哪个骑手在送餐高峰期跑了两三趟位于站点送餐范围边缘的外围单，便很可能错过整个跑单高峰期。尽量避免接到边缘单和多吸高校订单成为骑手们跑单的重要经验。有时候骑手们会相互"借单",即把其他骑手的高校订单转到自己手机上,期待一个最优单能吸到更多的订单。

"吸单"行为时常伴随着赌博般冒险的心理体验。为了多吸单,骑手会尽可能拖延出发送单时间,敢于冒险的骑手甚至在一个订单只剩5分钟的时候,才匆忙出发取餐和送餐。一旦送餐过程中某一环节出现差错,比如出餐缓慢、交通堵塞、顾客取餐不及时等,就会造成订单超时的连锁反应,骑手们也就会面临顾客差评进而被平台罚款的风险。一般来说,系统派单会对即时送餐情况进行智能评估,灵活调整订单的送餐时间,骑手手头订单越多,新派订单的配送时间越会随之延长。但对骑手来说,平台给出的配送时间越长,就越想冒险吸更多的单。

实际上,吸单经验也不完全可靠,近距离的单子同样可能吸到远距离的外围单,尤其在"爆单"时候,系统规划的路线往往十分混乱,顺路派单原则失效。这时候,骑手只能凭借经验和直觉选择性跑单。对于经验丰富的A14骑手来说,他认为自己可以较好判断何时接单、接什么样的单。"有一次,A4骑手就在我旁边,他来了一单外围单,我立刻就手机下线了,感觉可能自己也会吸到那边的单子。等一会感觉差不多了,再上线,立马来了高校的单子……系统派单吧,只可意会不可言传,直觉的准确率有60%吧。心态不能急,一急更接不到单子了。"①但并非所有骑手都能时刻保持稳定心态。面对捉摸不透的系统派单,站点骑手经常聚到一块抱怨系统派单不合理,骑手因跑单量少而心情烦躁。"心态炸了"成为两个站点骑手的口头禅,更有骑手因为跑不到单,干脆直接下线回家。

此外,骑手们还猜测自己往期的跑单记录会长期影响系统分配订单,因此试图通过修改"系统记忆",争取更好的系统派单。以A8骑手的经历为例,他在A站点已工作半年左右,但跑单量一直处于站点中下水平,时常因为系统派单少而心情郁闷。A8骑手认为自己深受系统的"毒害":

> 我跑单的第一个月,数据不太好,30多个超时,对地方不熟悉,老是找不到;第二个月又四五个差评,有时候是自己不太会说话,但有些客人也的确人品不好。第三个月,(我)一个差评、超时都没有,但还是跑不到单,站长说我是等级低,提高等级就好了。到现在,我升到"黄金"了,还是跑

---

① 访谈A14,A站点骑手,2019年7月16日。

不到单,不管怎么着,还是跑不到,都有点心寒了。系统有些死板,它不考虑别的因素,有时候你第一单跑了一个路线,它就给你一直跑那个路线。站长给我调过路线①,但还是不行。②

对于 A8 骑手的遭遇,其他骑手却有着不同的解释。不少骑手认为 A8 是自己不好好跑,一心想要好单子,不想跑外围单,这样系统自然不会给他多派单。A1 骑手说道:

> A8 只想跑近单子,外围单都转给别人,但他有了近单子还想着吸单,就会经常迟到,这样一来,系统就默认派给他近单子会影响准时率,便不给他派近单子了……他还整天抱怨,心态太差了。③

综上可知,基于计件薪酬制度的跑单激励,骑手们在实践中不断探索、反思,发展出多种对系统派单规律的碎片化系统想象,希望把握派单规律,规避影响派单结果的负面因素,获取更多的系统派单。但显然,骑手碎片化的系统想象对派单结果的解释具有高度不稳定性。实际上,这些因人而异的碎片化解释有助于骑手摆脱派单规则不可知的阴霾,继而灵活调整跑单策略和心态,对各种不符合预期的劳动遭遇进行自我合理化的解释。在此过程中,算法技术被人格化,骑手将其视为具有独立分析和判断能力,但有时犯错的高度技术化的派单员,系统派单不合理的"失误"变得可以容忍。但显然,要想与黑箱式运作的算法技术达到"和谐共处"的状态,骑手需要运用更加稳定有效的跑单方式。

## (二)合作跑单:转变智能派单机制

面对难以捉摸的技术系统,骑手与之达成和解的努力并非持续有效,强行转变智能派单逻辑势在必行。对骑手来说,要想有效提升跑单量,还须依靠团队合作,通过"抢单""团队跑单"和"极速跑单"改变智能派单结果。

美团骑手们会在站点微信群不断抛出自己不想送的订单,这时候,顺路或

---

① 站长掌握着系统后台的人工派单权限,可以通过把近距离单子派给该骑手,试图调整系统的"派单记忆",增加该骑手的派单量。
② A8,A 站点骑手,2019 年 7 月 5 日。
③ A1,A 站点骑手,2019 年 6 月 25 日。

者想多跑单的骑手便会接收转单，由站长负责后台调单。这一转单操作被骑手们称为"抢单"。骑手抢单是为了充分利用平台系统给定的送餐时间，在每趟送餐过程中尽可能多带顺路的订单。A20骑手是B站点公认的"单王"（对站点跑单数最多的骑手的称呼），他认为：

> 跑单一定离不开抢单，应该强行改变系统派单，去抢单，增加自己的单量的同时，准时率控制好。随着单数的增加，你会发现系统派单量也上去了……如果不抢单，系统最少（每天）也会给你20多单，但如果你想继续增加单量就得一直抢，直到"单王"为止。[①]

除了站点群，三五骑手之间还组建了大量非正式小团体，建立小型微信群，把想转出的订单优先在小团体微信群发出，没人接收再发到站点微信群。骑手们利用站点掌握的人工转单权限，可以对系统初次派单结果加以重新分配。但"抢单"操作是对骑手的精神和体力的极大挑战，不仅需要骑手有着强健的体能，更考验骑手通过准确规划跑单路线合理地"抢单"的能力。"单王"级别的骑手是这方面的佼佼者，他们往往能较好地平衡跑单量和跑单数据。

在订单量较大的送餐高峰期，除了"抢单"，关系好的骑手（一般在五六人左右）还会启动"团队跑单"模式。但与"抢单"实践一样，"团队跑单"也离不开骑手间的相互配合。在"团队跑单"模式中，根据一人手头已有订单，定位团队送单方向，一人首先接单和"吸单"，等待平台系统将同一方向订单派给他，然后将接到的多余订单转给其他队员，等整个团队骑手全部定向成功，按照骑手的话说，如果系统"正常"，团队的所有订单都将是同一方向。团队订单每次集中"喂饱"两名队员，两人一组，团队成员循环跑单。骑手发展出的"抢单""团体跑单"的跑单方式，极大程度上改变了智能派单机制。

需要注意的是，骑手的合作跑单方式建立在美团赋予站点的人工转单权限基础上。资方在实行智能派单系统之余，设置人工转单机制主要是为了提高骑手的跑单效率，避免高峰期"爆单"现象导致的订单超时。但对骑手来说，人工转单权限却是增加跑单数的必要手段。美团方并不支持骑手的合作跑单实践，尤其是"团队跑单"模式，认为这样会增加骑手内部跑单量的差距，引发部分骑手的不满。而且个体骑手很难权衡跑单数和准时率的关系，影响跑单

---

[①] A20，B站点骑手，2019年7月21日。

数据。在 A、B 两个站点，只要不影响跑单数据和内部团结，站长一般不会拒绝骑手的转单要求。但如果骑手因贪心抢单而导致超时和得差评，影响站点业绩，站长便会对骑手发出警告，威胁骑手不再进行后台转单。因此，骑手在团队合作争取大量订单的同时，还需要避免因超时被罚款的情况，他们被迫在城市的大街小巷，上演一幕幕与时间竞赛的"极速跑单"场景。面对超时风险，骑手不得不精确计算送餐时间、路线，并且尽可能减少路上骑行时间，发展出"极速跑单"的劳动实践。在骑手们看来，"没有闯过红灯的骑手不是好骑手！"[①]飞速骑行、闯红灯、逆行等危险操作构成他们工作的一部分。在无法改变黑箱式派单逻辑的情况下，骑手借助人工转单权限，积极实践多种合作跑单方式，至此发展出"能力至上"的劳动意识，即骑手认为跑单数不由技术机制决定，更靠个人能力。

结合上节所述的碎片化的系统想象实践，骑手们积极寻求来自技术系统本身和团队合作的帮助，独立发展出一套以碎片化系统想象和合作跑单为主的跑单机制，实现了重塑智能派单机制、对智能派单结果进行再分配的效果。在该跑单机制下，跑单数不再依靠黑箱式运作的智能派单机制，心态、经验和合作参与等主观能力被骑手视为获得大量且稳定订单的关键条件，发展出"能力至上"的劳动意识。但骑手无法突破资方对准时率等跑单数据的严格要求，这使得骑手不由自主地加速跑单。但无论如何，骑手终于与技术达成和解，黑箱式运作的数字技术也成为骑手"能力至上"的劳动意识的来源。

但与此同时，骑手并非没有意识到"急速跑单"导致的身心压力和劳动风险，但劳动压力和风险被部分地掩盖在骑手们"不稳定""流动性强"的劳动共识之下。"这只是一份临时的工作，没有人会一直做骑手"[②]成为骑手们普遍持有的劳动观念。骑手越是强调骑手工作的"暂时性"，就越倾向于忍受劳动风险问题。此外，在"能力至上"的劳动意识之下，劳动风险问题被塑造为劳动者个体自愿的选择，资方责任被有效淡化。但聚焦当下骑手的劳动处境，即使能力再超群的骑手也普遍感到平台所承诺的高薪和自由不可兼得。跑单数多的骑手经常是全月无休，每天工作 12—15 个小时。对骑手来说，劳动能力的重要性逐渐下降，"能力至上"的劳动意识开始幻灭。若想维持较高收入，急速跑单和延长劳动时长成为必然选择，骑手只能忍受日益增加的劳累程度和劳动风险。

---

① A21, B 站点骑手, 2019 年 7 月 22 日。
② A28, B 站点骑手, 2019 年 8 月 2 日。

## （三）寻求"共谋"：逃避数据监控和罚款

基于加盟商管理模式，美团方对加盟公司、站点和骑手开展严格的数据考核。加盟商以站点为单位对骑手进行管理，每月依据站点骑手整体跑单数据评定站点等级，站长工资与站点等级直接挂钩。因此，站长不得不运用其人工转单权限，帮助骑手进行"抢单"和"团队跑单"，争取骑手的配合。此外，站长还利用系统漏洞，指导骑手躲避技术监控。以美团公司严禁的"提前点'送达'"现象为例，有时候骑手们为避免送餐超时，会在征求顾客同意之后，在餐送到之前点击"送达"，但这并不符合公司规定。为规范骑手的送餐劳动，美团平台不断缩短允许骑手点"送达"的距离范围，从距离送餐点 500 米缩短至如今的 300 米。可见，骑手对系统漏洞的利用反而成为平台方完善算法和改进管理制度的有效凭据。但即使如此，站点仍可以找出系统漏洞，指导骑手逃避技术监控。A 站长告诉笔者，骑手一旦在规定范围之外点了"送达"，需要立即退出账号，之后再重新登录。按 A 站长的说法，骑手突然下线的操作有 95% 的概率可以逃过系统捕捉，因为骑手账号"突然掉线"很可能被智能系统判定为系统故障，不会追究骑手责任。

接下来，本文以 A 站点的"人效事件"为例，进一步说明资方如何通过制定管理规则开展数字监控，控制并规范骑手的跑单过程，以及骑手又如何利用加盟商和资方的利益分歧，寻求站长共谋，争取对技术系统的控制权。为控制个别骑手每日跑单数过多从而影响送餐准时率，美团针对各加盟站点制定了严格的"人效考核"要求：以站点为单位，每日总订单数除以在线骑手人数不能大于 30，而且在线骑手只有每天完成 10 单及以上的任务量，才能算作人效。但降低骑手人均跑单数意味着骑手收入的降低，必将引发骑手的不满。如何平衡资方的数据要求和骑手收益成为站点的管理难题。

首先是 A 站点的基本情况，A 站点的骑手数一般保持在 30—40 人，据站点 A14 骑手介绍，前任站长工作能力受到骑手质疑，引发骑手不满。站点几个骑手联合起来试图"搞垮"站点，他们故意送餐超时，导致站点在等级考核中连续两个月被评为最低等级，最终，前任站长被加盟公司调离 A 站点，现任站长在 2019 年 6 月上任。但现任站长刚刚上任，缺乏威望，骑手们出于各种原因对其多有怨言，比如埋怨站长不给自己调单、不开早会就罚款等。A14 骑手告诉笔者，现任站长时常私下里给某些骑手人工调单以换取骑手配合，但在不少骑手眼里，新站长只会通过小伎俩、通过送"人情单"笼络人心，并不能换来骑手的真心服从，反而给骑手留下"软弱""心眼多"的印象。个别骑手甚至以罢工为要挟，要求站长为自己转一些好单子。

A站长刚刚上任的时候，站点只有20名骑手，人少意味着站点骑手能跑到更多的单，但同时也容易导致系统派单路线混乱，引发骑手抱怨。A站长表示会尽力为骑手转单和调整跑单路线，同时，站长也面临美团制定的人效考核的数据压力。但显然骑手并不愿意站点增加骑手。由于站长刚刚上任缺少威望，不愿弄僵与骑手的关系，于是，为应付平台考核，站长开始鼓励有能力的骑手"开设小号"跑单。开小号是指借用他人的身份证注册一个新账号，一个骑手使用两个手机、两个账号跑单，这样既降低了站点人效，也满足了想多跑单的骑手的需要。但实际上，美团严厉禁止骑手开小号跑单的行为。为了防止账号信息和跑单骑手不相符的代跑现象，美团在2018年推出名为"微笑行动"的检查措施。骑手在线期间，平台系统会不定期要求骑手即时拍照并上传照片，自拍照需要满足露全脸、着工服和戴工帽等几项条件。如果骑手未按要求及时上传照片或照片未通过平台系统的审核，骑手将面临罚款乃至注销账号的惩罚。为应对"微笑行动"，骑手们一般会找关系好的商家开小号，并在商家处放置一套工服和工帽，以应对不定时出现的"微笑行动"。但由于两个账号跑单太过辛苦，而且"微笑行动"的监管愈发严格和频繁，最终只有两个骑手开了小号，未能起到降低人效的作用。

据A1骑手回忆："那天晚上12点，站长在群里发信息，'今天人效58，全国最高'，结果第二天站长就从B站点借调了七八个骑手。"[①]因为人效过高，A站长遭到加盟公司的批评，站长只能违背骑手意愿，从B站点借调骑手以降低人效。但骑手人数的增加导致A站点骑手的跑单数明显减少，A站点骑手对此很是不满。于是，在一位有威望的老骑手的号召之下，A站点骑手联合起来，暗中排挤借调来的骑手。他们将站长和调来的骑手排除在外，单独建立微信群，转单活动在该群开展，该行为被骑手称作"锁单"行动。这就导致新来的B站点骑手经常抢不到单，不到一周，B站点骑手集体去找两站点的站长，要求调返B站点。最后站长妥协，将骑手调回。但在接下来的两周时间里，A站点陆陆续续新加入了10个兼职骑手，所谓兼职骑手是指他们只需要每天跑够10单，且不要求在线时长。为避免老骑手再次不满，站长向老骑手保证，这些新来的

---

① A1，A站点骑手，2019年6月25日。

骑手都是兼职骑手,也不会长久干下去,骑手们只能表示接受。通过招收兼职骑手的方式,站点人效得以控制,一波三折的"人效事件"得到平息。

"人效事件"进一步表明,资方试图通过人效考核和"微笑行动"的技术措施控制骑手跑单数,提高订单准时率。对此,骑手试图借助美团和加盟商的组织矛盾,寻求站长的"共谋",以拓展自身的技术自主空间。但对于站长来说,维持站点跑单数据才是其主要责任,骑手的各类要求只有在不影响站点整体数据的情况下才能被满足。按照 A 站长的话,站长是骑手唯一能找的人,他碰到工作问题能找的也就是站长……站长就是受气包,是用来给骑手撒气的。但站长在关键时刻总是站在资方的立场上。如果骑手们真的以团体离职为要挟,站长表示并不会受其要挟:

> 如果有小团队要旷工离职,我就说,"行,你们走吧"。我就直接给区域经理打电话说,我们这边明天小团体要离职,大概六七个人,区域经理会跟我讲一句话,"行,我知道了",然后他说,"晚上我给你发一个表格",那个表格就是从哪个站给你调过来谁。所以,如果说小团体集体提出离职的话,我们是不会留的。

此外,骑手还积极谋求来自顾客的"共谋"。为更好地规范骑手的送餐行为和提高顾客的服务体验,美团设置了顾客评价机制,将劳动监管责任部分转嫁给顾客。但骑手能够利用与顾客之间存在技术信息不对称的状况,规避得差评和罚款的风险。按照美团规定,只要顾客在美团顾客端手机软件上确定外卖订单,便有权随时查看订单进度情况,包括商家接单、骑手到店、骑手已取餐、骑手送餐和订单完成等多项订单信息。顾客方获取的相关信息离不开骑手在骑手软件上的相应操作,但骑手往往会尽量推迟在软件上确认骑手到店和取餐的时间,他们并不会严格遵循美团平台的规定及时更新订单进度。我们需要从商家、骑手和顾客的三方关系来理解骑手的行为。骑手与商家之间时有矛盾发生,这主要聚焦在送餐高峰期商家出餐慢的问题上。对骑手来说,高峰期送餐本就时间紧张,再遇上商家订单堆积、出餐慢的情况,骑手经常面临超时风险。但骑手可以通过延迟更新订单进程尽可能规避超时风险,一旦订单超时,骑手便可以将责任推卸到商家头上,跟顾客解释说是商家出餐慢才导致送餐超时,以求取顾客谅解。从中可以看出,尽管准时送餐离不开商家出餐和骑手送餐的顺利配合,但平台系统并未区分商家制作食物的时间和骑手送餐的时间,这实际上使骑手独自承担了超时风险。而从技术上来看,分开计时是可行的,但骑手认为"美团跟商家一伙,只顾商家利益,联合起来坑骑手"①。无论如何,商家出餐慢的问题的确增加了骑手送餐超时的风险。骑手面对差评风险,只能积极开展与顾客的沟通,尽量满足顾客要求。对骑手来说,"哄好顾客"很关键。

基于数字技术,资方为骑手、站点、顾客和商家等多主体互动提供基础设施和中介化服务,收集不同群体互动过程中的数据信息,获得改进技术、开展劳动监控和评估的权力。但连接多主体的技术也能为骑手所用。骑手借助各主体之间存在的组织矛盾或技术信息不对称问题寻求"共谋",试图躲避数据监控,避免罚款。

## 五、结论

由上可知,资方隐匿在技术系统的背后,制定平台管理规则,重点设置了智能派单、数据监控和惩罚制度三大管理规则,针对骑手的劳动实践调整管理规则。资方试图通过技术监控彻底规范骑手的劳动行为,实现超视距严格监控。而骑手在直接与技术系统互动过程中,发展出碎片化的系统想象、合作跑单和寻求多方共谋的三重劳动实践,试图增强自身的技术控制权,修正技术机制,争取符合自身劳动预期的自主空间。总的来看,在去科层化管理的平台经济中,骑手与资方的博弈始终是围绕技术系统的应用过程,骑手发展出的三重劳动实践直接指向平台的技术逻辑,努力拓展自身对技术系统的解释权和控制权。但从实际结果来看,骑手们更深地卷入到自身积极创造出的符合资方利益的劳动过程之中。

从理论层面来看,不同于经典理论中将技术变迁视为资本控制工人的核心机制的技术控制论思路,也不同于反技术控制论的相关研究将研究重点转向工厂体制或行业体制下文化机制的塑造,在以数字技术为核心的平台劳动过程中,技术逻辑发挥着更重要的劳动控制和管理作用,但技术逻辑对整体效率和规范的控制并不符合劳动者预期,劳动者倾向于根据自身对技术系统的想象和预期,扩大自身的技术控制权,调整技术逻辑。但在平台劳动过程中,

---

① A8,A 站点骑手,2019 年 7 月 5 日。

由于骑手的三重劳动实践指向的是技术逻辑,并未挑战资方设置的劳动管理规则,骑手不得不冒险加速跑单,提高送餐速度,最终与资方利益达成一致。

回归平台经济下的劳资关系,平台经济的野蛮生长持续制造出高薪和自由的虚假幻象,数百万劳动者放弃应有的福利和保障,带着对自由和高薪的期待加入骑手行列,但却无奈地陷入与技术的周旋博弈之中。置身于这片资方责任隐匿、雇佣关系模糊、充斥虚假劳动意识的平台资本汪洋,骑手难以看清行业的全局走势,但从自己身上的细微变化,的确窥中了一些端倪。他们像在胶水里游泳,承受着使不上劲的气闷和无力,似乎是朝着美好的彼岸奋力游去,但实际上却面临着种种看得见看不见的阻滞(RUC 新闻坊,2019)。正如布洛维(2005)所讲,资本主义生产并非孤立的经济领域,微观车间必须同时放在宏观经济和政治条件下才能得到深刻理解,即将工作现场与更大范围的政治经济制度及其变迁连接起来。在资方隐匿在平台的背后,骑手深陷技术困境的背景下,国家更应该有效发挥其提供安全保障网的作用。

## 参考文献

布雷弗曼,哈里,1978,《劳动与垄断资本:二十世纪中劳动的退化》,方生等译,北京:商务印书馆。

布洛维,迈克,2005,《制造甘愿:垄断资本主义劳动过程的历史变迁》,林宗弘等译,台北:群学出版有限公司。

蔡润芳,2018,《平台资本主义的垄断与剥削逻辑——论游戏产业的"平台化"与玩工的"劳动化"》,《新闻界》第 2 期,第 73—81 页。

崔学东、曹樱凡,2019,《"共享经济"还是"零工经济"?——后工业与金融资本主义下的积累与雇佣劳动关系》,《政治经济学评论》第 1 期,第 22—36 页。

冯向楠、詹婧,2019,《人工智能时代互联网平台劳动过程研究——以平台外卖骑手为例》,《社会发展研究》第 3 期,第 38—47 页。

胡慧、任焰,2018,《制造梦想:平台经济下众包生产体制与大众知识劳工弹性化劳动实践——以网络作家为例》,《开放时代》第 6 期,第 178—195 页。

胡杨涓、叶韦明,2019,《移动社会中的网约车——深圳市网约车司机的工作时间、空间与社会关系》,《传播与社会学刊》第 47 期,第 135—165 页。

技术之心 V，2017，《从架构到算法——详解美团平台外卖订单分配内部机制》，10月28日，https://blog.csdn.net/Uwr44UOuQcNsUQb60zk2/article/details/78372133，获取日期：2019年7月27日。

井华，2017，《即时配送的订单分配策略——从建模和优化》，美团技术团队，10月11日，https://tech.meituan.com/2017/10/11/o2o-intelligent-distribution.html，获取日期：2019年8月1日。

梁萌，2016，《技术变迁视角下的劳动过程研究——以互联网虚拟团队为例》，《社会学研究》第2期，第82—101页。

——，2017，《强控制与弱契约——互联网技术影响下的家政业用工模式研究》，《妇女研究论丛》第5期，第47—59页。

马克思、卡尔，2004，《资本论》(第1卷)，北京：商务印书馆。

乔晓楠、郗艳萍，2019，《数字经济与资本主义生产方式的重塑——一个政治经济学的视角》，《当代经济研究》第5期，第5—15页。

邱林川，2009，《新型网络社会的劳工问题》，《开放时代》第12期，第128—139页。

RUC新闻坊，2019，《胶水里游泳：外卖骑手的流动人生》，https://finance.sina.com.cn/roll/2019-01-13/doc-ihqhqcis5742860.shtml，获取日期：2019年8月7日。

闻翔、周潇，2007，《西方劳动过程理论与中国经验——一个批判性的述评》，《中国社会科学》第3期，第29—39页。

吴鼎铭，2015，《互联网时代的"数字劳工"研究》，武汉大学博士学位论文。

吴清军、李贞，2018，《分享经济下的劳动控制与工作自主性——关于网约车司机工作的混合研究》，《社会学研究》第4期，第137—162页。

邢海燕、黄爱玲，2017，《上海外卖"骑手"个体化进程的民族志研究》，《中国青年研究》第12期，第73—79页。

徐林枫、张恒宇，2019，《"人气游戏"：网络直播行业的薪资制度与劳动控制》，《社会》第4期，第61—83页。

许辉，2019，《送外卖是一个"自由"的工作吗?》，11月19日，https://baijiahao.baidu.com/s?id=1650606934830977846&wfr=spider&for=pc，获取日期：2019年12月20日。

杨伟国、邱子童、吴清军，2018，《人工智能应用的就业效应研究综述》，《中国人口科学》第5期，第109—119期。

游正林，2006，《管理控制与工人抗争——资本主义劳动过程研究中的有关文献述评》，《社会学研究》第4期，第169—185页。

张珺，2019，《方寸外卖盒里的隐匿江湖》，https://www.iyiou.com/p/105081.html，获

取日期:2019 年 7 月 12 日。

赵璐、刘能,2018,《超视距管理下的"男性责任"劳动——基于 O2O 技术影响的外卖行业用工模式研究》,《社会学评论》第 6 期,第 26—37 页。

Bucher, Taina. 2017. "The Algorithmic Imaginary: Exploring the Ordinary Affects of Facebook Algorithms." *Information, Communication & Society* 20(1): 30-44.

Burawoy, Michael. 1985. *The Politics of Production: Factory Regimes under Capitalism and Socialism*. London: Verso Books.

Dourish, Paul. 2016. "Algorithms and Their Others: Algorithmic Culture in Context." *Big Data & Society* 3(2): 1-11.

Edwards, Richard. 1979. *Contested Terrain: The Transformation of the Workplace in the Twentieth Century*. New York: Basic Books.

Friedman, Gerald. 2014. "Workers Without Employers: Shadow Corporations and the Rise of the Gig Economy." *Review of Keynesian Economics* 2(2): 171-188.

Graham, Mark, Isis Hjorth, Vili Lehdonvirta. 2017. "Digital Labour and Development: Impacts of Global Digital Labour Platforms and the Gig Economy on Worker Livelihoods." *Transfer: European Review of Labour and Research* 23(2): 135-162.

Jonas, Schwarz. 2017. "Platform Logic: An Interdisciplinary Approach to the Platform-Based Economy." *Policy & Internet* 9(4): 374-394.

Kathleen, Kuehn, Thomas F. Corrigan. 2013. "Hope Labor: The Role of Employment Prospects in Online Social Production." *The Political Economy of Communication* 1(1).

Kenney, Martin, John Zysman. 2016. "The Rise of the Platform Economy." *Issues in Science and Technology* 32(3): 61-69.

Langley, Leyshon, A. 2017. "Platform Capitalism: The Intermediation and Capitalization of Digital Economic Circulation." *Finance and Society* 3(1): 11-31.

Lee, Ching Kwan. 1995. "Engendering the Worlds of Labor: Women Workers, Labor Markets, and Production Politics in the South China Economic Miracle." *American Sociological Review* (4): 378-397.

Rosenblat, Alex, Luke Stark. 2015. "Algorithmic Labor and Information asymmetries: A Case Study of Uber's Drivers." *International Journal of Communication* 10: 3758-3784.

Schildt, Henri. 2017. "Big Data and Organizational Design: The Brave New World of Algorithmic Management and Computer Augmented Transparency." *Innovation* 19

(1): 23-30.

Srnicek, Nick. 2017a. "The Challenges of Platform Capitalism: Understanding the Logic of A New Business Model." *Juncture* 23(4): 254-257.

——. 2017b. *Platform Capitalism*. New York: John Wiley & Sons.

Sun, Ping. 2019. "Your Order, Their Labor: An Exploration of Algorithms and Laboring on Food Delivery Platforms in China." *Chinese Journal of Communication* 12(3): 308-323.

Thomas, Robert J. 1985. *Citizenship, Gender, and Work: Social Organization of Industrial Agriculture*. Berkeley: University of California Press.

Veen, Alex, Tom Barratt, Caleb Goods. 2020. "Platform-Capital's 'App-Etite' for Control: A Labour Process Analysis of Food-Delivery Work in Australia." *Work, Employment and Society* 34(3): 388-406.

Wood, Alex J., Graham Mark, Lehdonvirta Vili, Hjorth Isis. 2019. "Good Gig, Bad Gig: Autonomy and Algorithmic Control in the Global Gig Economy." *Work, Employment and Society* 33(1): 56-75.

（责任编辑：钱力成）

# 中国中间阶层环境行为探究
## ——基于2013年中国综合社会调查数据

卢春天　李一飞*

**摘要**：通过 CGSS 2013 数据，依托综合理论范式，运用多层模型与系数集束化方法，本文从微观和宏观层次对中国中间阶层公域与私域环境行为进行探究。研究发现：(1) 中间阶层环境行为水平显著高于其他阶层，且在不同社会人口特征上有显著差异。(2) 在微观因素中，个体信念感知、社会信息建构因素对公域及私域环境行为均有显著影响，政治意识行为则对公域环境行为有显著影响。(3) 在宏观因素中，政府环境治理投资对公域环境行为有显著负向影响，人均地区生产总值越高的地区更有可能从事私域环境行为。(4) 影响公域环境行为的微观因素中，社会信息建构和个体信念感知因素影响较政治意识行为更强；而影响私域环境行为的微观因素中，个体信念感知因素影响最强。

**关键词**：中间阶层　公域环境行为　私域环境行为　系数集束化

## 一、绪论

工业革命之后，地球环境历经了大范围快速的变迁。化石燃料的广泛应用、城市扩张和人口迅速聚集以及"征服自然"的精神指引衍生出一系列的生态环境问题。20 世纪 70 年代环保运动兴起，人们开始喊出"Not In My Back Yard"的口号(李佩菊，2016)，到如今绿色环保的理念逐渐深入人心，推动个体环境意识和行为的提升始终是一条艰难却根本的路途，也是学术界长久以来密切关注的重要议题之一。中国作为目前世界上最大的发展中国家，长期粗放的经济增长方式带来了严重的环境后果，但在环境问题的解决与环保投入

---

\* 卢春天，西安交通大学人文学院教授(luchuntian@xjtu.edu.cn)；李一飞，中国金茂西安公司(liyifei03@sinochem.com)。

上起步却略显滞后。公民整体环境知识、意识与环境行为都处于相对较低水平,并呈现明显的"国家政府依赖型"特征(彭远春,2011),而环境治理能力的提升不仅应提升政府治理水平,更重要的是培养与调动社会公众的参与(胡溢轩,2018)。显然,公民整体较低的环境意识与行为参与不符合当前我国绿色发展与生态文明建设的总体战略要求,在这一背景下对公民环境行为现实状况进行认识就尤为重要,对影响环境行为因素的探究也显得更为急迫。

过去30多年来,中国社会结构由原先以工人和农民为主的社会阶层逐渐被更为多元化的社会结构替代,其中中间阶层的兴起与壮大尤为重要。原先企事业单位的管理层、专业技术人员等从工人阶层中分化出来,私营企业主也逐渐兴起,中国逐步形成了以白领职业群体为主体的中间阶层(马丹丹、陈晓濛,2018)。在当前全面推进生态文明建设的背景下,中间阶层作为社会中坚力量,对于整个国家的治理建设与稳步发展都有着至关重要的作用。但正如《新中产阶层:全球化生活方式、消费主义和环境问题》一书中传递出的担忧与疑虑(Lange, Meier, 2009):在当前世界形势与格局下,新兴的中间阶层的消费及各种其他行为是否会让本就满目疮痍的生态环境雪上加霜?据此,本研究将聚焦于中国当前中间阶层的环境行为状况,将研究问题细化为三个层次:第一是回答当前中国中间阶层的环境行为水平是怎样的;第二是影响当前中国中间阶层环境行为的因素有哪些;第三是如果存在能显著影响中间阶层环境行为的因素,那么这些因素间影响强度有何区别。通过对三个研究问题的回答,本文力图展现中国中间阶层在环境事务上的行为方式及影响其环境行为的核心因素。

## 二、文献综述

### (一)核心概念界定

在国内研究中,中间阶层(middle class)亦有中产阶层、中产阶级等不同提法,本研究将这些提法视为同一概念,并使用"中间阶层"这一表述。在早期关注经济资源占有的相关定义中,收入或财富是对中间阶层核心的定义指标。如国内学者界定中国中间阶层的财富指标为2.8万—28万美元(李春玲,2016:57)。在更为多元化的概念界定中,较为普遍的认识是将拥有较高受教育程度、中等及以上收入程度、自雇或从事白领职业、具有一定消费品位等特征的群体视为中间阶层(边燕杰,2016)。多元化的定义取向有利于全面地把握社会中间群体现状与特征,从而更深入分析社会转型和变迁(李春玲,2016)。本文将中间阶层定义聚焦于较高收入、较高教育水平及显著职业特征这三个维度,同时在后续概念操作化中主要从这三个维度着手划定研究群体范围。

对于环境行为的定义,西方学者着重将其描述为具有积极意义的行为,同时对于个体行为与群体行为进行区分:海恩斯等人(Hines et al.,1987)认为环境行为是个体基于自身价值观与责任感而产生的;而斯特恩(Stern,2000)则认为个体和群体依据感知到的环境变化对环境施与直接或间接的影响就是环境行为。中国学者则进行了广义与狭义之间的分别:广义的环境行为涵盖环境行为积极与消极的双面性质,如环境保护行为、环境破坏行为及其他环境行为;狭义的环境行为仅指对环境有正面意义的行为(王晓楠,2019:48)。从研究的对象选择上,本文将环境行为确定为个体层次;从研究的现实意义出发,积极的环境行为无疑对生态环境有利。综合这两点考虑,本文在"环境行为"概念的界定上沿用较为狭义的定义,即将环境行为界定为个体基于自身意识与观念,通过积极态度与实际行动参与到与环境相关事务中的行为。

对环境行为维度的认识及类型的划分不仅是对概念内涵的细化,也便于具体研究有明确的抓手。斯特恩(Stern,2000)通过对环境行为的发生场景与行为本身影响大小将环境行为划分为四个类别:一是激进的环境行为,例如一些环境抗争、示威等激烈的行为;二是私人领域的环境行为,如垃圾回收、绿色消费等行为;三是公共领域非激进环境行为,如参与环保组织、进行环境募捐等;四是其他环境行为。彭远春(2013)通过因子分析确定将环境行为划分为公域环境行为与私域环境行为。参照以往研究对环境行为类型划分以及对环境行为量表的研究成果,考虑到中间阶层环境行为类型化研究的实际需求,本文将环境行为划分为两大类别,即中间阶层的公域环境行为与私域环境行为。

## (二)环境行为研究范式与理论

环境研究的相关理论是伴随着环境问题的暴露,学者们对环境议题越来越关注而产生的。不同学科背景的学者提出了不同的研究范式和理论视角,并经历了环境行为研究的环境心理学范式、环境社会学范式、综合性研究范式及其中各类理论的发展、演变、交融与创新。

环境心理学范式关注个体心理层面因素如价值观、意识、信念等对环境行为的影响,比较有代表性的是规范激活理论、计划行动理论、价值-信念-规范理论(Klöckner, 2013)。规范激活理论是施瓦茨(Schwartz, 1977)提出的,旨在预测个人形成的规范信念是否会推动其实施利他行为。产生利他行为的关键就在于个体通过激活内心成型的规范驱使其道德责任形成,生成对打破规范的负罪感与愧疚感。如张晓杰等(2016)认为利用规范激活理论可以对中国环保参与中存在的"搭便车"现象进行干预,促进公众更积极的环保参与。王丽丽等(2017)也发现个体规范对促进城市居民的环境治理行为有重要作用。

计划行为理论认为从对行为的态度、主观性的规范及感知的行为控制三个层面可以预测不同类型行为的意图。理论中一个核心因素是个体对某一种行为的执行意图,意图被假定为直接影响行为的动机,是人们愿意尝试并计划为执行行为而付出努力程度的指示(Ajzen, 1991)。如曾粤兴、魏思婧(2017)运用计划行为理论对公众参与环境治理分析后提出对公民赋权使其认同环境治理继而参与治理合作的路径。曲英、朱庆华(2010)则发现在城市居民生活垃圾分类上,情境因素对行为意向转化的可能性起到了重要作用。

价值-信念-规范理论可被视为在环境心理学研究领域的集大成理论,集合了规范激活与计划行为理论,同时糅合了环境价值观的内涵。但较规范激活与计划行为理论对人的理性化假设不同的是,价值-信念-规范理论更强调对人的社会化假设。同时前两个理论关注的重点分别在于个体在实施环境行为时是否有赖于更多个体道德效能,而价值-信念-规范理论更强调价值观的作用,包括个体对自身及对整体生态环境的双重价值观(Stern, 2000)。

环境社会学的研究范式突破了对个体心理层面关注的限制,将研究视角投入更广阔的群体、社会结构与客观事实中,发展出了新生态范式、建构主义、社会转型范式、富裕理论及污染驱动理论等有较强解释力度的研究范式与理论。新生态范式的研究取向是针对人类例外范式提出的挑战,将人与环境之间视为平等且相互制约、影响的,环境对于人类社会发展是存在制约和限制的,并发展出专门用于测量新生态价值观的量表(Dunlap et al., 2000)。

建构主义范式认为因为某一种环境现象被建构成为一种问题,并通过某种传播方式为人们所接受,才使得人们认为这一种环境现象是存在问题且需要被修正的,因而才会产生环境行为(汉尼根,2009:71—78)。如卢春天等(2017)研究者发现媒介接触在促进农村居民进行环境抗争行动上有显著效用,并且媒介对于提升公众环境风险感知及风险应对行为亦有重要影响作用

(史敏,2018)。社会转型范式认为当代中国社会在转型中出现了严重的环境问题,因此必须关注造成环境问题的宏观背景因素(洪大用,2001:85)。

富裕理论及污染驱动理论都基于宏观层次因素对个体环境行为提供解释与预测。其中富裕理论认为社会越发达、经济水平越高的国家或地区,公众的环境意识及参与行为就越好(Morren, Amir, 2016)。污染驱动理论认为个体环境行为由所处的社会客观环境基础决定,客观环境基础越恶劣,出于对环境污染刺激的反应,个体的环境意识与行为就越会被唤醒(Pisano, Mark, 2015)。如王琰(2016)在分析 WVS 2010 数据时发现当一个国家环境问题越严重的时候,个体对于环境关注的程度就越高。

环境心理学范式较早应用于环境行为研究,提供了对于个体环境行为心理动因、个体环境态度及环境信念、个体行为由内生规范向外生行为转变过程等各个心理与行为层面的研究和解释机制。但因该理论范式着重对个体的关注,缺乏对于群体的认知与社会客观结构的考量,解释力的欠缺逐渐显露。环境社会学范式则发挥了社会学关注群体特征、宏观社会情境以及主观个体与客观事实结合的理论优势,形成了对环境心理学范式极好的补充与完善。因此,当下的研究必须考虑综合性的研究范式,在充分汲取环境心理学范式、环境社会学范式的基础上,既考虑个体心理层面因素的影响,也强调社会结构、经济状况等外部因素的影响。

## (三) 中间阶层环境行为研究

国外对中间阶层的环境行为研究中,更多聚焦于经济条件与其所处的外部环境因素。社会阶层假说认为教育、收入、职业声望与社会阶层息息相关。依据需求层次理论,中间阶层满足了最基本的生存与安全需求,可以对环境质量等更高层次需求进行追求。相对剥夺理论认为下层阶层并不清楚是否处于污染之中,也不关心环境问题;而中间阶层和上层可能因为经历过宜人的生活环境因而更关心环境的恶化,所以是相对剥夺导致了不同阶层环境行为的差异。而政治参与的观点则认为中上阶层是美国社会中参与政治最为活跃的阶层,其环境行为的活跃也与政治参与本质上无异(Liere, Dunlap, 1980)。越来越多的研究聚焦于新兴中间阶层消费行为及生活方式对环境的影响(De Koning et al., 2015),同时新兴中间阶层在绿色组织中发挥的效用以及不同国家、文化情境下中间阶层环境行为的差异同样受到研究者关注(Tsang, Lee,

2013；Kovács et al.，2014）。

　　国内的相关研究更多聚焦在环境行为的阶层差异。邢朝国、时立荣（2012）发现中间阶层对于破坏环境行为的厌恶程度远高于劳动阶层及个体户，有更强的环境关心。曾瑞雪等（2018）得出了主观阶层身份对生态管理及消费环境行为有较强正向影响的结论。时立荣等（2016）认为职业阶层、教育阶层及收入阶层越高，环境行为水平就越高。朱迪（2017）发现阶层属性对垃圾分类影响不显著，中间阶层对可持续性消费的影响也不显著。孙中伟、黄时进（2015）发现相较于非中间阶层，中间阶层居民未能表现出更高的低碳认知与生活行为，更不乐于参与低碳社区建设。可见一方面国内研究显示了与西方研究类似的结果，但同时另一方面依然存在对于中间阶层环境行为水平不同的研究结果，甚至存在略显矛盾的结论。

## （四）当前研究评述

　　经过上文对当前有关环境行为内涵与维度、主要研究范式与理论以及具体到中间阶层环境研究的综述，不难发现对环境行为的研究历程呈现出如下特征：一是环境行为内涵愈加丰富，环境行为的维度测量更趋细分；二是环境行为的研究对象更加多元，对于不同群体环境行为的观照更加充分；三是环境行为的研究范式与理论日趋综合。但是具体到中国中间阶层环境行为的研究实践上，当前研究中依然存在一些不足之处，亟待进一步的研究探索。据此本研究将主要从以下几个方面推动中国中间阶层环境行为研究的工作。

　　首先，在研究对象的选取与界定层面，将中间阶层单独作为研究群体的文献相对较少，更多是基于不同阶层的比较研究。本文首先在研究对象的选取上将中国中间阶层单独作为研究群体，同时在量化界定上摒弃以往简单的上中下阶层划分方式，采用职业、教育、收入等综合性指标尽可能全面地筛选出研究群体。其次，本文将拓展研究的层次与深度，既对中国中间阶层环境行为的现状与可能影响因素进行呈现，同时对不同影响因素之间的效用大小进行比较分析。最后，本研究采取综合性的研究范式，构建一个对中国中间阶层环境行为研究的宏观与微观多理论视角下的综合研究框架，旨在更加充分、全面、客观地对中间阶层公域及私域环境行为进行研究。

## 三、研究框架与假设

### （一）研究框架

通过对现有文献中研究理论与现状的总结与评述,本研究全面考量宏观与微观层次因素对于中国中间阶层环境行为的影响作用,研究框架如图1所示。其中微观层次包括基于环境心理学视角设计的个体信念感知模块、基于建构主义视角设计的社会信息建构模块以及基于社会转型范式及社会学中相关阶层理论设计的政治意识行为模块。宏观层次则包括基于富裕理论纳入的经济发展指标、基于污染驱动论设计的环境污染指标以及基于社会转型范式设计的环境治理指标,同时研究框架将在环境行为研究中典型的社会人口经济特征作为控制因素。

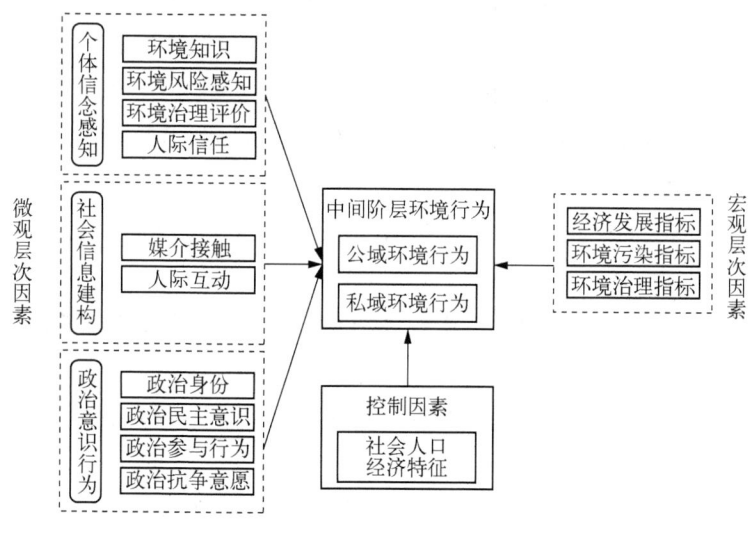

**图1 研究框架**

### （二）研究假设

依据研究框架的整体设计,结合对现有研究理论的回顾及对环境行为研究的评述,本文拟对微观及宏观层次可能对中间阶层在公域及私域环境行为中产生影响的相关因素进行检验。

首先,在微观层次中个体心理上的信念感知是最先被关注到影响环境行为的因素。个体信念感知具体操作化为四个具体的变量,分别是环境知识、环境风险感知、环境治理评价与人际信任。环境知识是个体掌握环境保护相关的知识信息,能提供给个体对于环境事务最基本的看法,对于环境行为的影响作用在研究中也得到验证(欧阳斌等,2015)。而感知到环境污染是刺激环境行为产生的前提,如洪大用、范叶超(2013)的研究印证了公众环境风险认知在环境保护行为中的显著作用。政府环境治理评价与人际信任同属于个体信任感知,分别是对于政府的组织系统信任和对个体的人际信任。政府环境治理评价能有效地对公众环境关心水平产生影响,进而影响环境保护行为的产生(卢春天等,2014)。而人际信任更有助于推动参与公共事务时的信心,可能对公域环境行为产生积极影响。依据以上分析,本文提出个体信念感知假设:

假设1-1:中国中间阶层信念感知越强,其公域环境行为水平越高。

假设1-2:中国中间阶层信念感知越强,其私域环境行为水平越高。

社会信息建构假设具体包含了媒介接触和人际互动假设。现代社会公众对于外部信息的获取多数通过媒介传播途径,个体接触不同媒介中传递的信息去建构对于环境议题的认识、知晓环境事件的进程,同时了解当前环境治理的法律法规与政策做法,因此媒介塑造公众环境认知和提升环境关心水平的作用不言而喻。建构个体信念和价值观的第二种途径就是通过人与人之间的交流,人际互动同样能在环境问题认识的建构上起到有力作用。据此,本研究提出社会信息建构假设:

假设2-1:中国中间阶层接受社会信息建构越多,其公域环境行为水平越高。

假设2-2:中国中间阶层接受社会信息建构越多,其私域环境行为水平越高。

微观层次中政治意识行为假设具体包含了政治身份、政治民主意识、政治参与以及政治抗争意愿四个方面的内容。中间阶层的环境行为某种层面上是其政治行为的延伸,在中国情境下政治参与最明显的类型化区分便是党员与非党员的划分。同时在环境关心研究的政治取向理论中,自由主义者相较于保守主义者往往拥有更强的环境关心程度(洪大用、卢春天,2011),因此,本文在研究中对中间阶层政治民主意识进行了关注。同时在政治行为上通过参与投票这样非激进的政治行为以及较为激进的政治抗争意愿刻画中间阶层的整体政治行为水平,验证是否会在环境行为上得到延续。但对于中间阶层在中国情境下是"稳定器"还是"颠覆器",其政治态度与行为是否如同西方中间阶层一般,研究者尚未形成明确且统一的定论(李路路,2008)。据此,本研究提出政治意识行为假设:

假设3-1:中国中间阶层政治意识行为越多,其公域环境行为水平越高。

假设3-2:中国中间阶层政治意识行为越多,其私域环境行为水平越高。

宏观层次假设的理论基础源于环境社会学研究范式中的富裕理论与污染驱动理论。三个假设分别包含了宏观层次的经济发展指标、环境污染指标及政府对于环境治理的投入。在经济发展指标方面采用人均地区生产总值来具体衡量,这一指标在已有的研究中得到了一定验证,人均GDP对于环境关心及行为都有显著影响作用(王晓楠、刘琳,2017)。在污染指标使用上选取三种主要废气排放的综合指标,以及对环境污染影响较大的第二产业比重进行衡量,按照逻辑推演,污染越严重的地区对于公众的刺激越大,该地公众产生环境行为的可能性就越高。政府环境治理指标采用了政府在工业污染上的治理投资以及公共财政环保支出,一方面能显示该地方的经济发展水平,另一方面也能反映环境污染程度,因此本文推论这一变量对于环境行为的产生亦有推动作用。据此,本研究的宏观层次假设为:

假设4-1:中间阶层所在地区人均地区生产总值越高,其公域环境行为水平越高。

假设4-2:中间阶层所在地区人均地区生产总值越高,其私域环境行为水平越高。

假设5-1:中间阶层所在地区环境污染指标越高,其公域环境行为水平越高。

假设5-2:中间阶层所在地区环境污染指标越高,其私域环境行为水平越高。

假设6-1:中间阶层所在地区政府环境治理投入越高,其公域环境行为水平越高。

假设6-2:中间阶层所在地区政府环境治理投入越高,其私域环境行为水平越高。

最后,本文为了拓展研究层次的深度,回答何种影响因素更能预测和解释中间阶层在环境行为上的表现差异、不同微观层次因素对中间阶层环境行为影响作用的大小有何区别,提出以下假设:

假设 7:在微观层次影响因素中,个体信念感知、社会信息建构、政治意识行为三个自变量模块对中间阶层环境行为影响的作用存在显著差异。

## 四、数据、变量与方法

### (一) 研究数据

#### 1. 数据来源

本研究所使用的主要数据来源于 2013 年中国综合社会调查(Chinese General Social Survey)所采集的数据。数据以中国大陆 18 岁以上人口为调查群体,采用多阶分层抽样进行调查。初级抽样单元包括在全国抽取的 100 个县(区)以及北京、上海、天津、广州、深圳这五个大城市;二级抽样单元包括在初级抽样单元中随机抽取的四个村委会或居委会及在五个大城市随机抽取的 80 个居委会;三级抽样单元包括在每个二级单元随机抽取的 25 个家庭;四级抽样单元即在每个调查的家庭采用 KISH 表随机抽选一人作为被访者。调查总体样本量约为 12000 个,应答率为 72.17%。同时本文将使用来自《中国统计年鉴(2014)》(中华人民共和国国家统计局,2014)的一部分国民经济综合及社会发展指标数据作为宏观层次的研究变量。《中国统计年鉴(2014)》全面系统地收录了全国及各地区 2013 年度各个方面的数据指标,由中华人民共和国国家统计局编纂,具有较强的权威性。

#### 2. 研究群体选取

本研究从收入、教育水平以及职业特征三个维度多元化界定中国中间阶层,并操作化这三个指标进行研究群体选取。界定指标的定义及操作化借鉴了李培林、张翼(2008)与李春玲(2016)等学者的研究成果。其中对于收入中层的界定方式为:以调查数据的平均年收入为基准,同时依据中国人不愿露富的心态对基准数据进行 1.5 倍系数的调整,将调整之后年收入低于基准收入一半的定义为低收入阶层,介于基准收入一半以上到基准收入的为中低收入阶层,而在基准线以上的为中等收入阶层。

对于教育中层的界定方式为：将最高教育程度为中专和大学本科以上的人定义为教育中层，将高中、职高、技校等学历的人员定义为教育中低层，将初中以下学历的人定义为教育底层。在职业中层的界定上区分新中间阶层与老中间阶层，其中新中间阶层主要为专业技术人员及管理人员，老中间阶层主要为雇佣规模在 20 人及以下的小雇主（李春玲，2016：55）。

最后将收入、教育、职业三个维度操作化界定后的结果进行叠加处理，如表 1 所示，将三个维度都是中层的人群定义为核心中间阶层，将只符合两个维度中层指标的定义为半核心中间阶层，将仅仅只有一个维度符合指标的定义为边缘中间阶层，没有符合指标的即为其他阶层（李培林、张翼，2008）。本研究将数据中的其他阶层群体排除之后，得到了所关注的中间阶层研究群体的样本框，共计 3707 个样本。

**表 1　不同阶层群体分布**

| 阶层 | 样本量 | 合计 | 有效百分比 | 合计 |
|---|---|---|---|---|
| 核心中间阶层 | 524 |  | 4.6% |  |
| 半核心中间阶层 | 1133 | 3707 | 9.9% | 32.4% |
| 边缘中间阶层 | 2050 |  | 17.9% |  |
| 其他阶层 | 7731 | 7731 | 67.6% | 67.6% |
| 合计 | 11 438 | 11 438 | 100.00% | 100.00% |

## （二）变量测量

### 1. 因变量测量

本研究将中国中间阶层的环境行为划分为公域与私域环境行为。其中公域环境行为通过捐助环境保护、参与环境教育活动、环保组织活动、环境抗争及自费养护绿地五项行为的发生频率进行测量，将选择"从不"的赋值为 0，"偶尔"赋值为 1，"经常"赋值为 2，加总生成公域环境行为变量；而私域环境行为则通过垃圾分类、讨论环保议题、自备购物袋、重复利用包装、关注环境问题及环保信息五项行为测量，操作化与公域环境行为相同。因变量初步测量结果如下表所示，中间阶层公域环境行为的均值为 1.6，私域环境行为的均值为 5.

2,私域环境行为水平高于公域环境行为水平,符合现有研究中对于这两类环境行为水平的共识判定。

表 2  因变量测量

| 变量名 | 中国中间阶层环境行为 | | | | |
| --- | --- | --- | --- | --- | --- |
| | 样本量 | 均值 | 标准差 | 数据类型 | 变量说明 |
| 公域环境行为 | 3707 | 1.6 | 1.9 | 连续变量 | 取值 0—10 |
| 私域环境行为 | 3707 | 5.2 | 2.3 | 连续变量 | 取值 0—10 |

### 2. 自变量测量

本研究的核心解释变量囊括了中间阶层环境行为的微观与宏观因素。在微观层次,细分为个体信念感知、社会信息建构、政治意识行为三个自变量模块共计 11 个变量;在宏观层次,选取统计年鉴数据中涉及社会经济发展水平、环境污染状况以及政府环境治理方面的相关指标作为核心解释变量。具体自变量的测量方式如下:

个体信念感知部分具体由四个变量构成,分别是环境知识、环境风险感知、政府环境治理评价及人际信任。环境知识根据问卷中环境保护知识量表问题判定的对错,将选项"正确"赋值为 1,"错误"及"不知道"为 0,10 项题目加总生成环境知识变量,取值范围为 0—10,得分越高说明环境知识水平越高。环境风险感知通过询问被访者所在地区涉及空气污染、水污染、生活垃圾污染等 12 个方面严重程度的量表测量,将 5 个选项从"不严重"到"很严重"依次赋值为 1—5,"没关心/说不清"及"没有该问题"为 0,加总得到环境风险感知变量,取值范围 0—60。政府环境治理评价通过将选项"片面注重经济发展、忽视环境保护工作"赋值为 1,"重视不够、环保投入不足"赋值为 2,"虽尽了努力,但效果不佳"及"说不清/不知道"赋值为 3,"尽了很大努力,有一定成效"赋值为 4,"取得了很大成绩"赋值为 5,得分越高表明对政府环境治理评价越高。人际信任通过询问被访者同不同意"在当前社会绝大多数人都是可以信任的"来测量,将 5 个选项从"非常不同意"到"非常同意"依次赋值为 1—5,得分越高说明人际信任程度越高。

社会信息建构部分具体由媒介信息接触与人际互动状况构成,其中媒介信息接触细化为传统媒介接触与新媒介接触两个变量。传统媒介接触强度通过被访者对于报纸、杂志、广播及电视这四类传统媒介的使用频率测量,将 5 个选项从

"从不"到"经常"依次赋值为0—4,加总后得到传统媒介使用变量;新媒介接触强度则测量互联网(不包括手机上网)与手机定制消息的使用频率,选项赋值方式与传统媒介接触强度相同,两项加总后得到新媒介使用变量。人际互动状况则通过询问被访者与亲人、朋友之间的接触和联系情况测量,将5个选项从"非常不密切"到"非常密切"依次赋值为1—5,数值越高说明人际互动强度越高。

政治意识行为具体由四个变量构成,分别是政治身份、政治民主意识、政治参与行为与政治抗争意愿。政治身份测量将"党员"赋值为1,"非党员"赋值为0。政治民主意识通过是否认同7项关于民主与政治的表述进行测量,其中5个题目为正向测量,将选项"同意"赋值为2,"不同意"为1,"不知道"为0;两个负向测量,将选项"同意"赋值为1,"不同意"为2,"不知道"为0;对7个题目加总得到政治民主意识变量。政治参与行为通过被访者是否参与上次居委会或村委会选举投票来测量,将选项"是"赋值为1,"否"与"没有投票资格"为0。政治抗争意愿通过被访者在假定遇到单位有严重不公正待遇时会不会讨说法的行为来测量,将选项"大力支持,积极参加"赋值为3,"可以参加,但不出头"赋值为2,"看形势发展再做决定"赋值为1,"无论如何也不参与""其他行为"及"不知道"赋值为0。

宏观层次主要囊括了经济发展指标、环境污染指标以及政府环境治理指标。其中经济发展指标采用统计年鉴中人均地区生产总值测量,变量统计单位为万元。环境污染指标选定各地区废气中二氧化硫、氮氧化物、烟(粉)尘三个主要污染物排放指标,将各地区三种污染物数据加总得到地区废气主要污染物指标变量,统计单位为万吨。同时考虑到工业发展过程中带来的环境污染风险及污染物排放,将各地区第二产业(工业和建筑业)比重也纳入环境污染的宏观指标。在政府环境治理测量上主要采用政府在工业污染治理方面的投资以及地区公共财政在节能环保领域的支出情况作为两个主要指标,统计单位皆为亿元。

### 3. 控制变量

本研究的控制变量囊括主要的社会人口经济特征变量,将性别、年龄、民族、婚姻状况、地区、教育年限及年收入作为控制因素。具体操作化情况如下:性别中"男性"为1,"女性"为0;民族中"汉族"为1,"其他民族"为0;婚姻状况中"已婚"为1,"未婚"为0;地区测量中根据调查地将"城市"赋值为1,"农村"为0;教育年限通过被访者目前最高教育程度计算测量,其中"没受过任何教育"为0,"私塾、小学"为6,"初中"为9,"职业高中、普通高中、中专、技校"为

12,"大学专科"为15,"大学本科"为16,"研究生及以上"为19,数值越高代表受教育年限越高。年收入通过被访者全年总收入测量,并对其进行对数化处理使其更好服从正态分布。本研究所有自变量测量的基本情况如表3所示:

表3 自变量测量

| 变量名 | 自变量描述性统计分析 | | | | |
|---|---|---|---|---|---|
| | 样本量 | 均值/比例 | 标准差 | 数据类型 | 变量说明 |
| 自变量 | | | | | |
| 微观层次变量 | | | | | |
| 环境知识 | 3707 | 6.4 | 2.4 | 连续变量 | 取值范围0—10 |
| 环境风险感知 | 3707 | 24.6 | 12.9 | 连续变量 | 取值范围0—60 |
| 政府环境治理评价 | 3705 | 2.9 | 1.1 | 连续变量 | 取值范围1—5 |
| 人际信任 | 3706 | 3.2 | 1.0 | 连续变量 | 取值范围1—5 |
| 传统媒介接触 | 3707 | 7.4 | 2.9 | 连续变量 | 取值范围0—16 |
| 新媒介接触 | 3707 | 3.6 | 2.4 | 连续变量 | 取值范围0—8 |
| 人际互动 | 3702 | 3.6 | 0.8 | 连续变量 | 取值范围1—5 |
| 政治身份(党员) | 3692 | 21.0 | 0.4 | 类别变量 | 党员=1;非党员=0 |
| 政治民主意识 | 3707 | 11.2 | 2.4 | 连续变量 | 取值范围0—14 |
| 政治参与(参与) | 3703 | 33.9 | 0.5 | 类别变量 | 参与=1;未参与=0 |
| 政治抗争意愿 | 3694 | 1.6 | 1.0 | 连续变量 | 取值范围0—3 |
| 宏观层次变量 | | | | | |
| 人均地区生产总值 | 28 | 5.96 | 2.4 | 连续变量 | 单位:万元 |
| 主要废气污染指标 | 28 | 174.5 | 103.4 | 连续变量 | 单位:万吨 |
| 第二产业比重 | 28 | 45.9 | 9.3 | 连续变量 | 单位:% |
| 工业污染治理投资 | 28 | 22.2 | 3.0 | 连续变量 | 单位:亿元 |
| 公共财政环保支出 | 28 | 125.1 | 69.7 | 连续变量 | 单位:亿元 |
| 控制变量 | | | | | |
| 性别(男性) | 3707 | 61.3 | 0.5 | 类别变量 | 男性=1;女性=0 |
| 年龄 | 3707 | 41.0 | 14.9 | 连续变量 | |
| 民族(汉族) | 3700 | 93.7 | 0.2 | 类别变量 | 汉族=1;其他民族=0 |
| 婚姻(已婚) | 3701 | 80.7 | 0.4 | 类别变量 | 已婚=1;未婚=0 |
| 地区(城市) | 3707 | 86.5 | 0.3 | 类别变量 | 城市=1;农村=0 |
| 教育年限 | 3702 | 13.0 | 3.2 | 连续变量 | 取值范围0—19 |
| 年收入 | 3707 | 10.0 | 2.3 | 连续变量 | 取对数处理 |

## (三) 研究策略

本文依据研究框架及具体研究假设需要,将实证研究部分的研究路线划分为三个步骤逐一进行:第一步,对中国中间阶层环境行为基本情况进行分析;第二步,建立多层线性模型,估计中间阶层公域及私域环境行为的影响因素;第三步,基于多层线性模型进行系数集束化分析,比较核心解释变量的微观层次中各模块影响程度的差异。

多层线性模型(hierarchical linear model)是处理如 CGSS 数据这类具有多层级结构的调查数据时较为适用的统计技术,将微观个体层面的因素对因变量的影响与群体性因素分开讨论,以便得到更为准确可靠的假设检验与参数估计(杨菊华,2006)。同时为了解微观层次的核心解释变量之间影响强度的相对差异,本研究引入系数集束化(sheaf coefficients)的操作方法,该方法旨在通过基于标准化处理之后的测量提供对影响强度进行直接比较的途径(Heise,1972)。目前在社会科学领域诸多学者都利用该方法进行了相关的实证研究并验证了该方法的适用性(刘精明,2014)。

# 五、数据结果分析

## (一) 中国中间阶层环境行为现状分析

首先对中国中间阶层公域环境行为在不同社会人口特征上的现状进行单因素方差分析。在阶层维度上,中间阶层的公域环境行为水平远高于其他阶层。在性别维度上,中间阶层的公域环境行为差异显著性不强,但女性均值高于男性,符合已有关于环境行为性别差异的研究(洪大用、肖晨阳,2007)。在婚姻维度上,未婚的中间阶层实施公域环境行为水平显著高于已婚者。在地区维度上,城市地区中间阶层实施公域环境行为要多于农村地区中间阶层。其次对中间阶层私域环境行为进行单因素方差分析,总的整体结果与公域环境行为的趋势类似,有两点不同:在性别维度上,中间阶层中女性的私域环境行为显著高于男性;在婚姻维度上,与公域环境行为不同的是,尽管未婚人群的均值略高于已婚人群,但差异不具有统计显著性。

表 4 中间阶层公域环境行为单因素方差分析

| 变量名 | | 公域环境行为 | | | 私域环境行为 | | |
|---|---|---|---|---|---|---|---|
| | | 均值 | 标准差 | F值 | 均值 | 标准差 | F值 |
| 阶层 | 边缘中层 | 1.4 | 1.9 | 300.31*** | 4.8 | 2.3 | 426.76*** |
| | 半核心中层 | 1.7 | 2.0 | | 5.5 | 2.2 | |
| | 核心中层 | 1.9 | 1.9 | | 6.0 | 2.1 | |
| | 其他阶层 | 0.7 | 1.3 | | 3.7 | 2.2 | |
| 性别 | 男性 | 1.5 | 1.9 | 3.79 | 5.0 | 2.3 | 59.15*** |
| | 女性 | 1.6 | 1.9 | | 5.6 | 2.2 | |
| 婚姻 | 已婚 | 1.5 | 1.9 | 8.58** | 5.2 | 2.3 | 0.17 |
| | 未婚 | 1.7 | 2.0 | | 5.3 | 2.1 | |
| 民族 | 汉族 | 1.6 | 2.0 | 8.96** | 5.3 | 2.2 | 13.26*** |
| | 其他民族 | 1.2 | 1.7 | | 4.7 | 2.3 | |
| 地区 | 城市 | 1.6 | 2.0 | 37.12*** | 5.4 | 2.2 | 133.79*** |
| | 农村 | 1.1 | 1.7 | | 4.2 | 2.3 | |

注：* $p<0.05$，** $p<0.01$，*** $p<0.001$。

## （二）中国中间阶层环境行为影响因素分析

### 1. 中间阶层公域环境行为

本研究首先建构纳入微观层次影响因素的多层线性模型，结果如表 5 所示。模型 1 即零模型，群间关联度系数 ICC 值为 0.101，说明在不纳入其他解释变量的情况下，中间阶层公域环境行为差异中的 10.1% 来源于不同省级地区差异。模型 2 纳入控制变量后模型的对数似然值提高，模型拟合优度较好，控制变量中教育年限的影响是显著的。模型 3 纳入了个体信念感知的 4 个变量，地区层次的方差从 0.61 减少至 0.595，说明个体价值信念感知因素能够解释地区层次变异的 2.4%。个体信念感知变量显现出了显著正向影响，假设 1 在公域行为方面得到验证。以环境风险感知为例，在控制地区及其他变量的情况下，中间阶层环境风险感知每提升一个单位，其公域环境行为水平提升 0.019 个单位。模型 4 继续纳入了社会信息建构变量，其中媒介接触呈现了显著正向影响,假设 2 得到部分验证。模型 5 纳入了政治意识行为的四个变量,政治身份及政治参与呈现显著正向影响,假设 3 得到部分验证。从模型结果可以发现在纳入微观层次变量后,地区层次的方差有所降低,模型拟合优度也进一步提升,说明微观层次因素存在既能解释个体行为差异也能解释地区差异的复合效应(洪大用、卢春天,2011:165)。

表 5 中间阶层公域环境行为微观因素模型结果

| 变量名 | 模型 1 | 模型 2 | 模型 3 | 模型 4 | 模型 5 |
|---|---|---|---|---|---|
| 固定效应 | 系数<br>(标准误) | 系数<br>(标准误) | 系数<br>(标准误) | 系数<br>(标准误) | 系数<br>(标准误) |
| 微观层次因素 | | | | | |
| 个体信念感知 | | | | | |
| 环境知识 | | | 0.029*<br>(0.013) | 0.018<br>(0.013) | 0.023<br>(0.014) |
| 环境风险感知 | | | 0.019***<br>(0.003) | 0.017***<br>(0.003) | 0.017***<br>(0.003) |
| 政府环境治理评价 | | | 0.152***<br>(0.028) | 0.144***<br>(0.027) | 0.135***<br>(0.027) |
| 人际信任 | | | 0.119***<br>(0.029) | 0.097***<br>(0.029) | 0.102***<br>(0.029) |
| 社会信息建构 | | | | | |
| 传统媒介接触 | | | | 0.091***<br>(0.011) | 0.086***<br>(0.011) |
| 新媒介接触 | | | | 0.074***<br>(0.016) | 0.068***<br>(0.016) |
| 人际互动 | | | | 0.022<br>(0.038) | 0.018<br>(0.038) |
| 政治意识行为 | | | | | |
| 政治身份 | | | | | 0.242**<br>(0.078) |
| 政治民主意识 | | | | | -0.048***<br>(0.013) |
| 政治参与 | | | | | 0.172**<br>(0.011) |
| 政治抗争意愿 | | | | | 0.043<br>(0.030) |

续表

| 变量名 固定效应 | 模型 1 系数（标准误） | 模型 2 系数（标准误） | 模型 3 系数（标准误） | 模型 4 系数（标准误） | 模型 5 系数（标准误） |
|---|---|---|---|---|---|
| 控制变量 | | | | | |
| 性别（男性） | | -0.057 (0.063) | -0.078 (0.062) | -0.067 (0.061) | -0.078 (0.062) |
| 年龄 | | 0.000 (0.002) | -0.000 (0.002) | 0.000 (0.003) | -0.003 (0.003) |
| 民族（汉族） | | 0.204 (0.136) | 0.233 (0.134) | 0.226 (0.132) | 0.241 (0.133) |
| 婚姻（已婚） | | 0.091 (0.092) | 0.084 (0.090) | 0.046 (0.089) | 0.021 (0.089) |
| 地区（城市） | | 0.015 (0.096) | -0.053 (0.096) | -0.119 (0.095) | -0.143 (0.096) |
| 教育年限 | | 0.088*** (0.010) | 0.071*** (0.011) | 0.042*** (0.011) | 0.037*** (0.014) |
| 年收入 | | 0.009 (0.014) | 0.007 (0.014) | 0.004 (0.014) | 0.004 (0.014) |
| 截距 | 1.377*** (0.121) | -0.060 (0.271) | -1.233*** (0.299) | -1.535*** (0.321) | -0.994** (0.352) |
| 随机效应 | | | | | |
| 层二方差成分 | 0.610*** | 0.595*** | 0.590*** | 0.554*** | 0.528*** |
| ICC | 0.101*** | 0.099*** | 0.010*** | 0.091*** | 0.084*** |
| 对数似然值 | -7509.413 | -7431.219 | -7380.346 | -7321.909 | -7246.721 |
| 模型拟合优度检验 | | 89.59*** | 187.77*** | 296.58*** | 326.05*** |
| 有效样本量（N） | 3707 | 3690 | 3689 | 3685 | 3656 |

注：* $p<0.05$，** $p<0.01$，*** $p<0.001$。

表 6 所示的是将宏观层次因素纳入多层线性模型的结果，其中基准模型为表 5 中纳入所有微观层次变量的模型 5，微观层次因素的固定效应因趋势相同在表中不予展示。在经济发展模型中，人均地区生产总值未产生显著影响，层二方差改变也较小，富裕理论在公域环境行为上未得到模型结果支持。在环

境污染模型中,污染驱动理论也未得到模型结果支持。在政府治理模型中,层二方差相较于基准模型的 0.528 减少至 0.41,说明加入的宏观变量能解释 22.3% 的各个省级地区之间中间阶层公域环境行为的差异。公共财政环保支出则呈现了显著正向影响,但工业污染治理投资指标却为显著的负向影响。工业污染治理投资越高的地区可能存在越多的环境污染状况,政府主导的环境治理可能削弱了个体环境事务参与的积极性。

表6 中间阶层公域环境行为宏观因素模型结果

| 变量名 | 基准模型 | 经济发展模型 | 环境污染模型 | | 政府治理模型 |
|---|---|---|---|---|---|
| 固定效应 | 系数<br>(标准误) | 系数<br>(标准误) | 系数<br>(标准误) | 系数<br>(标准误) | 系数<br>(标准误) |
| 宏观层次因素 | | | | | |
| 人均地区生产总值 | | 0.024<br>(0.050) | | | |
| 主要废气污染指标 | | | -0.001<br>(0.001) | | |
| 第二产业比重 | | | | -0.024<br>(0.014) | |
| 工业污染治理投资 | | | | | -0.014**<br>(0.005) |
| 公共财政环保支出 | | | | | 0.006***<br>(0.002) |
| 截距 | -0.994**<br>(0.352) | -1.103**<br>(0.419) | -0.784<br>(0.400) | 0.194<br>(0.778) | -1.229**<br>(0.388) |
| 随机效应 | | | | | |
| 层二方差成分 | 0.528*** | 0.525*** | 0.518*** | 0.503*** | 0.410*** |
| ICC | 0.084*** | 0.083*** | 0.081*** | 0.077*** | 0.053*** |
| 对数似然值 | -7246.721 | -7246.607 | -7246.137 | -7245.327 | -7240.653 |
| 模型拟合优度检验 | 326.05*** | 326.36*** | 327.54*** | 329.73*** | 346.00*** |
| 有效样本量(N) | 3656 | 3656 | 3656 | 3656 | 3656 |

注:* p<0.05,** p<0.01,*** p<0.001。

## 2. 中间阶层私域环境行为

中间阶层私域环境行为模型结果如表 7 所示。零模型的群间关联度系数 ICC 值为 0.062，说明中间阶层私域环境行为差异中的 6.2%来源于不同省级地区差异。模型 2 控制变量中性别、年龄、地区及教育年限对于中间阶层私域环境行为的影响是显著的。模型 3 中个体信念感知模型的 4 个变量整体都较为显著，假设 1 得到较好验证。地区层次的方差从 0.555 减少至 0.438，说明在私域行为方面，个体价值信念感知因素能够解释地区层次变异的 21.08%。模型 4 中传统媒介接触与人际互动呈现了显著正向影响，但新媒介接触影响不显著。模型 5 仅有政治抗争意愿呈现显著正向影响，其余变量均不显著，一定程度说明政治参与在影响中间阶层私域环境行为方面的解释力不强。

表 7  中间阶层私域环境行为微观因素模型结果

| 变量名 | 模型 1 | 模型 2 | 模型 3 | 模型 4 | 模型 5 |
|---|---|---|---|---|---|
| 固定效应 | 系数（标准误） | 系数（标准误） | 系数（标准误） | 系数（标准误） | 系数（标准误） |
| 微观层次因素 | | | | | |
| 个体信念感知 | | | | | |
| 环境知识 | | | 0.162***<br>(0.015) | 0.154***<br>(0.015) | 0.143***<br>(0.015) |
| 环境风险感知 | | | 0.019***<br>(0.003) | 0.018***<br>(0.003) | 0.017***<br>(0.003) |
| 政府环境治理评价 | | | 0.101***<br>(0.031) | 0.088***<br>(0.031) | 0.085**<br>(0.031) |
| 人际信任 | | | 0.129***<br>(0.033) | 0.094***<br>(0.033) | 0.098**<br>(0.033) |
| 社会信息建构 | | | | | |
| 传统媒介接触 | | | | 0.106***<br>(0.013) | 0.102***<br>(0.013) |
| 新媒介接触 | | | | 0.015<br>(0.016) | 0.015<br>(0.018) |
| 人际互动 | | | | 0.182***<br>(0.043) | 0.172***<br>(0.044) |

续表

| 变量名 固定效应 | 模型1 系数(标准误) | 模型2 系数(标准误) | 模型3 系数(标准误) | 模型4 系数(标准误) | 模型5 系数(标准误) |
|---|---|---|---|---|---|
| 政治意识行为 | | | | | |
| 政治身份 | | | | | 0.168 (0.089) |
| 政治民主意识 | | | | | 0.022 (0.015) |
| 政治参与 | | | | | 0.114 (0.075) |
| 政治抗争意愿 | | | | | 0.095** (0.034) |
| 控制变量 | | | | | |
| 性别(男性) | | -0.486*** (0.072) | -0.545*** (0.071) | -0.528*** (0.070) | -0.537*** (0.070) |
| 年龄 | | 0.014*** (0.003) | 0.017*** (0.003) | 0.012*** (0.003) | 0.011*** (0.003) |
| 民族(汉族) | | 0.307* (0.153) | 0.319* (0.150) | 0.317* (0.147) | 0.326* (0.148) |
| 婚姻(已婚) | | 0.123 (0.105) | 0.119 (0.103) | 0.081 (0.102) | 0.060 (0.102) |
| 地区(城市) | | 0.463*** (0.110) | 0.332** (0.108) | 0.294** (0.107) | 0.371*** (0.109) |
| 教育年限 | | 0.169*** (0.012) | 0.119*** (0.012) | 0.094*** (0.012) | 0.088*** (0.013) |
| 年收入 | | 0.003 (0.017) | 0.002 (0.016) | 0.001 (0.015) | -0.002 (0.016) |
| 截距 | 4.983*** (0.114) | 1.767*** (0.295) | 0.248 (0.324) | -0.410 (0.352) | -0.622 (0.391) |
| 随机效应 | | | | | |
| 层二方差成分 | 0.555*** | 0.438*** | 0.422*** | 0.377*** | 0.384*** |
| ICC | 0.062*** | 0.043*** | 0.042*** | 0.035*** | 0.036*** |
| 对数似然值 | -8150.822 | -7944.519 | -7848.718 | -7792.397 | -7722.364 |
| 模型拟合优度检验 | | 349.96*** | 561.29*** | 679.04*** | 685.10*** |
| 有效样本量(N) | 3707 | 3690 | 3689 | 3685 | 3656 |

注：* $p<0.05$，** $p<0.01$，*** $p<0.001$。

表 8 所示是将宏观层次因素纳入模型的结果,基准模型为表 7 中的模型 5,微观层次因素的固定效应在表中不予展示。整体而言,宏观层次因素在中间阶层私域环境行为的塑造上并未发挥十分显著的作用,在各模型中 ICC 值均小于 0.059。在经济发展模型中,人均地区生产总值呈现显著正向影响,层二方差改变说明人均地区生产总值能解释 36.72%省级地区中间阶层私域环境行为的差异,富裕理论得到支持,假设 4 得到部分验证。在环境污染模型中,两项指标呈现出与假设相悖的负向显著效应,假设 5 未得到支持,污染驱动理论也未得到支持。在政府治理模型中,两个变量均没有显著影响,假设 6 未得到支持,且两个变量也仅能解释 4.4%的省级差异,本质上依然是因为中间阶层私域环境行为的大部分差异寓于微观个体因素之中。

表 8 中间阶层私域环境行为宏观因素模型结果

| 变量名 | 基准模型 | 经济发展模型 | 环境污染模型 | | 政府治理模型 |
|---|---|---|---|---|---|
| 固定效应 | 系数<br>(标准误) | 系数<br>(标准误) | 系数<br>(标准误) | 系数<br>(标准误) | 系数<br>(标准误) |
| 宏观层次因素 | | | | | |
| 人均地区生产总值 | | 0.128***<br>(0.027) | | | |
| 主要废气污染指标 | | | -0.002*<br>(0.001) | | |
| 第二产业比重 | | | | -0.023*<br>(0.010) | |
| 工业污染治理投资 | | | | | -0.002<br>(0.004) |
| 公共财政环保支出 | | | | | -0.001<br>(0.001) |
| 截距 | -0.622<br>(0.391) | -1.174**<br>(0.397) | -0.330<br>(0.416) | 0.523<br>(0.647) | -0.408<br>(0.424) |
| 随机效应 | | | | | |
| 层二方差成分 | 0.384*** | 0.243*** | 0.350*** | 0.348*** | 0.367*** |
| ICC | 0.036*** | 0.015*** | 0.030*** | 0.030*** | 0.0033*** |
| 对数似然值 | -7722.364 | -7715.534 | -7720.361 | -7720.042 | -7721.536 |
| 模型拟合优度检验 | 685.10*** | 732.72*** | 693.61*** | 694.68*** | 688.76*** |
| 有效样本量(N) | 3656 | 3656 | 3656 | 3656 | 3656 |

注:* $p<0.05$,** $p<0.01$,*** $p<0.001$。

## (三) 中间阶层环境行为影响因素比较

为验证提出的假设 7，探究中间阶层两类环境行为微观层次因素之间的影响强度差异，本研究在多层线性模型的基础上运用系数集束化方法进行校验，结果如表 9 所示。首先对于中间阶层公域环境行为，检验后个体信念感知与社会信息建构模块不存在显著差异，但都与政治意识行为差异显著，分别达到了 1.61 倍与 1.8 倍；在私域环境行为上个体信念感知影响强度显著强于其他两者，分别达到了 1.33 倍与 3.1 倍。由此可见在影响中间阶层公域与私域环境行为的微观层次因素之间在影响强度上存在显著差异，假设 7 得到验证。

表 9 中间阶层环境行为影响因素比较

| 变量 | 集束化系数 | |
| --- | --- | --- |
| | 公域环境行为 | 私域环境行为 |
| 个体信念感知 | 0.271*** <br> (0.031) | 0.449*** <br> (0.037) |
| 社会信息建构 | 0.307*** <br> (0.033) | 0.338*** <br> (0.036) |
| 政治意识行为 | 0.168*** <br> (0.031) | 0.145*** <br> (0.035) |
| 差异性检验 | $\chi^2 = 8.56$ <br> $P = 0.0034$ | $\chi^2 = 31.26$ <br> $P = 0.0000$ |

注：* $p<0.05$，** $p<0.01$，*** $p<0.001$。

# 六、研究结论及展望

本研究基于当前中国社会转型时期中间阶层不断壮大、经济发展与环境污染之间矛盾未减以及亟待推动公民环境行为水平、改善政府主导环境治理模式的研究背景，从微观层次与宏观层次不同影响因素的理论逻辑出发，对中国中间阶层两类环境行为进行探究，主要结论包括中间阶层参与环境行为的现实状况、影响环境行为参与（公域和私域）的因素及影响因素之间的强度对比及其政策意义。

第一,中国中间阶层当前环境行为参与的现状呈现为以下两点:从整体的视角出发,中国中间阶层环境行为总体相对水平显著高于其他阶层,其中公域环境行为水平远低于私域环境行为水平。从微观视角出发,在性别维度上女性从事环境行为的频次高于男性,社会化理论、女性家庭角色以及更多参与孩童抚育的家庭分工是可能的内在逻辑(洪大用、肖晨阳,2007:115)。同时城市中层的环境行为水平显著更高,个体收入、教育等层次相对较高,由宏观发展水平带动的个体社会经济层次提高,契合富裕理论的假设预测。

第二,影响中间阶层公域环境行为的微观因素中,个体信念感知模块中的环境风险感知、政府环境治理评价以及人际信任三个变量呈现显著的正向影响。在社会信息建构模块中,传统媒介及新媒介接触也呈现显著正向影响。公众对于环境风险的感知建立在对环境问题的认识上,对政府环境治理的评价也来源于对政府治理措施的知晓,这一切都有赖于媒介信息传播对观念的建构。但值得注意的是政治民主意识变量呈现显著负向影响,可能源于当前中国中间阶层政治民主意识和行为都处在发展初期,行为上的保守化与依附性并存,选择不参与无疑是一种更保守与保险的做法。在宏观层面,公共财政支出对公域环境行为有显著正向影响,工业污染治理投资呈现负向影响,而人均地区生产总值及污染指标影响均不显著。这可能源于:一方面政府公共财政支出越高越能体现地区经济发展水平,而经济越发达的地区公众环境行为整体越好;另一方面工业污染治理投资越高,发生环境污染问题的风险降低,一定程度上也能降低激进公域环境行为发生的概率。

第三,影响中间阶层私域环境行为的因素。在微观层次,个体信念感知模块的四个变量——环境知识、环境风险感知、政府环境治理评价以及人际信任都有显著正向影响,社会信息建构模块中传统媒介接触与人际互动变量呈现显著正向影响。私域环境行为较多是参与成本较低、花费时间较少、行为完成难度较低且对个体日常生活影响较大的行为,因而个体层次的"态度-行为"解释逻辑呈现了较好的解释力度。同时传统媒介中的信息筛选把关起到了有力作用,在潜移默化中强化了人们采取私域环境行为的意识。人际互动在私域环境行为中类似学习机制和信息交换机制,人们可能会对彼此之间的环境行为进行模仿,一些私域环境行为甚至会成为整个社会的新风尚并引起人们的争相效仿,如共享单车、蚂蚁森林等。相较于公域环境行为,政治意识行为变量对于私域环境行为的影响力明显较弱,仅有政治抗争意愿有显著影响。政治抗争意愿的操作化假定是自身权益受到侵害,因而不免体现了中间阶层在利益驱动下的环境行为实施态度。在宏观层次,富裕理论得到印证,人均生产总值越高的地区的中间阶层,更有可能从事私域环境行为。

第四,对影响中间阶层环境行为参与因素的强度对比结果中,可以获得怎样更好引导中间阶层施行各类环境行为的思路。首先在公域环境行为的引导上,微观层次上从社会信息建构着手会更有效用。通过媒体的信息传播建构中间阶层对环境问题及环境事件科学、合理及客观的认知,利用新媒体搭建公共参与渠道,宣传环境保护组织信息,对于引导中间阶层参与公域环境行为都大有裨益。宏观因素上加强环境治理和环保投资,积极发展经济建设,对于整体环境行为提升都有正面意义。其次在私域环境行为引导上,显然更应该着力于关注微观层次因素,其中能显著促进私域环境行为的是个体信念感知模块,这也提示对于环境保护知识的普及传播要格外重视,同时在新媒介传播环境信息上还需再下功夫。

## 参考文献

边燕杰,2016,《关于中产阶层的各种定义和指标体系》,《人民论坛》第 6 期,第 69—70 页。

汉尼根,约翰,2009,《环境社会学》(第 2 版),洪大用等译,北京:中国人民大学出版社。

洪大用,2001,《社会变迁与环境问题:当代中国环境问题的社会学阐释》,北京:首都师范大学出版社。

洪大用、范叶超,2013,《公众环境风险认知与环保倾向的国际比较及其理论启示》,《社会科学研究》第 6 期,第 85—93 页。

洪大用、卢春天,2011,《公众环境关心的多层分析——基于中国 CGSS 2003 的数据应用》,《社会学研究》第 6 期,第 154—170 页。

洪大用、肖晨阳,2007,《环境关心的性别差异分析》,《社会学研究》第 2 期,第 111—135 页。

胡溢轩,2018,《美国环境运动的发展脉络与演进逻辑》,《南京工业大学学报》(社会科学版)第 5 期,第 39—48 页。

李春玲,2016,《中等收入群体与中间阶层的概念定义——社会学与经济学取向的比较》,《国家行政学院学报》第 6 期,第 53—58 页。

李路路,2008,《中间阶层的社会功能——新的问题取向和多维分析框架》,《中国人民大学学报》第 4 期,第 125—135 页。

李培林、张翼,2008,《中国中产阶级的规模、认同和社会态度》,《社会》第 2 期,第 1—19 页。

李佩菊,2016,《1990 年代以来邻避运动研究现状述评》,《江苏社会科学》第 1 期,第 40—46 页。

刘精明,2014,《能力与出身——高等教育入学机会分配的机制分析》,《中国社会科学》第 8 期,第 109—128 页。

卢春天、洪大用、成功,2014,《对城市居民评价政府环保工作的综合分析——基于 CGSS 2003 和 CGSS 2010 数据》,《理论探索》第 2 期,第 95—100 页。

卢春天、赵云泽、李一飞,2017,《沉默的大多数?——媒介接触、社会网络与环境群体性事件研究》,《国际新闻界》第 9 期,第 88—101 页。

马丹丹、陈晓濛,2018,《近二十年中产阶层研究的历程——兴起、发展和转向》,《社会发展研究》第 3 期,第 203—222 页。

欧阳斌、袁正、陈静思,2015,《我国城市居民环境意识、环保行为测量及影响因素分析》,《经济地理》第 11 期,第 179—183 页。

彭远春,2011,《我国环境行为研究述评》,《社会科学研究》第 1 期,第 104—109 页。

——,2013,《城市居民环境行为的结构制约》,《社会学评论》第 4 期,第 29—41 页。

曲英、朱庆华,2010,《情境因素对城市居民生活垃圾源头分类行为的影响研究》,《管理评论》第 9 期,第 121—128 页。

时立荣、常亮、闫昊,2016,《对环境行为的阶层差异分析——基于 2010 年中国综合社会调查的实证分析》,《上海行政学院学报》第 6 期,第 78—89 页。

史敏,2018,《媒体呈现环境风险的影响因素研究——以 12 家报纸对垃圾焚烧的态度为例》,《南京工业大学学报》(社会科学版)第 5 期,第 49—60 页。

孙中伟、黄时进,2015,《"中产"更环保吗? 城市居民的低碳行为及态度——以上海市黄浦区为例》,《人口与发展》第 3 期,第 37—44 页。

王丽丽、张晓杰,2017,《城市居民参与环境治理行为的影响因素分析——基于计划行为和规范激活理论》,《湖南农业大学学报》(社会科学版)第 6 期,第 92—98 页。

王晓楠,2019,《中国公众环境行为逻辑》,北京:社会科学文献出版社。

王晓楠、刘琳,2017,《中国居民环境行为意愿的多层分析——基于 2013 年 CSS 数据的实证分析》,《吉首大学学报》(社会科学版)第 1 期,第 80—90 页。

王琰,2016,《环境问题驱动下的环境关心——基于 WVS 2010 的跨国多层分析》,《南京工业大学学报》(社会科学版)第 4 期,第 48—56 页。

邢朝国、时立荣,2012,《环境态度的阶层差异——基于 2005 年中国综合社会调查的实证分析》,《西北师大学报》(社会科学版)第 6 期,第 6—13 页。

杨菊华,2006,《多层模型在社会科学领域的应用》,《中国人口科学》第 3 期,第 44—51 页。

张晓杰、靳慧蓉、娄成武,2016,《规范激活理论——公众环保行为的有效预测模型》,《东北大学学报》(社会科学版)第 6 期,第 610—615 页。

曾瑞雪、赵成、王振辉,2018,《公民意识、阶层身份对环境行为的影响》,《城市问题》第 1 期,第 97—105 页。

曾粤兴、魏思婧,2017,《构建公众参与环境治理的"赋权-认同-合作"机制——基于计划行为理论的研究》,《福建论坛》(人文社会科学版)第 10 期,第 169—176 页。

中华人民共和国国家统计局编,2014,《中国统计年鉴(2014)》,http://www.stats.gov.cn/tjsj/ndsj/2014/indexch.htm,访问日期:2021 年 5 月 14 日。

朱迪,2017,《从强调"教育"到强调"供给"——都市中间阶层可持续消费的研究框架及实证分析》,《江海学刊》第 4 期,第 99—106 页。

Ajzen, Icek. 1991. "The Theory of Planned Behavior." *Organizational Behavior and Human Decision Processes* 50(2): 179-211.

De Koning, Jotte Ilbine Jozine Charlotte, Marcel Rudolphus Maria Crul, Renee Wever, Johannes Cornelis Brezet. 2015. "Sustainable Consumption in Vietnam: An Explorative Study among the Urban Middle Class." *International Journal of Consumer Studies* 39(6): 608-618.

Dunlap, Riley E., Kent D. Van Liere, Angela G. Mertig, Robert E. Jones. 2000. "New Trends in Measuring Environmental Attitudes: Measuring Endorsement of the New Ecological Paradigm: A Revised NEP Scale." *Journal of Social Issues* 56(3): 425-442.

Heise, David R. 1972. "Employing Nominal Variables, Induced Variables, and Block Variables in Path Analyses." *Sociological Methods & Research* 1(2): 147-173.

Hines, Jody M., Harold R. Hungerford, Audrey N. Tomera. 1987. "Analysis and Synthesis of Research on Responsible Environmental Behavior: A Meta-Analysis." *Journal of Environmental Education* 18(2): 1-8.

Klöckner, Christian A. 2013. "A Comprehensive Model of the Psychology of

Environmental Behaviour: A Meta-Analysis." *Global Environmental Change* 23(5): 1028-1038.

Kovács, Judit et al. 2014. "Justifying Environmentally Significant Behavior Choices: An American-Hungarian Cross-Cultural Comparison." *Journal of Environmental Psychology* 37: 31-39.

Lange, Hellmuth, Lars Meier. 2009. *The New Middle Classes: Globalizing Lifestyles, Consumerism, and Environmental Concern.* New York: Springer.

Liere, Kent D. Van, Riley E. Dunlap. 1980. "The Social Bases of Environmental Concern: A Review of Hypotheses, Explanations and Empirical Evidence." *Public Opinion Quarterly* 44(2): 181-197.

Morren, Meike, Grinstein Amir. 2016. "Explaining Environmental Behavior Across Borders: A Meta Analysis." *Journal of Environmental Psychology* 47: 91-106.

Pisano, Ignacio, Lubell Mark. 2015. "Environmental Behavior in Cross-National Perspective: A Multilevel Analysis of 30 Countries." *Environment and Behavior* 49(1): 812-824.

Schwartz, Shalom H. 1977. "Normative Influences on Altruism." *Advances in Experimental Social Psychology* 10: 221-279.

Stern, Paul C. 2000. "New Environmental Theories: Toward A Coherent Theory of Environmentally Significant Behavior."*Journal of Social Issues* 56(3): 407-424.

Tsang, Eileen Y., Pak K. Lee. 2013. "The Chinese New Middle Class and Green NGOs in South China: Vanguards of Guanxi (Connections)—Seeking, Laggards in Promoting Social Causes?" *China* 11(2): 155-169.

(责任编辑:贺光烨)

# 中国社会学重建的知识社会学考察
## ——以1981年"南开班"为例

张 龙\*

**摘要**：本文以1981年"南开社会学专业班"为例，从知识社会学的视角考察了中国社会学重建之初的历史。研究发现：中国社会学重建之初，新一代学人对社会学经典文本和前辈学人的知识传统相对缺乏系统了解，但其独特的优势在于跨学科的知识背景和较为丰富的社会阅历；在社会学知识的口头传授中，美国学者所代表的研究范式产生了相对较大的影响；新一代学人在学习之余已经开始尝试创造新知识，其知识生产的实践带有时代背景和所学课程的鲜明特征。本文认为，从取消到重建的历史过程很大程度上重塑了中国社会学的知识传统，并且预示了新的知识体系的生成。

**关键词**：社会学史 知识社会学 学术与社会 学科重建

就社会学这门学科在中国百余年的历史而言，1979年及之后的几年具有格外特殊的意义。在1952年的"院系调整"中，社会学学科被迫取消（陆远，2019）。直到1979年，在改革开放的大背景下，被迫中断近30年的中国社会学才迎来了"新生"与"重建"（Wang, Whyte, 1980; Cheng, So, 1983）。既然是重新开始，那么新源头的一些特点极有可能会深刻融入学科后来的发展中，甚至参与构成新的"传统"。鉴于此，对社会学重建过程的研究不仅具有重要的学科史价值，而且对于反思今日中国社会学的发展大有裨益。在一定程度上，中国社会学恢复与重建的过程，其学科意义甚至可以类比为社会学在晚清传入中国的历史（姚纯安，2006；刘少杰，2007）。

然而，既有的中国社会学史研究尚未将社会学重建的历史纳入视野。既有研究者们往往以关键人物（韩明谟，2005；杨雅彬，2002）、学派群体（郑杭生、

---

\* 张龙（zhanglong3601@163.com），南开大学社会学系讲师。

李迎生,1999;2000;陈新华,2009)或历史时期(杨雅彬,1987;韩明谟,2002;阎明,2004)为主要线索,串起社会学在中国传入、传播与发展壮大的历史。对于社会学在1949年以后被批判和取消的过程,只有少量研究专门论及(阎明,2004;陆远,2019)。其中,陆远(2019)的近著探讨了社会学在20世纪四五十年代的遭遇,并且尝试从知识社会学和知识行动者的角度展开分析,拓宽了中国社会学史的视域。不过,1979年之后社会学恢复与重建的历史仍然是社会学史研究中的一个空白①,尤其是缺乏"个案化""专题化"(陈劲松,2009)的学科史叙事(张龙,2016)。

这种对社会学重建史的相对忽视不难理解。一方面,社会学获得重建的年份(1979)迄今只有40余年,以历史的尺度看并不遥远。在学科重建的诸多亲历者仍处于学术创造期的情况下,更不易将这一过程作为历史的一部分来进行理解和研究。另一方面,如果以社会学史的常规视角和常规方法来研究中国社会学的重建过程,很可能会遇到巨大的困难。这种困难尤其体现于,常规的社会学史研究往往以文本——尤其是理论文本——为中心(何祎金,2015),而一旦从理论文本出发,重建之初的中国社会学看起来似乎"不值得研究"。因此,中国社会学重建史研究的正当化至少有赖于两个扩展:一个是对于常规的社会学史研究对象的扩展;另一个则是对于常规社会学史研究方法和分析视角的扩展。

本文结合社会学史与知识社会学的视角,以1981年"南开社会学专业班"(以下简称"南开班")为例切入对中国社会学重建史的研究。南开班是改革开放后第一个社会学本科培训班,其目标是"给第一批建立社会学专业的有关院校和科研单位培养师资和研究人才"(南开大学社会学专业班,1980)。这个班为期一年,从全国18所高校选拔了43名学生作为正式学员,并有部分进修教师和旁听生。南开班如同一个较小的窗口,细致呈现了中国社会学重建之初的状况。

本研究使用的一手资料包括南开班的课堂笔记、讲义材料、文件档案等文献材料②,以及29名南开班学员与教师的访谈材料(访谈名单见表1)。

---

① 近年已有一些例外,如Chen(2017)、Hsiung(2017),同时也可以看到一些史料整理工作的启动,如南开大学社会学系(2019)、周晓虹(2021)。
② 其中保存最完整的,是苏驼、杨心恒两位老先生提供的南开班文件、讲义,以及何娟(1981)、张友琴(1981)两位老师提供的南开班课堂笔记。近年来部分文件资料已经被整理出版,参见南开大学社会学系(2019)。

表 1 访谈名单①

| 当面访谈（16 人） | 电话访谈（11 人） | 网络访谈（2 人） |
| --- | --- | --- |
| 林克雷、折晓叶、谢文、王思斌、王颖、郭鲁晋、白红光、李建设、何娟、王来华、潘乃穆、潘乃谷、孙立平、阮丹青、周雪光、苏驼 | 宣兆凯、周运清、蔡禾、范伟达、方明、丘海雄、张友琴、杨心恒、李友梅、贾春增、夏学銮 | 边燕杰、彭华民 |

基于对社会学学科史及知识社会学的关注，本研究关心的核心问题是：被迫中断与恢复重建的历史过程如何重塑了中国社会学的知识传统？具体来说，本文尝试探讨以下问题：近 30 年的"断档期"（1952—1979）对中国社会学的知识积累带来了怎样的具体影响？中国社会学的重建建立在怎样的知识基础之上？新引进的社会学知识如何被理解和接受（Platt, 1995）？新一代社会学者的知识生产实践在这一时期有怎样的特征？接下来，我将简要回顾西方社会学史的不同写法，并通过引入知识社会学的分析视角来构成本文的叙事框架；在此基础上，我将以南开班的情况为例，依次考察中国社会学重建之初的知识背景、社会学知识的传授与学习情况，以及新一代学者们生产学术知识的初步尝试。

# 一、从"社会学史"到"社会（学）知识的社会学"

有多少种对社会学的理解，可能就有多少种社会学史（何祎金，2015；2018；陆远，2019：9—15）。基于不同的认识和侧重点，社会学史有可能被呈现为理论思想的历史、研究实践的历史或者学科制度的历史。

在对"西方社会学史"的书写中，理论思想史的取向在很长时期内占据着主流（如 Barnes, 1948; Donini, Novack, 1982; Collins, Makowsky, 1989; Collins, 1994）。这一取向的学科史书写要么是以重要理论家作为叙述的中心，要么是将理论思想的演进作为中心。考虑到社会学理论在整个学科问题意识、自我认同等方面的核心位置，这一类型学科史的重要意义毋庸赘言。不

---

① 每个访谈方式内的被访者以访谈时间先后为序排列，其中既进行了电话访谈又进行了当面访谈的，记为"当面访谈"。

过,或许是此类写作者本身往往也是理论家的缘故,以理论思想为主导的学科史常常是不够"历史化"的,容易变成理论的系统分类(systematics)而非真实历史(authentic histories)的呈现(Merton, 1967)。即便是补充了重要理论家生平、时代背景等理论文本之外的内容,理论思想史是否就等同于整个社会学史仍是有待商榷的。

基于以上认识,新的社会学史书写方法被提出来,以弥补以理论思想为中心的学科史的不足。一种路径是将社会学研究实践的历史引入社会学史的视野,比如对社会学研究方法的实践进行历史回顾(Bulmer, 1985; Platt, 1998);另一种路径则是将学科史进一步"外化"(externalized),通过正式或非正式的学术团体(Turner, Turner, 1990; Abbott, 1999; Turner, 2016)、出版物(Hamilton, 2003; Platt, 2008)、国家权力(Connell, 1997; Steinmetz, 2013)等角度进入对社会学历史的探讨。

以上所述以理论思想及学术文本为中心的学科"内史"(internal history)与"外化"了的学科史各有用处。然而,对中国社会学重建史而言,以上两种路径各有其困难:一方面,学科重建初期难以马上产生具有极高价值、值得深入分析的学术成果,因此以理论文本为中心的学术史回顾困难重重;另一方面,假如将这段历史全面"外化",则容易变得表面或琐碎,除了提供宏观背景和学界逸闻之外,对学科自身发展的反省作用似乎极其有限。针对这些困难,兼顾内史与外史,或者说兼顾理论思想、研究实践与学科制度的社会学史似乎是一种折中后的更优选择(Heilbron, 1995)。

基于以上考虑,本文尝试引入知识社会学的视角,通过将"知识"问题视为多个维度学科史的重要交汇点,呈现一种以知识为中心线索的学科史书写。一般来说,知识社会学以知识和社会的关系作为研究对象,尤其强调知识的基本属性、社会根源与社会后果(默顿,2003:7—54;伯克,2016a:1—18)。其经典的研究问题,包括社会因素(阶级、组织、人际网络等)对于知识和观念的塑造(McCarthy, 1996; Camic, Gross, 2001)、意识形态的社会基础(曼海姆,2002)、知识分子的社会角色与社会行动(兹纳涅茨基,2000;李钧鹏,2011)、科学研究与科学实践的过程(柯林斯,2007;拉图尔,2005)等等。

将知识社会学的视角引入社会学史研究中,至少会在以下几个方面丰富既有的学科史书写。首先,知识社会学拓宽了对学科知识的既有理解。知识社会学视角下的知识,既包括了系统化的、抽象的学术知识或"正式知识",比如"科学知识",也包含了碎片化的、经验性的日常知识或"非正式知识"(伯格、卢克曼,2019)。这种学术知识与日常观念的互动是引起社会理论家较多关注(如吉登斯,2003;2016)但常常被社会学史研究者忽视的。其次,知识社会学关注知识生产的实践与互动过程,尤其是社会要素在这一过程中的作用,而不仅仅是知识成果本身(柯林斯,2007;拉图尔,2005)。当然,这里的知识生产过程也是在较为宽泛的意义上使用的,既包括了新知识的创造,也包括了知识的传播、学习和运用。最后,知识社会学强调知识形态对于知识内容的影响(默顿,1987;伯克,2016a;2016b)。换言之,知识是如何被贮藏和呈现的、知识的物理形态与传播媒介,都可能会对知识的内容产生实质影响。

知识社会学的视角为中国社会学重建史的书写提供了一个有益的引导和叙述框架。以知识问题为线索,研究者的分析可以进入课堂与社会、理念与实践、学术与政治等多种关系的复杂互动中。在下文中,我将尽可能沿着知识的线索展开对中国社会学重建史的叙述和分析,尤其关注社会学被取消和重建的历史如何重塑了这门学科在中国的知识传统。

## 二、 知识积累的中断与"新起点"

一般而言,学术知识的代际传承有两个基本的途径:一个是通过不同代际学人的直接接触,知识以口头传播的方式进行;另一个则是通过后辈学者阅读前辈学者的著作,知识通过"作者—读者"的关系获得传承(默顿,1987)。中国社会学在被迫中断近30年又开始重建时,这两种知识传承的途径都存在一些障碍。

中国老一辈学者的去世、高龄或者知识遗忘使不同代际社会学学者的知识口头传承受到严重影响。经历了多年的停顿,许多在中国社会学史上响当当的人物,在此时要么已经逝去,要么"虽曾弦诵未辍,功力却大受摧残"(韩明谟,2002:159),无法承担向新一代学人系统传授知识的重任。作为社会学重建领导者的费孝通(1983:4)在接受媒体采访时就坦承:"荒疏了这么久,即使有老本本可据,我也教不了。"因此,尽管南开班专门为老一辈学者如雷洁琼、林耀华等人安排了讲座,新一代学人们有机会接触到老一辈学者,但这种接触一般还是短暂与表面的。老一辈学者在此时的出场,其符号性的鼓舞作用可能远远大于其所能提供的具体知识。[①] 并且,除了费孝通这一个特例外,集训期

---

① 林克雷访谈,2014年11月17日。

间的南开班学员们对于大多数老一辈学者实际上并不太了解。比如,从复旦大学国际政治系进入南开班的周雪光回忆:

> 说实话,现在想想,我们现在才意识到他们在中国社会学史上的地位,但是当时不知道,不是非常了解。都是后来在自己做研究的过程里,读了他们以前写的书,才会意识到他们在新中国成立以前做了大量的研究。①

如周雪光所言,学员们对于老一辈学者缺乏了解的一个重要原因在于:他们当时很少有机会读到前辈学人的著作。社会学近30年的中止以及"文革"期间的破坏,导致大量相关书籍被损毁或封存,"几十年积累的材料,毁于一旦……很多书上不了架,成捆地堆在那个地方霉烂、虫蛀、风化,让老鼠的牙齿批判"(季啸风,1981:3—4)。这种"书荒"的社会背景极大限制了年轻学子通过阅读了解社会学专业知识的机会。② 在这种情况下,社会学这门新学科的理论和方法几乎成了一种"秘传知识",有资料和渠道的人在进入南开班之前可能会了解个皮毛,没有资料和相关渠道的人则几乎一无所知。③ 这种社会学阅读材料的匮乏甚至一直延续到南开集训期间。从兰州大学经济系进入南开班学习的折晓叶回忆:

> 那时候资料重要到什么程度,对你们来说都不能理解。占有资料就能做学问,一个人拿到资料别人是看不到的,别人不给你你都不知道有这些东西。……那时候你到图书馆大概能借到的只有孙本文的《社会学原理》,很难借,当时如果有一个同学能借出来很多同学会去抄回去看。……课余时间我们会去图书馆看书,但是直接看社会学的非常少。④

如上所描述的,中国社会学的知识积累因为近30年的中断而出现了明显的断层。南开班的相当一部分学员在进入集训之前从未接触过社会学,更没

---

① 周雪光访谈,2015年6月28日。
② 白红光访谈,2014年12月18日;折晓叶访谈,2014年12月14日;另见南开大学哲学系社会学图书调查和整理小组(1980),中国社会科学院社会学研究所、南开大学社会学系(1984)。
③ 林克雷访谈,2014年11月17日;白红光访谈,2014年12月18日。
④ 折晓叶访谈,2014年12月14日。

有读过社会学的经典著作——这既包括中国本土学者的著作,也包括西方社会学者的经典著作。① 不过,这种专业知识的限制并不绝对。比如,有的南开班学员通过个人途径接触到 1980 年社科院社会学暑期培训班的学员,并由此获得一些阅读资料或者关于该读些什么的指导②;有的学员在进入南开班之前通过院系开介绍信的方式,读到了费孝通、潘光旦等前辈学人的著作③;有英文水平较高的学员在集训前甚至已经阅读了英文版的社会学概论和理论教材④。

以上为获取社会学学术知识进行的努力是高度个体化与带有偶然性的。更具普遍意义并构成新一代学人知识储备的则是辩证唯物论和历史唯物论的知识,通过其他专业学习或自主阅读获得的知识,以及通过社会实践经验获得的知识。

首先,辩证唯物论和历史唯物论在南开班学员的基本知识结构中占有不可忽视的位置。作为生于 20 世纪 50 年代左右的年轻学生,南开班的学员们通常接受了多年的马列主义唯物论教育(何炳济,1981)。在社会学等学科获得恢复重建之前,辩证唯物论和历史唯物论提供了对各种人文和社会现象最为权威和正统的解释。在阅读资料匮乏的年代,马列主义的知识体系却得到最普遍的阅读和宣传。此外,进入南开班的 43 名正式学员中,来自哲学系的学员本身就有 26 人,占总人数的 60.5%。同时,在 43 名学员中还有 20 名党员(46.5%),以及 19 名团员(44.2%)(何娟,1981;张友琴,1981)。学员们所学的专业和政治身份意味着他们有较多机会接受唯物论的知识。长期接触马列主义的年轻人或多或少会受到这一知识体系的影响,并将其自觉不自觉地运用到自己的学术思考中。⑤

其次,作为恢复高考后的首批大学生,南开班学员通过本专业的学习和自主阅读获得了一定的知识积累。在进入南开班学习社会学之前,学员们已经接受了三年的大学教育。在 43 名正式学员中,除哲学系的 26 人外,来自经济系的占其次,有 7 人,占比 16.3%,来自中文系的有 2 人,英语系(西语系)的 2 人,历史系的 2 人,社会学系的 2 人(复旦分校),国际政治系和政教系的各 1 人(何娟,1981;张友琴,1981)。大学期间的专业学习之外,这些年轻人也可能会

---

① 当然,马克思的作品是个例外。
② 谢文访谈,2014 年 12 月 10 日;林克雷访谈,2014 年 11 月 17 日;白红光访谈,2014 年 12 月 18 日。
③ 边燕杰访谈,2015 年 3 月 25 日。
④ 孙立平访谈,2015 年 4 月 7 日;林克雷访谈,2014 年 11 月 17 日。
⑤ 折晓叶访谈,2014 年 12 月 14 日;王思斌访谈,2014 年 12 月 9 日。

广泛阅读文学、哲学、历史等方面的著作。这种"地下阅读"可能在高考恢复前(比如上山下乡期间)就开始了,在这一过程中获得的知识往往是驳杂多元的(项飙,2015;孙沛东,2016)。

最后,除了通过学校教育和自主阅读获得的书面知识外,南开班学员们更加独特的知识储备来自他们在社会实践中积累的丰富"社会知识"。南开班的43位正式学员中无一人是1977年的应届高中毕业生。① 所有学员都有过下乡插队、进工厂或当老师等社会实践锻炼(何炳济,1981)。比如,在恢复高考之前,宋林飞曾担任江苏南通县委秘书,周雪光在山东农村"插队",折晓叶在甘肃的一个工厂当车工,而孙立平、王思斌等家住农村的学员则和其他社员一起在田间干农活。② 关于上山下乡的经历,边燕杰回忆:

> 我是下乡知青,17岁之前在中国的天津长大,生活在一个亲情特别充分、条件又比较好的家庭里面。17岁下乡,下乡时还带着"建设祖国农村"这些概念去的,但是到了乡下发现了农村农民的疾苦。……通过跟农民的交往,发现他们对于20世纪50年代共产党刚刚取得全国政权时单干时期的一种眷恋。比如一家农民还保留了他们单干时期的地契,想回到他们的单干时期。……所以有了这个农村的背景,到上了南开大学1977年第一年课的时候,我对当时教课的老师还是非常不满足的。原因就是那些老师还在诠释"文化大革命"以来的方针政策所谓的正确性,思想还是不开放的。③

这种直接的社会经验构成了包括南开班学员在内的大部分"77级大学生"的重要特点。一手的社会经验让他们对之前不太熟悉的社会状况有了更为直观的了解。这种或许是被动卷入的"社会实践"无疑会构成他们将来进行社会学研究的重要知识背景。换言之,南开班学员们多数是带着丰富的"社会知识"开始了社会学的学习,这和今日从校门到校门的许多年轻研究者们极其不同(项飙,2015)。

以上所述的各种情况汇集成了南开班学员在开始社会学学习时的基本知

---

① 根据一份课堂统计作业的数据,南开班学员们的平均工作年限达到了五年以上(何娟,1981)。
② 参见宋林飞(2010:1);周雪光访谈,2015年6月28日;折晓叶访谈,2014年12月14日;孙立平访谈,2015年4月7日;王思斌访谈,2014年12月9日。
③ 边燕杰访谈,2015年3月25日。

识背景:一方面,他们缺少对于社会学经典著作与老一辈学术成果的了解,在进入南开班之前没有接触过任何系统的社会学训练;另一方面,他们熟悉辩证唯物论和历史唯物论的知识体系,有着跨学科的背景和通过自主阅读获得的多元知识,同时基于上山下乡等经历而获得了丰富的实践经验。这些基本的知识背景构成了他们在南开班学习社会学的基础。

## 三、新知识的传授与学习

在阅读资料相对匮乏的背景下,多数南开班学员获得社会学知识的主要途径很难是自己的大量阅读,而只能是这为期近一年的密集课程。因此,知识的口头传授在这一时期获得了相对更为重要的位置。在知识的口授中,讲者与听者之间常常会形成一种迥异于作者与读者之间的社会关系,与"学术大师"的近距离接触往往会使学生受到不同于阅读的鼓舞(默顿,1987)。在阅读条件受限的历史情境下,口授课程所产生的影响往往会更大。

根据授课教师的情况,南开班的课程大致可以分为两大类:一类由大陆学者讲授,另一类则是由境外学者讲授。① 其中授课的大陆学者既包括上文提到过的老一辈社会学家——他们分别进行了单次学术讲座,也包括刚从中国社科院主办的 1980 年社会学暑期班毕业的学员们,这些学员同样也是社会学重建后第一本《社会学概论》的编写者(张龙,2016:45—48)。与南开班学员们类似,"概论编写组"的成员基本上也属于刚刚接触社会学的人。他们所讲知识的来源,其实主要也是入门教材。他们所做的,主要是把看到的各种二手文献综合成自己的版本(沈关宝,2015)。而由于讲者和学员的知识优势、年龄差距并不特别明显,社会学概论的课程在一些时候会变成授课者与听讲者的平等交流与共同探讨。②

真正让南开班学员耳目一新的知识来自境外学者的课堂,尤其是在美国任教的几位老师的课程。在南开班学员的回忆中,布劳(Peter Blau)、林南、李哲夫三位教师的授课经常被放到一起提及。比如,边燕杰就认为布劳、林南、

---

① 南开班部分课表见附录一。
② 折晓叶访谈,2014 年 12 月 14 日;周运清访谈,2015 年 3 月 27 日。

李哲夫的"这三门是我们进入社会学这个领域的奠基性的课程"①;而白红光认为这三位美国教授的课让学员们"得到了扎扎实实的国外的训练"②。其中,布劳和林南的课程更是被每一个南开班学员都认为印象深刻。

在南开班的最初几讲中,布劳介绍了理论研究和社会学研究的基本原则与基本概念,表明了他自己的研究立场。③ 布劳本人对于社会学的定位是很明确的,他说:

> 社会学是像文学、文学批评、艺术、历史那样属于人文科学呢,还是像生物学、心理学那样属于自然科学?我绝对相信社会学是自然科学。它不是艺术,也不是其他人文科学。它并不试图使你对具体事物有深刻的理解,就像帮助你理解一首诗,或理解中国革命这样一个历史事件一样。当然,社会学家也可以研究中国革命,但他们并不把它当作一个具体历史事件来研究,而是研究所有革命的共同条件,即共性。(张友琴,1981)

基于此种将社会学视为"科学"的清晰定位,布劳认为社会学的继续发展,有赖于建立系统并且可验证的理论体系。在课程的主体部分,布劳总共介绍了六个理论人物:韦伯、涂尔干、齐美尔、帕森斯、默顿,以及他自己。布劳认为,介绍太多的理论没有什么意义,因为介绍太多大家听完就会忘。但通过对几个理论家的深入分析,即便大家记不住具体的理论,也可以学到更深层次的研究原理。在介绍到自己的理论观点时,布劳基本上没有再提他早年的"交换论",而是主要介绍他近期的"结构论"研究。他自己解释说:

> 我近年来对社会结构进行客观研究的方法。我 20 多年前写了《交换论》,以后我个人社会学研究方向发生了很大转变。我现在想在社会学领域创造像自然科学那样的解释系统。我认为齐美尔是社会学研究中定量分析的创始人,我指的不是统计技巧,而指研究课题是定量性质的,研究数量对社会结构的影响。(张友琴,1981)

---

① 边燕杰访谈,2015 年 3 月 25 日。
② 白红光访谈,2014 年 12 月 18 日。
③ 布劳用英文授课,然后由南开大学外语系的英语教师钱建业在现场进行翻译。一般情况下,布劳和钱建业会花一上午的时间准备课程与确认专业术语,然后下午一起去教室授课(Lin, 2002: 3)。

如果说布劳的课程带来的是当时最"前沿"的理论视角,那么林南的课程则带来了当时最通行的研究方法。林南的课程分为五个部分,分别是:一、理论的结构和检验;二、统计的运用;三、研究的步骤;四、资料的收集;五、资料的分析。林南对于"社会学是干什么的"这一问题的个人回答是:"社会学研究个人与个人的交往,个人与家庭的关系,与非形式的社会结构(informal social structure),与形式的社会结构(formal social structure),与社区与文化的关系。"(何娟,1981;张友琴,1981)

林南介绍了社会研究的程序:论点→问题→研究设计→抽样→计量→资料收集→资料分析→报告。这和当今盛行的实证研究方法别无二致,并且更加偏向于定量化的处理手段。在课程当中,林南也介绍了一下他自己的"社会网"(social network)研究(何娟,1981;张友琴,1981)。林南所讲的研究方法,对于一些南开班学员来说非常新鲜。据折晓叶回忆:

> 当时觉得很新鲜,可以用一个大数据、大数量的方法来检测一个看法,看待一个社会现象的解释。我们那个时候唯一了解的是毛泽东的社会调查,像《湖南农民运动考察报告》这样一些东西。会知道这是一种调查,但是不知道用社会统计的方法来做,我们那时候做过很多自己的设计,林南先生亲自给看调查是不是合适。①

本科厦门大学哲学系的张友琴认为林南的课程让她产生了"颠覆性的认识":

> 当时受他的影响很大……他有很多东西让我有颠覆性的认识……我过去学哲学的,我学的黑格尔的理论,那都是宏大理论。社会学是讲怎么从一个抽象的层次到一个具象的层次,这个影响很大。然后怎么操作,怎么来做,这里面还有很多像抽样啊等一套的东西。如果说我的学术,就是从天上到地下了,这样一个过程。②

美国华盛顿特区天主教大学社会学系李哲夫所开的"社会统计学"课程是

---

① 折晓叶访谈,2014年12月14日。
② 张友琴访谈,2015年3月11日。

南开班的最后一门课。他的课程基本上可以被视为林南课程的进一步深化，包括回归分析、方差分析等具体统计技术。

与学员们对三位美国教授的深刻印象相比，另外两位来自西德且授课时间较长的外国学者则很少被提及。他们一个是来自西德比勒费尔德大学的伯格（Johannes Berger），一个是来自西德柏林自由大学的芭芭拉·荷萨（Barbara Hazard，中文名贺碧丽）。

伯格所讲的"欧美社会学流派"课程主要包括两个大的部分：一个是介绍德国社会学界的研究状况；一个是介绍四位经典社会学家，即马克思、斯宾塞、涂尔干、韦伯。在伯格对于德国社会学的介绍中，他援引德国法兰克福学派代表人物（如阿多诺、霍克海默、马尔库塞、哈贝马斯）的观点来说明社会学的研究对象与研究方法。与布劳的观点不同，伯格将社会科学与自然科学进行对比后提出社会科学有诠释和理解的任务，因此不能等同于自然科学（张友琴，1981；何娟，1981）。

伯格本人极为重视马克思的理论，他在介绍自己研究领域时就说自己"经济社会学这一方面主要是根据马克思的理论，如《资本论》，从研究市场开始，然后是资本主义的各个企业"（张友琴，1981）。他对马克思理论的重视也体现在授课过程中，在总共15次的课程中，专门讲马克思理论的课程就占了至少4次。从天津市委政策研究室到南开旁听的王辉（2007）回忆：

> 他对《资本论》很有研究，他和西方的学者都认为马克思是社会学的奠基人之一。在他的讲课提纲中有部分是专讲马克思的，据说有人曾向他建议：中国学生一般都学过马克思著作，可以少讲，他却不以为然。一次在课堂提出一个观点问学生：这个观点在《资本论》中是怎么说的？好几位同学举手回答，他说都不对，继而举出了《资本论》是如何如何讲的。

贺碧丽的"社区分析"课程分为上下两个部分，一个部分是"城市社会学"（共8讲），一个部分是"农村社会学"（共9讲）。因此，这门课也可以被称为"城市与农村社会学"。在这门课中，贺碧丽详细介绍了城市社会学的区位生态学方法（ecological approach）、西欧的农业现代化、欧洲现代化的社会后果、发达国家和发展中国家的城市问题、资本主义国家和社会主义国家的乡村发展规划等方面的内容（张友琴，1981）。

在笔者访谈的南开班学员中，几乎没有人主动提及这两位德国学者对自已有什么影响,更很少有人记得当时的细节。考虑到伯格和贺碧丽授课时间并不短,这种遗忘和对美国学者的深刻印象形成了鲜明对比。导致这一现象的可能原因之一是:南开班学员与布劳和林南在课程结束后依然保持着长期的交往,而与德国教师则基本断了联系。南开班的43名正式学员中,后来至少有9名留学美国,其中有不少都是在布劳和林南的帮助下得以成行,有的学员更是成了布劳和林南指导的博士生。① 也就是说,学员与教师的后续交往影响了他们对课程内容的回忆。如果这个解释大致成立,进一步可以追问的是:为什么在南开班期间,学员们更多受到美国学者的影响和吸引,而非授课期同样长的德国老师呢?为什么他们后来纷纷去美国留学而不是去德国?问题的答案可能既和不同知识体系的新颖程度有关,又和授课者的实力、名气及授课效果有关,同时也和当时美国在世界体系中的位置以及美国社会学作为"世界首领"(英格尔斯,1981:171)的地位有关。② 不论何种原因,可以确定的结果是:南开班学员普遍承认自己受到美国学者的影响更大,布劳、林南等人带来的美国社会学课程构成了让他们印象最深、收获最大的"新知识"。

## 四、知识生产的初步实践

南开班旨在培养社会学"师资与研究人才"(南开大学社会学专业班,1980),换言之,是以社会学知识的传播与创造为职业的社会学者。在最宽泛的意义上,知识的传播与创造都可被归为知识生产。在南开集训期间,学员们已经开始知识生产的实践。这些初步的实践反映出学员们对社会学学科问题意识、研究方法、研究视角的特定理解。

### (一) 笔记整理与资料汇编

前文已经论述过,研究资料的匮乏构成了社会学重建之初最明显的特征之一。克服这种限制的努力既有高度个人化的,也有高度集体性的,其中南开班学员集体性的努力构成了具有鲜明时代特色的知识生产实践。通过这种方

---

① 谢文访谈,2014年12月10日;阮丹青访谈,2015年3月21日;周雪光访谈,2015年6月28日;边燕杰访谈,2015年3月25日。
② 苏驼访谈,2016年3月14日;林克雷访谈,2014年11月17日。

式汇集的知识尽管未必具有原创性,但是在社会学停滞近 30 年之后的中国也足够让人感觉新鲜。更重要的是,通过集体合作形成的研究资料构成了南开班学员们重要的知识积累,并可能影响到他们之后的研究和教学。

详尽整理课堂笔记是南开班学员以集体合作形式进行知识积累的重要方式。由于南开班学员们可获得的社会学读物受到极大限制,因此集训期间的课程成为他们获取社会学知识最重要的渠道。但教师口头传授的知识毕竟稍纵即逝,因此在听课时做笔记成为大多数学员都会做的事情。据折晓叶回忆:

> 当时每个同学都有很厚很厚的笔记,没有教科书。老师在课堂上讲,一边讲一边整理。……每个学期都是考笔记。……后来没有做过这么重要的笔记,恨不得把所有听到的知识都记下来,当时没有什么参考。①

为了尽可能保证自己的课堂笔记完整、准确,不少学员在课后会互相交换笔记,补上那些自己遗漏但是被别的同学记下的内容。以这种方式形成的课堂笔记本身就是互动和协作的产物。这些对授课内容的整理记录成了学员们宝贵的资料。笔者在访谈过程中发现,至少有三位南开班学员在时隔近 40 年后还保留着较为完整的南开班笔记。

南开班学员们集体合作的另外一种方式,是分头查找资料,然后汇总到一起作为共同参考。比如,王思斌回忆:

> 我们根据《社会学概论》的 13 章自己弄过一个东西。比如第 3 章"人的社会化",关于人的社会化有哪些资料,同学分头去弄,你负责这一个,他负责那一个。把所有的跟"人的社会化"相关的书目找出来,大概每一章都印几十份,我们每人一份,印这么个东西。这个我记得是大家真正做了的事情。这个会起点作用,毕竟很多人的共同努力就能够把课程的参考资料积累起来。因为当时没有教材。②

因为中文资料的相对匮乏,南开班学员们分头找的资料有很多都是外文的。在这种情况下,学员们合作汇总资料的过程常常也伴随着对外文学术资

---

① 折晓叶访谈,2014 年 12 月 14 日。
② 王思斌访谈,2014 年 12 月 9 日。

料的协作翻译。林克雷回忆：

> 找了资料以后自己翻译，你翻译这段他（她）翻译那段，这本书摘一点那本书摘一点，然后就给它拼在一起油印，每人一份。没有教材啊，我们这些都是拼拼凑凑。我记得我刚回来备课的时候还挺有用，找了一些东西，角色理论，哎，这里有一块，至于是从哪来的，来源都不太清楚。这都是学生自己到图书馆去查书，有这种任务。主要还是英语的资料比较多，然后他（她）搞一点他（她）搞一点，他（她）搞个"冲突理论"他（她）搞个"交换理论"，反正各种理论就往一块凑。凑完一期一期的，油印的订起来，都是我们自己搞的这些东西。①

在学术资料匮乏的时代背景下，这种对课堂笔记的整理、对有限资料的汇编和翻译都构成了广义上的知识生产过程。这种通过集体协作汇总学术资料的过程具有非常鲜明的时代特色。以集体力量分享各自占有的资料，在那种学术资料匮乏的社会背景下是一种效率较高的方式。同时，这种方式也充分体现了南开班作为"应急计划"（crash program）（刘创楚，2000）的特征。

### （二）社会调研与方法实践

在南开班第一学期尾声时，林南布置了在暑期进行调研的任务。虽然这是在林南的课上布置的，但暑期调研的整个过程涉及选题、调查、写作、汇报等整个研究过程，因而是对大家学习效果的一次综合性检验。有 35 名正式学员和 4 名非正式学员参与了这次暑期调研活动。39 名学员分成 10 个小组展开调研，并在暑假后的课堂中以小组为单位汇报了各自的情况。② 总共 10 个调研题目中，有 5 个题目涉及婚姻或家庭的问题，剩下 5 个小组的选题，则涉及个体经济、农村劳动力、老年人、社会学学科的状况。

在所有 10 个小组中，以北京高校学生为主组成的调查团队人数最多（9 人），他们调查的是北京的婚姻介绍所。从中国人民大学哲学系进入南开班的谢文回忆：

---

① 林克雷访谈，2014 年 11 月 17 日。
② 暑期调研分组与选题情况参见附录二。

快暑假的时候说了一下,希望利用暑假做些社会调查。任务是林南布置的,北京的就变成我牵头想了一个婚姻择偶问题。去用问卷调查,搞择偶标准,在北京找了九个还是几个婚姻介绍所,收集问卷,然后做分析,做出模型。我跟林克雷做出来的门当户对啊,寒门冷户啊,郎才女貌啊,反正四种选择标准,统计分析。……开学之后我记得是让克雷讲的,讲了之后林南很赞赏,因为我们讲的完全用了他教的方法,抽样啊,统计模型,观点必须有事实支撑。①

南开大学白红光等7人组成的"就业问题调查组"在天津开展调研,题目是"影响青年人从事个体经济主要因素的调查"。这一调研主题和当时的政策与社会背景密切相关:伴随着经济改革的进行,单位制开始松动,社会上出现了越来越多的个体经济从业者。这一小组的调研报告开头这样写道:

为了了解"三结合"就业方针的贯彻执行,使个体经济迅速成为待业青年的一条渠道,推动更多待业青年走上自谋职业的道路,我们利用暑假对天津市从事个体经济的青年进行了调查。这次调查也是我们把社会学的问卷调查法运用于研究社会实际问题的初步尝试……(南开大学哲学系社会学班就业问题调查组,1981:1)

对于指导这一研究的方法论原则,在报告中有专门的总结说明:

影响青年人从事个体经济的原因往往是几个因素联合起作用,它们互相影响,互相作用。因每个人的具体情况不同,影响的因素也显出不同的主次关系,如果我们只偏重于典型调查,在少数人中兜圈子,由此得出推及总体的结论,那么我们就会犯玩弄实例的错误,违背客观实际。正确的方法应是点面结合、定性与定量结合。从典型调查入手,对个案进行微观研究、定量分析,设计出调查提纲、假设,然后推及到"横断面";在对一定数量的调查材料进行统计分析、验证假设之后,才能对总体的情况做出科学的说明和结论,为制定政策提供科学的依据。我们的调查和分析就是力图按照这个原则进行的。(南开大学哲学系社会学班就业问题调查组,1981:22—23)

---

① 谢文访谈,2014年12月10日。

在具体调研阶段,"就业问题调查组"从天津市 6 个中心区 577 名从事个体经济的青年中,以分层抽样的原则抽取了 245 个样本,收回了 170 份问卷,问卷回收率为 70%。在调研报告的最后,调查组提出了 6 点政策性建议(南开大学哲学系社会学班就业问题调查组,1981)。

南京大学哲学系宋林飞进行的是农村剩余劳动力的调查,他在课堂汇报中讲述自己调查中的体会:

> 一,要取得当地领导的支持;二,统计中数字要精确,统计方法要同座谈、观察相结合,以修正出入;三,整理、分析时要实事求是,如实探讨,不要搞成宣传式的;四,在我国搞调查要有积极的态度,最后讲些解决方法、怎么办。(张友琴,1981)

与宋林飞在江苏南通的调查相比,王思斌在河北农村所做的调查遇到了更多的困难。他说:

> 农村调查很必要,但相当困难。……困难有:一,社会支援少;二,调查员不好找,最好找教师,他们有文化和闲暇,调查员只是本地的有利有弊,太熟了有些问题不好回答;三,被调查者易受影响,(问题)不宜单调;四,……① ;五,农活太忙;六,调查者只有一人,所以易有局限性。(张友琴,1981)

整体来看,这次暑期调研有几个较为明显的特点。比如,从选题上看,学员们的研究主题紧扣社会背景,尤其对婚姻家庭与就业劳动问题感兴趣。从方法上看,学员们主要运用了在林南课堂上所学的问卷调查方法,对结果的分析以量化数据为主要依据。从呈现方式上看,学员们强调研究的社会现实意义,在写报告或者做汇报时,常常以"政策建议"收尾,凸显该研究对于政策制定的应用价值。

---

① 第四点处字迹未能辨认,参见张友琴(1981)。

## （三）主题探索与会议报告

　　社会学知识的生产实践，在可以集体协作的资料汇编和社会调研之外，最终成果的呈现往往还反映了个体学人的知识基础、学术旨趣和努力方向。南开班学员在南开大学62周年校庆"科学讨论会"上的学术报告，为我们观察学员个人的研究兴趣提供了一个有趣的窗口。1981年10月，为庆祝62周年校庆，南开大学依照学校传统举办了一个盛大的"科学讨论会"，设置了诸多分会场。在10月24日召开的"社会学分组会"中，社会学班共有1名教师（杨心恒）和10名学生作为代表进行了主题报告。① 在进行这次主题报告时，南开班学员们已经经过了近8个月的集中学习，上完了国内学者开设的"社会学概论"课、布劳的社会学理论课以及林南的社会学方法课，也已经完成了林南布置的暑期调研。在对社会学知识有了初步掌握的基础上，学员们在这次讨论会上汇报的题目很大程度上反映了报告者个人这一时期感兴趣的领域。

　　南开班学员们的会议报告围绕几个关键的主题，其中家庭和社会化的问题受到较大关注，11人中有4人（梁向阳、边馥芹、蔡禾、王来华）围绕相关话题进行了讨论。比如，边馥芹的题目是"研究家庭社会学的意义"，蔡禾的题目是"人的社会化与社会的人化"。同样受到关注的是阶级与阶层的问题，11人中也有4人（杨心恒、边燕杰、李友梅、宋林飞）围绕这一主题进行汇报。比如，边燕杰报告的题目是"社会主义社会阶级一体化——西方社会分层理论是否适于我国情况"，而李友梅的题目则是"西方新中间阶层的阶级属性"。除此之外，有2人（丘海雄、折晓叶）讨论了"小群体"的相关问题，还有1人（周雪光）讨论了"科层制"的问题。

　　从汇报的内容来看，学员们尽可能将自己在课堂上所学的最新知识和个人思考分享给听众，并且展现出一定的批判性和创造力。比如，来自武汉大学哲学系的学员蔡禾从社会学概论课中的"社会化"概念出发，提出了自己的不同意见。他说：

　　　　周（运清）老师的观点，人一生下来就落在社会网中，所以一生在于适应这一社会网。我的不同观点是，人既是主体，又是客体。作为客体，人适

---

① 11名报告人的具体题目参见附录三。

应社会环境;作为主体,他改变社会环境。……现在讲社会化,主要把人当作了一个客体,但不能违背历史辩证法。人不是绝对消极的客体,他对既定的社会环境内心有选择性。……人的社会化与社会的人化是一个辩证的过程。(张友琴,1981)

蔡禾对于社会化的讨论挑战了授课老师的观点,体现了其学术创新的努力。不过,值得注意的是,他提出不同意见的理论基础是历史辩证法。或者说,他是在用历史辩证法的基本原理批评社会化概念的偏颇。这种思考方式在其他学员的汇报中也有一定体现。比如,边燕杰基于我国"社会主义社会阶级一体化"的判断提出对"西方社会分层理论"的质疑,并最终得出了"西方社会分层理论不适用于我国"的结论(张友琴,1981)。而周雪光在讨论科层制理论时则说:

韦伯等西方学者把科层制作为"纯理型"(ideal type),放在真空中研究,而撇开其他的因素,即撇开生产关系的影响。……把人变成了抽象的人,把科层制有机运动变成了机械运动。(张友琴,1981)

南开班学员们的这些观点尽管不无创见,但以这些研究者成熟时期的标准来看则显得有些简单草率。尤其明显的是,他们这一时期对于社会学概念的一些反思和批评,经常要借助于辩证唯物论和历史唯物论的理论话语。主流意识形态框架一方面促使他们在被"西方社会学"吸引时仍保留了一定的批判性,另一方面也在一定程度上限定了他们的思考方式。这种历史性的呈现可以让我们看到社会环境和意识形态对那一时期年轻学员的深刻影响。

难能可贵的是,部分南开班学员在这次主题汇报中就已经体现出对个人研究成果的不满和反思。比如,周雪光在汇报完关于科层制的思考后,专门谈到了其论文的不足之处:

文章的主要缺点是,讲了一个前提,四个环节,但3000字说不清这些内容。此时未读过西方科层制专著,只根据第二手资料,不符合科学的程序。(张友琴,1981)

总体上说,南开班学员早期的知识生产实践体现了南开集训和时代背景的双重影响:一方面,学员们以巨大的热情投入社会学资料的搜集和汇总工作,积极尝试运用新学的统计方法,并逐渐在自己感兴趣的研究领域展开探索;另一方面,这些初步的尝试也凸显了特定年代和社会环境的特征,比如集体协作汇总学术资料的方式、对社会现实意义和政策价值的强调、对主流意识形态话语的依赖、与一手专著对话的缺乏等等。

## 五、结论与讨论

本研究关注的核心问题建立在一个基本的史实基础上:中国社会学曾经历过近30年的"断档期"(1952—1979)。这接近30年的时间对于中国社会学的知识传统意味着什么？更具体地说,恢复重建的中国社会学建立在怎样的知识基础之上？新引进的社会学知识如何被理解和接受？学科重建初期又形成了怎样的知识生产风格？本文以1981年"南开社会学专业班"为例,细致呈现了中国社会学重建之初的知识基础、知识传授和知识生产,并以此为依据对上述问题给出一些初步的回答。

首先,近30年的断档期导致了社会学知识积累的断层,同时特殊的时代背景又赋予了年青一代学者独特的知识背景。具体来说:一方面,近30年的中断阻断了老一辈社会学者的口头知识传授,阅读资料的相对匮乏又使得新一代难以通过自身阅读形成系统的知识储备,这种限制尤其体现在对于社会学经典著作和研究专著的深入阅读上;另一方面,新一代学者们又不是作为"白板"进入社会学的集中学习,辩证唯物论和历史唯物论的知识体系、跨学科的背景和通过自主阅读获得的多元知识,以及基于上山下乡等经历而获得的丰富实践经验都构成了他们的知识储备。这些独特的知识背景和起步之初尚无定型的学科状况都蕴含着进行知识创新的巨大可能(项飙,2015)。

其次,阅读资料的相对匮乏提升了口授知识的重要性,而在南开社会学专业班的授课中,产生影响最大的是来自美国的新知识。南开班学员在访谈中对于美国学者的生动回忆,一方面反映了在当年集中学习时的真实感受——这种感受可能来自授课水平的差别,也可能来自美国学术范式与当时国内主导知识体系的强烈对比;另一方面则有可能会伴随着学员们日后与布劳、林南等学者的持续交往以及美国学者在世界上一直占据的领导地位而不断加强。20世纪七八十年代的美国社会学强调中层理论与量化技术(叶启政,2018),而对南开班学员们冲击最大的新知识则反映了这一时期美国主流社会学的特征。

最后,年青一代学者在学习之余已经开始尝试创造新知识,其知识生产的实践带有所学课程和时代背景的鲜明特征。新一代社会学者们既通过集体协作的方式,努力消化和运用课堂所学,又开始在感兴趣的研究领域展开个体化的探索。在这些初步的尝试中我们可以看到一些较为明显的特征,比如对于家庭和社会化、阶层和阶级、组织和制度等问题的关注,对于量化方法和中层理论的重视,对于政策价值和现实意义的强调,对于主流政治话语的依赖,等等。

回到"三十年断层与中国社会学"这个宏大主题,我们可以说,从取消到重建的历史过程很大程度上重构了整个中国社会学的知识体系。在本文考察的那个年代,1949 年以前的中国社会学仍然是"被冻结的传统"(a frozen tradition)(Freedman,1962: 113);重获新生的社会学所凸显的,则是美国主流社会学、马列主义知识体系和中国本土生活经验的一个融合。这意味着,1979 年以来的中国社会学史,出现了一个新的知识起点,或者说正在生成一个新的知识传统。值得说明的是,这一观点必须置于特定历史情境才有意义。在本研究所截取的历史"片断"内,本研究的基本发现尚且成立。但是,伴随着社会条件的改变,社会学的知识传承和知识生产本身可能也会发生重大变化。换言之,学科的知识传统本身可以不断被发掘和重构(应星等,2006;渠敬东,2015)。在学科重建之初形成的一些特质会在多大程度上被延续下来有待更进一步的研究。

伴随着"改革开放四十周年""中国社会学恢复重建四十周年"等关键时间节点的到来,近些年对于中国社会学重建的研究也逐渐引发了较多关注。尤其是出现了一批对学科史研究而言意义重大的口述史料和档案资料(如南开大学社会学系,2019;周晓虹,2021)。如何在这些资料的基础上,推进对于中国社会学自身传统的深刻反思,将持续构成一个具有挑战性的题目。本文希望通过学科史与知识社会学的初步结合,以一个较为微观的案例切入对这一议题的探讨。不过,本文在很大程度上依然是描述性的,对历史过程的叙述远远多于知识社会学视角的分析,在反思的深度与层次上存在明显缺陷。归根结底,本文不过在用中国社会学史的材料,重述了一个知识社会学的经典命题:所有的知识——包括"社会学知识"在内——最终也是其所在社会的产物。对中国社会学重建的知识社会学考察来说,这还只是一个抛砖引玉的尝试。

附录一：南开班部分课程表①

| 时间 | 授课次数 | 课程名 | 授课教师 | 授课教师单位 |
| --- | --- | --- | --- | --- |
| 2月24日到6月4日 | 13次 | 社会学概论 | 邱世杰、周运清、贾春增、夏学銮、杨心恒、沈关宝、刘豪兴、何炳济 | 中山大学、武汉大学、中国人民大学、北京大学、南开大学、复旦大学分校、复旦大学、天津社科院 |
| 3月7日到5月23日 | 9次 | 系列学术讲座 | 戴世光、吴泽霖、全慰天、赵凤岐、林耀华、李有义、袁方、马句、雷洁琼 | 中国人民大学、中央民族学院、中国社科院、北京市委党校、北京大学 |
| 5月18日到6月15日 | 约20次 | 社会学说史 | 彼得·布劳（Peter Blau） | 美国哥伦比亚大学、美国纽约州立大学奥本尼分校 |
| 5月18日到6月中下旬及9月 | 至少20次 | 社会学方法 | 林南 | 美国纽约州立大学奥本尼分校 |
| 10月4日到11月6日 | 15次 | 欧美社会学流派 | 伯格（Johannes Berger） | 西德比勒费尔德大学 |
| 11月20日到1981年12月11日 | 17次 | 社区分析 | 芭芭拉·荷萨（Barbara Hazard） | 西德柏林自由大学东亚系 |
| 12月2号到1981年12月18日 | 约14次 | 社会统计学 | 李哲夫 | 美国华盛顿特区天主教大学社会学系 |

---

① 本表仅呈现了在南开社会学专业班延续时间较长，或者在访谈中被学员反复提及的课程，未包含授课三次或以下的"讲座"以及在访谈中从未被学员们提及的课程。更完整的课程安排参见张龙（2016：42—44）。

**附录二：南开班暑期调研分组与选题情况①**

| 调研题目 | 组员 | 调研地点 | 报销金额(元) |
|---|---|---|---|
| 婚姻介绍所调查 | 谢文、林克雷、严健、任昕、王颖、阮丹青、宣兆凯、曹建民、郭鲁晋 | 北京 | 49.67 |
| 影响青年人从事个体经济主要因素的调查 | 白红光、王金标、李建设、韩广生、王玲、江山河、宗力 | 天津 | 29.12 |
| 上海社会学研究现状 | 范伟达、王勋、周雪光、郭申阳、王建民 | 上海 | 20.73 |
| 退休老年人调查 | 余艳菊、宋丁、王来华、林征宇、马和健 | 天津 | 27.24 |
| 当前青年婚姻中的趋势 | 李军、李觉敏、边馥芹、何娟、吕常胜 | 天津 | 25.65 |
| 广州青年婚姻状况（介绍所） | 丘海雄、梁向阳、董遵圻 | 广州 | 12.98 |
| 家庭情况调查 | 王依依、杜岩 | 天津 | 11.71 |
| 农村劳动力的剩余及出路调查 | 宋林飞 | 南通 | 5.15 |
| 农民家庭观 | 王思斌 | 河北 | 5.0 |
| 大学生对社会学的认识调查 | 彭华民 | 北京 | 9.5 |

**附录三：1981年南开"社会学分组会"报告题目**

| 报告人 | 报告题目 |
|---|---|
| 杨心恒 | 西方社会学的分层理论和马克思主义阶级观点 |
| 周雪光 | 社会系统中的人与科层制的弊病 |
| 丘海雄 | 小群体对于个人行为的控制 |
| 梁向阳 | 家庭与早期社会化 |
| 折晓叶 | 小群体产生的客观基础和心理社会条件 |
| 边馥芹 | 研究家庭社会学的意义 |
| 蔡禾 | 人的社会化与社会的人化 |
| 边燕杰 | 社会主义社会阶级一体化——西方社会分层理论是否适于我国情况 |
| 李友梅 | 西方新中间阶层的阶级属性 |
| 宋林飞 | 阶级、阶层与社会结构问题② |
| 王来华 | 论组织社会化 |

---

① 本表依据南开大学社会学专业班(1981)整理。
② 张友琴(1981)的笔记并未记下宋林飞此次报告的题目，此处题目系作者根据宋林飞的演讲内容概括而成。

## 参考文献

伯克,彼得,2016a,《知识社会史(上卷):从古登堡到狄德罗》,陈志宏、王婉旎译,杭州:浙江大学出版社。
——,2016b,《知识社会史(下卷):从〈百科全书〉到维基百科》,汪一帆、赵博囡译,杭州:浙江大学出版社。
伯格,彼得、托马斯·卢克曼,2019,《现实的社会建构:知识社会学论纲》,吴肃然译,北京:北京大学出版社。
陈劲松,2009,《共识、分歧与趋势:中国社会学史研究三十年》,《河北学刊》第 1 期。
陈新华,2009,《留美生与中国社会学》,天津:南开大学出版社。
费孝通,1983,《从事社会学五十年》,天津人民出版社。
韩明谟,2002,《二十世纪百年学案·社会学卷》,西安:陕西人民教育出版社。
——,2005,《中国社会学名家》,天津:天津人民出版社。
何炳济,1981,《南开大学哲学系社会学专业班学生情况调查》,复印件。
何娟,1981,《"南开班"课堂笔记》(三册),复印件。
何祎金,2015,《社会学学科史书写的方法与政治》,《社会学评论》第 5 期,第 38—49 页。
——,2018,《中国社会学的历史与理论:阐释、调适与融合》,北京:社会科学文献出版社。
吉登斯,安东尼,2003,《社会学方法的新规则:一种对解释社会学的建设性批判》,田佑中译,北京:社会科学文献出版社。
——,2016,《社会的构成:结构化理论纲要》,李康、李猛译,北京:中国人民大学出版社。
季啸风,1981,《在天津南开大学首届社会学专修班开学典礼上的讲话》,复印件。
柯林斯,哈里,2007,《改变秩序:科学实践中的复制与归纳》,成素梅、张帆译,上海:上海科技教育出版社。
拉图尔,布鲁诺,2005,《科学在行动:怎样在社会中跟随科学家和工程师》,刘文旋、郑开译,北京:东方出版社。
李钧鹏,2011,《知识分子与政治》,《社会》第 5 期,第 1—47 页。
刘创楚,2000,《中国社会学的新里程》,李德滨主编,《我与中国社会学 20 年:中国社会学第一期讲习班回顾》,沈阳:沈阳出版社,第 15—20 页。
刘少杰,2007,《中国社会学的发端与扩展》,北京:中国人民大学出版社。
陆远,2019,《传承与断裂:剧变中的中国社会学与社会学家》,北京:商务印书馆。

曼海姆,卡尔,2002,《意识形态与乌托邦》,黎鸣、李书崇译,北京:商务印书馆。

默顿,罗伯特,1987,《论知识的口传》,Robert K. Merton, Matilda White Riley 编,《美国社会学传统》,陈耀祖译,台湾:巨流图书公司。

——,2003,《知识社会学的范式》,R. K. 默顿:《科学社会学》,鲁旭东、林聚任译,北京:商务印书馆。

南开大学社会学系,2019,《社会学从这里起步:南开社会学早期办学资料简编》,天津:南开大学出版社。

南开大学社会学专业班,1980,《关于拟办社会学专业报告》,复印件。

——,1981,《本班暑期社会调查报销情况》,复印件。

南开大学哲学系社会学班就业问题调查组,1981,《影响青年人从事个体经济主要因素的调查》,复印件。

南开大学哲学系社会学图书调查和整理小组,1980,《社会学书目》,复印件。

渠敬东,2015,《返回历史视野,重塑社会学的想象力》,《社会》第 1 期,第 1—25 页。

沈关宝,2015,《社会学重建之初的费老与南开》,"群学南开"微信公众号,获取日期:2016 年 4 月 13 日。

宋林飞,2010,《宋林飞自选集》,南京:凤凰出版社。

孙沛东,2016,《"文革"时期京沪知青的阶层化个人阅读》,《二十一世纪》第 8 期,第 78—98 页。

王辉,2007,《南开社会学班情缘》,《天津文史资料》第 1 期,第 257—268 页。

项飙,2015,《中国社会科学"知青时代"的终结》,《文化纵横》第 6 期,第 70—79 页。

阎明,2004,《一门学科与一个时代:社会学在中国》,北京:清华大学出版社。

杨雅彬,1987,《中国社会学史》,济南:山东人民出版社。

——,2002,《近代中国社会学》,北京:中国社会科学出版社。

姚纯安,2006,《社会学在近代中国的进程(1895—1919)》,北京:生活·读书·新知三联书店。

叶启政,2018,《实证的迷思:重估社会科学经验研究》,北京:生活·读书·新知三联书店。

应星、吴飞、赵晓力、沈原,2006,《重新认识中国社会学的思想传统》,《社会学研究》第 4 期,第 186—200 页。

英格尔斯,1981,《社会学是什么》,陈观胜、李培茱译,北京:中国社会科学出版社。

张龙,2016,《社会学"南开班"(1981—1982)》,北京大学社会学系硕士学位论文。

张友琴,1981,《"南开班"课堂笔记》(九册),复印件。

郑杭生、李迎生,1999,《二十世纪中国的社会学》,北京:党建读物出版社。

——,2000,《中国社会学史新编》,北京:高等教育出版社。

中国社会科学院社会学研究所、南开大学社会学系编,1984,《社会学参考书目》,天津:南开大学出版社。

周晓虹,2021,《重建中国社会学:40位社会学家口述实录(1979—2019)》,北京:商务印书馆。

兹纳涅茨基,弗洛里安,2000,《知识人的社会角色》,郑斌祥译,南京:译林出版社。

Abbott, Andrew. 1999. *Department and Discipline: Chicago Sociology at One Hundred*. Chicago: The University of Chicago Press.

Barnes, Harry, eds. 1948. *An Introduction to the History of Sociology*. Chicago: The University of Chicago Press.

Bulmer, Martin, eds. 1985. *Essays on the History of British Sociological Research*. Cambridge: Cambridge University Press.

Camic, Charles, Neil Gross. 2001. "The New Sociology of Ideas." pp. 236-249. in *The Blackwell Companion to Sociology*, Judith R. Blau ed. Malden, MA.: Blackwell.

Chen, Hon Fai. 2017. *Chinese Sociology: State-Building and the Institutionalization of Globally Circulated Knowledge*. London: Springer.

Cheng, Lucie, A. So. 1983. "The Reestablishment of Sociology in the PRC: Toward the Sinification of Marxian Sociology." *Annual Review of Sociology* 9 (1): 471-498.

Collins, Randall. 1994. *Four Sociological Traditions*. Oxford: Oxford University Press.

Collins, Randall, Michael Makowsky. 1989. *The Discovery of Society*. New York: McGraw-Hill.

Connell, Raewyn. 1997. "Why Is Classical Theory Classical?" *American Journal of Sociology* 102(6): 1511-1557.

Donini, Antonio, Joseph Novack, eds. 1982. *Origins and Growth of Sociological Theory: Readings on the History of Sociology*. Chicago: Nelson-Hall Inc., Publishers.

Freedman, Maurice. 1962. "Sociology in and of China." *The British Journal of Sociology* 13 (2): 106-116.

Hamilton, Richard. 2003. "American Sociology Rewrites Its History." *Sociological Theory* 21(3): 281-297.

Heilbron, Johan. 1995. *The Rise of Social Theory*. Sheila Gogol trans. Minneapolis: University of Minnesota Press.

Hsiung, Ping-Chun. 2017. "The Politics of Rebuilding Chinese Sociology in 1980s." *Qualitative Inquiry* 23(1): 89-101.

Lin, Nan. 2002. Talk in "North American Chinese Sociologists Association Mini-Conference (Chicago): Special Session for Peter Blau and the Development of Chinese Sociology", Manuscript.

McCarthy, Doyle. 1996. *Knowledge as Culture: The New Sociology of Knowledge*. New York: Routledge.

Merton, Robert. 1967. *On Theoretical Sociology: Five Essays, Old and New*. New York: The Free Press.

Platt, Jennifer. 1995. "The United States Reception of Durkheim's The Rules of Sociological Method." *Sociological Perspectives* 38(1): 77-105.

——. 1998. *A History of Sociological Research Methods in America, 1920-1960*. Cambridge: Cambridge University Press.

——. 2008. "British Sociological Textbooks from 1949." *Current Sociology* 56(2): 165-182.

Steinmetz, George. 2013. "A Child of the Empire: British Sociology and Colonialism, 1940s-1960s." *Journal of the History of the Behavioral Sciences* 49(4): 353-378.

Turner, Stephen Park. 2016. *American Sociology: From Pre-Disciplinary to Post-Normal*. New York: Palgrave Macmillan.

Turner, Stephen Park, Jonathan Turner. 1990. *The Impossible Science: An Institutional Analysis of American Sociology*. New York: Sage Publications, Inc.

Wang, Kang, Martin King Whyte. 1980. "One Year after the Restoration of Sociology in China." *American Sociologist* 15(4): 186-191.

(责任编辑:邓燕华)

书评与随笔

# 符号边界：民国国货运动的一个核心问题
## ——评葛凯《制造中国：消费文化与民族国家的创建》

夏少昂*

今天，"中国制造"已遍布世界，中国也已经成为自由贸易最大的倡导者之一。将消费行为与思想上爱国与否联系在一起，在今天看起来似已不合时宜，但在百年前的中国却是一种主流（吕建云，1991）。这一思想是在从民国初年的抵制洋货运动以及之后的国货运动中一步步建立起来的。

尽管国货运动在20世纪二三十年代风起云涌，但有关研究为学界所重视还是在90年代之后。一类常见的研究是探讨国货运动在近现代中国革命中的作用（潘君祥，1992）；另一类研究则关注国货运动在近代中国的经济发展和现代化中的作用——无论是正向的还是不全是积极的（陈辉宗，1999）。在这一理论框架之下，也有研究者注意到了国货运动之于社会观念或文化的影响（周石峰，2004）。而将国货运动和近代中国的民族主义觉醒联系起来，则是为海外中国研究的研究者所重视的一种研究路径，这可能是由于"他者"视角使然。

葛凯（Karl Gerth）的《制造中国：消费文化与民族国家的创建》（以下简称《制造中国》）是此一类研究的代表，其中心问题正是消费文化和中国近代民族主义与国家认同的关系。在政治学和历史学的研究中，这一视角大不同于以往从政治和国际关系入手的研究模式。葛凯关心的是清末及20世纪上半叶中国各种形式的国货运动如何建立起一种新的民族主义的消费文化，以及这种文化是如何形塑中国近代民族国家认同的。葛凯认为，这种民族主义和消费主义的融合构成了现代中国国家认同的基础。

---

\* 夏少昂，南京大学社会学系博士研究生（xiashaoang@126.com）。

# 一、"国""洋"之辨：消费者认同的困境和符号边界的争夺

一些学者预设中国人的消费行为与国家认同的联系特别密切（王康，2009），然而实际上，自工业革命以来，抵制外货运动并非中国所特有（陶德臣，2015），而是后发国家或地区应对帝国主义经济侵略时普遍发生过的历史现象。但相比较而言，近代中国此类运动的特殊性质，在于近代中国所谓"半殖民地"的特性，即虽然从来没有沦为殖民地，但它的主权也不完整，无法自主设定关税。这构成了对消费文化和民族国家认同研究的一个前提——既然不能通过纯粹的经济手段达成对抗舶来品和保护民族实业的目的，那么文化构建上的努力就显得特别重要。实际上，在社会学的视角下，消费行为和认同的联系自然是特别密切的，而这一密切的联系，是通过消费符号连接的。

消费符号如符号学意义上的符号一样，在某种程度上是任意的。布迪厄认为，符号过程的基本逻辑，是通过二元对立的方式确立差异与区别的逻辑，所有的符号系统都遵循一个基本的分类逻辑，把各个因素划分组合进对立的种类中去，这个符号系统的逻辑建筑了一系列的二元对立，作为潜在地制约着个体行为的基本结构（斯沃茨，2006）。符号区分的二元对立，决定了人们理解社会的方式，使人们倾向于依据一种两极逻辑来组织社会，从而在认知区分的基础上产生出社会区分。国货、洋货这一划分，就是这种二元对立的一个绝佳例证。

## （一）"国""洋"难辨

葛凯没有引用布迪厄的符号或媒介理论，但他也敏锐地意识到了国货、洋货之间的模糊界限以及社会语境里国洋的明确对立这二者之间的张力，并描述了符号边界的争夺过程，指出国货运动将"试图把这种对立推至极点，并使'洋货'和'国货'这两种分类相互排斥。作为这种努力的一部分，国货运动寻求通过建立'纯粹''国货'的理念，并通过否认或者掩蔽这两者之间的空隙，来限制国货与洋货的任何重叠之处"（葛凯，2007：186）。

但这一区分并非很容易之事：除了商品本身具有的多重属性（如混合生产

的产品,比如用中国棉花制成的进口日本布料算什么国籍)导致很难简单区分国货、洋货之外,国货和洋货之间的区别也被人为模糊了。因为民族工业积弱,民众实际上养成了使用洋货的习惯,即使是国货运动的提倡者偶尔也不得不承认,国货在品质和外观之上是"有时不如洋货"的。因而"在都市上层阶级中,进口货与优质奢华联系在一起,所以热销的中国产品商标通常使用罗马字母书写"(葛凯,2007:190)。例如,宣传自身为抵抗洋货先锋的先施牙膏,却在包装上看来很像是洋货,这可能是为了迎合长期以来民众希望看到买到的商品像洋货的希望。一个更出名的例子是,中国第一家自产灯泡的灯泡厂的品牌起名为亚浦耳(Oppel),经常被称为"对国货生产的最大讽刺"(葛凯,2007:185),因为亚浦耳听起来像是德国人的名字,从而使其产品和舶来品产生某种联系(左旭初,2000)。以至于之后的抵货运动中,厂商强调自己的产品是"中国亚浦耳"并且商标突出了汉字"亚"字,都不能消除这一误会。而另一方面,为了应对抵货运动,洋货有时亦会打扮得像是国货,反帝抵制运动风起云涌的时候,生产者和商人经常企图伪装商品,使(商品)看起来不像洋货。这一切都给国货运动的参与者以及消费者带来了困难。

20世纪初期特殊的历史背景,导致消费者本来就承受着某种消费认同上的张力,当一个追求时髦的年轻人发现他最喜欢的产品都是从正在侵略自己祖国的国家进口的时候,他会怎么做,这是一个很难回答的问题。而更一般的,都市精英时常面临购买国货的爱国需要,而消费洋货使自己看起来像世界主义或受过西洋教育,这样消费认同上的挣扎。而国货和洋货的明确分界,无疑在加剧此种张力。

## (二) 国货标准与符号边界

考察从辛亥革命至全面抗日这一更长的时段,可以更清晰地看出国货、洋货之间的边界如何一步步建立。以辛亥革命之后的男性服装标准变化为例,在清政府倒台之后,以中华国货维持会为代表的力量,经过长期的讨价还价,才重新确立了中国男性服饰的民族标准,以及政府在正式场合的服装体系。在表面上,这一争论的焦点是在剪去辫子后,男性的服饰如何变化,但其背后的经济驱动力才是更值得注意的。民族服饰标准的争论一度集中于面料的选择之上,因为其时中国的毛纺工业还没有建立,并且考虑到传统丝绸产业,中华国货维持会于是特意强调了毛料衣服的非民族性,确立丝绸面料的合法性;

而在现在我们看来更为重要的款式问题，却进行了相当的妥协，尽管丝绸通常被认为不适合制作西服，但其时仍然流行穿着丝绸制成的西式服装：这是一种在西方形式和中国内容之间的妥协方式，而更重要的则可能是更大程度上顾及了国产丝绸产业的一种妥协方式。而最终，这一种符号的二元划分，是通过政治力量而实现的。1928年9月，刚成立的国民党政府在国货运动早期成果的基础上，发布了《中国国货暂定标准》，首次明确确定了国货、洋货的标准划分：通过资金、管理者、原材料和劳动力四个因素，做出了七个详细等级的国货标准（中国第二历史档案馆，1994：742）——后为了把"完全洋货"同那些含有较多中国劳动力和原料而又"不够国货"的产品区分开来，又在标准中增加了"参国货"这一较低标准（楚昆鹏，2009），务求国洋二分互斥。

虽然这一标准仍然为权力寻租和腐败留下了空间，但也有一定的操作性和实用性，最终使产品逃离民族主义的网络变得很困难。葛凯在这里指出，不难看出国民党政府主导的这一符号边界划分背后具有相当的"财政动机"，即政府需要增加收入（葛凯，2007：39）。然而总体来说，葛凯在书中多数有关国货运动的具体实践的论述里，并没有着重分析功利性动机。他没有把各种争夺符号边界的行为理解为经济、政治利益驱动的，没有特别关注其和符号操纵的超功利性误识之间的张力，而倾向于把消费文化当作自觉和相对独立起作用的因素，这不得不说是一种遗憾。

## 二、景观的综合：展览作为符号操纵的手段

布迪厄发展了马克斯·韦伯的宗教社会学的思想，指出了专家在符号边界形成中的作用，即所谓"符号劳动"的作用，在文化场域中各方势力为了界定权展开争夺（Bourdieu，1989）。通过对中华国货维持会等团体及其抵制运动等实践的分析，可以看见"保守的中国经济精英成功把自身彻底改造成文化仲裁者、民族主义美学的阐释者"（葛凯，2007：116）以及他们所付出的符号劳动的努力。要考证这种符号劳动的具体实践是如何进行的，以及在此之外，洋货、国货的符号分野是如何在一般民众中传播和强化的，必须注意"展览综合体"的作用。

中文译者通常将spectacle翻译为"展览"或"展览会"，但这个概念其实相当宽泛，包括展览会、陈列馆、商店（展示）及广告，其共同点只是其中视觉认知

的重要性,将其翻译为"景观"可能更为合适。而其实质,也是一种以视觉为先的,是一次作为幕后操控者的当权者和商人制造出来给予民众观赏的表演。政府在展会综合体上的利益诉求可能较为明显,但这些活动如何被大量报道则不可忽视,在此,政府、传播势力形成了一种合谋。

展会本身的意义超过展示的物品的意义,把日常生活对象纳入更广阔的话语背景之中,这一手法和现代商业中的符号操纵手法没有什么不同,将商品和其他具有象征意义的图像联系在一起,从而夸大了商品品质(的符号意义)。这些展会一方面着力扩大了如前所述的民族主义的符号二元对立,希望使民众相信消费国货是抵抗帝国主义的象征和良好公民的标志;而在另外一个层面上则诉诸非常俗气的消费符号操纵,类似当今把啤酒和性感联系起来的广告方式。

在观察到景观综合体着力建立的民族性符号(通过夸耀国货的地位和突出国洋之辨)之外,这种景观综合体,尤其是展览会的形式,还包含了其他意义上的符号劳动,具有明显的自欺欺人性质。尽管当时国民党中央政府控制的区域实际上有限,展览会在筹备中往往也按照各省分别进行的方式,并且一些时候在展会开始月余一些省份的产品还没有到位,但在展览会中,却总是要着力传达"国家统一"这一信息,力求省份认同和民族国家认同的融合。尽管"利用同乡身份吸引注意力",但是省份这一认同必须置于民族国家身份之下(甚至是国民党),从而维持国家领土完整和经济一体化的"神话"。

## 三、 妓女与慈母:"妇女国货年"中的符号操纵

如布迪厄所述,符号的二元对立还包含有统治、被统治的"深层结构",国货、洋货的二元对立虽然在经济生活领域可能具有其本身的意义,但最终还是具有同构到其他领域的同一逻辑,最终指向统治、被统治之间最基本的永恒对立。最为明显的就是将贩卖洋货的商人定义为"奸商"这一现象。国货运动对"奸商"概念做了重新的定义,把传统意义上的奸诈或者卑劣的商人升格为"叛国"的商人,这些商人销售"洋鬼子的国货",把自己的商业利益置于爱国主义之上。可以参见葛凯引用《林家铺子》中的段落,对主角获得贩售日本货物的许可等细节的描写,可见这种认同划分中的弹性和其背后的经济驱动力。

正是这种关乎国洋带来的认同划分,再生产了新的社会道德和行为准则,

完成了对洋货商人(中国商人)的经济压制和爱国规诫。而这种符号操纵最突出的体现,还是在妇女形象当中。时髦的女性消费者一直被当作帝国主义经济侵略的代言人而遭受攻击,甚至是导致国家毁灭的催化剂(吴心炎,1934)。更重要的是,这样的女性消费被认为和"贤妻良母"的形象是对立的,在家庭生活中也是不称职的,对丈夫和孩子是不负责的。这一点在1934年的"妇女国货年"中体现得尤为明显:妇女作为消费者被特别予以注意,不只是因为妇女在传统上主宰了家庭消费,也是因为国货的倡导者意识到摩登的女性形象是特别具有吸引力的,从而试图通过消解这一形象的吸引力,推进国货运动。"爱国的消费者"和顽固的"不爱国的消费者"之间的张力在"妇女国货年"中达到了一个高点。

"妇女国货年"运动可能是1933年笼统的"国货年"未能达到预期目标的结果。国货年运动既没有也不可能挽救当时经济发展的颓势,"1934年的中国经济,是继续着1933年的衰落,而更加深化的一年"(周石峰,2007)。于是国货运动的倡导者将运动的对象转向传统家庭消费的主宰者,提出"让娘儿们来干一下"的思路。而1934年的妇女国货年和1934年的新生活运动同时进行,新生活运动的倡导者把传统中国美德和现代社会的卫生、生活习惯联系到一起,"力图培养纪律严明、充满爱国心和精力充沛的民族"(蒋介石语)(葛凯,2007:295)。这实质上是把社会道德和家庭的军事化纠缠在一起,政治、社会生活入侵到了家庭生活之中,从而使得建立"家庭妇女是国家救星或者是导致国家毁灭的催化剂"等形象之间的联系成为可能。国货运动的倡导者在这一过程中,除了把消费行为和爱国、叛国等符号努力建立联系之外,还把消费领域刻画成女性的"战场",在这一领域中女性可以证明自己的"女性气质和母性",将消费国货的女性和慈爱等传统联系起来,同时将摩登女性塑造成与传统社会美德相对立的形象,进一步加深对其的敌意。

一种特别的观察角度是"妓女"的形象,认为妓女成为"社会堕落和帝国主义渗透"的双关语。因为妓女通常穿着时髦的舶来品,而妓女又通常被认为是堕落的女性,从而强行将消费洋货的行为和堕落建立了某种微妙的联系。这种奇特的逻辑,在有的情况下走得更远。有些国货倡议者甚至说"所有穿着外国衣裳的女人都是妓女"。这一符号上的努力,非常简单直接地将消费洋货的行为和社会道德联系起来,比之上述将消费国货和慈母等女性气质联系起来的牵强论述似乎更为有力。

我们不能也没有必要对妇女国货年本身的成败做出判断,其实,如其他国货运动的具体实践一样,这种运动没有一个成败的标准。上海日本报刊根据1934年第一季度中国入超创造历史纪录的事实,断言妇女国货年"全归失败"(张健,1996)。而颇多国人有着如出一辙的看法,全国香水脂粉前八个月输入总计115万元,较上年同期增长7万余元,其中上海输入数为873 999元,占全国70%以上。8月份全国输入数为14.9万元,上海为119 815,占比超过80%。无论是从全国,还是从作为运动策源地的上海来看,妇女国货年运动至少在经济上收效不大。

但是,葛凯却从另一个角度上定义了妇女国货年的成效,这个角度鲜有研究涉及。这实际上是从符号操纵的角度上定义了妇女国货年的成效,即建立统治、被统治的"深层结构"的方面。五四运动后,男女平等的思想和妇女解放运动开始抬头,然而在妇女解放运动扩大的时候,很多人开始思考妇女解放在多大程度上是有利于国家利益的这一议题。葛凯没有试图讨论这一问题,他只是分析了国货运动倡导者如何将妇女解放运动力量导向民族国家利益的对立,将经济的困境指向妇女的个体消费行为,而这在很大程度上并非正当。国货运动的倡导者在妇女国货年中努力消解摩登女性这一具有吸引力的社会形象,同时将传统家庭道德和国家命运联系起来,进行了理想化的描述。他们指出了妇女应该消费什么、不应该消费什么,应该显得如何、不应该显得如何,但却没有描述"妇女实际上越来越多从事的活动"(葛凯,2007:298),这一符号操纵试图迫使进入现代社会生活的女性,重新退回"狭窄得多的、被规定好的以家庭为中心的社会环境之中"(葛凯,2007:298)。葛凯认为这一努力同妇女国货年的经济努力一样,在某种程度上是具有成效的。

# 四、评论与讨论

研究国货运动往往采取爱国主义、民族主义研究路径,葛凯在意识到了消费认同的张力的基础上,以符号边界的形成为中心,对国货运动中的种种实践进行分析,在国货运动的实践背后观察到了利益争夺,并分析了作为结构的政治和经济因素的影响。

葛凯《制造中国》受到的一个质疑指向经济国货运动的本质。有研究者指出"葛凯虽然并未否认商人推行国货是为了自身的利益,但是他用了很大的篇幅叙述国货运动的宣传形式与内容"(连玲玲,2006),并没有脱离这一研究主题以往以爱国主义为核心的研究路径。但葛凯的分析,从符号消费理论的角度看,是以符号争夺分析为基础,在意识到了消费认同的张力的基础上,对国货运动中的种种实践的分析,都是统合在这一思路之下的。葛凯对此并没有完全的理论自觉,并没有明确地使用符号劳动和符号消费理论来联系消费行为、话语操纵和民族主义之间的关系。葛凯在这些实践的背后都观察到了利益追逐现象,分析了作为结构的政治和经济因素的影响,但葛凯更多地还是将造就民族主义消费文化作为国货运动的一个有意识的目标,将民众的国家认同形成作为这种民族主义消费文化的一个结果来考虑的。

在葛凯的论述之外,也可用社会学符号理论的观点对消费行为、话语操纵和民族主义之间的关系进行梳理,将民族主义消费文化作为"超功利的伪装"或者布迪厄所谓的"误识"来看待。在此基础上,再试图给予国货运动中一些实践,在简单经济驱动的解释和权力结构的解释之外,找到一种消费符号操纵上的逻辑。当然,也可进而以此研究其中的权力结构,这一点和传统理论路径的目的并无冲突。这一种理论路径,也许可以为探讨20世纪二三十年代的国货运动提供一点新的视角。

葛凯《制造中国》最易引起争议之处仍然是:国货运动建立的民族主义消费文化,以及此种消费文化潮流中渐渐形塑的近代中国国家和民族认同,在多大的程度上影响到了社会的大多数,还是仅仅限于都市精英阶层而已?葛凯的分析中涉及消费者的时候多讨论的是消费者的形象,而极少从消费者的角度(消费者作为社会行动者)探讨问题,他视野中国货运动的行动者主要是商人,以及一些政治力量,其主要精力都放在分析商人、国货团体以及国民政府在国货运动中的实践上,但这一符号边界如何影响到消费者的消费行为则较少涉及,研究呈现的图景还有很多空白需要完善。

费维恺引用叶孔佳和刘大中的数据发现,在1933年,现代非农业部门收入仅占国民收入的12.6%,如果计算方式较为严格,工业收入仅有10.5%(费正清、费维恺等,1994)。在第二产业总体如此孱弱的农业国,谈论工业社会语境下消费额问题究竟在多大程度上有意义,这也很难估量。民族化的消费文化即使能影响到社会的大众,恐怕也仅仅算是影响他们观念的多种因素之一而已。国货运动在制度、文化、观念传播层面上究竟有多成功,民族化的消费文化对当时消费者的具体影响,以及这种影响在多大程度上能够形塑大众民族国家认同,可能还需要进一步的研究。

在当今工业全球化的背景下,商品的"国籍"曾经一度变得模糊。然而近年贸易摩擦的乱流涌起,无论中外对此问题的关注都重新高涨。因此我们可能产生疑问:20世纪二三十年代国货运动中的种种消费符号操纵和国家认同的制造,可能不仅仅是源自中国特定的历史和社会条件,更可能是符合某种深层的结构性规律。因而,葛凯《制造中国》这一基于特定历史时期的中国研究,对于当下的消费文化和认同等方面的研究,也许仍有其独特的启发意义。

## 参考文献

陈辉宗,1999,《国货运动与中国的现代化》,《晋阳学刊》第6期,第75—80页。

楚昆鹏,2009,《浅析国货运动中的"国货标准"》,《今日南国》第10期,第190—191页。

费正清、费维恺等,1994,《剑桥中华民国史》,杨品泉等译,北京:中国社会科学出版社。

葛凯,2007,《制造中国:消费文化与民族国家的创建》,黄振萍译,北京:北京大学出版社。

连玲玲,2006,《消费文化与国家塑造》,《"中央研究院"近代史研究集刊》第51期,第197—202页。

吕建云,1991,《论中国三十年代的国货运动》,《浙江社会科学》第6期,第59—64页。

潘君祥,1992,《辛亥革命与上海国货运动》,《历史研究》第1期,第169—180页。

斯沃茨,戴维,2006,《文化与权力:布尔迪厄的社会学》,陶东风译,上海:上海译文出版社。

陶德臣,2015,《论美国独立战争前的抗茶活动》,《农业考古》2期,第299—309页。

王康,2009,《消费的欲望与爱国的规诫》,《中国图书评论》第11期,第98—103页。

吴心炎,1934,《女性与爱美》,《女子月刊》第10期,第587页。

张健,1996,《1934年妇女国货年》,载全国政协文史办编,《中国近代国货运动》,北京:中国文史出版社。

中国第二历史档案馆,1994,《中华民国史档案资料汇编》(第5辑),南京:江苏古籍出版社。

周石峰,2004,《"国货年"运动与社会崇洋观念》,《上海交通大学学报》(哲学社会科学版)第 4 期,第 66—70 页。

——,2007,《"国货年"运动与社会观念》,《中国经济史研究》第 1 期,第 77—82 页。

左旭初,2000,《国货亚浦耳》,《北京工商》第 7 期,第 44 页。

Bourdieu, P. 1989. "Social Space and Symbolic Power." *Sociological Theory* 7(1): 14-25.

(责任编辑:周晓虹)

# 遗留在贵州大山里的"三线"回响

王东美　谢景慧　蒋桂东　蒋　萌*

## 一、引言

苍翠的大山,斑驳的厂房。1964年,为了应对国际局势和发展国内经济,新中国决定启动三线建设。三线建设当年孕育了六盘水十里钢城、百里矿区、穿山跃涧的铁路线,催生了今天的新型工业城市和康养胜地,也形成了独特的三线精神。55年后的季夏,南京大学"双一流建设卓越研究计划项目"之"社会学理论与中国研究"团队一行30人奔赴贵州各地,开启了三线建设研究,通过口述历史的方式记录这段历史。

为期半个月的访谈,访谈对象共计159组。一个个鲜活的生命故事将我们置于历史的场景之中。在时空交错的腾越中,似乎总有一些朦胧又饱满的触动压在心底。这期由四段故事组成的一组随笔,正是四位年轻的研究者在口述史访谈中深受触动的人和事、心与绪。

王东美透过与95岁老人张玉明访谈过程中的细节与故事,展现出历史中人的赤诚之身心;谢景慧透过刘华山爷爷的故事,叙述了"三线人"任劳任怨、无怨无悔的精神;蒋桂东透过蒋昭华老人的故事,反思了构建三线企业社区共同体的可能;蒋萌则讲述了工伤致残技工辛茂春的生动故事,反映了平凡职工坎坷的一生和对待生命的乐观态度与信仰。

## 二、历史的赤诚

一间面积不大但干净整齐的老房子里,95岁的张玉明老人正在讲述他经

---

\* 王东美,博士,南京大学社会学院心理学系助理研究员(wangdm@nju.edu.cn);谢景慧、蒋桂东,贵州民族大学社会学与公共管理学院博士研究生;蒋萌,南开大学哲学院博士研究生。

历"四朝"的九死一生。彭圣钦觉得遇到如此高龄又思维清晰的老人很是难得,在一旁用镜头记录下了他全部的讲述。当被问到他七年前过世的老伴时,前面谈笑风生的他突然"哇"的一声哭了出来。这让我们措手不及,沉默,屋内气氛安静下来……

几秒钟过后,他很快将自己的眼泪擦去,咽下了自己的情绪。

"好像现在还没有办法谈,"我轻轻地说道。

他点头,脸上似笑似哭。

我们没有继续往下谈这个话题。后来全部访谈结束后他执意要送我们走,他对70多岁的儿子说,"还不知道下次是否还能见到"。

走在路上,我转过头问他:"刚才谈到老伴,您的情绪好像仍然还是很激动?"

他有点不好意思地笑了,转而一脸认真,迎着风:"还是很想念……"

想念,多么深的情感,跨越空间与时间,超越历史,令人动容。老伴比他大3岁,自己13岁时便与她成了亲,九死一生,老伴一生相随。

张玉明1925年出生于辽宁,1946年秘密加入共产党。在一次探亲中,部队紧急转移,他与所属部队失去联系,寻两年无果,流落吉林,在煤矿找到一份工作。他说,新中国成立前他曾得过一场病,几乎要死了,那三个月是老伴带着儿子在外讨饭救活了自己。1966年,长子从辽源煤校毕业,当时正值三线建设时期,分配有两个方向:一个是支援三线建设,另一个就是留在本省。当时儿子问他的意见决定是否要来支援三线的时候,他说:"毛主席说了,三线建设不好,他睡不着觉。车要是不通的话,他得骑着毛驴从北京到贵州去。国家培养了你,你自己决定。"于是儿子就来了,接着大女儿也来了。随着子女的先后到来,他也申请调到了贵州,带着老伴和小女儿一起来到六盘水参加三线建设,一待就是一辈子、几代人。

"刚来的时候,一下火车老伴就哭了。当时只见那老乡背着一个大背篓,裤脚有这么肥,长裤子底下露出黢黑的脚。小孩子也没有衣服,光着屁股,谁看到都心疼。后来80年代中叶,生活条件好了,我老伴就笑了。我说你满足了吧,来不吃亏了吧。"他哈哈大笑。

"天意怜幽草,人间重晚晴。"矿地记者周树桐在他的一篇新闻报道中记录了2013年张玉明(再次)入党的经过。当时针对他的入党申请,党支部专门对照有关文件规定做了细致的分析研究。时任党支部书记余安富感慨地说:"我们应该看到,在极'左'年代的城市、乡村,有不少像张玉明这样爱党胜过爱自己生命的同志,由于种种原因,被党组织长期拒之门外,那是令人胆寒心悸的惨痛教训啊!老张在失去党员身份之后,依然坚信党,追随党,这究竟意味着什么?一个党员的身份,对 88 岁的老人来说,并不能带来什么物质财富和多大的政治利益,他一生追求的是信仰,是归宿,这份倔强和执着,正是用行动体现信念和信仰的力量,正是现在这个社会所渴求的。"回顾自己九死一生的经历,当我们在访谈中问到老人这一生遗憾的事时,他说遗憾的是看到现在一些党员没有那么纯洁。然而幸运的是,透过上面的那篇报道也让我们看到时任党支部书记能够有如此眼光懂得他的追求和信念。

事实上,从第一天接触老张到访谈结束后,都让我对老张的赤诚感到震撼,并深感受到教育。第一天我们在路上碰到张玉明老人,矿场书记介绍他让我们采访。当老张了解了我们的来意,马上说:"我给你们推荐一个人,他更适合。你们先采访他。"他马上带我们到了居委会所在地,原来是当年厂矿的记者,他的确对三线建设有非常多的观察和思考。访谈将近三个小时,张玉明老人则在一旁静静地听了三个小时,一句话都没有说⋯⋯

第二天我们访谈完他,他坚持要送我们走。走到路口,我们还未反应过来,只听到他突然高声呼喊,声音穿过半条街,只见对面街边从远处循声开过来了一辆出租车,此时他一个箭步,飞奔过去迅速拦下了那辆车,让我顿感自愧不如⋯⋯老张能够在 95 岁高龄依然健步如飞,拿得动几十斤东西,思维清晰,在晚年时一些白发竟转成黑发,本身的赤诚身心已昭然若显,如一个活生生的教材放在眼前。正应了老子之言:"常德不离,复归于婴儿。"

此刻,一个个面庞清晰地呈现在我眼前:立场明确态度鲜明头脑清楚的矿地记者周树桐,带领三线企业在 20 世纪 80 年代艰难过渡的政工干部孙德云,不顾父亲严厉反对跑到男方家里与其结婚的高干女儿王桂云,讲起初恋时仍然美好如昨的胡瑞生,还有那群在小区门口围坐打牌连声诉苦的老太太们,为了记录三线故事而自发组织成立的一群三线二代⋯⋯这一次的调研与访谈,走入他们的家中,听他们的故事,看他们的生活,我们似乎才开始真正深入了解中国社会。

张玉明老人所在的六盘水市位于贵州西部,是三线建设时期拔地而起的一座城市。1964 年,一批技术骨干响应国家"备战备荒为人民"的号召,奔赴到了大西部,来到贵州,为新中国的国防建设出一份力。初来时"天上下大雨,屋内下小雨",住牛毛毡,吃豆皮。当我们三个访谈小组第一天到达六盘水时,在"三线大食堂"里,特意点了当年三线食物,一个"豆皮煮猪脚"着实难以吞咽,晾干的豆子皮煮来吃，难以想象。嚼着难以下咽的豆子皮，这种刺痛感将那段历史直接端上来。如何消化，是我们当代青年的难题！大家面面相觑，干脆只好剩下了那盆结实的豆子皮。同行的谢治菊教授讲起了她自己小时候受苦的经历，让人看到一个坚韧的女性如何在现代社会顽强地生存下来并超越俗见。于是，历史与现代的隔阂便被这样巧妙地接续起来，让人接受了一场鲜活的生命教育。

走过历史的崎岖不平，在那历史斑驳中我们可以闻到一些气息。对于青年一代，如何能够透过层层叠叠看到历史的光线，窥见社会的变迁，在其中的沉浮中折射当代光影？作为学者，如何透过这历史的折射理解和解释中国社会与中国经验及体验？在被社会形塑的过程中，总有一些体验无法被规约，在历史的宏大叙事中，我们很难发现这些踪迹，但是在以小人物的生命叙事作为主线的口述史中，我们得以看见并遇到。

历史荡涤一代代人，亦淬炼出赤诚之人。得以遇见，何其有幸！

## 三、为了理想与信念，何谈青春与子孙？

2019年7月，贵阳的夏天仍然是那么凉爽宜人，正值修地铁，从孔学堂出发的调研之路变得颠簸而迂回，虽然由于个人原因我未能全程参与，但是那几天的点点滴滴却在后来的岁月中久久回荡。"三线"这个词，之前仅限于一个模糊的概念，只是停留在相关题材影视中的粗浅印记。也正是这个暑期有幸参与了"三线建设者口述史"项目，调研过程中的那些场景与人物，才让我真切体会到三线群体以及三线精神的厚重与珍贵。

第一天到华丰厂宿舍小区，从外面看去，是挺现代的低层住宅区，没有印象中强烈的时代感与破败感。夏日的中午，虽然有强烈的阳光，还是有一些老人家在下面活动，进入小区首先就看到了阴凉地里几位奶奶谈笑风生地在打牌。目光所及第一眼，脑海里立即就浮现出了"铁姑娘"老照片的时代画面，再一听，非常鲜明、地道的北京口音，再一问，原来这个小区的住户都是从北京来的。愈往前走，内心愈加激动，第一次近距离接触在我出生前就非常鼎盛，后来在阅读过程中曾有过羡慕的单位制集体生活的亲历者，想知道他们的眼神中是否有不一样的光。虽然没有现代性带来的各种便利，虽然同质淹没了个性，但个体融入集体，个人生活、工作都与国家紧密地联系在一起，价值感强，没有过多现代社会的失衡与风险,幸福指数高。一位老奶奶的笑容更是让我印象深刻,单纯、朴实得就像老照片,和电影里那个年代的气质相差无几,虽然我们社会发展变化的速度让人难追,这也许就是时代特色在微小个体身上的表现吧。继续往小区里面走,一个长廊连起两个凉亭,里面摆了几个四方桌与凳子,两桌老人正在认真地或打牌或下棋,这里就是老人们的娱乐场与集散地。用社工的第一感觉去判断,这个小区缺乏社区服务与活动空间。参与三线建设的第一代老人现在多已进入耄耋之年,第二代也大多五六十岁,尤其是经历过艰苦奋斗的第一代,多数人衣食住行可能不成问题,但是休闲娱乐生活与精神关怀都是值得关注的内容,他们更应该享受国家所倡导的老有所乐。同时,一个个生动、鲜活的生命故事可以在时间的化学作用下开出更加动人、更加久远的芬芳之花,而且三线单位社区的聚集效应能够更有能量地展示历史,弘扬精神。社会发展至今,很多一般社区都已经引入社会组织开展针对各种人群与社区需求的服务,何况是对国家国防事业做出过辉煌贡献的高龄老人聚集的特殊社区,更应该引入人本服务与价值服务。

访谈中083基地86岁的刘华山爷爷让人印象最为深刻,由于读了七年的私塾与三年小学,在那个年代是不容易且不多见的,贫农出身的他由于识文断字,年纪轻轻就在村里担任村干部,负责交公粮、卖余粮的记账工作。后来国家征兵文件下来,村里要动员八位年轻人参军,条件之一便是"不得超过22岁",但动员工作无比艰难。当时他到一农户家里做工作,农户说:"你让我家儿子参军也可以,他去你也要去。"当时自己正值22岁,想着自己是党员,要起模范带头作用,就在这种仗义之下瞒着父母报名参军,然后借着黄道吉日第一天结婚,第二天天没亮就出发从军。四年军旅之后被分配到南京124厂,在1965年响应"好人好马上三线,备战备荒为人民"的号召,到贵州083指挥部支援三线建设。这一来,就是一辈子,带来的不只是自己的青春与理想,还有子孙后代的接力贡献。当问及"您如何看待国家的三线号召?"时,老人家异常激动地说:"当时我们没有想太多,国家需要我做什么就做什么,要支持国家建设,支持工作,保卫各方,保卫国家,保卫人民,我们那一代人脑袋简单啊,都是这样。"那一代人的家国情怀在后来所有访谈的老人当中都别无二致地自然流露,在内心十分肯定地生根发芽,并贯彻到终身的实践与信念中去,虽然时迁境移,仍然矢志不移。也正是这种时代情怀,才战胜了建设初期搬砖提泥、凿洞抬石、吃干豆皮、睡猪圈屋的艰苦岁月。风雨中无畏走来,形成了我们这代人仰望不及的"三线精神"。

后来问及"您觉得自己这一生,还有孩子的一生都贡献给了三线,值得吗?",老人家更是提高气势说:"怎么不值得? 本来是贫农,国家还给你解决家属、孩子工作,像我老伴儿,农村过来的,直接给工人待遇,我的三个孩子也都安排得好好的,国家如果不管,他们还不知道现在干吗呢。我们两个一个月7000多(退休金)根本花不完,还有啥不知足的?"在调研前的文献了解中发现,三线人退休待遇的时代差异问题是一个主要争议点,但是这位爷爷用"优势视角"回应了自己对这个争议的看法,既看到了个人贡献,也看到了成长与回馈,这种积极乐观的心态也影响了我对争议的看法。三线精神与三线群体的肯定、弘扬与铭记可能是我们这个时代更应该做的回应。

浩浩荡荡的三线建设队伍从各个大城市来到深山僻壤。当时还有严格的筛选标准,如审查三代根正苗红、政治表现积极主动、技术骨干等等,"很多人想来还来不了"是访谈过程中出现频繁的骄傲语句;为了国家利益,服从安排,那个时候在他们心里没有区域差异的概念,哪里需要就去哪里,完全不像现在的衡量标准,区域差异就意味着个人资本差异。打一个不现实的比方,如果当年没有三线建设,这批人大多都会在所在城市有一个不错的发展,子孙后代也可以继续享受优越的资源环境。但现实是,他们来了,青春留下,子孙留下,魂魄留下,退休待遇也大多比当年没有被筛选上的同事或同学低很多。当年的荣耀与骄傲只存在于个体内心,后来的现实几乎淹没了它原有的光环。那些肩扛手提的泥砖与机器,那些吃过的皮毛猪与干豆皮,那些住过的干打垒与牛毛毡,那些任劳任怨的汗水与无怨无悔的泪水都融入了他们的理想信念与血液骨髓中,任时代变换,始终如一。忽然我内心有一种很急切的愿望:这种荣光应该被人看到,被人珍视,被人延续。

也正是这种愿望驱使我继续深入了解这个群体,后来在收集资料的过程中发现,早在2008年的时候,贵阳小河区就有6万左右三线建设者及其家属,占当时小河区总人口的40%以上,这个比例让我又惊又喜。在自己生活的城市有这么多有故事、有印记、值得推崇的人物及其闪耀的时代价值,在浩瀚的历史长河中应该有他们的故事与声音。

一个个耄耋之年的老人,经历了新中国建立之初的百废待兴到后来的发展壮大以及今天的繁荣富强,无论外界社会环境如何变换,无论社会主流评价标准如何理性,无论时间如何冲淡记忆,每一个接受访谈的老人家的精神信念都始终坚定地停留在"哪里需要去哪里"的集体意识层面,艰苦奋斗的峥嵘岁月始终印记在心,历历在目。在高度个体化的当今社会,这些高高在上于我们的琐碎生活,今天看来似乎有些宏观、有些距离的价值境界正是原子化的我们需要抬头仰望并珍惜的民族荣耀。作为一个没有经历过太大时代风浪,在平和环境中长大的"80后",我发自内心地羡慕并崇敬这个群体的厚度,能够拥有将个人生命轨迹与国家发展过程融为一体的激情岁月,哪怕艰苦,哪怕委屈,都能够被心中的信念一带而过。

也许我们每个人都熟知新中国发展过程中资本经济国有化、"三反五反"、中苏关系紧张、国家战备转移等这样一些重大的历史节点,但宏大叙事对参与其中的小人物却没有过多的重视与呈现。然而,正是这一个个铁骨铮铮的平凡人用自己毕生的理想信念铸就了那样的宏大历史,所以,小人物更应该被展现,被记住,被珍视。

## 四、老社区里的激情岁月

贵州的三线企业口述史访谈,我和南京大学的张腾霄老师一组,在贵阳、都匀、凯里等地寻访当年的三线建设者。一路奔波,听了一个个鲜活的故事,让我们身临其境,回到那段激情燃烧的岁月,感受"备战备荒为人民""不畏艰险、艰苦创业"的三线精神。

7月23日上午,我们来到凯里市凯旋机械厂(4292厂),在工厂周边的生活区寻访三线人。进入4292厂,红砖房、棚户区、平房映入眼帘,房子的设计、结构、外观都很有年代感。老人三五成群,闲适地坐在家门口闲话家常。年轻人的身影呢?很少看到。安静、老龄化、空心化、衰败化,这是我对三线企业社区的第一感受。

经过打探,我们找到蒋昭华老人。他坐在楼下的花坛边,安静地看着身边黑色鸟笼里的画眉鸟。一番寒暄后,他把我们引到他的住所。这是一套两室一厅的房子,墙面上刷的白色灰浆,已经因为年代久远而泛黄,屋子里的家具陈旧,地面上电线插头交错。天气炎热,老人家给我们打开了风扇,风扇发出嗡嗡的声音,画眉也不时发出叫声,与屋子里静谧的空气形成鲜明对比。

正式访谈开始之后,老人的话匣子打开了。老人家是安徽人,出生于1938年,小学毕业,做过生产队会计,当过教书先生。后来,为了追求进步,报名参军,在部队度过了7年的军旅生涯。退伍后,他被安排到北京培训学习8个月,后分到贵州凯里参加三线建设。激情满怀的蒋昭华,来到凯里后,看到的却只是荒无人烟、孤零零的山坡和山坡上仅存的几个不用的砖窑。"为了让毛主席睡好觉",也因为"别人能干,我也能干"的不服输劲头,蒋昭华与同行的人员毅然决然地留在了4292厂。从此,他们住着牛毛毡棚,努力适应着贵州多雨湿滑的天气和"十个蚊子一盘菜"的自然环境,开始搞基建。

"那时候搞基建不像现在喽。都是拿锄头、拿镐挖地喽。这边山多,石头又多。这里都出血(手指着虎口处),手都磨起老茧了,肿起来了,"蒋昭华说。毛主席说"不吃红烧肉要建设三线,三线建设没有钱,用我的稿费也要建",老人家的话感动了蒋昭华,也感动了无数的三线人,才使他们舍小家为国家,愿意留在"靠山隐蔽"的贵州山区投身国防建设事业。

基建是最辛苦的一段岁月。所有的厂房、宿舍、生活设备都要三线人一手搭建。他说:"记忆最深刻的就是挑砖建厂房。挖地基、挑砖、挑水泥是最累的。20块砖100来斤,搭个架子,一个空档一个空档往上爬,一步一个脚印挑上去。"现在的我们确实很难想象,在没有机械化的年代,这项浩大的工程是如何依靠人工一步步完成的,但在不怕苦不怕累的精神支撑下,在毛主席的精神感召下,为了建好三线,为了让毛主席睡好觉,为了加强战备,三线人用血汗和泪水,搭建了一个个国防军工厂。在那么艰苦的岁月里,是什么支撑着他们毫无怨言地付出?我想是一种内在的力量,一种对国家的责任与认同以及时代塑造的坚强意志。

艰苦的基建工作结束后,蒋昭华被分到供应科,担任过科长、副科长,在第七车间、第八车间、技安科、离退办等多岗位工作过。工厂破产后,离退办变成服务中心,他调到了居委会,1992—1999年均在居委会工作。多次岗位轮换,他也有过犹豫和担心,但是领导说:"你是党员嘛,党员眼前没有困难,什么懂不懂,到那你就懂了。""你是党员听党的。需要你,就在那待着。不需要你,会通知你的。"就这样,"只有去,去了赶紧学"。工作岗位的变化把蒋昭华磨砺成了"万金油",一个党随叫随到、"作战"经验丰富的老党员。

1999年退休后,为发挥余热,蒋昭华同意返聘担任凯旋社区党总支纪检委员暨退休二支部的书记。面对破产的厂区、衰败的社区,蒋昭华心里感慨万千,曾经为之奋斗一辈子的地方,因为"三线建设是个负担",要保军转民、国企改制,这是不得不面对的现实。想到子孙都在贵州;想到回老家已无土地和住所;想到退休金够用;想到如果当年没有来三线,自己的孩子可能还是农民;想到如果孩子没有在三线厂,即使学习到技术也无法去打工,更不要说在城里买房;心里平衡了很多。于是他继续投身社区建设工作,组织、参加社区活动,以

"不忘初心,牢记使命"为题参加社区"七一"演讲比赛,将自己的经历、三线建设的故事再次传唱、传诵给社区人员,以最高分荣获一等奖。他说:"这辈子苦是苦了点,但是也为国家做了点贡献。"

访谈结束,告别蒋老。想起了"服从分配听党话,平平淡淡过一生"的陈余龙、殷文琴夫妇;"解决水源不胀肚,想法分房搞绿化,无怨无悔献青春"的唐光烈老人;还有在昭华老人和社区精英的帮助下不断改变自我,从一个"闲人"变成社区精英的白玉凌……一个个鲜活的个体,无不彰显出他们对国家、对社会的责任,对三线人身份的认同,等等。从他们的身上,我们可以看到一种力量:一种用信仰和行动铸成的发自内心的建设祖国的力量;一种勇于付出、艰苦创业、团结协作、开拓创新的力量;一种改变社区环境、投身三线企业社区建设的力量。

## 五、 捡拾三线的灵魂

1982年5月6日中午,王佳文给丈夫辛茂春把饭做好,炸土豆配上红辣椒粉是辛茂春喜欢吃的小菜,再给他装好了一壶开水,等他的工友过来给他带去。

快12点了,王佳文看到辛茂春的工友还没有来给他拿饭,她就上到水泥楼房顶的晾台站着,往洗煤厂辛茂春工作的车间方向张望,望了半天都没有人过来。下楼摸了摸饭盒,还是热的。等了一会儿还没有人来,她又上楼去望,这时望见从那个方向涌过来一群职工,好像抬着一个人。那时候小煤窑老出事,因此她心里一紧:"这又是哪个小煤窑出事了?"

等那堆人走近一点了,她才模糊看见那个伤者是被大家用一张靠背椅抬着的。伤者双手无力地垂在椅子的两边甩来甩去,好像已经没有知觉了。她想,"完了,这个人可能完了,他的家也完了",心里很替伤者难受。看到那群人转弯往医院方向去了,她回到屋里。又摸了摸给丈夫留的饭,都不太热了。"说好的他们12点来家里拿饭的啊,怎么还没有人来呢?都12点10多分了,"她心里嘀咕着。这时,有人在门上敲了几下,敲得很急,她感觉这敲门声音不对劲,开门一看,辛茂春的徒弟站在门口。

"你给你师傅来拿饭了?"她一边问,一边去桌上拿饭盒。徒弟说:"王姨,我辛叔出了点事。"她回头一惊:"怎么了?"辛茂春的徒弟尽量往轻里说:"腿碰了。"王佳文心里稍微安定点:"在哪呢?"徒弟说:"正往医院送呢。"王佳文说:

"啊,那你等会儿,我灌点水给他带去,再给他拿双拖鞋。"这时,徒弟小心地说了一句:"王姨,不用了,别拿了。"王佳文的脑袋"嗡"的一下,差一点就倒下去了。徒弟的这句"不用了"使得王佳文一下子就联想到自己刚才看见的那一幕:那个伤者是不是就是自己的丈夫啊!徒弟赶紧扶着她,她双腿发软,但还是勉强撑着打开门跌跌撞撞地跑到医院。

王佳文到医院后看见辛茂春闭着眼睛,嘴煞白煞白的,满脸冷汗。她把嘴巴贴到他耳朵边说:"辛茂春,我来了,我是王佳文。"过了好久,他睁开眼睛了,瞅瞅她,喘着气轻轻地对她说:"你把孩子们领来,给我看看。"

时间回到那天的 12 点。贵州省盘县洗煤厂全厂停产检修,停产检修时间段为上午 8 点到下午 4 点,为了不影响生产,上级要求必须在下午 4 点检修完毕。

辛茂春是负责检修工作的班长,快到中午了,他担心不能按时完成任务影响全厂的生产,就对其他人说:"你们都先回家吃饭吧,郑宝玉,你媳妇正在生孩子,你回去给你媳妇做饭,回来的时候你到我家把我的饭给我带回来,你王姨已经准备好了的,你来了以后喊我一声就行了。"

班上的工友们都走了,剩下辛茂春一个人在车间里继续干。车间书记这时从楼下经过,想着都 12 点了,听着这楼上怎么还有干活的,就走了上来。看到辛茂春一个人正在摆弄一台设备,就说:"就你一个人啊?他们都去吃饭了吗?你怎么不去啊?"辛茂春说:"活急着呢!等会他们给我带饭来。"书记说:"那我帮你吧!"

不幸的是,由于书记不熟悉设备的构造,操作时不小心,把悬挂在辛茂春头顶上的一个像大锅盖似的吊环弄落下来了。这时辛茂春正在吊环下面操作,听到响声抬头一看,吓坏了。赶紧抱头匍匐在地,几百斤重的吊环落下后重重地压在他的腰上,把他整个人扣在了里面。

医院检查发现,吊环把辛茂春的两个膝盖和心肺挤压到了一块,腰椎包括腰部神经全部被压断,胸部六根肋条都断成了几截,其中有四根肋条还插进了肺里。医院手术后给的结论是:辛茂春胸部以下高位瘫痪。

从此以后,辛茂春只能终身在轮椅上了。那年,他 38 岁。

现在,他 77 岁了。他在轮椅和床上已经度过了 39 个春秋。

这 39 年里,他是如何熬过来的?他现在已经进入暮年,他对余下的日子有什么期望?

受伤后他姐姐、姐夫从东北过来看望他,姐姐看到他这个样子非常伤心。

姐姐临走的时候哭着对弟媳说:"佳文,他是个苦命人啊,他现在这个样子你不要离开他啊!你就当喂一个小猪小狗的,你给他一口吃的就行啊。"

辛茂春的命真的很苦。他是个孤儿,从小父母双亡,是大他 10 岁的同母异父的姐姐抚养他成人。为了养活自己,辛茂春 15 岁就下矿当了学徒工,正当壮年却瘫痪在床。

现在,他每天仍然承受着伤口的疼痛:"只要有感觉的地方都疼,每天都疼。实在忍不住了就吃几颗去痛片!"

当然,世上人生坎坷的不止辛茂春一人。有人可能会在坎坷的命运中迷失。但辛茂春对于自己的悲苦遭遇从不怨天尤人,而是始终抱着感恩的心看待自己生命中曾经得到过的:

"现在这个样子,你要说无奈吧,这句话还是挺实际的。但你要是说你怨谁,那我谁都不怨,你说我从小父母就没有了,那你说我怨谁去,是不是?我 15 岁多点就参加了工作,不仅吃饭够了,那时候国家春天给你补助换夏衣的钱,秋天还会给你换棉衣的钱。你说你还不满足啊?我后来还入了党,还升到了八级工!你说你还要什么?"

"我们一起从东北过来的战友,有的白骨都埋在这贵州的山上了。虽然说我受伤了,但我还是个幸存者,还能看到现在国家发展的成果,呵呵!"

这就是辛茂春关于命运的朴素理解。对未来,辛茂春的希望非常简单平凡:

"我只希望我们这个家庭平平安安的,孩子有一个固定吃饭的地方就行,我别的啥要求都没有,平安就好。"

如果当年没有选择到贵州搞三线建设,或者,如果当年自己也和其他工人一样中午回家休息,而不是一个人留在单位抢修设备,那么,辛茂春的命运可能完全不是那么悲苦。然而,即使辛茂春在三线建设中遭遇了这么重大的事故,但他却并没有后悔过自己当初的选择:

"我们夫妻从北方到贵州搞三线建设几十年,现在回想当初做出这个决定,我不后悔,值得。"

为什么不后悔?

"我觉得人要走正道,我这一生没走过歪门邪道,我的信仰就是毛泽东思想,一切听组织安排,从我参加工作,就信仰这个。"

"1965 年的夏季,西南建设指挥部派人回老区,要招一批人到西南地区支援三线建设。原则就是 35 岁以下,党团员优先,家庭历史要清楚。那年我 22

岁,思想比较积极,哪个方面条件都够。党组织也挺喜欢我的,在团支部里头,也担一点责任,也起个带头作用,那时我也积极要求入党。我们那时候的信仰就是毛泽东思想。"

我们于10月7日从北京乘火车往南边来,我们集中在一个车厢里,一路上唱着"毛主席的战士最听党的话,哪里艰苦哪安家",唱着歌欢欢乐乐地来到贵州。回忆这些往事的时候,他的表情很自豪,很满足,眼睛也显得很有精神。

看着一直躺在床上的这么一个骨瘦如柴、不停被疼痛折磨的老人以很乐观的口吻和朴素的语言对我们几个访谈员描述自己曾经的过去,表达自己对未来的期望,以及自己对生命中苦难的理解,我们的心一直沉浸在感动之中。

生命的真谛是什么?我们在这个世上活着为了什么?不同信仰和理论对这类问题有不同的理解和解释。世上的人,有的人的经历平坦顺畅,有的人的经历坎坷多难。怀有不同信仰的人在面对人生中的巨大苦难时,承受磨难的态度与抗逆能力也各自有别。

辛茂春这个平凡的工伤致残职工,用他坎坷的一生和对待生命中遭遇的磨难的积极态度,诠释了生命的真正意义。从他的口述中可以看出,支撑他熬过生命中那些磨难的是他一直坚守的信仰——"毛泽东思想"。这或许就是三线人的魂之所在。

冯骥才谈及口述史的功能时说:"只有底层小百姓的真实才是生活本质的真实。"确实,历史事件的构成一定不仅包括精英,更包括小百姓。就像口述史学家汤普逊(Paul Thompson)所言:"英雄不仅可以来自领袖人物,也可以来自许多默默无闻的人们。"

作为三线口述史访谈者,我们深刻认识到:一直以来,历史的主流声音都是以精英为主体的叙述者的,在新中国工业建设这一宏大历史事件中,如果没有口述史这一调研方法,类似辛茂春这样工伤致残的职工就很容易成为历史叙述的"缺席者"或"失语者"。通过与这类"三线人"面对面的访谈,让那些曾经创造过和经历过这段历史,但感觉自己可能已经被社会遗忘或边缘化了的亲历者们,用自己的语言描述自己真实的伤与痛,给他们带去慰藉,让他们感受到自己的倾诉有人在认真聆听,从而找回他们的"三线人"身份,强化他们的社会归属感,重新赋予他们在历史中的中心地位,应该是我们口述访谈者的义务和责任。

口述史的灵魂之一大概也在于此。

## 六、结语

心理学家理查德·斯通(Richard Stone)说过,"说故事得以将群体的种子,散播在孤立的世界中"。虽然这一组随笔只有此次三线建设口述史上百个被访者中四个人的故事,但是我们足以从这些"小故事"中看到某种"大精神"。这是三线建设和中国历史留给我们的宝贵资源,正是透过这些鲜活讲述,我们得以寻到某种超越个体的可能。同时,也正是这种讲述,让我们看到即使是在浩瀚的大历史中,微小的个体依然需要被肯定。

在这种时空交感与代际的互相看见中,历史流经访谈者和被访之人,呈现其意义。正是在这种不断体认与超越的过程中,历史的精神得以代代相传,生生不息!

(责任编辑:周晓虹)

# Table of Contents & Abstracts

## Special Column

### Sociological China Studies and Chinese Sociology in A Global Context: Shared Knowledge and Different Research Perspectives

Bettina Gransow

**Abstract:** Sociological China studies are normally thought of as part of Western social sciences/area studies, whereas Chinese sociology is associated with sociology in China. What both have in common is Chinese society as their research focus, while the country's ongoing rapid social change provides an abundant variety of social issues and challenges to work on. In addition, with China's increasing global presence, there is an ever greater need for deeper understanding of the country's global interrelations and social influences beyond its domestic borders. Taking the German Association for Social Science Research on China as its starting point, this paper explores whether and how sociological China research and Chinese sociology are becoming parts of an emerging cosmopolitan/global sociology existing beyond the methodological nationalism of classical sociology. It argues that the emerging field of global sociology is characterized by the fragmented and asymmetric production and diffusion of sociological knowledge, and that sociological China studies and Chinese sociology are entering this field from different angles—while also being embedded in different national political, academic, and funding frameworks. Drawing on Michael Burawoy's typology of the production of sociological knowledge as a contradictory yet complementary division of professional, policy, critical, and public sociology, the paper further argues in favor of strengthening the reflexive production of sociological knowledge on China (meaning critical and public sociology) that seeks to elaborate on its critical foundations and to find its academic and extra-academic audiences. At the same time, this might also provide common ground for sociological China studies and Chinese sociology within the currently asymmetrical emerging field of global sociology.

**Key Words:** China studies; Chinese sociology; global sociology; asymmetric production and diffusion of knowledge; Michael Burawoy; critical and public sociology

## Inequality and Stratification in Chinese Society

Wu Xiaogang

**Abstract:** This article reviews research on inequality and social stratification in China since the mid-1990s. Going beyond the theoretical framework of the market transition debate, research in the field has been advanced by paying more attention to the roles of the institutions of Chinese state socialism, such as the household registration (*hukou*) and urban work unit (*danwei*) systems, and workers' self-selective mobility. Empirical studies have benefited from the systematic collection of well-designed and high-quality survey data and from the application of advanced statistical methods. Substantive analysis has been extended to new themes related to social class, gender, ethnicity, education, and housing wealth. This review concludes by seeking to identify the wider implications of empirical findings from China for comparative research on inequality and social stratification and by providing some suggestions for the future direction of the field.

**Key Words:** China; inequality; market transition; social change; social stratification

## *Theme Panel: Social Governance and Modernization*

## Urbanization and Evolution of Village Governance: An Endogenous Perspective of Local Government Policy Innovation

Guan Bing

**Abstract:** How does village governance evolve in the process of urbanization? How are villagers, land, and villages changed into urban residents, buildings, and cities? Existing literature has studied varied dynamics of urbanization. However, most recent literature is focused on the relation between the central and local governments and policy implementation by local governments. Regarding the institutional practice in the process of urbanization, on the whole, there is a lack of endogenous perspectives of local government policy innovation. This study takes Shunde in the Pearl River Delta as a case to sort out the urbanization process, focusing on the choice of institutions and the evolving local policy innovations in the development of more than 30 years. Shunde has carried out continuous policy innovations in three aspects: land demutualization, village urbanization, and turning villagers into townspeople. The local government policy innovation, on the one hand, may provide experience for national policy promotion. On the other hand, and more importantly, it is the active practice of local governments to deal with local differences under a single system.

**Key Words:** land; policy innovation; policy implementation; stock cooperative; central-local relations

## How Is It Possible for Social Organizations to Participate in Community Governance: A Case Study from the Perspective of Situational Legitimacy

Huang Xiaoxing, Li Xuebin

**Abstract:** At present, the participation of social organizations in community governance has acquired the overall and formal legitimacy under the promotion of mainstream governance discourse, but how to obtain its substantial legitimacy in the field of community remains to be explored. This paper takes as a case study the eight-year process of L Organization's participation in community governance in J Community of A City. From the perspective of situational legitimacy, it describes the acquisition, dilemma and reconstruction of L Organization's situational legitimacy, and points out the "alignment-embeddedness" interaction between the powerful community elites and social organizations. It argues that the degree of alignment on the regulative, normative and cognitive levels between the two determines whether social organizations can obtain its situational legitimacy, while social organizations seek alignment through the action strategies of embeddedness.

**Key Words:** social organizations; community governance; situational legitimacy; alignment-embeddedness

## Producing Active Subjects: Participatory Difficulties in Poverty Alleviation Governance; Based on the Observation of Lu Village

Lü Fang, Feng Ruiying

**Abstract:** Since the 1990s, the notion and methodology of "participation" have been widely promoted in the field of development research and development intervention practice. However, a large number of studies have shown that the practical effectiveness of participatory development is far from the beautiful "vision" promised by its advocates. The main difficulties lie in the insufficient supply of institutional facilities and the difficulty in breaking through the influence of local interest networks. At the stage of poverty alleviation, promoting the effective participation of communities and farmers is considered crucial to practice the basic strategy of targeted poverty alleviation. In practice, the phenomena of mental poverty such as "waiting and relying" are common, which brings severe challenges to participatory development. Based on the case study of Lu Village, we can find that the problem of "participatory development" involves the dual dimensions of structure and motivation. Therefore, the key to "participatory development" is to solve the problems in system supply, environment construction and development interests, so as to reconstruct the "development narrative" at the individual level, and enhance their participation motivation and ability.

**Key Words:** participatory development; subjectivity; development intervention; mental poverty; Chinese experience

## Attachment and Negotiation: Legitimacy Construction by "Red Service" in Integration into Urban Old Communities

Zheng Guanghuai, Zhang Zheng

**Abstract:** In order to promote the innovation in urban old community governance,

Wuhan has implemented the "Red Service" plan to solve the problem of old community property management. However, on entering old communities, the "Red Service" failed to gain recognition. In order to get rid of the predicament and achieve the construction of legitimacy, the "Red Service" adopts the strategies of labeling, binding, relationship building and playing edge ball from four dimensions of political, administrative, social and legal legitimacy. In this process, the "Red Service" on the one hand attaches to the invisible presence of the state power to strive for more interests, on the other hand, it resorts to negotiation to resolve conflicts and improve services to obtain recognition by residents. In short, attachment and negotiation have become the dual logic of legitimacy construction in old community governance.

**Key Words:** legitimacy construction; community governance; old community; "Red Service"

## Operation Mechanism and Practical Effects of Network Petition

Gui Xiaowei

**Abstract:** In recent years, the "network petition" has become an important platform to solve social conflicts under vigorous promotion of the state. However, existing researches on this topic still stay in the macro and normative analysis, but lack the empirical observation of its operation mechanism and practical effects. Based on the fieldwork conducted in X County of H Province, this paper analyzes the whole operation mechanism of the "network petition" from its information network, registration system, handling process, internal supervision to external evaluation. The paper finds that, although the "network petition" has increased its convenience, transparency and standardization through a series of reforms, it is still incapable to properly handle "hard cases". Nevertheless, with the continuous standardization of social governance reform, the "network petition" holds out a promising future.

**Key Words:** network petition; operation mechanism; practical effects

# Articles

## *Yi* in Precarious Labor: A Case Study of Student Workers in C City

Su Yihui

**Abstract:** Based on the case of student workers, this paper explores the solidarity in precarious labor. It argues that student workers are in a precarious situation because of the lack of labor contract and security. Meanwhile, they are under double control from school and factory. However, these student workers have formed "peer solidarity" based on the peer group and the principle of "*Yi*". Distinct from the class solidarity, peer solidarity emphasizes group members' equal rights and peer obligation of loyalty. Enhanced by shared entertainment and the activity of anti-authority, it functions as a protection for student workers. However, peer solidarity has its limitation: it has become an obstacle to the connection between student workers and other workers.

**Key Words:** student workers; peer solidarity; precarious labor; *Yi*; peer group

## The Practical Logic of Identity Production of the "Female Unit Worker" During Consolidation of Unit System: An Analysis Based on Oral History of Northeast China

Tao Yu

**Abstract:** In the oral historical research on "female unit workers" during the period of unit system consolidation, the identity practice logic of different aspects of female unit workers has emerged, which has been jointly shaped by the interweaving and colliding of three forces, namely nationalism, patriarchy and gender. It metaphorically speaks for the notion that women workers should obey the organizational requirements of the unit, meet the expectation of family life, and achieve a strategic response to the exploration of women's internalization. In the production process of female workers' "unit identity", national propaganda and unit mobilization are baptized with the thoughts of gratitude, equality and realization of value, providing female workers with imaginative reconstruction of the spiritual power and realistic models for the shackles of female images beyond the traditional patriarchy; the unit's stable income and welfare allow women workers to obtain a sense of security, belonging and honor, which would otherwise be rarely experienced. At the same time, the workload, marginality and dependence of labor have formed the gap between ideal and reality that women workers must face. The preexistent "female identity" has always been in a subordinate position to obey the national arrangements and family needs, but female workers' simple and ordinary postures have also shaped the unique female profile in the process of the institutionalization of the complete unit identity and the idealization of the family identity.

**Key Words:** unit system; female unit worker; production of identity; practice logic; oral history

# The Impact of "Machines Replacing Humans" on Workers' Skill Level in Manufacturing Industry: Evidence from Employer-Employee Matched Survey Data for Guangdong in 2018

Yong Xin, Deng Yunxue

**Abstract:** With the coming of "Industry 4.0", increasing numbers of manufacturing enterprises have utilized automated equipment including industrial robots to replace workers. "Replacing humans with machines" has become an unavoidable tendency in China's manufacturing industry. Based on the data from an "employer-employee matched" survey in Guangdong's manufacturing industry, this article examines the impact of "machines replacing humans" on the skill level of workers. It finds that enterprises which have adopted industrial robots and other automated equipment have a higher percentage of high-educated workers. In addition, workers have longer period of on-the-job training in these enterprises, which shows that "replacing humans with machines" in manufacturing companies will improve the overall skill level of employees. On this basis, this article further explores the differences of skill levels among workers in enterprises adopting automated equipment. It finds that for workers in non-automated departments, their skill levels have been upgraded, but for those in automated departments, they have not experienced skill upgrading. That is to say, while "machines replacing humans" initiative in manufacturing enterprises has increased overall levels of workers' skill, it has also enlarged skill differential among them.

**Key Words:** "machines replacing humans"; deskill; skill level

## Enhancing Control over Technology: A Labor Process Analysis of the Food-Delivery Workers in the Platform Economy

Dong Huina

**Abstract:** Focusing on the labor process of the take-out delivery workers in the platform economy, the capital hides behind the platform and makes three critical management rules including intelligent order distribution, data control and punishment rules. Meanwhile, the riders develop three types of strategies consisting of fragmented system imagination, team cooperation and multilateral collusion, thus attempting to enhance their control over technology and expand their own technological autonomy. Notwithstanding, the riders actually are trapped in a more rigid and highly competitive labor rule which has been created by themselves. In the labor process, unable to change the strict management rules made by the capital based on the digital technology, riders find themselves plunged into a game in which they have to fight against the technology system and are forced to shape the belief of "ability first". They are willing to endure potential labor risks and improve working efficiency, thus spontaneously meeting the demand of the platform capital.

**Key Words:** platform economy; technology system; labor strategy; ability first; control over technology

## Environmental Behaviors of Chinese Middle Class: Based on 2013 Chinese General Social Survey Data

Lu Chuntian, Li Yifei

**Abstract:** Based on the CGSS 2013 data and the integrated theoretical paradigm, this study adopts the multi-level model and coefficient clustering method to explore the public and private sphere environmental behaviors of the middle class in China from micro and macro levels. The findings include: (1) environmental behaviors of the middle class are significantly higher than those of other classes, and there is a significant difference in social demographic characteristics; (2) among the micro factors, individual belief awareness and social information construction have a significant impact on environmental behaviors both in the public domain and private domain, while political consciousness and behaviors only influence environmental behavior in the public domain; (3) among the macro factors, environmental governance investment from governments has significantly negative effect on environmental behaviors in the public sphere and per capita GDP has significantly positive impact on environmental behaviors in the private sphere; and (4) in the micro factors affecting environment behaviors in the public sphere, the effects of social information construction and individual belief perception are stronger than political consciousness behaviors, while among micro factors affecting environment behaviors in the private sphere, the influence of individual belief perception is the strongest.

**Key Words:** middle class; public sphere environmental behaviors; private sphere environmental behaviors; coefficient clustering

## The Sociology of Knowledge on the Reestablishment of Chinese Sociology: Based on the Case of "Nankai Class" in 1981

Zhang Long

**Abstract:** This research takes the "Nankai Sociology Class" in 1981 as an example to examine the early reestablishment of Chinese Sociology from the perspective of sociology of knowledge. The major findings include: 1) at the beginning of the reestablishment of Chinese Sociology, the new generation of scholars lacked systematic understanding of the classical texts of sociology and the intellectual traditions of their predecessors, but their unique advantages were their interdisciplinary background and rich social experience; 2) in the oral transmission of sociological knowledge, the research paradigm represented by American scholars had a relatively larger influence; 3) the new generation of sociologists started to create new knowledge after learning, and their knowledge production practice had distinctive characteristics of the era background and the courses they had learned.

This paper argues that the process of abolishment and reestablishment has largely reshaped the knowledge tradition of Chinese Sociology and foreseen the formation of a new knowledge system.

**Key Words:** history of sociology; sociology of knowledge; academics and society; reestablishment of discipline

## *Reviews and Research Notes*

**Symbolic Boundaries: A Core Issue of the National Products Movement in the Republic of China —*China Made: Consumer Culture and the Creation of the Nation* by Karl Gerth**

Xia Shao'ang

**The Three-Line Construction Echoed in Mountains of Guizhou Province**

Wang Dongmei, Xie Jinghui, Jiang Guidong, Jiang Meng

# 《中国研究》稿约

## 一、刊物宗旨

《中国研究》是以当代中国为研究对象、面向全球中国学界的社会科学类中文刊物,创刊于2005年,由南京大学社会学院暨当代中国研究中心与社会科学文献出版社联合编辑,社会科学文献出版社出版发行。自2021年起,改由南京大学当代中国研究院编辑,商务印书馆出版发行。

《中国研究》坚持宏观视野和问题取向,推崇开放而又务实的精神。它注重学科的综合性,欢迎不同研究领域学者的广泛参与;提倡着眼于中国基层社会的经验性研究,但也鼓励深入的理论探讨;赞赏朴实平易的学风和文风,倡导平和的学术批评氛围。自2012年起,《中国研究》已被中国社会科学研究评价中心遴选为"中文社会科学引文索引"(CSSCI)来源集刊,并被中国知网(CNKI)中国期刊全文数据库全文收录。

## 二、栏目设置

《中国研究》每年出版两辑,出版时间为每年春季和秋季,春季卷截稿日期为2月28日,秋季卷截稿日期为8月30日;每期容量为25万—30万字,设有"专题研讨""学术论文"和"书评与随笔"等固定栏目,2021年起增设"特邀文稿"——"学人专栏"。论文一般以1.5万字左右为宜,最长不超过2.5万字;书评和随笔一般不超过8000字。除"特邀文稿"外,本刊坚持赐稿的唯一性,论文一经刊用,即寄奉样刊。

## 三、投稿方式

《中国研究》真诚地欢迎来自全球中国研究学界的赐稿和监督批评,尤其欢迎年轻学者和博士研究生投稿。投稿请登录南京大学当代中国研究院网址(chinastudies.nju.edu.cn),在网站主页"在线办公"一栏进入"作者投稿系统"投稿。4个月未获得采用通知者,即可自行处理稿件。

编辑部地址:中国江苏省南京市栖霞区仙林大道163号南京大学河仁楼

（社会学院）当代中国研究院《中国研究》编辑部（邮编210023）。

电子邮箱：cnstudy@nju.edu.cn。

**四、文章体例**

文章要求如下：

（1）稿件采用中文（在作者无法提供中文稿的情况下，其英文稿将由编辑部负责委托同行译成中文，由编辑部支付译者稿酬），并请附有英文或中文标题、各200字以内的中英文摘要、中英文关键词。

（2）文章编排及注释采用APA格式，具体参见本刊投稿系统说明。凡引用他人资料或观点的，务必加注说明。在引文后加括弧注明作者、出版年度及页码，详细文献出处作为"参考文献"列于文末，以作者、出版时间、著作或论文名称、出版单位或期刊名称排序。文献按照作者姓氏拼音或字母为序，中文在前，英文在后。作者本人信息的注释采用当页脚注。文中所用图表应达到出版标准。

（3）在首页以脚注方式说明论文作者姓名、学位、单位、学衔（职称），并注明一位作者的电子邮件，在无特殊说明的情况下，此为论文的通讯作者。

**五、著作权使用说明**

本刊已许可中国知网等网络知识服务平台以数字化方式复制、汇编、发行、信息网络传播本刊全文。本刊支付的稿酬已包含网络知识服务平台的著作权使用费，所有署名作者向本刊提交文章发表之行为视为同意上述声明。如有异议，请在投稿时说明，本刊将按作者说明处理。

《中国研究》编辑部
2021年8月

图书在版编目(CIP)数据

中国研究：第27期/周晓虹,翟学伟主编.—北京：商务印书馆,2021
ISBN 978-7-100-20226-8

Ⅰ.①中… Ⅱ.①周…②翟… Ⅲ.①社会发展—研究—中国—现代—丛刊 Ⅳ.①D668-55

中国版本图书馆 CIP 数据核字（2021）第 169393 号

权利保留，侵权必究。

## 中国研究
### 第 27 期
周晓虹　翟学伟　主编

商 务 印 书 馆 出 版
（北京王府井大街36号　邮政编码100710）
商 务 印 书 馆 发 行
江苏凤凰数码印务有限公司印刷
ISBN 978-7-100-20226-8

2021年11月第1版　　开本 700×1000　1/16
2021年11月第1次印刷　　印张 22

定价：98.00 元